Alex Kotlowitz

KINDER GIBT ES HIER NICHT MEHR

Der Bürgerkrieg in Amerikas Großstädten

Deutsch von Wiebke Schmaltz

Rowohlt

Die Originalausgabe erschien 1991 unter dem Titel
«There Are No Children Here. The Story of Two Boys Growing Up in the Other America» im Verlag Doubleday, New York
Umschlaggestaltung Susanne Müller
(Foto: Charles Steiner/Focus)

Alle Zeitangaben, Ortsbezeichnungen und Titel sowie alle Ereignisse entsprechen der Realität. Hingegen sind die Eigennamen bestimmter Personen geändert worden, um ihre Privatsphäre zu schützen.

1. Auflage April 1993

Satz aus der Trump Mediäval (Linotron 202)
Jung Satzcentrum GmbH, Lahnau
Druck und Bindung Clausen & Bosse, Leck
Printed in Germany
ISBN 3 498 03480 4

Für meine Mutter und
meinen Vater

INHALT

What happens to a dream deferred?

Does it dry up
like a raisin in the sun?
Or fester like a sore –
And then run?
Does it stink like rotten meat?
Or crust and sugar over –
like a syrupy sweet?

Maybe it just sags
like a heavy load.

Or does it explode?

LANGSTON HUGHES

Ah! What would the world be to us
If the children were no more?
We should dread the desert behind us
Worse than the dark before.

HENRY WADSWORTH LONGFELLOW

Was wird aus einem aufgeschobenen Traum?

Verschrumpelt er
wie eine Weinbeere in der Sonne?
Oder schwärt er wie eine Wunde
und beginnt zu eitern?
Stinkt er wie faulendes Fleisch?
Oder verkrustet und verzuckert
wie eine klebrige Süßigkeit?

Vielleicht sinkt er einfach in die Tiefe
wie eine schwere Last.

Oder explodiert er?

LANGSTON HUGHES

Ach! Wie sähe die Welt für uns aus,
Wenn es keine Kinder mehr gäbe?
Wir würden die Wüste nach uns
mehr fürchten als die Dunkelheit vor uns.

HENRY WADSWORTH LONGFELLOW

VORWORT

Das erste Mal begegnete ich Lafeyette und Pharoah Rivers im Sommer 1985. Damals war Lafeyette zehn. Pharoah war sieben. Ich arbeitete zu der Zeit als freier Journalist, und ein Freund hatte mich um einen Text zu seiner Fotoreportage für die Zeitschrift *Chicago* gebeten; es ging um Kinder, die in Armut leben. Er hatte die beiden Jungen und ihre Mutter durch die örtliche Sozialhilfestelle kennengelernt und einige Tage lang in den Henry Horner Homes, einem Hochhauskomplex mit Sozialwohnungen, Aufnahmen von ihnen gemacht.

Bevor ich also Lafeyette und Pharoah zum erstenmal gegenüberstand, hatte ich sie bereits im Bild gesehen. Ein Foto berührte mich besonders: Lafeyette stand im dunklen Flur seines Hochhauses. Er trug ein gestreiftes Muskelshirt, ausgebeulte Jeans und eine viel zu große *Kangol*-Mütze; die Bänder seiner Turnschuhstiefel baumelten lose. In den Händen hielt er etwas, das wie ein Baseball aussah. Doch trotz der jugendlichen Aufmachung wirkte er wie ein alter Mann. Die Schrecken eines ganzen Lebens schienen sich in ihm aufgestaut zu haben. Auf seinem Gesicht lag der Ausdruck ruheloser Einsamkeit.

Als ich ihn und seine Familie aufsuchte, dauerte das Interview nicht lange, vielleicht ein paar Stunden, denn ich schrieb nur einen kurzen begleitenden Essay zu den Fotos meines Freundes und mußte binnen weniger Wochen mehr als ein Dutzend Familien interviewen. Doch selbst in der kurzen Zeit, die ich mit Lafeyette zusammensaß, erschreckte mich, was er über die schonungslose Gewalt in ihrem Wohnviertel erzählte. Ja, ich konnte kaum alles glauben. Und dann frage ich Lafeyette, was er einmal werden wolle. «Falls ich erwachsen werde, möchte ich gern Busfahrer werden», antwortete er mir. «Falls», nicht «wenn». Mit seinen zehn Jahren war Lafeyette sich nicht sicher, ob er es bis zum Erwachsenwerden schaffen würde.

Zwei Jahre später fuhr ich wieder zu den Henry Horner Homes, um für das *Wall Street Journal* einen Artikel über die Auswirkungen der in den ärmeren Stadtgebieten herrschenden Gewalt auf die dort lebenden Kinder zu schreiben. Ich verbrachte den Sommer in der Henry-Horner-Siedlung, spielte Basketball mit den Jungen, ging mit ihnen zum Mittagessen, redete mit ihren Eltern und trieb mich einfach dort herum. Im Laufe dieser Wochen freundete ich mich mit Lafeyette und seinem Bruder Pharoah an, und unsere Freundschaft überdauerte das Erscheinen des Artikels und wird sicherlich auch über das Erscheinen dieses Buches hinaus fortbestehen. Fast an jedem Wochenende sind wir zusammen. Wir besuchen Museen, spielen Videospiele, fahren zum Spazierengehen aufs Land, gehen ins Kino und schmökern in Buchhandlungen. Jeden Sommer fahren wir einmal zum Angeln nach Nord-Michigan. Und wir reden miteinander. Ihre Unverwüstlichkeit hat mich ermutigt, ihr Lachen hat mich beflügelt, und ihre Erzählungen haben mich zornig gemacht.

1988 sprach ich mit LaJoe, ihrer Mutter, über meinen Plan, ein Buch über Lafeyette, Pharoah und die anderen Kinder der Hochhaussiedlung zu schreiben. Das Vorhaben gefiel ihr, doch sie zögerte und sagte dann: «Aber wissen Sie, Kinder gibt es hier nicht mehr. Sie haben zuviel mit ansehen müssen, um noch Kinder zu sein.»

Jedes fünfte Kind in den Vereinigten Staaten lebt in Armut – das sind laut *Children's Defense Fund* (Kinderschutzbund) etwa zwölf Millionen Kinder. In Großstädten wie Chicago ist der Prozentsatz beträchtlich höher: Dort ist jedes dritte Kind betroffen. Viele wachsen in einer ähnlichen Umgebung auf wie Lafeyette und Pharoah. Als Jugendliche haben sie bereits mehr schreckliche Erlebnisse hinter sich, haben mehr Gewalt gesehen, als die meisten von uns im ganzen Leben bewältigen müssen. Sie waren zu Entscheidungen gezwungen, die auch sehr erfahrenen und gebildeten Erwachsenen schwerfallen würden. Sie haben mit der Angst gelebt und den Tod gesehen. Einige von ihnen sind auf die schiefe Bahn geraten. Sie haben sich Banden angeschlossen, mit Drogen gehandelt und in manchen Fällen anderen Menschen Leid zugefügt. Aber sie haben sich auch für Baseball begeistert, sich mit Mädchen verabredet, mit Murmeln gespielt und Tagebuch geschrieben. Denn trotz allem, was sie gesehen und getan haben, sind sie doch noch – und das sollten wir keinen Augenblick vergessen – Kinder.

LaJoe stand meinem Vorhaben nicht nur positiv gegenüber, sie fand es sogar wichtig, daß ihre Geschichte erzählt würde. Einmal hatte sie mir gesagt, manchmal wäre sie am liebsten taub. Das Schießen. Das Schreien. Plärrende Babys. Kreischende Kinder. Manchmal denke sie, das alles werde sie noch verrückt machen und es wäre vielleicht am besten, wenn sie es gar nicht hören könnte. Ihre Hoffnung – wie meine – war, ein Buch über die Kinder werde uns alle aufhorchen lassen, werde uns zwingen, innezuhalten und hinzuhören.

Dieses Buch begleitet Lafeyette und Pharoah über einen Zeitraum von zwei Jahren, währenddessen sie mit der Schule kämpfen, den Verlockungen der Banden zu widerstehen suchen, um tote Freunde trauern – immer auf der Suche nach ein wenig innerem Frieden. In dieser Zeit machen beide Jungen tiefgreifende Veränderungen durch. Sie sind in einem Alter, in dem sie sich und ihre Welt entdecken und dabei ihre einzigartige Persönlichkeit entwickeln. Daher ist dies eine Geschichte ohne richtiges Ende. Statt dessen handelt sie von einem Anfang, vom Erwachen zweier Leben. Vor allem aber ist es die Geschichte zweier Freunde.

SOMMER 1987

EINS Der neunjährige Pharoah Rivers stolperte und fiel auf die Knie. «Gib mir die Hand», befahl sein größerer Bruder, der fast zwölfjährige Lafeyette. «Gib mir deine Hand!» Pharoah streckte die Hand aus und packte die schmalen Finger seines Bruders, der ihm einen rutschigen, schmalen, von Buschwerk überwucherten Pfad hinaufhalf.

«Los, Mensch!» drängte Lafeyette, und sein spindeldürrer Körper wirbelte ungeduldig herum. «Mach schon!» Er blieb stehen und sah zu, wie Pharoah sich durch ein Dickicht von Kletterpflanzen hindurchkämpfte. «Mann, bist du langsam.» Er brachte wenig Geduld auf für die Ungeschicklichkeit des Kleineren. Ihre Freunde waren bereits oben auf der Hochbahnüberführung angelangt.

Es war ein warmer Samstagnachmittag Anfang Juni, und die Kinder kletterten zum erstenmal zu diesen Bahngleisen hinauf. Die Züge fuhren hier auf Dachhöhe durch einen Korridor von kleinen Fabriken am westlichen Rand der Innenstadt vorbei. Um zu den Gleisen hinaufzugelangen, mußten die Jungen einen steilen Erdhang erklimmen, den man auf einer Seite des alternden Betonviadukts angeschüttet hatte. Büsche und kleine Bäume wucherten entlang den Gleisen; an manchen Stellen war das Buschwerk drei bis fünf Meter tief.

Pharoah kletterte hinauf; um seinen Bruder zufriedenzustellen, beeilte er sich so sehr, daß er sich sogar ein Knie am bröckelnden Zement aufschürfte. Oben hielt er inne, um sein zerschrammtes Bein zu betrachten, und sein Blick wanderte von Westen nach

Osten und folgte den insgesamt fünf Eisenbahngleisen, die von den westlichen Vororten ins Zentrum Chicagos führen. Mit seinen großen Augen und den vorstehenden Schneidezähnen, die ihm den Spitznamen Biber eingetragen hatten und schuld daran waren, daß er immer mit leicht geöffnetem Mund dastand, sah er aus, als blicke er voller Ehrfurcht auf die Welt.

Pharoah staunte über die Silhouette der City im Osten. In der Spätnachmittagssonne funkelten die Wolkenkratzer aus Glas und Stahl, und *downtown* Chicago glühte in der Ferne. Einige Häuserblocks weiter im Süden erblickte er die obersten Stockwerke seines Wohnhauses, eines siebenstöckigen Gebäudes aus roten Ziegeln. Selbst in der strahlenden Sonne wirkte es düster und schmutzig. Noch weiter südlich konnte er gerade noch seine Grundschule erkennen und den hohen Turm der First Congregational Baptist Church, eines hundertachtzehn Jahre alten Bauwerks, das, wie man ihm erzählt hatte, «während des Bürgerkriegs» eine Zufluchtsstätte des *Underground Railroad* gewesen war, einer Fluchthilfebewegung für Sklaven aus den Südstaaten. Der Blick von hier oben war schon toll, dachte er.

Doch bald wurde er von näherliegenden Dingen abgelenkt. Ein schwarzgelber Schmetterling tanzte schwerelos im Wind. Minutenlang folgte Pharoah fasziniert seinen Bewegungen, bis die aufkommende Sommerbrise ihn davontrug. Schon zogen die dicken Büschel weißer und lavendelfarbiger wilder Sommerblumen an den Schienen seine Aufmerksamkeit auf sich, und er bückte sich, um die zarten Blütenblätter zu berühren und die Triebe zu befingern, als wolle er sie vermessen. Er atmete den Duft der Waldanemonen ein und leckte dann einen salzigen Schweißtropfen auf, der ihm von der Stirn heruntergelaufen war. Die Luftfeuchtigkeit ließ ihn schon müde werden.

Lafeyette schubste seinen Bruder von hinten. «Hör auf!» quietschte Pharoah und schlug nach ihm wie nach einem lästigen Störenfried. Lafeyette holte nach Pharoah aus, doch der Kleinere hüpfte davon. Lafeyette lachte. Er konnte ziemlich grob sein in seinen Späßen und Pharoah damit nerven. Manchmal nannte ihre Mutter Lafeyette «Ärgernis», zum Beispiel: «Komm her, Ärgernis!» oder «Ärgernis, hör auf, deinen Bruder zu triezen!» Gutmütig ließ Lafeyette sich aufziehen.

Er drückte Pharoah eins von den vier Brecheisen in die Hand, die sie und ihre sechs Freunde mit auf das Viadukt hinaufgeschleppt hatten. Einmal nur hatten sie sich bisher auf diese Gleise hinaufgewagt, nur um sie zu erkunden. Damals hatten sie noch nichts Bestimmtes vorgehabt.

Die acht Jungen bildeten Zweiergruppen und versuchten, sich möglichst unhörbar zu bewegen; doch in der Aufregung wurden aus dem Flüstern schnell unterdrückte Ausrufe, während sie auf das hohe Unkraut einschlugen. Ein Junge balancierte auf einem Gleis entlang, seine jungen Gliedmaßen wanden und bogen sich mit jedem Windstoß. Seine Kameraden befahlen ihm herunterzukommen.

Pharoah hielt sich dicht bei seinem Vetter Leonard Anderson, von allen Porkchop genannt. Porkchop war etwas jünger als Pharoah und ungewöhnlich still und schüchtern, doch voller nervöser Energie und ständig in Bewegung. Er grinste lieber, als daß er sprach. Die Vettern waren unzertrennlich, und wenn sie sich nach der Schule trafen – sie besuchten verschiedene Schulen –, begrüßten sie sich oft mit einer herzlichen Umarmung.

Lafeyette blieb mit James Howard zusammen, einem engen Freund, der im selben Haus wohnte wie sie. Sie waren miteinander aufgewachsen und kannten sich gut, obwohl James, ein drahtiger, athletischer Junge, ein Jahr älter als Lafeyette und viel behender war. Er war auch unbeschwerter als Lafeyette; ein schalkhaftes Grinsen zog sich wie eine Mondsichel über sein ganzes Gesicht.

Lafeyette und James fanden, wie sie meinten, eine gute Stelle, einen kleinen Fleck kahler brauner Erde. Lafeyette stieß das kurze Ende des Brecheisens in den Boden, dann noch einmal und noch einmal. Mit jedem Stich des provisorischen Spatens gab die Erde nur ein paar Zentimeter nach. James kniete sich hin, und seine kleinen Hände legten ein paar weitere Zentimeter frei, wo Lafeyette mit der Brechstange vorgearbeitet hatte. Nichts.

«Aach», murmelte James sichtbar enttäuscht. «Hier oben ist ja gar nichts.» Und wieder kämpften sie sich geräuschvoll durch das Buschwerk.

Die Jungen suchten nach Schlangen. Noch eine ganze Stunde lang gruben sie ein Loch nach dem anderen in den harten Erdboden, fest entschlossen, nicht mit leeren Händen umzukehren. Sie hatten sich überlegt, eine Vipernatter wäre bestimmt ein schönes Haustier; denn weder beißt sie, hatten sie gedacht, noch wird sie zu lang. Die Idee zu dieser Stadtsafari war ihnen im vorigen Jahr gekommen, als ein älterer Freund namens William eine Vipernatter erwischt und allen Kindern stolz vorgeführt hatte. William erlaubte ihnen, sie anzufassen und zu halten und zu beobachten, wie sie sich über die braunen Linoleumfliesen in der Durchgangshalle ihres Hauses wand. Lafeyette hatte noch nie so ein Tier berührt, und er und die anderen hatten sich fasziniert um Williams Schlange geschart und ihre gelbschwarze Zeichnung und die vorschießende orangefarbene Zunge bewundert. William war einige Monate später gestorben, als ein Freund mit einem – wie er meinte, ungeladenen – Revolver herumspielte und ihm in den Hinterkopf schoß. Lafeyette erfuhr nie, was aus der Schlange geworden war.

Wie zu erwarten, förderte die Suche der Jungen wenig zutage. Sie hatten noch nie eine Schlange im Freien gesehen und wußten gar nicht, wo man suchen mußte. Doch sie fanden drei kleine weiße Eier auf der Erde liegen und diskutierten, ob sie kleine Reptilien enthielten oder Vögel. James entdeckte das einzige Tier des Nachmittags, eine dreißig Zentimeter lange Ratte. Schnüffelnd war sie an den Schienen entlanggelaufen, um vielleicht einen Schatz anderer Art aufzutreiben.

Pharoah und Porkchop war die fruchtlose Suche schon längst langweilig geworden, und sie waren zu einer Stelle weitergewandert, wo neben den Gleisen ein drei Meter hoher Berg aus alten Autoreifen aufgestapelt war. Die Vettern kletterten in den kurzen Reifentunnels herum. Porkchop, der Mutigere der beiden, stieg ganz oben auf den Haufen hinauf und sprang wie toll auf den Reifen herum. Pharoah stand daneben und sah dem Gekasper seines Vetters zu, bis ein Spatz mit scheinbar drohenden Loopings über seinem Kopf zu kreisen begann. Pharoah kreischte vor Angst und Vergnügen zugleich, während er versuchte, dem im Sturzflug angreifenden Tier auszuweichen.

Auch James hatte die Jagd aufgegeben. Er hangelte sich in einen leeren Güterwaggon auf einem der Seitengleise. Als Lafeyette ihm folgen wollte, bemerkte einer der Freunde, daß sich von der Stadt her ein Nahverkehrszug näherte. «Da kommt ein Zug!» schrie er. Hastig half James Lafeyette in den offenen Güterwagen hinauf, wo sie sich in eine dunkle Ecke drückten. Andere versteckten sich hinter den riesigen Rädern des Waggons. Pharoah und Porkchop warfen sich kopfüber ins wuchernde Unkraut und blieben reglos auf den Bäuchen liegen. «Still sein!» kam eine Stimme aus dem dichten Gebüsch. «Halt's Maul!» bellte eine andere.

Die Jungen hatten gehört, daß aus den getönten Fenstern der Vorortszüge geschossen würde, wenn jemand unbefugt die Gleise betrat. Als der Zug vorbeizischte, brach einer der Jungen in Tränen aus, denn sicher saßen Superschützen darin. Manche Pendler hingegen hatten ähnliche Gerüchte über die Kinder dieses Viertels gehört und befürchteten, wie Papplöwen in einer Schießbude von talentierten Heckenschützen als Zielscheibe benutzt zu werden. Manche setzten sich sogar von den Fenstern weg, solange der Zug durch Chicagos verwahrlosten Stadtkern fuhr. Für die Jungen wie für die Pendler war das Unbekannte der Feind.

Der Zug passierte ohne Zwischenfall, und bald waren die meisten Jungen zu James und Lafeyette in den Güterwaggon geklettert, saßen in der Türöffnung und ließen ihre schlaksigen Beine baumeln. Lafeyette und James kicherten leise über einen Witz, und ihre mageren Körper schüttelten sich vor Lachen.

Pharoah war zu klein, um sich auf die Ladefläche hinaufziehen zu können, deshalb kauerte er im Schneidersitz unweit davon im Unkraut und zupfte an den Pflanzen herum, die ihm jetzt bis zum Hals reichten. Er war tief in Gedanken versunken – in so geheime, phantasievolle Gedanken, daß er sie anderen kaum hätte mitteilen können. Er wollte gar nicht wieder weggehen von diesem Platz, dem süßen Duft der wilden Blüten und dem kreisenden Sperling. Es herrschte eine solche Ruhe hier, ein Frieden, der sich wie die geraden silbrigen Gleise bis zum Horizont erstreckte. Monate später, als die Erinnerung den Ort sanft überglänzte, gewann dieses Heiligtum für Pharoah noch an Bedeutung.

Keiner der Jungen war wirklich bereit, schon Schluß zu machen, doch die Sonne sank bereits, und bei Dunkelheit war es hier gefährlich. Widerstrebend sammelten sie ihre Brecheisen ein und rutschten den Hang hinunter. Lafeyette ergriff Pharoahs Hand, um die einzige belebte Straße zu überqueren, und sie machten sich auf ihren kurzen Heimweg.

ZWEI Die Kinder nannten ihr Zuhause «Hornets» oder öfter «*the projects*», das Sozialprojekt – oder einfach «*the jects*» (ausgesprochen *jets*). Pharoah nannte es «der Friedhof». Nie aber benutzten sie den vollständigen offiziellen Namen: *Governor Henry Horner Homes*.

Hier war nichts so, wie es sein sollte, sagten die Kinder immer wieder. Lafeyette und Pharoah wohnten am West Washington Boulevard 1920, obwohl ihr Hochhaus an der Lake Street stand. Ihr Gebäude hatte keinen geschlossenen Eingangsbereich; ein dunkler Tunnel, der dem Wind wie jedem Fremden freien Durchgang gewährte, durchzog das Erdgeschoß des Hauses. Mieter, die Sozialhilfe empfingen, ließen ihre Schecks an die nächste Wechselstube schicken, da sämtliche Briefkästen im Erdgeschoß des Hauses aufgebrochen waren. Und da die Korridore des Hauses auch tagsüber in Dunkelheit getaucht waren, hatten die Bewohner immer Taschenlampen bei sich; einige davon hatte eine Lokalpolitikerin während einer Wahlkampagne verteilt.

Auch der Sommer war nicht mehr, wie er sein sollte; er war zu einer tückischen Jahreszeit geworden.

Am 13. Juni, einige Wochen nach dem friedlichen Nachmittag auf dem Bahndamm, feierte Lafeyette seinen zwölften Geburtstag. In der sanften Nachmittagssonne sproß gelber Löwenzahn aus den Rissen der Fußwege, und aus den Fenstern blickten fröhliche Kindergesichter. Die Pappeln trugen grüne Blätter und die Kinder pastellfarbene Baumwollhemden und -hosen, die monatelang in den Schubladen gelegen hatten. Und wie die jungen Knospen an den Holzapfelbäumen belebten sich die Kinder mit dem Sommeranfang.

Lafeyette und seine neunjährige Cousine Dede tanzten über den abgetretenen Rasen vor dem Haus und skandierten dazu Rap-Verse von L. L. Cool J; rhythmisch bewegten sich ihre schmalen Hüften und dünnen Beine. Der Junge und das Mädchen waren unterwegs zu einer nicht weit entfernten Ladenzeile, wo Lafeyette sich für seine acht Dollar Geburtstagsgeld Kopfhörer kaufen wollte.

Plötzlich knallten Schüsse. Die erschreckten Kinder warfen sich zu Boden. «Laß den Kopf unten!» fuhr Lafeyette Dede an und zog ihr die rosa Nylonjacke über den Kopf. Wenn er sie nicht handgreiflich daran gehindert hätte, wäre sie vielleicht zu ihrem Haus hinübergerannt. Das war sehr gefährlich, wenn die Banden sich bekriegten. «Bleib unten», befahl er dem zitternden Mädchen.

Eine halbe Minute lang preßten die beiden sich an den kahlen Rasen, bis das Schießen aufhörte. Lafeyette hielt Dedes Hand, während sie vorsichtig und gebückt nach Hause liefen. Als sie es schließlich bis ins Haus geschafft hatten, fanden sich in Lafeyettes Hosentasche nur noch fünfzig Cents von seinem Geburtstagsgeld.

Wie Lafeyettes Sommer begann, so endete er auch: mit Schüssen. Für Lafeyette und Pharoah sollten sich diese wenigen Monate als eine sehr wacklige Brücke zum Jugendlichenalter erweisen.

Wenn die beiden Jungen während dieser Monate einen Wegweiser in ihrem jungen Leben hatten, so war das ihre Mutter, LaJoe. Mutter und Kinder verließen sich ganz aufeinander. Für ihre Mutter taten die Jungen alles.

LaJoe, eine zurückhaltende, leise sprechende Frau, war für ihre Herzlichkeit und Großzügigkeit nicht nur gegenüber ihren eigenen Kindern, sondern auch gegenüber deren Freunden bekannt. Obwohl sie selbst Sozialhilfe für Familien mit minderjährigen Kindern erhielt, klopfte so manche Nachbarin an ihre Tür, um eine Dose Suppe oder eine Tasse Mehl auszuleihen. Nie wies sie jemanden ab. LaJoe hatte oft Kinder bemuttert, die Rat oder Trost suchten, und viele junge Männer und Frauen nannten sie immer noch «Mom». Sie ließ so viele Menschen in ihre Wohnung – und sei es nur, um das Klo zu benutzen –, daß sie das Toilettenpapier in der Küche versteckte, weil es so oft gestohlen worden war.

Doch die *neighborhood,* die gierig ihre eigenen Kinder auffraß, hatte auch von LaJoe ihren Tribut gefordert. In den letzten Jahren hatte sie eine zunehmende Müdigkeit verspürt, wenn sie sich fragte, wie sie hier überhaupt ihre Kinder großziehen sollte. Sie machte nicht mehr jeden Morgen Frühstück für die Kinder, und es kam vor, daß die Jungen ihre Kleidung selbst in der Badewanne waschen mußten. Viele Erwachsene waren mit dem Viertel gealtert und sahen so verbraucht und leer aus wie die verlassenen Läden an der einst so belebten Madison Street. Mit Mitte dreißig waren viele Frauen schon Großmutter, Mitte vierzig Urgroßmutter. Sie ernährten und versorgten ihre Freunde und ehemaligen Freunde, ihre Söhne, Enkel und Urenkel.

In ihrer Jugend war LaJoe eine blendende Erscheinung gewesen, mit glatter, hellbrauner Haut und einem strahlenden, offenen Lächeln. Wenn sie ihr Haar zum Pferdeschwanz zusammenband, wirkte sie fast asiatisch, mandelförmige Augen blickten aus einem herzförmigen Gesicht. Mitte zwanzig war sie so hübsch, daß sie eine Zeitlang versuchte, als Mannequin Karriere zu machen. Jetzt war sie fünfunddreißig, und auf der Straße pfiffen die Männer immer noch hinter ihr her und lächelten sie an. Im Gegensatz zu vielen Frauen ihres Alters hatte sie kaum zugenommen, und ihr Gesicht mit den hohen Wangenknochen wirkte noch immer wie gemeißelt. Doch das Selbstvertrauen ihrer Jugend war verschwunden. Oft ließ sie die Schultern hängen, und manchmal wachte sie mit dunklen Ringen unter den Augen auf. Sie lächelte jetzt auch seltener.

LaJoe war dageblieben und Zeugin geworden, wie ihr Viertel langsam verfiel – wie viele andere, Henry Horner ähnliche Wohnviertel der Innenstadt in den letzten beiden Jahrzehnten. Erst floh die weiße Mittelschicht in die Vororte. Dann zog die schwarze

Mittelschicht in ungefährlichere Wohngebiete. Dann wechselten die Unternehmen den Standort, einige verlagerten sich in die Vororte, andere nach Süden. Im Laufe der letzten zehn Jahre hatte die Stadt ein Drittel der Fabrikarbeitsplätze eingebüßt, und es gab nur noch wenige Stellen für die Bewohner von Henry Horner. Offiziell wurde die Arbeitslosigkeit auf 19 Prozent geschätzt; vermutlich lag sie viel höher. Es gab Gegenden in Chicago, denen es noch viel schlechter ging als Horner, doch auf das langsame Sterben gerade dieses Viertels wurde oft öffentlich hingewiesen, denn es hatte einst zu den wohlhabendsten der Stadt gehört.

Ashland Avenue, ein sechsspuriger Boulevard unmittelbar westlich von Henry Horner, war nach Henry Clays Besitz in Kentucky benannt. Mitte des neunzehnten Jahrhunderts war es eine der elegantesten Verkehrsadern der Stadt, links und rechts gesäumt von Prachtvillen aus attischem Marmor, vornehmen Kirchen und exklusiven Clubs. «Die Leute promenierten auf den Trottoirs, um die Prominenz zu beäugen und selbst gesehen zu werden; um die eleganten Kutschen über den Asphalt des Boulevards rollen zu sehen und die jüngsten Schöpfungen der sich ständig wandelnden Mode zu besichtigen», berichtete ein Zeitungsartikel. Doch langsam wandelte sich das Viertel. In dem Maße, wie Einwanderer – vor allem Deutsche, Iren und osteuropäische Juden – sich in der Westside niederließen, verlagerte sich die glitzernde Schauseite der Stadt nach Osten zum See hin, unmittelbar nördlich des Loop in ein Gebiet, das jetzt als die «Prachtmeile» und als «Goldküste» bekannt ist.

Rasch verlor die Gegend um die Ashland Avenue ihren Glanz. Die Gründung des berühmten «Hull House» durch Jane Addams 1889 war ein Signal für den beschleunigten Niedergang der Westside. Es war eines der ersten sozialen Hilfswerke Amerikas, das den Armen der Gegend die verschiedensten Dienst- und Hilfeleistungen anbot und als ihr Anwalt auf dem Wohnungssektor, im Bereich der Krankenversorgung und des Kinderschutzes fungierte. Bald verwandelten sich die Herrenhäuser an der Ashland Avenue in Gewerkschaftszentren oder Pensionen für Besucher des billigen Vergnügungsviertels. Um 1906 war das Viertel noch weiter heruntergekommen, und fünf Prozent der Bevölkerung der Westside fielen der Tuberkulose zum Opfer. Damals eröffnete die Chicago Lung Association unter dem Namen «Chicagoer Tuberkulose-Institut» ihre Pforten in der Westside, wo sie sich heute noch befindet.

Der Verfall ist weitergegangen und tritt heute besonders kraß westlich von Horner zutage, in einem Stadtbezirk, der zusammen mit der Southside in den dreißiger, vierziger und fünfziger Jahren über eine halbe Million Schwarze aufnahm, die vom Süden her zuwanderten und die früheren Einwohner verdrängten. Western Avenue, heute eine Ansammlung von Schnellimbiß-Läden, Autowaschanlagen und kleinen Familiengeschäften, begrenzt Henry Horner nach Westen; doch diese Grenze hat insofern geringe Bedeutung, als es jenseits davon genauso schäbig aussieht. Schief und krumm wie Betrunkene neigen sich die baufälligen Zwei- und Dreifamilien-Mietshäuser. Viele der Gebäude stehen leer, ihr Inhalt liegt verstreut auf dem Bürgersteig herum.

Für LaJoe war das Viertel zu einem schwarzen Loch geworden. Es fiel ihr leichter aufzuzählen, was fehlte, als was es gab. Es gab keine Banken, nur Wechselstuben, die ihre Kunden mit bis zu acht Dollar für jeden eingelösten Sozialhilfe-Scheck zur Kasse baten. Es gab keine Bibliothek, kein Kino, keine Eis- oder Rollschuhbahn und keine Bowlingbahn für die Kinder der Nachbarschaft. Für die Kranken gab es zwei Kliniken, das Mary Thompson Hospital und das Miles Square Health Center; sie beide bewegten sich am Rande des Bankrotts und schlossen Ende 1989 ihre Pforten. Dennoch war die Sterblichkeitsrate bei den Neugeborenen höher als in zahlreichen Ländern der Dritten Welt, höher als in Chile, Costa Rica, Kuba oder der Türkei. Und trotz des überhandnehmenden Drogenmißbrauchs gab es kein Rehabilitationszentrum.

Laut einer Studie von 1980 über den 27. Wahlbezirk – ein politisches, graphisch ironischerweise die Gestalt einer Pistole aufweisendes Gebilde, zu dem außer Henry Horner auch Rockwell Gardens gehörte, ein kleinerer, doch nicht weniger abschreckender

Komplex von Sozialwohnungen – lebten hier 60110 Menschen; 88 Prozent waren Schwarze, davon 46 Prozent unter der Armutsgrenze. Die Gegend war so heruntergekommen, daß Mutter Teresa nach ihrem Besuch 1982 einige ihrer «Missionarinnen der Liebe» zum Arbeitseinsatz nach Henry Horner schickte. Sie hatten eine Suppenküche eröffnet, eine Zufluchtsstätte für Frauen und Kinder und ein Betreuungsprogramm für Schulkinder eingerichtet. Statt früher dreizehn sozialen Einrichtungen gab es jetzt nur noch drei: Mutter Teresas Missionsschwestern, den *Boys Club* und den Wohlfahrtsverband *Chicago Commons Association*. Die letzten beiden organisierten Freizeitprogramme, boten Nachhilfe, Beratung und Tagesheimplätze, verfügten jedoch nur über begrenzte Mittel. Ein Programm von Chicago Commons mit der Bezeichnung «Bessere Zeiten für die Jugend» zielte auf Kinder unter dreizehn, die Probleme mit der Schule oder mit der Polizei hatten, doch das Geld reichte nur für die Betreuung von jeweils achtundzwanzig Kindern.

Manchmal dachte LaJoe, die Stadtspitze habe sie gänzlich aufgegeben. Eine Reklametafel in der Siedlung warnte: NADELN TÖTEN. Früher einmal hatte es geheißen: DROGEN TÖTEN.

Und trotz der geringen Entfernung – nur anderthalb Kilometer – zum geschäftigen, blühenden *downtown* Chicago fühlten sich LaJoe und ihre Freunde hier ganz verlassen. Horner lag so nahe am Geschäftsviertel der Stadt, daß Touristen vom Aussichtsgeschoß des Sears Tower aus hätten sehen können, wie Lafeyette sich an seinem Geburtstag vor den Schüssen duckte. Doch wer in der City lebte, hatte keinen Grund, an den Ghettokasernen vorbeizufahren, es sei denn zu einem Basketball- oder Hockeyspiel im Chicago-Stadion einen Block weiter.

Die Isolation wurde erheblich verschärft durch die Tatsache, daß fast die Hälfte der Familien in Henry Horner – darunter auch die Rivers – kein Telefon hatten. Auch untereinander spürten die Bewohner einen Mangel an Kontakten; es gab wenig Gemeinschaftssinn in Horner und noch weniger Vertrauen. Einige Bewohner zum Beispiel, die kein eigenes Telefon besaßen, kannten niemanden in ihrem Hochhaus, bei dem sie schnell einmal hätten telefonieren dürfen. Einige Nachbarn erlaubten ihren Kindern nicht, draußen zu spielen. Eine Mutter schob alle Möbel im Wohnzimmer an die Wand, um einen sicheren Freiraum für ihre Kinder zum Herumtollen zu schaffen.

Doch sosehr die Isolation und der physische Ruin der Läden und Häuser der Gegend LaJoe auch bedrückten – am tiefsten enttäuscht war sie von ihrer Familie. Nicht, daß sie beides voneinander hätte trennen können. Manchmal machte sie die Umgebung für die Probleme ihrer Kinder verantwortlich; zu anderen Zeiten wieder sah sie den Grund für den Niedergang des Viertels in der Veränderung der Menschen, der Zunahme von Drogen und Gewalt.

Ihre drei ältesten Kinder, denen sie ihrer Meinung nach alles gegeben hatte, was in ihren Kräften stand, hatten durchweg versagt. Alle hatten die Schule abgebrochen. Alle waren mindestens einmal im Gefängnis gewesen. Alle hatten sich mit Rauschgift eingelassen. Die älteste, LaShawn, eine schlanke Zwanzigjährige, hatte so zarte Gesichtszüge, daß manche sie «China Doll» nannten. Sie arbeitete gelegentlich als Prostituierte, um ihren Drogenkonsum zu finanzieren. Der nächste, der neunzehnjährige Paul, der den Namen seines Vaters trug, hatte in Indiana wegen Einbruchs im Gefängnis gesessen. Der jetzt siebzehnjährige Terence hatte LaJoe die schlimmsten Unannehmlichkeiten bereitet und war wegen ihrer ungewöhnlich engen Beziehung zu ihm auch ihre größte Enttäuschung. Mit elf Jahren hatte er angefangen, mit Drogen zu handeln, und befand sich seither nur allzu häufig in Konflikt mit dem Gesetz.

Außerdem hatte LaJoe noch die vierjährigen Drillinge Timothy, Tiffany und Tammie. Die beiden Mädchen waren einander so ähnlich, daß nicht einmal ihr Vater sie auseinanderhalten konnte.

Alle acht Kinder hatten denselben Vater, Paul, mit dem LaJoe seit siebzehn Jahren verheiratet war. Doch die beiden liebten sich schon längst nicht mehr, und Paul wohnte nur noch sporadisch zu Hause.

Für Lafeyette und Pharoah sollte es anders sein, wünschte LaJoe sich – anders, als es für ihre drei Ältesten gewesen war, und anders, als sie selbst es erlebt hatte.

Da ihr Mann kaum noch auftauchte, war Lafeyette zu LaJoes Vertrautem geworden. Sie stützte sich auf ihn – und die jüngeren Kinder ebenfalls. Lafeyette beaufsichtigte Pharoah und die Drillinge. Er ließ nicht zu, daß ihnen irgend etwas passierte. Er war ein sorgenfreies Kind gewesen, sogar ein kleiner Komödiant. Für ein Foto steckte sich der Vierjährige eine dicke Zigarre in den Mund und drückte sich einen blauen Schlapphut auf den kleinen Kopf. Es war Weihnachten, und Lafeyettes Vettern und Cousinen, die sich auf dem Foto hinter ihm drängten, schienen sich über seinen Blödsinn zu amüsieren. Als er älter war, etwa acht oder neun, sprang er allein in den Bus an der Madison Street, um seine Großmutter zu besuchen, die weiter im Westen eine Wohnung hatte. Er malte sehr gern, meistens Bilder von Superhelden. Er brüstete sich damit, sein Name prange in allen sieben Etagen ihres Hauses. Er sprudelte nur so vor Schwung und Energie.

Doch im Laufe des letzten Jahres hatte Lafeyette sich irgendwie verändert, fand LaJoe. Im letzten Frühjahr war er erwischt worden, als er in der Stadt in einem Walgreen-Geschäft Bonbons klaute. Das war das erste Mal, daß er in Schwierigkeiten geraten war. Er hatte sich mit Keith herumgetrieben, einem Jungen, der bei den Kindern der Umgebung für seine Begabung bekannt war, in den Kaufhäusern der Innenstadt teure Parfümflakons aus den Auslagen mitgehen zu lassen. Lafeyette bekam einen Platz im «Bessere Zeiten für die Jugend»-Programm von Chicago Commons. Als eines der ersten Kinder, die an dem neuen Halbjahresprogramm teilnahmen, erhielt Lafeyette neben Hilfe bei den Hausarbeiten auch Beratung. Keith zog aus Chicago weg, und Lafeyette freundete sich mit einigen Mitarbeitern von Chicago Commons an; auch nach Beendigung des Programms besuchte er sie gelegentlich noch.

Lafeyette lachte noch immer und spielte mit Pharoah und seinen Freunden, aber er konnte auch herrschsüchtig sein und den jüngeren Bruder und die Drillinge großspurig und mit der Heftigkeit eines jähzornigen Erwachsenen herumkommandieren. Er hatte das Temperament seiner Mutter geerbt und konnte im Handumdrehen über die Jüngeren herfallen. Nicht etwa, daß Lafeyette sich nicht mit ihnen vertragen hätte; der Grund war, daß er sich Sorgen um sie machte wie ein Vater um seine Kinder. Er tadelte sie, wenn sie sich mit den falschen Leuten herumgetrieben oder sich aus seiner Sichtweite entfernt hatten. Er machte sich fast zu viele Gedanken über alles und jeden. Manchmal war sein schmales, hübsches Gesicht von der Anspannung der Verantwortung gezeichnet; dann verhärtete es sich wie eine Faust und sah aus, als würde er nie wieder lächeln. Er schob seine Lippen vor und preßte die Kiefer zusammen; unter den schweren Lidern blickten seine tiefliegenden Augen starr geradeaus. Sein Gesicht verriet so wenig, dachte seine Mutter, und doch so viel.

Pharoah war da anders, er unterschied sich nicht nur von Lafeyette, sondern auch von den anderen Kindern. Er hatte nicht viele Freunde, wenn man einmal von Porkchop absah, der ihm stets auf den Fersen folgte. Seinen Namen hatte LaJoe ausgesucht, aber wie den seines Bruders in eigenwilliger Schreibweise. Damals kannte LaJoe die Geschichte von Moses und dem Pharao noch nicht, und als sie viel später davon erfuhr, lachte sie. Pharoah war alles andere als ein König.

Pharoah hielt so entschlossen an seiner Kindheit fest wie ein Tiger, der ein Stück Fleisch gepackt hat. Er war nicht bereit loszulassen. Nichts und niemand würde sie ihm wegnehmen. Mit zwei Jahren lief er nackt durch die Wohnung, manchmal nur mit weißen Schuhchen bekleidet. Mit vier oder fünf erklärte er LaJoe, er wolle an einem See leben, damit er immer den Wind auf seinem Rücken spüren könne. Als er fünf war, hatte er einen imaginären Freund, Buddy, mit dem er im Kinderzimmer spielte und sich unterhielt. Oft verlor Pharoah sich so tief in seinen Tagträumen, daß LaJoe ihn schütteln mußte, um ihn aus den Höhenflügen seiner Phantasie zurückzuholen. Mit diesen Ausflügen in ferne Länder und zu anderen Menschen schien Pharoah sich die Häßlichkeit seiner Umgebung vom Leibe zu halten.

Jetzt, mit neun Jahren, kicherte Pharoah beim kleinsten Scherz und weinte beim geringsten Anlaß. Seit kurzem stotterte er ein wenig, und das ließ ihn noch verwundbarer erscheinen. Er hörte neuerdings gern klassische Musik im Radio: Sie beruhige ihn, sagte er. Er spürte, daß seine Verspieltheit die Erwachsenen freute, und so neckte er sie oft und wurde wiedergeneckt. Er brauchte Anerkennung, mußte wissen, daß er gebraucht wurde. Mit acht Jahren hatte er seiner Tante LaVerne, einer Schwester von LaJoe, einen kurzen Brief geschrieben:

Jan. 1986
Pharoah Rivers
Ich liebe dich liebst du mich. Du bist meine liebste tante verny. Ich hab dich sehr lieb. Die Menschen die ich liebhab.

Verny
Großmutter
Linda
Randy
Mama
Papa
Brüder
Schwestern
Cousinen
Cousins
Tante

«Oh, dieser Pharoah», pflegten Familienmitglieder und Nachbarn zu LaJoe zu sagen und irgendeine reizende kleine Szene zu schildern, an der der Neunjährige beteiligt war. Alle liebten ihn.

Pharoah erzählte gern allen, er sei grobknochig «wie meine Mama», obwohl sie in Wirklichkeit eine kleine Frau war. Er hatte LaJoes offenes, herzliches Lächeln und war wie seine Mutter, die nur 1,55 Meter maß, so klein, daß LaJoe ihn noch mit neun oder zehn als Fünfjährigen durchgehen lassen konnte, um das Fahrgeld für den Bus zu sparen.

Wenn die Erwachsenen Lafeyette hübsch fanden, so galt Pharoah als süß. Die Frauen zogen die beiden auf und sagten, sie würden bestimmt noch Herzensbrecher. Der Jungenclub des Viertels benutzte ein Foto von Pharoah in einer seiner Broschüren, mit der er um Spenden warb. Auf dem Bild sah man Pharoah neben vier weiteren Jungen in Paradeuniform mit Mütze, um den Hals gehängt eine Trommel, die fast größer war als er selbst. Den Kopf hatte er, wie er es oft tat, für die Kamera zur Seite geneigt und grinste vergnügt; wahrscheinlich wußte er, daß er in dieser Pose noch niedlicher aussah.

Die Jungen vertrugen sich gut, und dafür war LaJoe dankbar. Die beiden hatten ein gemeinsames Zimmer und gingen meist morgens zusammen zur Schule. Manchmal war Lafeyette grob zu Pharoah oder stieß ihn zurück, doch LaJoe wußte, wenn Pharoah seinen älteren Bruder brauchte, war der zur Stelle. Als der Ältere und Größere bot er Pharoah einen gewissen Schutz vor den robusteren Rabauken der Nachbarschaft.

Es war LaJoe bewußt, daß Lafeyette und Pharoah wie Millionen anderer Kinder in den amerikanischen *inner cities* lebten. Ihr war klar, daß sie nicht allein stand mit ihrem Kampf, daß auch andere Frauen in anderen Städten mit ansehen mußten, wie ihre Kinder zu schnell alt wurden. Sie hatte von Müttern gehört, die mit ihren Familien nach Milwaukee oder in Vororte zogen, die zum Teil noch ärmer waren als Henry Horner, um nur irgendwie der Brutalität der *neighborhood* zu entfliehen. Doch letzten Endes, erfuhr LaJoe in fast jedem Fall, sahen sich diese Familien auch dort mit demselben Maß an Skrupellosigkeit konfrontiert wie in Chicago.

Das sollte Lafeyette und Pharoah nicht passieren, hatte sie sich geschworen. Es durfte einfach nicht geschehen. Sie sollten eine Kindheit haben. Sie sollten die Unschuld und den Übermut der Jugend genießen dürfen und lernen, was Schule und Familie fürs Leben bedeuteten. Sie würden die High School mit einem Diplom abschließen. Sie würden hier wegziehen. Sie würden Jobs finden und Familien gründen. Die Fehler, die sie bei den älteren

Kindern gemacht hatte, würde sie bei den Jüngeren ganz bestimmt nicht wiederholen.

Doch im Sommer 1987, als Drogen und die damit verbundene Gewalt die Siedlung heimsuchten, lebte sie Tag für Tag in der Angst, ihren jüngeren Kindern könnte etwas zustoßen. Obwohl sie nie ein Wort darüber verlor, hatte sie Angst, sie könnten ihren achtzehnten Geburtstag nicht erleben. Zu vielen war es so ergangen. Im selben Jahr waren bereits siebenundfünfzig Kinder in der Stadt umgekommen. Fünf hatten in den Horner Homes ihr Leben verloren, darunter ein Acht- und ein Sechsjähriger durch Rauchvergiftung, als die Feuerwehrleute bei einem Brand die vierzehn Stockwerke zu ihrer Wohnung hinaufsteigen mußten, weil beide Aufzüge des Hauses kaputt waren. Lafeyette und Pharoah hörten von mehr Beerdigungen als Hochzeiten.

Deshalb wollte LaJoe in jenem Sommer für das Schlimmste gerüstet sein. Sie begann, monatlich achtzig Dollar für eine Bestattungsversicherung für Lafeyette, Pharoah und die vierjährigen Drillinge einzuzahlen.

Lafeyette hatte seiner Mutter versprochen, er würde dafür sorgen, daß Pharoah nichts passierte. Doch einen kurzen Augenblick lang glaubte er schon, ihn verloren zu haben.

Drei Tage nach Lafeyettes Geburtstag hallten wieder Schüsse durch die Luft. Es war nachmittags um halb drei. Die Schule war gerade zu Ende. Während Lafeyette und seine Mutter den Drillingen hastig befahlen, sich im engen Flur ihrer Wohnung auf den Boden zu kauern – was diese mittlerweile schon fast instinktiv befolgten –, sahen sie bei vorsichtigen Blicken aus den Fenstern junge Schützen mit Pistolen fuchteln. Einer der Jugendlichen schleppte sogar eine Maschinenpistole.

Der Streit hatte damit begonnen, daß zwei rivalisierende Rauschgift-Banden von einem Hochhaus zum anderen aufeinander feuerten.

Von ihrer Erdgeschoßwohnung aus hielt Lafeyette, der an diesem Tag früh aus seiner fünften Klasse nach Hause gekommen war, ungeduldig Ausschau nach Pharoah, denn schon strömten die Kinder aus der nur einen Block entfernten Henry-Suder-Grundschule. Viele Kinder liefen aufgeregt geradewegs auf die Schießerei zu. Lafeyette und seine Mutter schrien den Kindern zu, sie sollten umkehren, doch die hasteten weiter schutzsuchend zu ihren Häusern hin.

Endlich entdeckte Lafeyette seinen Bruder: Erst rennend, dann langsamer suchte er Schutz hinter Bäumen und Zäunen. Doch dann verlor er ihn aus den Augen. «Mama, laß mich ihn holen. Laß mich raus!» bettelte Lafeyette. Er hatte Angst, Pharoah könnte direkt in die Schußlinie laufen. Später erklärte Pharoah, er habe gelernt, daß man nach rechts und links sehen müsse, und sei deshalb langsamer gegangen. «Meine Mama hat mir gesagt, wenn man Schießen hört, soll man erst mal langsam gehen, weil man nicht weiß, woher die Kugeln kommen», sagte er. LaJoe erlaubte Lafeyette nicht, seinen Bruder hereinzuholen. Sie konnte nicht einmal selbst hinausgehen. Immer noch krachten die Schüsse.

Lafeyettes Freund James, der hinter einem Baum in der Nähe gehockt hatte, sprintete auf die Wohnung der Rivers zu. Pharoah sah ihn und rannte ebenfalls los. Wild hämmerten die beiden mit ihren Fäusten an die Metalltür. «Laßt uns rein!» jammerte James. «Laßt uns rein! Wir sind es, James und Pharoah!» James' Herz hämmerte so laut, daß er es über all dem Lärm hören konnte. Aber bei dem Krach vernahm niemand ihre verzweifelten Bitten, und die beiden hetzten weiter die Treppe hoch zur Wohnung eines Freundes.

Währenddessen hatten die Polizisten, die anfangs gemeint hatten, sie selbst seien die Zielscheiben der Schießerei, in ihren Autos und in der Durchgangshalle des Hauses Deckung gesucht. Passanten lagen reglos auf dem Boden, geschützt von parkenden Fahrzeugen und dem Stand eines Eisverkäufers. Und dann, so schnell wie es begonnen hatte, war das Gefecht plötzlich zu Ende. Wunderbarerweise war niemand verletzt worden. Später erfuhr Lafeyette, daß eine verirrte Kugel das Fenster eines Freundes im dritten Stock mit solcher Kraft durchschlug, daß sie auch noch eine Schranktür durchdrang und in der Schlackensteinwand steckenblieb.

Die Polizei nahm niemanden fest. Und als ein Reporter am nächsten Tag im Polizeipräsidium anrief, hieß es, über eine Schießerei liege kein Bericht vor.

Aber Lafeyette wußte Bescheid. Pharoah auch.

DREI Obwohl sie damals erst vier Jahre alt war, erinnerte LaJoe sich genau an den Tag, an dem sie mit ihrer Familie in die Henry Horner Homes gezogen war. Das war am 15. Oktober 1956, einem Montag.

Die ganze Anlage war so neu, daß einige Gebäude noch nicht ganz fertig waren. Wo Fußwege hätten sein sollen, verliefen morastige Pfade. Eine dünne, verzogene Holzplatte ersetzte die fehlenden Stufen.

Aber für LaJoe und ihre Brüder und Schwestern sah alles blendend schön aus. Die nagelneuen Ziegelsteine leuchteten in sattem Dunkelrot und fühlten sich glatt und gut an. Die sauberen Fenster reflektierten den Stand der Sonne mit einem Schimmern und Blinken, daß das Haus wie verzaubert wirkte. Selbst die beiden unfertigen Häuser, eins im Westen und eins im Süden, machten mit ihren nackten Betongerüsten einen imposanten Eindruck.

Alles war ruhig und friedvoll; es gab nicht einmal Passanten. An diesem ungewöhnlich warmen Herbsttag – um die Mittagszeit erreichte das Thermometer 21 Grad Celsius – konnte LaJoe sogar das schrille Gezeter der Spatzen hören. Das Haus West Washington Boulevard 1920 stand leer. Sie waren die erste Familie, die eine der fünfundsechzig Wohnungen bezog.

LaJoes Vater, Roy Anderson, parkte das Auto mit dem Anhänger direkt am Hintereingang des Hauses. Er war ein Mann von derber Schönheit, sein stahlharter Blick täuschte über sein leutseliges Wesen und seine Kinderliebe hinweg. Er und seine Frau Lelia Mae hatten diesen Umzug mit Ungeduld erwartet. Sie hatten mit ihren dreizehn Kindern, darunter drei Zwillingspaare, eine geräumige Sechszimmerwohnung bewohnt, doch die kohlebeheizten Räume wurden im Winter so kalt, daß oft genug die Wasserrohre einfroren. An solchen Tagen mußten sie ihr Wasser vom Feuerwehrhydranten holen. Die Wohnung lag über einer Baptistenkirche, und zu bestimmten Zeiten waren sämtliche Räume vom Gejammer einer Beerdigung oder den Freudengesängen anläßlich einer Taufe erfüllt. Das Gebäude neigte sich leicht nach Osten, und jedesmal, wenn ein Lastwagen vorbeifuhr, zitterten die Böden und Wände so heftig, daß die verängstigten Kinder manchmal dachten, das ganze Haus würde zusammenbrechen.

Lelia Mae und Roy schien ihre Wohnung in der Southside durchaus angemessen. Sie beide stammten aus den Hütten und Baracken des Südens. Lelia Mae war 1937 im Alter von zwanzig Jahren aus Charleston in West Virginia weggezogen. Ihr Vater war Bergmann gewesen und in seiner Freizeit Prediger der Ebenezer-Baptistenkirche. Sie strebte nach Chicago, denn sie hatte gehört, dort könne man gutes Geld verdienen. Ihre ältere Schwester, die einige Jahre früher nach Chicago gezogen war, versprach Lelia Mae, ihr eine Stelle in der Wäscherei zu besorgen, wo sie arbeitete. In Chicago lernte Lelia Mae, die geschieden war und schon ein Kind hatte, bald ihren zweiten Mann Roy kennen; er arbeitete in einem der zahlreichen Stahlwalzwerke der Stadt. Roy stammte aus Camden in Arkansas, wo sein Vater Geistlicher einer Baptistenkirche gewesen war. Roy machte sich gern schick; sein Markenzeichen war ein kleiner Stetson, der mit erstaunlicher Selbstverständlichkeit auf seinem großen, würdigen Schädel balancierte.

Die beiden hatten ihre Kinderschar in der Wohnung über der Kirche aufgezogen, doch das Haus sollte abgerissen werden, um Platz für ein Universitätsgebäude zu machen, einen Teil des neuen Illinois Institute of Technology, und sie mußten umziehen. Man bot ihnen die Möglichkeit, eine Sozialwohnung zu beziehen, denn damals errichtete man gerade großartige Prachtbauten für das städtische Proletariat der Nation.

Mitte und Ende der fünfziger Jahre schossen im ganzen Land von der öffentlichen Hand finanzierte Hochhauskomplexe aus dem Boden wie Löwenzahn in einem regenreichen Frühling. 1949 hatte der Kongreß, um der Nachkriegswohnungsnot Herr zu werden, Kredite und Zuschüsse für den Bau von 810 000 Wohnungen mit Niedrigmieten im ganzen Land freigegeben. Dies sah man damals als eindrucksvolles Bemühen, den weniger Glücklichen ein Dach über dem Kopf zu bieten.

Doch die heftigen Auseinandersetzungen gleich zu Beginn des Programms waren ein schlechtes Omen für die Zukunft. Weiße Politiker wollten weder arme noch schwarze Familien in ihren Gemeinden haben und bekämpften die öffentlich finanzierten Wohnungsprojekte. In über siebzig Gemeinden erzwangen Gegner des sozialen Wohnungsbauprogramms Volksentscheide darüber. In Kalifornien änderten die Wähler die Verfassung dahingehend ab, daß alle Sozialwohnungsprojekte ihrer Zustimmung bedurften. In Detroit wurde ein Bauprogramm von 14 350 Wohneinheiten zusammengestrichen, als ein Gegner des Projekts Bürgermeister wurde. Auch in Chicago gab es eine heftige Opposition. Zuerst brachten die Stadträte die Landesregierung durch entsprechenden Druck dazu, ihnen die Auswahl der Bauplätze zuzugestehen – eigentlich das Recht der örtlichen Wohnungsbaubehörde.

Dann mietete eine Gruppe von Stadträten, die sich nicht zu schade waren für kleinliche Rachsucht, einen Bus für eine Stadtrundfahrt, um potentielle Bauplätze auszusuchen. Während der Busfahrt erzählten sie Reportern, sie hätten vor, sich an der Chicagoer Wohnungsbaubehörde und den sieben Stadträten zu rächen, die das Sozialprojekt unterstützten, und suchten Plätze in Stadtvierteln aus, in denen diese Politiker kandidierten. Wie Teenager, die jemandem eins auswischen wollen, kamen sie auf die unverschämtesten Ideen – unter anderem fiel ihre Wahl auf die Tennisplätze der Universität von Chicago sowie auf ein Grundstück direkt zwischen den Fahrspuren einer der wichtigsten Schnellstraßen der Stadt. Die Botschaft war unmißverständlich: Die Chicagoer Baubehörde und ihre liberalen Unterstützer sollten ruhig Sozialwohnungen bauen, doch nicht in ihrem Revier.

Letzten Endes wurden die Siedlungen dann nicht an diesen Stellen gebaut, sondern an den Rändern der Schwarzenghettos der Stadt. Statt Alternativen zu mittlerweile unhaltbaren Lebensbedingungen zu bieten, verankerten die neuen Sozialwohnungskomplexe die bestehenden Slums. Und da nur sehr wenige Bauplätze zur Verfügung standen, hatte die Baubehörde keine Wahl, sie mußte in die Höhe bauen statt in die Breite. So wuchsen die Ghettos zum Himmel, und die Sozialsiedlungen wurden zu einem Bollwerk städtischer Rassentrennung.

Im stadtnahen Bereich der Westside, an der Peripherie eines der Schwarzenghettos der Stadt, entstanden die Henry Horner Homes. Dieser Komplex aus sechzehn Hochhäusern trug den Namen eines Gouverneurs von Illinois, der besonders bekannt war für seine blinde Begeisterung für Abraham Lincoln und seinen Hang, den Parteiapparat der Chicagoer Demokraten zu behindern.

Die Bauten wurden billig hochgezogen. Es gab nichts, was den Namen Hausflur verdient hätte, nur zugige Durchgänge. Es gab kein Kommunikationssystem zwischen der offenen Eingangshalle und den Mietern. In Chicagos kalten Wintern froren die Kabel der Aufzüge ein; allein in einem Jahr mußte die Wohnungsbaubehörde über 1500 Aufzugreparaturen durchführen lassen. Und dies betraf nur eine einzige Wohnsiedlung.

Die Müllschluckerschächte in allen Gebäuden waren zu eng, um den Müll aller Mieter zu bewältigen. Die Warmwasserversorgung brach ständig zusammen. Es gab zu wenig Anschlüsse für Deckenbeleuchtungen und zu wenige Steckdosen in den Wohnungen. Und der Medizinschrank im Badezimmer jeder Wohnung ließ sich nicht nur leicht herausnehmen, er war sogar mit dem der Nachbarwohnung verbunden. Im Laufe der Jahre sind Leute bestohlen, angegriffen und sogar ermordet worden von Eindringlingen, die durch ihren Medizinschrank eingestiegen waren.

Eine Gruppe sowjetischer Baufachleute besichtigte Henry Horner 1955 noch während der Bauphase und war entsetzt darüber, daß die Wände in den Wohnungen aus Schlackensteinen bestanden. Man könnte die Wände doch verputzen, meinten sie. «In Moskau würden wir gefeuert, wenn wir solche Rohbauwände hinterließen», äußerte I. K. Kozvilia, sowjetische Ministerin für Städtebau, gegenüber Lokalreportern.

«Bei uns in Amerika», kommentierte *The Chicago Daily News* am nächsten Tag hochmütig, «haben wir wenig Sinn für Luxus beim Bau von subventionierten Niedrigpreis-Wohnungen.» Kein Wunder, daß ein Bericht der Washingtoner Bundesregierung über Sozialwohnungen dreizehn Jahre später Henry Horner und die anderen Sozialsiedlungen der Stadt als «an riesige Aktenschränke erinnernd» charakterisierte, «mit einzelnen Fächern für jeden menschlichen Haushalt».

Doch an diesem Tag empfanden LaJoe und ihre Geschwister nur überschäumende Freude beim Anblick ihres neuen Zuhauses. Schließlich war es beträchtlich hübscher, solider und wärmer als die Wohnung, aus der sie gerade ausgezogen waren. Bevor ihr Vater noch den gemieteten Anhänger entladen und seinen Kindern den vorerst für die Küche vorgesehenen Picknicktisch anreichen konnte und die Feldbetten, die er bald durch Stockbetten zu ersetzen dachte, rannten sie schon in das soeben fertiggewordene Gebäude. Er und seine Frau konnten nur lächeln über die Aufregung der Kinder.

LaJoes damals siebenjährige ältere Schwester LaGreta drängte die Geschwister in die Wohnung. Unter glücklichem Gekicher jagten sie den Flur entlang und zählten die fünf Schlafzimmer. Sie waren tief beeindruckt von der Größe der Wohnung; der Flur schien sich endlos hinzuziehen, ein Raum folgte dem anderen. Mehr noch, die frisch gestrichenen Wände blinkten in glänzendem Weiß, und selbst die braunen Linoleumfußböden schimmerten. Die Jüngeren fanden die offenen Schränke einladend gemütlich; LaJoes kleine Zwillingsbrüder spielten den größten Teil des ersten Tages in einem davon. Und die älteren Kinder begriffen schnell, daß sich die Fenster der Erdgeschoßwohnung als Ein- und Ausstieg eigneten, ein Weg, den sie dann als Teenager benutzten, wenn sie unbemerkt von ihrer Mutter verschwinden wollten.

In jenen Anfangsjahren ging es den Kindern von Horner gut. LaJoe und LaGreta wurden Mitglieder bei den Pfadfinderinnen. Sie gingen zum Tanzen und zu Rollschuhparties im Kellergeschoß ihres Hauses. Begeistert ergriffen sie Besitz vom neuen Spielplatz, prächtig ausgestattet mit Schaukeln, Rutschen und einem Klettergerüst. Ihre Brüder tummelten sich auf dem Rasen des regelmäßig gemähten Baseball-Spielfelds der Siedlung.

Sie alle verbrachten viel Zeit im nagelneuen Boys Club, der über eine Turnhalle und später auch über eine Schwimmhalle in Olympiaformat verfügte. Freitags abends ging die ganze Familie hin und aß dort fritierten Fisch. LaJoe trat in das 250 Mann starke Trommler- und Bläser-Corps ein; diese Gruppe war so beliebt bei den Kindern der Gegend, daß manche über drei Kilometer lange Wege auf sich nahmen, um mitzumachen. Die marschierenden Teenager in ihren weißen Hemden, schmalen schwarzen Krawatten und schwarzen Jacketts waren ein vertrauter Anblick bei den Stadtparaden.

Auch von der Politik blieben die Anderson-Kinder nicht unberührt. Ihre Mutter war im Ortsverband der Demokratischen Partei aktiv, und Politiker vom Stadtrat bis zum Senator der Vereinigten Staaten besuchten die Siedlung und gelegentlich auch Andersons Wohnung. Gewählte Politiker kümmerten sich um die Belange der Menschen. Sie mußten es – die Leute waren gut organisiert. In den sechziger Jahren gründeten Bewohner des Viertels die *Miles Square Federation,* die mit großem Einsatz für bessere Schulen und Polikliniken kämpfte. Die Chicagoer Zentrale der Schwarzen Panther befanden sich nur wenige Straßen von Horner entfernt, und wenn Martin Luther King Jr. in die Stadt kam, predigte er in der First Congregational Baptist Church.

Geprägt von starkem Gemeinschaftssinn, gefördert von den Programmen des Jungenclubs und anderer Wohlfahrtseinrichtungen, konnte die Henry-Horner-Siedlung durchaus Erfolgsstories vorweisen: den Geschäftsführer einer der 500 erfolgreichsten Firmen Amerikas, den Rektor einer der besten kirchlichen Privatschulen, den ärztlichen Direktor eines Krankenhauses in der Nachbarschaft und einen Professor an einer der Chicagoer Universitäten.

An jenem ersten Tag in Horner empfand die Familie Anderson nur Hoffnung und Stolz. Die Zukunft schien hell, der gegenwärtige Augenblick besonders für die Kinder fast ein Moment der Glückseligkeit. Lelia Mae backte zur Feier des Tages Krapfen und spielte den ganzen Abend lang auf ihrer Hi-Fi-Anlage Platten von Sam Cooke und Nat King Cole. Später lagen die Schwestern hinten in ihrem Zimmer auf den schmalen Feldbetten und sahen aus dem Fenster. Da noch niemand außer ihnen im Haus wohnte und es erst wenige Straßenlaternen gab, konnten sie ganz klar den Mond und die Sterne sehen. Sie hatten ihr eigenes Fenster zum Universum.

LaJoe klammerte sich an diese frühen Erinnerungen, denn seither hatte sich so vieles zum Schlechten verändert. Anfang der siebziger Jahre hatte die Wohnungsbaubehörde kein Geld mehr, um die Wohnungen zu tünchen. Die Schlackensteinwände waren und blieben fleckig und schmutzig. Die Ziegelsteine blichen aus. Die Fenster waren von einer so dicken Schmutzschicht überzogen, daß sie kaum noch etwas reflektierten. 1975 erdrosselte ein bis heute Unbekannter eine von LaJoes erwachsenen Schwestern in ihrer Badewanne. Der älteste Bruder, der gerade Urlaub von den Marines hatte, starb am selben Tag an einem Herzanfall, als er davon erfuhr. LaJoes Eltern zogen wegen des Mordes von Horner weg. Roy starb 1982 an Knochenkrebs.

LaJoe war seit jenem Herbst 1956 nicht weit weggezogen – sie wohnte jetzt am Ende desselben Flures mit Lafeyette, Pharoah, ihren beiden ältesten Söhnen Paul und Terence und den Drillingen.

«Als ich meine Wohnung bekam, dachte ich, nun sei ich am Ziel», sagte sie einunddreißig Jahre danach. «Ich habe nie weiter geblickt als bis hierher. Es war nicht so wie heute. Das Gras war grüner, und es gab kleine gelbe Blumen. Wir hatten Laternen vor dem Haus. Wir hatten alles, was wir brauchten. Ich dachte wirklich, das hier wär's. Und erst als ich alles verloren hatte, merkte ich, daß es nicht so war.»

1987 war der knapp 1,4 Quadratkilometer große Henry-Horner-Komplex durchaus nicht das größte der neunzehn Sozialprojekte der Stadt. Diese Ehre gebührte den 3,2 Kilometer langen Robert Taylor Homes, wo fünfzehntausend Menschen hausten. Auch das gefährlichste war Henry Horner nicht: Diese Auszeichnung ging eindeutig an Rockwell Gardens, einen Nachbarkomplex, und an Cabrini Green, wo 1981 so viele Schießereien stattfanden – in den ersten beiden Monaten des Jahres wurden elf Menschen getötet und siebenunddreißig verwundet –, daß Jane Byrne, die Bürgermeisterin der Stadt, dort einzuziehen beschloß. Mit einem Aufgebot an Polizisten und Leibwächtern blieb sie drei Wochen dort, um die Ordnung wiederherstellen zu helfen. Einige Leute, so auch LaJoe, beurteilten diesen Schritt als draufgängerisch und couragiert. Zumindest warf das Vorgehen Jane Byrnes mehr als jeder Mord oder Hilferuf ein Schlaglicht auf die Isolation und Entfremdung dieser armen, vorwiegend schwarzen innerstädtischen Inseln. Es war, als hätte die Bürgermeisterin mit ihrem Troß von Polizisten, Beratern und Reportern die Kühnheit besessen, ein fernes, gefährliches Dritte-Welt-Land zu besuchen – nur daß Cabrini Green kaum acht Blocks vom Feine-Leute-Apartment des Stadtoberhauptes an Chicagos Goldküste entfernt lag.

Die Häuser von Henry Horner sind sieben bis fünfzehn Stockwerke hoch und ziehen sich über acht Blocks hin. Der Architekt hatte sicher einen bequemen Job, als er die Siedlung entwarf, denn sie ist nur einen Block tief, was nur wenig Raum für Experimente hinsichtlich der Plazierung der Hochhäuser ließ. Mit wenigen Ausnahmen nehmen die Gebäude alle vier Seiten jedes Blocks ein, so daß innen eine Art Korridor für Spielgeräte, Basketball- und Parkplätze bleibt. Einst führte eine schmale Straße durch den Mittelbereich der Siedlung, doch der Verkehr wurde längst umgeleitet, und die Straße wurde Teil des Betonspielplatzes. Anfangs gefiel das vielen Eltern, weil sie Angst hatten, ihre Kinder könnten von zu schnell fahrenden Autos erfaßt werden, doch später trug dies zur noch größeren Isolierung einiger Bereiche des Hochhauskomplexes bei und erleichterte Kriminellen ihr strafloses Tun.

Im Sommer 1987 lebten in Horner sechstausend Menschen, davon viertausend Kinder. Sie erzählten einem gleich, daß sie sich abends nicht mehr auf die Straße trauten. In Horner kamen auf tausend Einwohner vierzig registrierte Gewaltverbrechen, etwa doppelt soviel wie der Chicagoer Durchschnitt.

Im Flur ihrer Wohnung kauerten Lafeyette und Pharoah auf dem Fußboden und schwitzten in der Julihitze. Bei jedem Pistolenknall zuckte Pharoah zusammen. Nervös wanderte sein Blick von einem Ende des langen Korridors zum anderen. Er umklammerte eine Abfalltüte mit leeren Aluminiumdosen, die er gesammelt hatte; sein kleiner Körper drückte sich gegen die Sicherheit versprechende, kühle Betonwand.

Lafeyettes Gesichtsmuskeln verhärteten sich. Er hatte reichlich zu tun mit dem Aufpassen auf Pharoah und die Drillinge. Die Kleinen wußten schon, daß sie den fensterlosen Korridor nicht verlassen durften, um vor verirrten Kugeln geschützt zu sein, doch sie schwatzten und stritten sich, bis Tiffany, die einfach nicht lange stillsitzen konnte, aufstand. Lafeyette drückte sie wieder hinunter.

«Wir wollen raus», jammerte Tiffany.

«Sei ruhig», ermahnte sie ihr Bruder. «Bist du verrückt?»

Der enge Flur ihrer Fünfzimmerwohnung war ihr Schutzraum geworden. Es war schon vorgekommen, daß verirrte Kugeln durch ihre Wohnung zischten – einmal hatten sie zwei fünf Cent große Löcher in den olivgrünen Wohnzimmervorhängen hinterlassen. Ein anderes Mal schlug eine Kugel im Flur ein; sie war durch ein Schlafzimmerfenster und die Schlafzimmertür gesaust und hatte Terence nur um Zentimeter verfehlt. Das war den Kindern eine Lehre, nicht gegenüber von Türöffnungen zu sitzen.

Noch lange, nachdem die Schüsse verhallt waren, hockten die fünf Kinder im muffigen Flur auf dem Boden. LaJoe, die bei ihnen kauerte, konnte nicht mehr stillsitzen. In ihrem T-Shirt mit der Aufschrift «Wischt die Graffiti weg» ging sie in die Küche und begann, den Fußboden zu fegen. Saubermachen war für sie das einzige Mittel, wieder einen klaren Kopf zu bekommen und nicht darüber nachdenken zu müssen, was passieren könnte oder was hätte sein können. Es klärte den Geist, denn es erforderte Aufmerksamkeit und Konzentration. Sie schrubbte und putzte und stellte die Möbel um, besonders in Konfliktsituationen – bei Familienproblemen, Schießereien und Todesfällen. Die Kinder wußten, daß sie ihr dann am besten aus dem Weg gingen, außer Lafeyette, der wie seine Mutter Saubermachen als nützliche Ablenkung empfand.

«Laß mich doch helfen», bettelte er, noch immer vor der Wand kauernd. «Du willst bloß saubermachen, weil du genervt bist. Du denkst, Saubermachen bringt was.» LaJoe hörte ihn gar nicht. «Mama, laß mich doch helfen. Heut wird da draußen niemand erschossen!»

«Bleib da sitzen, Lafie. Jemand muß auf die Drillinge aufpassen», sagte LaJoe.

Lafeyette zuckte mit den Schultern und widmete sich seinen Pflichten; er rutschte wieder an der Wand herunter und lagerte auf dem Fußboden, während er die Drillinge in Schach hielt und seiner Mutter beim Arbeiten zusah.

Die Wohnung sauberzuhalten war für LaJoe fast ein hoffnungsloses Unterfangen. Nie sah die Wohnung wirklich aufgeräumt und ordentlich aus; immer stand ein Stuhl falsch herum, oder eine Teppichecke war nach oben oder unten umgeschlagen. In der Wohnung lebten acht Menschen: LaJoe, ihre fünf jüngsten Kinder und die beiden älteren Brüder Terence und Paul. Die Zahl erhöhte sich auf neun, wenn ihr Vater bei ihnen übernachtete. Er schlief dann auf der Couch oder gelegentlich im Doppelbett mit den Drillingen. Im Abwaschbecken in der Küche türmte sich oft ein Stapel schmutziger Teller, und der Plastik-Abfalleimer floß über von

Abfällen und Verpackungsmaterial. Überall liefen Kakerlaken herum. Selbst nach einer Sprühaktion der Hausverwaltung kamen sie wieder. Einmal hatte sich eine kleine Kakerlakenkolonie vor den Pestiziden in einem Kofferradio in Sicherheit gebracht, das einem der älteren Kinder gehörte. Sie wurden erst Tage später entdeckt und erfreuten sich bester Gesundheit. Es wimmelte von Maden im Haus, vor allem um die zu klein dimensionierte Verbrennungsanlage herum, wo sich die Abfälle häuften.

Und selbst wenn LaJoe den Kampf mit dem schmutzigen Geschirr und den verschobenen Möbeln und dem überfließenden Mülleimer gewonnen hätte, so widersetzte sich doch die Wohnung selbst allen Reinlichkeitsbestrebungen. Entsprechend der knauserigen Baupolitik erwies sich die Wohnungsbehörde auch bei der Instandhaltung der Hochhäuser als enorm geizig. Nur das äußerste Minimum wurde für den Erhalt der Häuser aufgewendet.

Die Wände der Wohnungen bestanden wie damals, als die Sowjets die Neubauten besichtigten, aus geweißtem Schlakkenstein. Mit ihren schmutzverkrusteten, an vielen Stellen abgetretenen Fußböden aus braunen Linoleumfliesen und den Heizrohren, die sich nackt durch die Räume schlängelten, ähnelte die Wohnung nachts einer dunklen, dumpfigen Höhle. Besonders trist wirkten die Schlafräume. Sie waren nicht größer als mancherorts Gefängniszellen – drei mal drei Meter dreißig groß – und bekamen kaum Tageslicht.

Da die flachen Wandschränke in den Schlafzimmern keine Türen hatten, war das Durcheinander vorprogrammiert. Die Kleidung quoll in die Räume. Aus praktischen Gründen hatte man keinen Unterschied zwischen den Schränken und dem Zimmer als solchem gemacht – die Schränke waren einfach sechzig Zentimeter tiefe Einbuchtungen in den Wänden. Ursprünglich hatte man Vorhänge davor befestigen sollen, doch die Vorhangstangen waren schon längst verschwunden.

Küche und Wohnzimmer gingen ineinander über. Eigentlich waren sie ein einziger großer Raum, der in der Mitte durch eine halbe Schlackensteinwand unterteilt wurde.

Die dreißig Jahre alten Küchenschränke bestanden aus dünnem, durchgerostetem Blech. Löcher übersäten sie wie Pocken. LaJoe verstaute ihr Geschirr und ihre Töpfe so geschickt, daß sie nicht durch die Rostlöcher fallen konnten: Das meiste stapelte sie in den Ecken der Schränke.

Normalerweise wurden die Wohnungen alle fünf Jahre frisch gestrichen, doch da die Mittel jährlich gekürzt wurden, hatte das Wohnungsamt die Malerarbeiten in den siebziger Jahren schließlich gänzlich eingestellt. LaJoe wußte schon nicht mehr, wann ihre Wohnung das letzte Mal geweißt worden war. Wie fest sie auch schrubbte, die Wände mit ihren vielen Schmutzflecken sahen nie sauber aus.

Im schlimmsten Zustand befanden sich die beiden Badezimmer der Wohnung. Keiner der beiden hatte ein Fenster, und die Ventilatoren auf dem Dach des Hauses, die für die dringend nötige Frischluftzufuhr gesorgt hatten, waren gestohlen. Im ersten Badezimmer stieg aus der Toilette in gewissen Zeitabständen ein gräßlicher, an verfaultes rohes Fleisch erinnernder Gestank. An solchen Tagen benutzten LaJoe und die Kinder dieses Bad einfach nicht. Manchmal goß sie Salmiakgeist in die Toilette, um den Geruch etwas zu mildern. LaJoe waren Gerüchte zu Ohren gekommen, die Vormieter hätten hier Abtreibungen vorgenommen, und so schrieb sie den Geruch toten Feten zu.

Im zweiten Badezimmer stand die einzige Badewanne der Familie. Es gab keine Dusche, das war ein den Kindern unbekannter Luxus. Die Wanne diente auch zum Waschen der Kleidung, da die Waschküche des Hauses schon lange außer Funktion und der nächste Waschsalon über eineinhalb Kilometer entfernt war. Der Wasserhahn der Wanne ließ sich nicht zudrehen. Tag und Nacht rauschte ein ununterbrochener Strom kochendheißen Wassers in die Wanne. Die Jungen hatten gelernt, sich nicht davon im Schlaf stören zu lassen, aber LaJoe machte das unaufhörliche Geplätscher völlig meschugge. Sie hatte schon daran gedacht, es zu dämpfen, indem sie ein Handtuch um den Wasserhahn wickelte, aber dann, merkte sie, drohte im Badezimmer eine Überschwemmung. Statt dessen benutzte sie das Handtuch, um die Badezimmertür zu verkeilen, die keinen Knauf mehr hatte.

Im Winter geriet das Heizsystem des Hauses völlig außer Kontrolle. Dann wurde die Wohnung so glühend heiß wie ein Ofen, viel heißer und trockener als an den wärmsten Sommertagen. Diese Sommermonate waren eine willkommene Erholung von den winterlichen Hundstagen. LaJoe hatte ihr möglichstes getan, um die Wohnung aufzuheitern und hübsch zu machen. Neben dem Fernsehapparat, den sie fast rund um die Uhr anließ, um herumschleichende Diebe abzuschrecken, hatte sie ein künstliches Holzfeuer plaziert. Mit Gasanschluß hätten die Holzscheitimitationen geleuchtet, doch über eine solche Energiequelle verfügte die Familie nicht. An die Wohnzimmerwand hatte sie zweimal das gleiche Bild einer roten Rose gehängt, ein Jesusbild (obwohl sie nicht mehr gläubig war) und die Darstellung eines ländlichen Hauses an einem Wasserfall auf schwarzem Samtgrund.

> *«Du wächst hier doch damit auf», sagte Lafeyette zu einem Freund. «Hier in den* projects *gibt's viele Leute, die sagen, daß sie nichts mit Rauschgift zu tun haben wollen, daß sie nicht aussteigen werden, daß sie nicht auf der Straße rumhängen wollen. Und dann machen sie's doch. Sag niemals nie.» Er schwieg einen Augenblick. «Aber ich sag NIE. Meine Brüder haben mir kein gutes Beispiel gegeben, aber ich werd ihnen ein gutes Beispiel geben.»*

Die Wohnung war vollgepfropft. In der Küche standen außer dem Herd und dem Kühlschrank noch ein ein Meter achtzig hoher Gefrierschrank und ein kleiner alter Geschirrschrank aus Holz, der Teller und Gläser enthielt und wie der Gefrierschrank dazu diente, verirrte Kugeln abzufangen, die durch die Küchenfenster einschlagen konnten. Wenn man im Erdgeschoß wohnte, brauchte man solche Vorsichtsmaßnahmen. Eine Frau hatte große ausgestopfte Tiere in ihre Fenster gesetzt, in der Hoffnung, daß Bandenmitglieder sie für Menschen halten würden.

«Mama, laß mich doch helfen», bettelte Lafeyette wieder. Seine Worte gingen im Dröhnen der Hochbahn unter, deren Gleise kaum dreihundert Meter von ihrem Haus entfernt vorbeiliefen. Lafeyette wartete, bis sie vorbei war. «Mama. Mama, ich bring jetzt den Müll raus.»

«Nein, das machst du nicht.» LaJoe sah zu Lafeyette und den anderen hinüber. Sie konnten nicht mehr stillsitzen. Das Schießen hatte vor einer Viertelstunde aufgehört. «Okay, Lafie, binde den Müllsack zu. Bring ihn nicht raus. Pack nur alles zusammen.»

Lafeyette sprang auf die Füße und verschwand in der Küche, wo er behende mit dem Besen einen Haufen Papier zusammenkehrte. Die Drillinge marschierten unter ständigem Geplapper ins Wohnzimmer und bestürmten ihre Mutter, sie nach draußen zu lassen. Pharoah trollte sich träge zum Sofa, kuschelte sich darauf zusammen und versank in seiner Gedankenwelt. Er merkte nichts von der Betriebsamkeit ringsum und hielt noch immer den Beutel mit leeren Aludosen fest. Auch er wäre gern nach draußen gegangen, doch da gab es nicht viel für ihn zu tun.

Das Haus der Rivers und drei weitere Hochhäuser waren im Viereck angeordnet, und zwischen ihnen öffnete sich eine betonierte Freifläche. Die beiden Schaukelgestelle, an denen nur eine Schaukel hing, und die drei Rutschen gehörten, soweit die Bewohner sich erinnerten, noch zur Originalausstattung von vor einunddreißig Jahren, als die Siedlung bezogen wurde.

Jenseits der Straße lag das Baseball-Spielfeld; es war aus Gründen, die die Bewohner nicht erinnerten, längst zugepflastert worden. In der Nähe hing ein verrosteter orangefarbener Basketballring schief und krumm vor einem abgesackten Spielbrett aus Metall. Sein Gegenstück auf der gegenüberliegenden Seite des Hofes war gänzlich verschwunden. Die Hausverwaltung hatte es aufgegeben, die Körbe zu erneuern, und so gab es nur Ersatz, wenn einer der Hausbewohner genug Energie und Geld dafür aufbrachte.

An diesem Frühsommertag erlaubten sich sechs von Henry Horners viertausend Kindern, sich auf einem der wenigen ordentlichen Innenhöfe der Siedlung zu tummeln. Sie zielten Sprungwürfe in die Öffnung zwischen den Querstangen eines verblichenen blaugelben Klettergerüsts. Auch dieses war über drei Jahrzehnte alt. Lafeyette gelangen schon Dunkings in diesen provisorischen Basketballring – Pharoah noch nicht ganz.

«He, Laf, laß uns spielen!» drängte James seinen Freund. James war ein Basketballfan. Er schlich sich oft ins Chicagoer Stadion und bettelte Spielern der Chicago Bulls oder auswärtigen Teams Basketballschuhe für seine Sammlung ab. Auf den Regalen in seinem Zimmer prangte eine eindrucksvolle Kollektion kahngroßer Sportschuhe, unter anderem ein Paar von Isiah Thomas von den Detroit Pistons und Charles Oakley, der damals für die Chicago Bulls spielte. James, der für sein Alter etwas kurz geraten war, träumte davon, ein Basketballprofi zu werden.

«Ich will nicht mit denen da spielen», sagte Lafeyette und meinte damit die Jungen am Klettergerüst. «Nachher zwingen sie mich, Bandenmitglied zu werden.»

Etwa eine Woche zuvor hatten Mitglieder einer der Banden des Viertels Lafeyette gesagt, er solle für sie Wache schieben, und das hatte ihn ängstlich gemacht. Seine Mutter erklärte den halbwüchsigen Bandenmitgliedern, sie werde die Polizei rufen, wenn sie Lafeyette nicht zufriedenließen. «Eher würde ich sterben, als daß sie einen meiner Söhne kriegen», sagte sie.

Banden heuern oft Jüngere an, die ihre schmutzige Arbeit verrichten müssen. Kürzlich erschoß ein vierzehnjähriger Freund von Lafeyette angeblich einen älteren Mann in einem engen Durchgang einen halben Block von Lafeyettes Haus entfernt. Anwohner und die Polizei sagten, der Mord habe mit Drogen zu tun. «Ich wünschte, er hätte es nicht getan», hatte Lafeyette zu James gesagt.

Ständig hatten Lafeyette und James Angst, in eine Gang hineingezogen zu werden. Lafeyette wußte, was passieren konnte: «Zuerst, wenn du Mitglied wirst, findest du das gut. Sie kaufen dir, was du haben willst. Du mußt alles tun, was sie dir befehlen. Wenn sie dir befehlen, jemanden zu töten, mußt du das tun.»

James vertrat die Ansicht, der einzige Weg, aus Horner herauszukommen, sei, «sich mit so wenigen wie möglich anzufreunden».

Während also eine Gruppe kleinerer Jungen vor Vergnügen über den durch das Klettergestell hin- und herschießenden Ball quietschte, hockten Lafeyette, James und ein paar andere Jungen faul auf den Metallbänken vor ihrem Haus. Wie die Schaukelsitze ähnelten auch die Bänke eher archäologischen Fundstücken. Der einen fehlte die ganze Rückenlehne, bei der anderen waren von vier Sitzbrettern nur noch zwei übrig, so daß höchstens noch kleine Kinder darauf sitzen konnten. In der Nähe warfen Pharoah und Porkchop Münzen.

«Ich krieg mal 'ne Eigentumswohnung in Calumet Park», erzählte James den anderen und meinte damit einen Vorort Chicagos. «Da draußen ist es schön. Da kann man den ganzen Abend vorm Haus sitzen, und nichts passiert.»

«Die haben da *so* große Blumen», sagte Lafeyette und hielt seine Hand 1,20 Meter über den Boden.

James lachte und schleuderte eine leere Canadian-Mist-Flasche auf den Beton des Spielfelds, wo sie inmitten Hunderter bereits dort liegender Glassplitter zerbarst. «Wenn ich einen Wunsch freihätte, würde ich mir wünschen, daß alle Schlechten von den Guten getrennt und auf einen anderen Planeten geschickt werden, und da können sie sich prügeln, ohne daß Unschuldige verletzt werden», philosophierte James.

«Das sind zwei Wünsche», befand Lafeyette. «Ich möchte in den Himmel kommen.»

«Ich wünsch mir, daß es keine *gangbanger* mehr geben täte», ließ sich Pharoah vernehmen – er wollte am liebsten alle gewalttätigen Bandenmitglieder verschwinden lassen.

«Ach, *gangbanger* gibt's überall», antwortete Lafeyette. «In Mississippi nicht», versicherte Pharoah ihm. Daraus entwickelte sich eine Diskussion darüber, ob es überhaupt einen Staat oder eine Stadt oder ein Wohnviertel ohne Banden gäbe. Dieses Thema beschäftigte sie zur Zeit sehr.

Am Ende dieses Sommers sollte die polizeiliche Statistik zeigen, daß in Horner alle drei Tage jemand zusammengeschlagen, von Schüssen oder durch Messerstiche verletzt worden war. In nur einer Woche wurden zweiundzwanzig Schußwaffen und 330 Gramm Kokain konfisziert. Die Mehrzahl der Gewalttaten hier im Sommer 1987 hatte mit Rauschgift zu tun.

VIER

An einem warmen Tag Mitte Juli hielt ein Konvoi von drei Autos vor den beiden Hochhäusern auf der anderen Straßenseite direkt gegenüber den Rivers. Aus dem ersten und letzten Wagen stiegen zwei junge Bodyguards. Dann entstieg dem mittleren Jimmie Lee, ein breitgesichtiger, vierschrötiger Mann mit gewölbter Brust, nicht größer als einsachtundsechzig. Manchmal wirkte er durch eine kugelsichere Weste noch massiger. In der Hand hielt er sein Funktelefon. Sofort scharte sich eine Gruppe begeisterter Teenager um ihn.

Etwas zog Lees Aufmerksamkeit auf sich. Im Eingang des einen Gebäudes beschimpfte ein Betrunkener seine Tochter. «Du Schlampe! Was hab ich dir gesagt?» schrie der Vater auf das sich duckende Mädchen ein. Lee ging auf das Haus zu, und so plötzlich, daß der Vater keine Chance zur Verteidigung hatte, streckte er ihn mit einem Kinnhaken zu Boden. Lee blickte auf den in sich zusammengesackten Betrunkenen hinunter.

«Du sollst Mädchen anständig behandeln», sagte er. «Aber das ist meine Tochter», erklärte der am Boden Liegende. «Ist mir egal, ob sie deine Tochter ist oder nicht. Sie ist dreizehn Jahre alt, und du nennst sie eine Schlampe. Tu das nicht noch mal!» Lee verschwand im Haus, wo er mit einigen seiner Hilfsleute verabredet war.

Lafeyette, Pharoah und die anderen Kinder hielten sich wohlweislich fern von Jimmie Lee. Doch sie wußten auch, daß er und niemand anders – weder der Bürgermeister noch die Polizei oder die

Wohnungsbehörde – Henry Horner regierte. Die Jungen hatten nie Anlaß, mit Lee zu sprechen oder ihn aufzusuchen, doch seine Gegenwart und seine Aktivitäten beherrschten ihr Leben.

Wenn sein Wagen mit Begleitfahrzeugen auftauchte, verschwanden sie vorsichtshalber nach drinnen. Wenn es dunkel wurde und Lees Geschäfte in Gang kamen, hielten sie sich klug davon fern. Und wenn Lee oder einem seiner Männer etwas zustieß, hielten sie schön den Mund. Jimmie Lee war überall, sagte man. Er wußte, wer spionierte. Und wenn er etwas erfuhr, bezahlte auch jemand dafür.

Jimmie Lee war Anführer einer Rauschgiftbande, die sich Conservative Vice Lords nannte. Ihr Name hatte nichts mit politischer Zugehörigkeit zu tun. Ihre Mitglieder kontrollierten die Siedlung. Niemand konnte ohne ihre Zustimmung Drogen verkaufen. Sie verfügten über ein Arsenal von Pistolen, Uzis und sogar Handgranaten. Einige seiner Männer waren speziell geschult in Foltertechniken und drohten angeblich einmal, dem Mitglied einer gegnerischen Bande einen glühenden Nagel in den Penis zu bohren. Lee hatte nach Aussage der Polizei sogar einen «Vollstrekker», dessen Aufgabe es war, zu verstümmeln und zu töten, und der zu diesem Zweck eine zweischüssige Derringer-Pistole bei sich trug.

Die Anwohner hatten soviel Angst und Respekt vor der Herrschaft der Bande, daß sie nicht bereit waren, 911 zu wählen. Bei den Polizeidienststellen von Chicago leuchtet automatisch die Anschrift des Anrufers auf, und manchmal erscheinen daraufhin Beamte in dessen Wohnung, um noch mehr zu erfahren. Verrat konnte den Tod bedeuten. Die Polizei richtete eine Sonderverbindung ein und versprach Diskretion, doch im gesamten Jahr 1986 wurde die Nummer aus den Sozialsiedlungen nur einundzwanzigmal angerufen. Eine Frau fürchtete sich so vor den langen Fangarmen der Bande, daß sie eine Skizze von einer Schießerei, die sie für eine Freundin gezeichnet hatte, sofort anschließend in kleine Fetzen zerriß – aus Angst, die Vice Lords könnten sie finden.

1987 war Lee bereits so berüchtigt, daß sein Fahndungsfoto zusammen mit den Bildern fünf anderer tonangebender Vice Lords in jeder Polizeistation der Westside der Stadt hing. Neben den anderen, die alle drohend in die Kamera starrten, wirkte Lee ruhig, fast nachdenklich. Er trug einen Vollbart und eine Piloten-Sonnenbrille. Auf seinem roten Sweatshirt prangte die Aufschrift «BULLS», dazu trug er blaue Jogginghosen und Stiefel und eine dicke goldene Halskette. Lee trainierte mit Gewichten, und das sah man sogar unter seinem ausgebeulten Jogginganzug. Sein Oberkörper und Hals waren dick und muskulös; sein kurzgeschorenes Haar ließ ihn noch schwerer wirken. In der Beschreibung unter den Fotos wurde sein Gewicht mit 91 Kilogramm angegeben.

Der weitere Text warnte: «Sie befassen sich bekanntermaßen mit Drogenhandel, Einrichten von Drogenwohnungen, Erpressung (besonders im Rauschgiftgeschäft) und anderen Verbrechen. Achtung, sie benutzen Schnellfeuerwaffen, fahren im Konvoi, meist mit bewaffneter Nachhut.»

Doch Lees Herrschaft beruhte nicht nur auf Furcht und Schrecken. Für die Bewohner des Viertels stellte er in mancher Hinsicht auch eine positive Kraft dar. Es hieß, er selbst nehme keine Drogen, und wenn er trank, dann mäßig. Gelegentlich kaufte er Lebensmittel für Familien in Not. Da er sehr kinderlieb war, ließ er nicht zu, daß Dreizehn- oder Vierzehnjährige – die «Winzlinge» – für die Conservative Vice Lords als *gangbanger* aktiv wurden. Ja, gelegentlich hielt Lee Halbwüchsigen sogar Vorträge darüber, daß sie sich von Drogen und Händlerbanden fernhalten sollten. Manchmal verschenkte Lee Dollarnoten an Kinder oder kaufte jemandem mit zerrissenen Schuhen neue.

Lees Einsatz zahlte sich aus. Für die Bewohner von Horner war er eine widersprüchliche Gestalt. Für manche wurde er zum Vorbild. In einer Umgebung, in der kaum ein Vater bei seiner Familie blieb, war Lee über zwanzig Jahre mit derselben Frau verheiratet. Und Erwachsene wie Kinder rühmten seine Großzügigkeit.

«Ich fand gut an ihm, daß er Kinder und Frauen achtete. Er war wirklich kein schlechter Mensch», sagte ein Bewohner. «Ich habe große Hochachtung vor Jimmie Lee», sagte ein anderer.

Selbst Charlie Toussas, ein für seine Grobheit bekannter Polizeibeamter in Zivil, räumte ein: «Er war ein echter Gentleman.»

Jimmie Lee könnte auf manche wie der Held einer Geschichte von Horatio Alger wirken. Als Kind war er nicht besonders bemerkenswert. Er wuchs in Horner auf. Sein Vater war Bauarbeiter, seine Mutter arbeitete am Band in einer Galvanisierfabrik. Mit achtzehn war er schon Vater. In der elften Klasse verließ er die Schule mit dem Leseniveau eines Sechstkläßlers. Seine High-School-Reife erwarb er später im Gefängnis.

Die Polizei nimmt an, daß Lee möglicherweise schon an die zwanzig Jahre lang zu den aus über zwanzig Unterabteilungen bestehenden Vice Lords gehörte. Seinen ersten Zusammenstoß mit der Justiz hatte er mit siebzehn, als man ihn beschuldigte, einen Vierzehnjährigen getötet zu haben, der mit einem Herzschuß im Flur eines Hauses aufgefunden wurde. Eine Jury befand Lee für unschuldig. Zwei Jahre später raubten Lee und einige Kumpane drei Männer mit Waffengewalt aus. In einem Brief an das Gericht schrieb Lees Studienberater vom American Institute of Engineering and Technology, wo er eine Zeichenausbildung erhalten hatte: «Während seiner Zeit bei uns verhielt Mr. Lee sich ruhig und passiv. Es fehlte ihm an Selbstbewußtsein, er schätzte seine Fähigkeiten gering ein. In Konfliktsituationen zog er sich zurück.» Doch Lee saß etwas über vier Jahre in einem der Gefängnisse von Illinois ab, die berüchtigt sind für ihr umfangreiches starkes Bandenwesen und wo die meisten Bandenführer sich zu ihrer Stellung hocharbeiten.

Nach seiner Freilassung im Juli 1974 geriet Lee immer wieder in Konflikt mit dem Gesetz. Einmal wurde er wegen illegalen Waffenbesitzes verurteilt. Im November 1986 schnappte die Polizei Lee mit sechsundfünfzig Gramm Heroin. Er brachte 50000 Dollar Kaution auf und machte weiter wie vorher. Die Bewohner von Henry Horner hatten den Eindruck, er dürfte ungestraft seinen Geschäften nachgehen.

Lee, ein schweigsamer Mann, unter anderem auch als General Lee oder unter seinem zweiten Namen Oswald bekannt, stand in einer langen Chicagoer Tradition intelligenter, erfahrener Bandenchefs. Er war kein Greenhorn mehr – er war achtunddreißig Jahre alt.

Die schwarzen Streetgangs der Stadt mit ihren drei Hauptgruppen – den Vice Lords, den Disciples und den El Rukns (früher bekannt als Blackstone Rangers) – entstanden Anfang der sechziger Jahre aus den Revierkämpfen Jugendlicher. In Henry Horner kämpften die Vice Lords und die Black Souls, eine Splittergruppe der Disciples, Mann gegen Mann mit weißen Gangs, deren Revier im Norden an ihr Viertel grenzte. Als die Weißen wegzogen, bekriegten sich Vice Lords und Black Souls. Schließlich spalteten sich die Banden der Stadt in zwei Hauptgruppierungen auf, die als «Nation» und «Folks» bekannt wurden. Die Vice Lords und El Rukns gehörten zur «Nation», die Disciples zu den «Folks».

Ende der sechziger Jahre hatten die Banden sich beim Establishment gewisse Sympathien erworben, vor allem bei den Liberalen, die meinten, daß diese jungen Rowdies bei entsprechender positiver Beeinflussung ihre Energien, ihr beneidenswertes Organisationstalent und ihre Führungsqualitäten zum Nutzen ihrer *neighborhoods* einsetzen könnten. Jeff Fort, der Anführer der El Rukns, der als Prototyp eines Bandenoberhaupts galt, schaffte es tatsächlich, von Bundesbehörden als Mittel für angebliche berufliche Fortbildungsmaßnahmen über 300 000 Dollar zu kassieren. Während der Unruhen im Gefolge der Ermordung Martin Luther Kings gingen die El Rukns auf die Straße, um die Schwarzenviertel zu beruhigen. Geschäftsleute, die ein von den Anführern der El Rukns unterschriebenes «Hände weg!»-Plakat im Schaufenster hängen hatten, veranstalteten später eine Pressekonferenz, um den El Rukns für den Schutz ihres Eigentums ihr Lob auszusprechen. Die Gang hatte ein solches Ansehen erworben, daß Fort auf Betreiben eines Bundessenators sogar zum feierlichen Amtsantritt Präsident Nixons eingeladen wurde.

In der Henry-Horner-Siedlung gewannen die Vice Lords ein ähnliches Ansehen, als ein örtliches Krankenhaus den dortigen Bandenführern eine ihm gehörende frühere katholische Knabenschule vermachte. Mit der Schenkung, die eine Ausbildungsbeihilfe von 20 000 Dollar einschloß, verband sich die Hoffnung, die Vice Lords würden dort ein Nachbarschaftszentrum eröffnen. Das zweigeschossige, neun Jahre alte Gebäude verfügte über Fußböden aus Eichenparkett, orientalische Teppiche, Kronleuchter und Silberbesteck.

Doch die Bemühungen, die Böcke zu Gärtnern zu machen, scheiterten kläglich, und zwar im Handumdrehen. Binnen weniger Monate hatten die Gangs die katholische Schule ausgeweidet. Die Lüster und Bestecke waren verschwunden. Einen großen Teil der Unterstützungsgelder verbrauchte die Bande für den Kauf eines alten feuerwehrroten Krankenwagens, den sie dazu benutzten, Freunde durch das Wohnviertel zu kutschieren, sowie für Kleidungskäufe, vor allem Armee-Drillichanzüge und Springerstiefel.

Auch die guten Vorsätze der El Rukns lösten sich in Nichts auf, wenn auch nicht ganz so schnell. Anfang der siebziger Jahre wurde Jeff Fort wegen Anstiftung zur Veruntreuung öffentlicher Gelder zu fünf Jahren in Leavenworth verurteilt. 1976 wurde er freigelassen, kam aber 1983 wegen Rauschgifthandels wieder ins Gefängnis. Und dann wurde er, während er einsaß, zu weiteren achtzig Jahren verurteilt: Er war der erste amerikanische Staatsbürger, der wegen Beihilfe zur Planung terroristischer Anschläge im Namen einer ausländischen Regierung verurteilt wurde. Die Staatsanwaltschaft vertrat den Standpunkt, Fort habe ein Abkommen mit Muammar Ghaddafi getroffen, nach dem die El Rukns von dem libyschen Staatsoberhaupt 2,5 Millionen Dollar für Bombenanschläge auf amerikanische Gebäude und Flugzeuge erhalten sollten.

Ende der siebziger Jahre waren die Banden der Stadt, einst Organisationen, die um ihre Reviere kämpften und der Stolz der Nachbarschaft waren, ins große Geschäft eingestiegen: in den Vertrieb und Verkauf von Rauschgift. Ironischerweise hatten die wohlmeinenden Bemühungen vom Ende der sechziger Jahre den Gangs zu starken organisatorischen Strukturen verholfen, die sie brauchten, um sich um Bundes- und städtische Mittel zu bewerben.

Die Chicagoer Banden wurden so mächtig, daß sie schafften, was keine noch so starke städtische Polizeitruppe fertiggebracht hat: Sie haben Crack von der Stadt ferngehalten. Vor 1988, als die Crack-Geißel schon ganze Viertel in Großstädten wie New York und Washington, D. C., überzogen hatte, gab es in Chicago keine Verhaftungen im Zusammenhang mit Crack. Auch danach machte Crack nur fünf Prozent aller konfiszierten Drogen aus. Die Polizei erfuhr nur von einer einzigen größer angelegten Crack-Operation, die sie umgehend unterband. Wenn Crack Zugang nach Chicago fände, würde diese billige, hochgradig suchterzeugende Droge den Markt für Kleinhändler öffnen und möglicherweise das Drogenhandels-Oligopol der Gangs brechen.*

* Es sollte erwähnt werden, daß einige hochrangige Beamte der Polizeibehörde von Chicago die Theorie, die Gangs hätten Crack von Chicago ferngehalten, anzweifeln, obwohl sie unter anderem von der Bundesbehörde für Drogenbekämpfung und vom Bundesjustizministerium gestützt wird. In einem Interview aus dem Jahr 1989 führte Raymond Risley, damals Chef der Drogenkommission der Polizeibehörde, eine Reihe von Gründen dafür an, weshalb Crack Chicago nicht heimgesucht habe. Diese Gründe erscheinen so naiv, daß man den Eindruck erhält, die Polizei habe ein Interesse daran, die Banden der Stadt als weniger mächtig darzustellen, als sie tatsächlich sind. Commander Risley vertrat die Meinung, die Chicagoer Bevölkerung hätte Crack abgelehnt, nachdem sie die verheerende Wirkung in anderen Großstädten gesehen hätte, vor allem auch den Tod des Basketball-Stars Len Bias, über den die Presse groß berichtete. Er vermutete auch, Crack sei in Städten wie Detroit und New York leichter einzuführen, weil es dort, wie er behauptete, mehr verlassene Gebäude gäbe, die als «Crack-Häuser» benutzt werden könnten. Es erübrigt sich zu bemerken, daß Chicago eine Unzahl leerstehender Gebäude vorzuweisen hat. Mehr noch, Crack ist zur Droge der Wahl in einer Anzahl armer Vororte direkt südlich von Chicago avanciert, in Orten, die wohl kaum über mehr verlassene Häuser als das Zentrum selbst verfügen. Als einzig plausible Erklärung führt Risley an, daß die Kokainpreise in den letzten Jahren so beträchtlich gesunken sind, daß die Nach-

Die Banden entwickelten sich auch in vielen anderen Stadtvierteln zu einer festen Institution und wurden selbst in den letzten Jahren für scheinbar legitime politische Zwecke herangezogen. 1983 zahlte ein Abgeordneter, Larry Bullock, den El Rukns angeblich 10 000 Dollar, um Jane Byrnes Kampagne für die Bürgermeisterwahl zu unterstützen. Laut Aussage der Polizei steckten sie das Geld ein, ohne das geringste für J. Byrne zu tun.

In Henry Horner warb ein junger Kommunalpolitiker auf den Sportplätzen Bandenmitglieder an, die Prospekte für ihn verteilten und die Wahlhelfer bei seiner erfolgreichen Kampagne für einen Posten eines Komiteemitglieds bei den Demokraten begleiten mußten. Er zahlte jedem Bandenmitglied zwanzig Dollar pro Tag. Nachdem er zwei Morddrohungen erhalten hatte und sein Wahlfahrzeug von Kugeln durchsiebt worden war, brauchte er diesen Schutz.

Anwohner und Polizei erzählen gern die Geschichte eines früheren Stadtrats von der Westside, der verkündete, er werde einige Nächte in einer der Sozialsiedlungen verbringen wie vor ihm Bürgermeisterin Byrne. Er wollte die allgemeine Aufmerksamkeit auf die schrecklichen Lebensbedingungen dort lenken. Das Wohnungsamt wies ihm eine leerstehende Wohnung in einem der Hochhäuser zu, doch diese lag zufällig im Revier der Vice Lords. Begierig wartete die Bande auf seinen Einzug: Der Ratsherr hatte sich früher offensichtlich auf die Seite der rivalisierenden Disciples gestellt. Er ist niemals eingezogen.

Die obersten Bandenchefs und Drogen-Lords der Stadt genießen ein derartiges Ansehen in der Bevölkerung, daß sie jeden Sommer für ihre Anhänger eine Riesenfete in den Dan Ryan Woods auf der Southside veranstalten. In einem Sommer wurden in vielen armen Schwarzenvierteln der Stadt vervielfältigte Einladungen

frage nach billigeren Drogen gering war. Ein Kilo Kokain kostete 1980 55 000 Dollar; neun Jahre später war der Preis auf 17 000–19 000 Dollar gesunken. Mit so niedrigen Preisen konnten Straßenhändler ein Briefchen Kokain für nur zehn Dollar verkaufen, das reicht für einmal Koksen. Infolgedessen mag Crack als Droge nicht so geschätzt sein.

zum «Players' Picnic» verteilt. Flugblätter verhießen Gratisgetränke und -essen, Softballspiele für die Kinder und eine Motorshow und einen «Wettbewerb mit nassen T-Shirts» für die Erwachsenen. Ungeniert nannten die Flugblätter einige der Veranstalter bei ihren Spitznamen: Highsmith, Fat Cat, Bub und Disco. Etwa zweitausend Chicagoer strömten zu der Party, tanzten zum Funk Rock einer Band und grillten Würstchen und Rippchen. Bei der Auffahrt zum Park gab es solche Staus, daß die Polizei sich eine spezielle Verkehrsführung ausdenken mußte. Die Bosse paradierten mit ihren blinkenden neuen Mercedes-Benz, Rolls Royce und Jaguar. Sie tanzten und tranken bis zehn Uhr abends, als die Polizei das Fest für beendet erklärte.

Im Alter von zehn Jahren erlebte Lafeyette seine erste Begegnung mit dem Tod. Er sah einen Erschossenen. Das war zu Beginn des brutalen Drogenkriegs in Henry Horner, als Jimmie Lee und die Conservative Vice Lords das Viertel unter ihre Kontrolle brachten. 1985 hatten die Drogen Chicagos Westside bereits überschwemmt. Es ging um das große Geld, und Lee begann sich mit seinen Mitteln im Geschäft zu etablieren.

Mit Hilfe einer anderen Gang bemühten die Vice Lords sich, die Disciples aus dem dichter bevölkerten und daher lukrativeren Ostteil Horners zu verdrängen. Sie holten sogar Schläger aus anderen Stadtteilen heran. Das erste Opfer war ein junger Disciple mit dem Spitznamen Baby Al; auf ihn wurde nicht weit vom Haus der Rivers aus einer .357 Magnum geschossen. Der Verwundete erreichte noch das Hochhaus, verlor auf der Treppe das Bewußtsein und kippte rückwärts hinunter. Lafeyette stürzte aus der Wohnung, um den Grund für das Getöse zu erfahren. Er wurde Zeuge, wie Baby Al verblutete. Noch zwei Jahre danach waren die Blutflecken im Treppenhaus zu sehen.

Ein paar Wochen später turnten Lafeyette und Pharoah am hellichten Nachmittag auf dem Klettergerüst herum, als eine Schießerei ausbrach. Ein kleines Mädchen mit Springseil sank in sich zusammen. Lafeyette rannte ins Haus und zerrte einen der Drillinge mit sich. Pharoah, der damals sieben Jahre alt war, geriet in

Panik. Blindlings lief er immer weiter, bis er gegen einen der überall herumstehenden großen grünen Müllcontainer krachte. Er zog sich hinauf und über den Rand und landete im fußhohen Müll. Porkchop folgte. Eine halbe Stunde lang hockten die beiden zwischen übelriechenden Fleischabfällen und leeren Pizzaschachteln und warteten darauf, daß das Schießen aufhörte. Dabei stritten sie darüber, wann sie den Ausbruch zu ihren Häusern wagen sollten. Schließlich verhallten die Schüsse, und nach Abfall stinkend kletterten die Jungen hinaus. Sie sahen zu, wie Sanitäter das Mädchen versorgten – es hatte glücklicherweise nur einen Schuß ins Bein abbekommen – und sich um seine Mutter kümmerten, die vor Angst ohnmächtig geworden war. Damals hatte Pharoah zum erstenmal zu seiner Mutter gesagt: «Ich wollte nicht wissen, was da passierte.»

Ende 1986 beherrschten die Conservative Vice Lords zwei der Hochhäuser von Horner direkt gegenüber den Rivers. Lees «Soldaten» benutzten die vier Treppenaufgänge des Gebäudes, um der Polizei zu entwischen. Sie fanden Zuflucht in mehreren leerstehenden Wohnungen, von denen einige durch große in die Schlackensteinwände gebrochene Löcher untereinander verbunden waren; sie erleichterten das Entkommen. Die Gang kontrollierte noch drei weitere Wohnungen. Die Mieterinnen waren junge alleinstehende Frauen, die gegen Geld oder Drogen die ganze Wohnung oder ein Zimmer an die Vice Lords untervermieteten. In diesen sogenannten sicheren Häusern lagerten die «Lieutenants» der Banden ihr Rauschgift, Waffen und Geld. Im Untergestell eines Kühlschranks in einer der Wohnungen hatten sie eine auseinandergenommene Maschinenpistole versteckt. Der Bande gehörte außerdem eine leere Wohnung im siebten Stock, die mit einem Sofa, einem Sessel und Fernseher ausgestattet war und als Zufluchtsstätte für Bandenmitglieder diente, die Unterschlupf suchten. Dorthin durften weder Waffen noch Rauschgift mitgenommen werden. Jimmie Lee wohnte mit seiner Frau und drei Kindern weiter westlich außerhalb Horners.

Zu den Verteidigungsmöglichkeiten, die die Häuser ohnehin

boten – in erster Linie Treppenschächte und leerstehende Wohnungen –, ließen die Vice Lords sich noch weitere einfallen. Sie zerstörten alle Lampen in den offenen Durchgängen im Erdgeschoß, so daß es selbst tagsüber schwierig, ja fast unmöglich war, dort etwas zu sehen. Patrouillierende Posten warnten vor sich nähernden zivilen Streifenwagen, die selbst Kinder schon erkennen konnten. Sie hielten Kontakt über Walkie-Talkies, wie sie Fußballtrainer benutzten. Ihr Codewort für Polizisten war «Bopper».

Die meisten trugen Baseballmützen mit dem Mützenschirm nach links gedreht, das war das Zeichen, daß der Träger ein Vice Lord war. Viele trugen Ohrringe im linken Ohr, und manchen hingen so schwere Goldketten um den Hals, daß es erstaunlich schien, daß sie ihren Kopf noch aufrecht halten konnten. Auch das Playboy-Häschen war ein Vice-Lord-Symbol geworden, und manches Mitglied trug ein goldenes Häschen am Hals. Der fünfzackige Stern, das Bandenzeichen, schmückte die Eingänge beider Häuser, und außerdem signalisierten noch weitere Symbole, daß dies Terrain den Vice Lords gehörte: Der Zylinder bedeutete Schutz, der Spazierstock stand für Stärke, der Handschuh bedeutete Reinheit, und das Champagnerglas symbolisierte Konservatismus oder Anstandsregeln. Die Mitglieder lernten die Bedeutung dieser Symbole oft im Gefängnis, wo die Bande eine beträchtliche Anzahl ihrer Anhänger rekrutierte.

Ein Teil der Geschäfte wurde mit Bewohnern des Viertels getätigt, doch bei weitem die Mehrzahl mit Leuten von außerhalb, die mit ihren Autos über die Wolcott Avenue anfuhren und direkt vor den beiden Häusern der Vice Lords parkten. Normalerweise brauchten sie nicht einmal auszusteigen – die jungen Laufburschen nahmen ihre Bestellungen an. Die «Soldaten» verkauften das Kokain und Heroin, führten einen bestimmten Prozentsatz an die Bosse ab und behielten den Rest. Polizei wie frühere Bandenmitglieder schätzten, daß Lees Wochenumsatz sich auf 50 000 bis 100 000 Dollar belief.

Am 13. Dezember 1986 begann ein hektisches Treiben, das bis zum Ende des nächsten Sommers andauerte. Vier prominente

Vice Lords hatten beschlossen, einer rivalisierenden Rauschgiftbande, den Gangster Stones, die sich Übergriffe auf ihr Revier leisteten, ihre Macht zu beweisen. Die Disciples hatten sie bereits erfolgreich in Richtung Westen vertrieben.

Die vier warteten bis nach Mitternacht mit ihrem Angriff. Sie wußten, daß um diese Zeit die hartnäckigen Beamten der Zivilstreife, mit deren Hilfe die Stadt das Bandenwesen bekämpfte und die Sozialsiedlungen überwachte, ihren Dienst beendeten. Sie wurden von keiner dritten Schicht mehr abgelöst. Bewaffnet mit einer Uzi, zwei abgesägten Schrotflinten und einer .25er Selbstlade-Pistole zogen die Vice Lords in die Eingangshalle eines nahegelegenen Hauses.

Das erste Mitglied der gegnerischen Bande, auf das sie in der dunklen Halle trafen, war Larry Wallace, auch Wild Child genannt, ein einunddreißigjähriger Saufkopf, der vor kurzem von Horner weggezogen war, heute aber Freunde dort besuchte. Die Anwohner streiten sich noch immer, ob er zu jenem Zeitpunkt überhaupt aktives Bandenmitglied war. Die Schießerei dauerte etwa dreißig Sekunden. Wallace wurde fünfmal getroffen; eine Kugel durchdrang seine Brust und trat im Rücken wieder aus, eine andere schlug oben im Rücken ein und blieb in seiner linken Wange stecken. Sein Hinterteil war von groben Schrotkörnern durchsiebt. Die Vice Lords hatten aus jeder erdenklichen Richtung auf ihn geschossen. Selbst in Horner regten sich die Leute über ein derartig brutales Abschlachten auf. Bis zum Ende des Sommers, als die Vice Lords ihre Vorherrschaft fest etabliert hatten, hatte der Bandenkrieg das Leben fast jedes Bewohners von Henry Horner in Mitleidenschaft gezogen. Wie die Erwachsenen begannen auch Lafeyette und Pharoah vom «Todeszug» zu sprechen, der mitten durch ihr Wohnviertel fuhr.

FÜNF

Bird Leg liebte Hunde. Und deshalb liebte Lafeyette Bird Leg. Sein richtiger Name war Calvin Robinson, und obwohl er drei Jahre älter war als Lafeyette, nahm er den Jüngeren als Anhängsel in Kauf – zum Teil auch, weil er nur wenige Freunde hatte. Die größeren Jungen spotteten über den Hundenarren, doch die Jüngeren schienen ihn zu verstehen.

Bird Leg und Lafeyette fahndeten nach deutschen Schäferhunden und Kötern aller Art, sogar nach Pitbulls in den Hinterhöfen der spanischsprachigen und weißen Wohngebiete im Norden ihrer Sozialsiedlung. Bei Lafeyette und anderen Fremden knurrten die Hunde feindselig und sprangen sie an, doch Bird Leg verstand es, in einer Weise mit ihnen zu kommunizieren, die den anderen Kindern unheimlich war. Während er in den Hof hineinkletterte, redete er auf die Tiere ein, beruhigte sie, schmeichelte und lockte, bis sie sich an ihn drückten und ihr Speichel auf den neuentdeckten Freund troff. Dann machte er sie los, hob sie über den Hofzaun und nahm sie mit nach Hause.

«Die Hunde sind immer mitgegangen», erinnerte sich ein Junge halb verwundert, halb anerkennend. «Der hatte mehr Hunde als wie Freunde!»

Mit Lafeyettes Unterstützung hielt Bird Leg sein Hundevolk – einige waren gestohlen, andere hatte er so aufgegabelt, ein paar von ihnen hatte er von Geburt an aufgezogen – in einer leeren Garage schräg gegenüber von Lafeyettes Haus. Oft hockte Bird Leg auf allen vieren und unterhielt sich mit seinen Gefährten. Manchmal küßte er sie auf ihre Hängebacken, was bei anderen Kindern ungläubiges Kopfschütteln auslöste. An mehreren Abenden der Woche durchsuchte Bird Leg die Abfalleimer hinter dem nächstgelegenen Kentucky Fried Chicken-Restaurant und sammelte weggeworfene Essensreste als Futter für seine Vierbeiner. Oft half Lafeyette ihm dabei.

Manchmal verbrachte Bird Leg auch die Nacht bei seinen Tieren in der baufälligen Garage und drängte sich zwischen ihre warmen Körper. In einer besonders kalten Herbstnacht machte Bird Leg, damals erst zwölf, in der offenen Garagentür ein Feuer aus Pappkartons und Lumpen, um, wie er dachte, seine zitternden Freunde zu wärmen. Statt dessen wurde der alte Holzschuppen im Handumdrehen von den Flammen erfaßt und brannte bis auf den Grund nieder. Die Polizei brachte Bird Leg zu seiner Mutter, die, so böse sie war, über die fehlgeschlagenen guten Absichten ihres Sohnes lachen mußte. Das war der erste Zusammenstoß mit dem Gesetz, dem noch viele folgen sollten.

Als Bird Leg älter wurde und engeren Kontakt mit den Vice Lords bekam, trennten sich seine und Lafeyettes Wege. Lafeyette war zu ängstlich, um sich mit einer Bande einzulassen; doch was Bird Leg ihm über Hunde beigebracht hatte, bedeutete ihm viel, und er vermißte ihn sehr.

Bird Leg, vermutet seine Mutter, suchte Schutz bei der Bande, so wie er Liebe bei seinen Hunden suchte. Jimmie Lee, sagte sie, war wie ein großer Bruder für ihn geworden, obwohl Bird Leg nicht als Drogenkurier für ihn arbeitete. Viele von Lees älteren «Arbeitern» kannten Bird Leg nicht einmal. Außerdem war ein naher Verwandter ein Vice Lord, was bedeutete, daß Bird Leg, der auf Disciple-Gebiet am Westrand von Horner wohnte, sich oft gegen Prügel zur Wehr setzen mußte, um nur sein Haus betreten zu können. Die Verbindungen von Onkeln und Vettern zu einer bestimmten Gang können bereits das Leben von Kindern bestimmen, noch bevor diese aus eigener Wahl Anschluß suchen.

Als Teenager wurde Bird Leg zunehmend rücksichtslos und starrköpfig. Mit vierzehn hatte er in jeder Hinsicht mit der

Schule abgeschlossen. Bekannte von ihm erzählen, daß er sich manchmal von einem Freund eine Schrotflinte lieh und auf gut Glück auf Disciples schoß, eine unter den jüngsten Bandenmitgliedern verbreitete Praxis. Er begann auch, seine Pitbulls scharfzumachen. Sein Liebling war ein hellbrauner, muskulöser Terrier namens Red. «Ich hatte Angst vor diesem Hund», sagte Alberta Robinson später. «Einmal habe ich Bird Leg wegen irgendwas eine Ohrfeige gegeben, und der Hund hat mich fast gebissen.» Schließlich konfiszierte die Polizei den halbverhungerten und narbenübersäten Terrier; Bird Leg hatte mit ihm einen Beamten bedroht.

Bird Leg war immer eine Art Außenseiter gewesen. Seinen Spitznamen hatte er erhalten, als er mit vier Jahren einem Tennisball auf die Straße nachlief und vom Auto eines zu schnell fahrenden Betrunkenen erfaßt wurde. Die Ärzte mußten ein Knie und ein Fußgelenk nageln. Als der brusthohe Gips abgenommen wurde, war sein Bein so abgemagert und sah so zerbrechlich aus, daß seine Großmutter ihn Bird Leg – «Vogelbein» – taufte.

Im Sommer 1986, als er mit ein paar Freunden beim Würfelspiel hockte, kam ein Mann mit einer Schrotflinte auf ihn zu und forderte Geld; Bird Leg in seiner jugendlichen Unvernunft rannte weg, und der Mann jagte ihm eine Ladung Schrot in die Schulter. Dieser Vorfall und der sich intensivierende Krieg zwischen den Banden veranlaßte seine Mutter, mit ihrer Familie in eine Wohnung weit oben im Norden der Stadt zu ziehen. Doch wie so oft, wenn Familien umziehen, kamen Bird Leg und seine Brüder immer wieder nach Horner, um ihre Freunde zu besuchen.

Manchmal kann man in Henry Horner den nahenden Tod fast riechen. Es ist der Geruch der unter der heißen Sommersonne vor sich hinfaulenden fußtiefen Pfützen aus den lecken Hydranten. Es ist der Gestank von Urin in den Ecken der Treppenhäuser und von schmutzigen, achtlos ins Gras geworfenen Windeln. Es sind der Verwesungsgeruch eines von Maden wimmelnden Katzenkadavers in einer leerstehenden Wohnung und die verrottenden Lebensmittel in den umgekippten Abfalleimern. Kurz gesagt, es ist die Summe der Sommergerüche.

Mitte August des Jahres 1987 schlossen die Vice Lords und ihre Rivalen einen vorübergehenden Waffenstillstand. Wegen der zahlreichen Gewalttaten dieses Sommers hatte die Polizei ihre Einsätze in Horner verstärkt. Die Banden wußten, daß noch mehr Polizei nur ihre Drogengeschäfte behindern würde, deshalb einigten sie sich darauf, mit den, wie sie es nannten, «Clownereien» aufzuhören. Doch für die jüngeren Mitglieder wie Bird Leg stand solche Art von Geschäftssinn im Widerspruch zu ihrer mittlerweile fast instinktiven Verhaltensweise: Vice Lords vertrugen sich weder mit Gangster Stones noch mit Disciples, Waffenstillstand hin oder her.

An einem Donnerstagabend später im August schoß ein Mitglied einer gegnerischen Bande Bird Leg mit Schrot in den Arm. Bird Leg wurde im Krankenhaus versorgt und scherzte anschließend mit seinem älteren Bruder und seinem Vetter, wenn er sterben müßte, wolle er in seinem weißen Jogginganzug beerdigt werden. Lachend meinten sie, sie würden dafür sorgen.

Am nächsten Abend, am 21. August, verließ Bird Leg gegen den Willen seiner Mutter ihre Wohnung im Norden der Stadt, um Freunde in Horner zu besuchen. Als er in der Spätnachmittagswärme saß und zwei Freunden beim Basketballspielen zusah, begannen ein paar junge Disciples ihn zu hänseln, indem sie ihm Ziegelsteine und Flaschen vor die Füße warfen. Seine dreizehnjährige Schwester, die ebenfalls Freunde in Horner besuchte, bettelte, er solle mit ins Haus zu ihren Verwandten hochkommen. «Verpiß dich!» befahl Bird Leg ihr. «Heute werd ich ein paar von diesen Punks umlegen, oder sie legen mich um!» Für einen Fünfzehnjährigen nahm er den Mund ziemlich voll. Weinend lief seine Schwester ins Haus. Während sie die sechs Etagen zur Wohnung ihrer Verwandten hinaufhastete, hörte man von unten das Echo eines einzelnen Pistolenknalls.

Der vierundzwanzigjährige Willie Elliott war zwischen zwei parkenden Autos hervorgetreten und hatte mit einer Pistole auf Bird Leg gezielt. Der nur 60 Zentimeter entfernt stehende Junge erstarrte wie ein Reh im Scheinwerferkegel eines Wagens. Die Kugel durchschlug Bird Legs Brust. Er griff nach der Wunde und rannte durch den Durchgang eines der Hochhäuser. «Mensch, ich bin getroffen!» rief er ungläubig. Er schien die Sicherheit der belebten Straße erreichen zu wollen, schaffte es aber nicht mehr. Die Kugel, die ihn aus kürzester Entfernung getroffen hatte, war in seine Brust eingedrungen und hatte wie ein außer Kontrolle geratener Drillbohrer Herz, Lunge, Milz und Magen zerfetzt. Nach Atem ringend brach Bird Leg unter einer alten Pappel zusammen und starb in ihrem kühlen Schatten.

Todesnachrichten verbreiten sich schnell in Henry Horner. Manchmal wird mitten in der Nacht jemand umgebracht, wenn alle schlafen. Dann kann das Ereignis mangels Zeugen mythische Ausmaße annehmen. Aus Erstechen wird Abschlachten, aus Erschießen eine Exekution. Manchmal dauert es Tage, bis der richtige Name des Opfers bekannt wird. Doch ein Mord bei hellem Tageslicht zieht hier eine große Menschenmenge an, und während Bird Leg noch an den Baum gelehnt lag, stieg ein Junge schon auf sein Fahrrad, um die Nachricht zu verbreiten.

Durch das offene Fenster eines Freundes im ersten Stock hörte Lafeyette den atemlosen Bericht des Jungen über den Streit, doch er beschloß, nicht mit den anderen Kindern auf die andere Seite der Damen Avenue zum Schauplatz des Verbrechens zu laufen. «Ich wollte einfach nicht gehen», sagte er später. Er hatte schon genug mit angesehen.

Doch James, weniger zurückhaltend, sprintete über die Straße und schlängelte sich durch die Menge, die sich bereits um Bird Leg gesammelt hatte. Später erzählte er Lafeyette, was er dort sah. Auf dem Gras nur drei Meter von einem kleinen Spielplatz voller Kinder lag Bird Leg. Sein weißer Jogginganzug war blutdurchtränkt, um die eine Faust hatte er seinen Gürtel gewickelt, seine einzige Waffe.

«Ich war ganz geschockt», erzählte James Lafeyette. «Seine Augen verdrehten sich nach oben, und er war weg.»

Minuten, nachdem Bird Leg gestorben war, trat Jimmie Lee durch die Menge – wie Moses, der die Wasser teilte, sagte jemand. Die Menschen wichen zurück, um ihn durchzulassen. Wortlos blickte er auf Bird Legs leblose Gestalt hinunter, ging dann durch die Menge zurück und sammelte eine Schar von dreißig Teenagern um sich. Mit Lee an ihrer Seite marschierte die junge Streitmacht auf der Suche nach Rache in Richtung Westen. James und der Rest der Menge zerstreuten sich.

Charlie Toussas, der Polizeibeamte in Zivil, der Lee gut kannte, trat ihm und seiner Truppe entgegen: «Jimmie, dies ist nicht der richtige Augenblick dafür.» Laut Toussas wandte Lee sich stumm zu seiner Gefolgschaft um, hob die Hand und wies auf die gegenüberliegende Seite der Damen Avenue; und wie an Marionettenfäden gezogen machte das Kontingent von Vice Lords kehrt und marschierte ins eigene Revier zurück. In den darauffolgenden Wochen waren Disciples wiederholt Zielscheiben von Schüssen.

Wenn in Horner jemand umgebracht wird, erscheinen an den Wänden der Eingangshallen der Häuser gewöhnlich kopierte Mitteilungen über den Ablauf der Beerdigung. Bird Legs Angehörige vermieden dies jedoch; sie hatten gehört, die Disciples hätten vor, das Beerdigungsinstitut zu stürmen und den Sarg umzustürzen, und wollten deshalb den Ort der Trauerfeier nicht öffentlich bekanntgeben. Nicht nur, daß sie diese von einer nahegelegenen Leichenhalle in eine weit entfernte Kirche im Süden der Stadt verlegten, sie verständigten auch die Polizei. Die stellte zwei Beamte in Zivil frei, die den ganzen Trauergottesdienst über dabeisaßen und buchstäblich Totenwache hielten.

Mit seinem geschwollenen Gesicht wirkte Bird Leg doppelt so alt. Doch der neue weiße Jogginganzug mit roten Paspeln, den seine Mutter gekauft hatte, um seinen Wunsch zu erfüllen, und eine kleine goldene Freundschaftsnadel mit seinen Initialen erinnerten daran, daß Bird Leg erst fünfzehn gewesen war.

Lafeyette, Pharoah und James waren die ersten in der Schlange, die am offenen Sarg vorbeidefilierte. Lafeyette strich mit den Fingern über Bird Legs Jogginganzug, und dann streichelte er erst zögernd und dann sehr zärtlich das aufgedunsene Gesicht des Jungen. Auch James berührte sanft den Körper, zog aber die Hand zurück, bevor sie die runden Wangen des Freundes erreichte. Pharoah, kaum groß genug, um in den Sarg hineinzusehen, stand auf Zehenspitzen, hielt aber die Hände an der Hosennaht. Er hatte Bird Leg kaum gekannt; er war nur mit seinem großen Bruder hergekommen.

«Es sieht aus, als würde er atmen», flüsterte James Lafeyette in der verzweifelten Hoffnung zu, alles sei nur ein Irrtum.

«Er atmet nicht», versicherte Lafeyette ihm.

James sah noch einmal auf Bird Leg und murmelte vor sich hin: «Gleich heul ich.» Mit der Rückseite seiner Hand wischte er sich die Tränen vom Gesicht.

Wenn man einmal von den roten Samtkissen der Bänke absah, wirkte die Zion-Grove-Baptistenkirche, vormals ein Friseursalon und davor ein Lebensmittelgeschäft, trist und schäbig. Seitlich stieß sie an eine leere Hamburger-Imbißbude, gegenüber lag ein leeres Grundstück. Innen war die Kirche kärglich geschmückt. Eine fast lebensgroße Darstellung des Heiligen Abendmahls bedeckte die rückwärtige Wand. In einer durchsichtigen Plastikhülle stak eine um ihre Stange gewickelte amerikanische Fahne.

Die niedrige Decke und die Schlackensteinwände boten keinen großen Schutz gegen die Augusthitze. Die beiden bunten Blumengestecke am oberen und unteren Ende des Sarges kämpften während des stundenlangen Gottesdienstes ums Überleben. Schwitzend rutschten Freunde, Verwandte und Kumpels aus der Bande, insgesamt etwa einhundertfünfzig Personen, auf ihren Sitzen hin und her und versuchten vergeblich, sich mit den vervielfältigten Programmen Kühlung zuzufächeln.

Die hohe Luftfeuchtigkeit strapazierte die Nerven. Bird Legs Schwester heulte in ihrem Kummer mit gequälter, hoher Stimme, die wie ein scharfer Wind in einer Felsenschlucht durch die kleine Kirche schnitt. «Ich will ihn küssen. Er ist nicht tot. ER IST NICHT TOT!» jammerte sie. Noch Monate danach hörte Pharoah im Geiste ihr Protestgeschrei; dies war das einzige Detail von der Beerdigung, an das er sich lebhaft erinnerte.

Die drei Jungen fanden Plätze an der Seite, wo keine der zahlreichen dünnen Säulen ihnen den Blick auf die Kanzel versperrte. Lafeyette trug verschossene graue Cordhosen und eine schimmernde silbriggraue Nylonjacke, Pharoah dunkelblaue Cordhosen und ein ebensolches Sweatshirt. Beide standen damit in deutlichem Kontrast zu den knapp sitzenden Anzügen und den sorgfältig schräggesetzten Filzhüten der meisten anwesenden Männer. James selbst sah in seinem violetten Anzug mit breitem Bund und dem schwarzen Filzhut wie ein junger Mann aus. Drei von Bird Legs Verwandten, darunter einer seiner Brüder, trugen T-Shirts mit dem Aufdruck: «I love Bird Leg.» Das «love» wurde durch ein Herz symbolisiert. Jimmie Lee saß in einem anthrazitfarbenen Sportjackett unauffällig unter den anderen. Man hatte ihn als Sargträger gebeten.

Während die Orgel schwermütige, traurige Spirituals spielte, stieg Pfarrer C. H. Stimage, ein älterer Geistlicher, der hier schon seit über dreißig Jahren predigte, auf die Kanzel. «Gott braucht ein paar junge Soldaten zwischen all den alten», tröstete er die Trauergemeinde. Seine Botschaft bei Beerdigungen von Jugendlichen blieb sich fast immer gleich: Er warnte vor dem Übel, das Alkohol und Rauschgift bedeuteten, und manchmal, wenn er sich sicher fühlte, warnte er auch vor den Verlockungen der Banden. Wenn junge Bandenmitglieder sterben, kommen andere Jugendliche zur Kirche; und das sei, so argumentierte der Geistliche, die einzige Gelegenheit, wo er zu ihnen von der Liebe Gottes sprechen konnte.

Carla Palmore, eine stämmige, selbstbewußte Siebzehnjährige, die mit Bird Leg befreundet gewesen war, folgte dem Pfarrer auf die Kanzel. Carla wollte optimistisch, wollte hoffnungsvoll sein, und wie zum Zeichen dafür trug sie einen rosa Rock und eine ebensolche Bluse, die zwischen den dunklen Anzügen und Kleidern der Trauernden um so heiterer leuchtete. Ihre Ansprache jedoch drückte trotz dieses Bemühens das unter ihren Altersgenossen weitverbreitete Gefühl aus, daß viele von ihnen es wie Bird Leg nicht schaffen würden, erwachsen zu werden. Während ihrer spontanen kurzen Predigt nickten Lafeyette und James und die anderen in der Kirche zustimmend.

«Ein Morgen ist uns nicht versprochen. Also laßt uns das Heute nutzen», drängte sie. «Manchmal halten wir morgen für ganz selbstverständlich. Ach, das mache ich morgen – oder: Morgen wird das und das sein. Und dabei vergessen wir, daß ein Morgen uns nicht versprochen wurde und wir vielleicht nie mehr Gelegenheit bekommen, jemandem zu sagen, daß wir ihn liebhaben oder welche Gefühle wir für ihn hegen. Und wenn er dann nicht mehr da ist, ist der Kummer groß, weil man es versäumt hat.» Carla holte Atem; ihre Zuhörer saßen still und aufmerksam.

«Bird Leg war nicht vollkommen, aber ein schlechter Mensch war er auch nicht. Manche Leute werden jetzt sagen, daß er ein großartiger Mensch war, und manche werden sagen, daß er es verdient hat, weil er ein schlechter Mensch war. Wir können nicht über ihn urteilen, denn was man auch tut, es gibt immer jemanden, der mehr, oder jemand anders, der weniger tut. Er sorgte sich um seine Familie, und ich glaube nicht, daß er so eng in die Sache verwickelt war, wie die Leute meinten. Ihr alle seid hier, um ihm als Bird Leg oder als Bandenmitglied die letzte Ehre zu erweisen – vielleicht seid ihr aus beiden Gründen hier, vielleicht nur aus einem Grund, doch ihr könntet hier selbst liegen. Ihr denkt, morgen ist euch sicher, dabei könntet ihr morgen selbst dran sein. Wir wissen eben nie, was passieren wird. Ihr alle müßt euer Leben in Ordnung bringen, bevor es zu spät ist.»

Jimmie Lee umarmte sie, als sie herunterkletterte. «Das hast du gut gemacht», sagte er zu ihr. «Ich bin dir dankbar für das, was du gesagt hast. Ich hab dich verstanden.» Inzwischen führte ein anderer Freund der Familie die Gemeinde bei einer lebhaften Version des Pop-Songs «Lean on Me» an, einem Lied, das Pharoah immer sehr bewegte. Hier, in der Gesellschaft anderer schluchzender Kinder und Erwachsener, liefen ihm dicke Tränen über die runden Wangen. Er hielt sich an seinem bis zur Brust aufgerollten T-Shirt fest und hatte wie oft in angespannten Situationen mit einem stechenden Kopfschmerz zu kämpfen.

Auch James weinte. Für manche mochte es so aussehen, als säße er vor Schmerz zusammengekrümmt, doch er versteckte sein verweintes Gesicht in seinem schwarzen Filzhut, den er zwischen den Knien hielt, weil niemand sehen sollte, daß er weinte. Lafeyette starrte konzentriert auf die kreisenden Rotorblätter eines tief herabhängenden elektrischen Ventilators hinter der Kanzel; seine Augen waren traurig und leer, sein rechter Arm hing über die Lehne der Vorderbank, so daß er die Hand seines zweijährigen Neffen Snuggles, Terences Sohn, halten konnte. «Guck mal», sagte Snuggles zu seinem jungen Onkel, «Bird Leg schläft.» Lafeyette machte «Pssst» und vergrub sein Kinn in der freien Hand. «Ich habe innen drin geweint», sagte er später. «Ich war zu leer zum Weinen.»

Als der Gottesdienst zu Ende war und die Trauergemeinde noch einmal nach vorn ging, um einen letzten Blick auf den Toten zu werfen, wollte Pharoah, das zerknüllte T-Shirt noch immer fest im Griff, von Lafeyette wissen: «Was is 'n da oben im Himmel? Gibt's da Geschäfte?»

«Halt den Mund», sagte Lafeyette. «Du weißt nicht, wovon du redest.»

Während die Jungen in ihrer Reihe warteten, hörten sie zwei Reihen hinter sich eine Mutter ihren Sohn schelten: «Das hättest auch du sein können, wenn ich dich da rübergehen ließe. Dann hätten sie dich auch umgebracht.» Bandenmitglieder machten, als sie zum letztenmal am Sarg vorbeigingen, mit Daumen und Zeigefinger das C-Zeichen zu Bird Legs starrem Körper hin: das Erkennungszeichen der Conservative Vice Lords.

Die Jungen sprachen nicht mehr, bis sie draußen vor der Kirche waren.

«Sterben werden wir auf jeden Fall, umgelegt oder einfach so», sagte James zu Lafeyette. «Ich möchte einfach so sterben.»

Lafeyette nickte. «Ich auch.»

SECHS Lafeyette erstarrte und haschte dann blitzschnell nach einer auf dem Herd sitzenden Fliege. «Ich hab sie!» Er schüttelte seine Faust ein paarmal und schleuderte das gebeutelte Insekt in die heiße, brütende Luft. «K-k-komm, Lafie, la-la-laß uns doch gehn», bettelte Pharoah. Lafeyette holte wieder aus und gab seinem Bruder eins über den Hinterkopf. «Klappe, Quatschkopf. Ich geh nicht.»

Pharoah bekniete seinen Bruder, noch einmal mit ihm zu den Eisenbahngleisen zu gehen. Er wollte raus aus der stickigen Wohnung, weg aus Horner, weg von den Vice Lords und dem ganzen Sommer. Dort war der einzige Ort, wo er ein wenig Atem holen konnte. Er dachte oft an ihre lustige Schlangensuche da oben und an den kurzen Seelenfrieden, den er dort verspürt hatte.

Die Gewalt dieses Sommers hatte sich traurig auf Pharoahs Psyche ausgewirkt, und sein noch vor wenigen Monaten kaum merkliches Stottern hatte sich zu einem echten Sprechhindernis entwickelt. Die Worte blieben ihm in der Kehle stecken. Einmal konnte er überhaupt nicht sprechen und mußte eine Frage an einen Freund auf eine Papierserviette schreiben. Manchmal strengte er sich so furchtbar an, um einen Satz herauszubringen, daß LaJoe sehen konnte, wie seine Halsmuskeln sich verkrampften; es war, als versuche er, die Worte buchstäblich herauf- und auszustoßen. Es tat LaJoe weh, anhören zu müssen, wie Pharoah über seine Gedanken stolperte. Als er kleiner war, hatte er so schön gesprochen, dachte sie. Ihre Freunde hatten oft gewitzelt, er rede wie ein Weißer. Pharoah schämte sich so wegen seines Stotterns, daß er sich zurückzog und draußen meist nur mit Porkchop zusammen war, der seinem Cousin wie ein stummer Schatten überallhin folgte.

Jetzt zitterte Pharoah bei jedem lauten Geräusch. LaJoe machte sich Sorgen wegen seiner Verletzlichkeit. Und als vor einigen Wochen Kugeln an ihrem Wohnzimmerfenster vorbeipfiffen, hatte Pharoah sie angefleht: M-m-m-mama, M-m-m-m-mamma, m-mach, m-mach, daß sie aufhören!» Als die Schießerei weiterging, wurde er ohnmächtig.

Zu Anfang dieses Sommers hatten Lafeyette und James Pharoahs Bitten schon einmal nachgegeben und waren bereit gewesen, wieder zu den Bahngleisen hochzuklettern. Doch als sie sich dann an einem Samstagnachmittag unten in der Durchgangshalle trafen, kam eine Schar Teenager von der anderen Straßenseite in die Halle getobt und begann mit Fäusten auf die drei Jungen einzutrommeln. Nach der Methode einiger älterer Bandenmitglieder zogen sie Lafeyette und James die Jacken über den Kopf und boxten ihnen in den Magen. Pharoah wehrte sich gar nicht erst, sondern rannte zurück zu ihrer Wohnung, bevor die «Kurzen», wie diese jungen Bandenmitglieder genannt wurden, ihn festhalten konnten. James und Lafeyette folgten, als sie merkten, daß sie hoffnungslos in der Minderzahl und unterlegen waren. Niemand war verletzt, sie waren nur durchgeschüttelt.

Am nächsten Tag hörten die drei, daß jemand bei der Schlangenjagd unter einen Zug geraten war und beide Beine verloren hatte. Gerüchte werden hier oft für die Wahrheit gehalten, und in Anbetracht der Brutalität in Horner ist fast alles glaubhaft. Daher beschlossen die Jungen, besonders die älteren, ihre eigenen Gliedmaßen nicht aufs Spiel zu setzen.

«Mensch, du... du hast gelogen!» jaulte Pharoah und duckte sich vor einem weiteren Schlag seines Bruders.

«Hab ich nich. Erzähl keine Sachen!»

«L-l-laß... l-l-laß uns...»

Pharoah stieß seinen Kopf nach vorn, als könnte das die Wörter durch seinen Hals und Mund nach draußen befördern. Doch Lafeyette verlor die Geduld und ging weg, ohne das Ende von Pharoahs Satz abzuwarten. Er würde nicht gehen, und damit basta. Es war gefährlich.

«Mama», sagte Lafeyette zu LaJoe, «ich geh da nicht wieder hin. Sag Pharoah das. Ich geh nicht wieder hin.»

Dieser Sommer – und besonders Bird Legs Tod – hatte begonnen, Lafeyette zu verändern. Er behielt, was ihn beunruhigte, jetzt für sich. LaJoe konnte sich nicht erinnern, wann sie ihn das letzte Mal hatte weinen sehen. Sie schimpfte Lafeyette aus, er sei grob oder zu streng mit Pharoah, doch ihr war klar, daß er damit den Jüngeren nur schützen wollte. Für einen Zwölfjährigen hatte er ein viel zu großes Verantwortungsbewußtsein. Sie erinnerte sich, wie Lafeyette eines Nachmittags ungeachtet einer Schießerei einen kleinen Freund bedrängte, sich in Sicherheit zu bringen. Der neunjährige Diante war der jüngere Bruder von William, dem erfolgreichen Schlangenjäger, der im letzten Frühjahr umgekommen war. Als die ersten Schüsse knallten, hatte Diante wie festgeklebt auf der Schaukel gesessen und immer wieder gerufen: «Ich will steeerben! Ich will steeerben!» Und Lafeyette hatte ihn dort nicht allein lassen wollen.

Und dann, Anfang September, wurde Lafeyette Zeuge eines Bombenanschlags oder «Cocktailwerfens», wie man in Horner sagt, weigerte sich aber, darüber zu reden. Er würde sich hüten. Lafeyette wurde Zeuge, wie drei Teenager drei Molotow-Cocktails durch die Fenster der Nachbarwohnung schleuderten. Die Leute, die dort wohnten, betrieben einen kleinen Süßigkeiten- und Getränkehandel durch das Erdgeschoßfenster. Erst zwei Jahre später war Lafeyette bereit, über den Brandanschlag zu sprechen, und auch dann nur äußerst zurückhaltend. An jenem Abend hatte er verzweifelt gewünscht, er könne sich aus der Sache heraushalten. Zeuge eines solchen Ereignisses zu werden ist schon schlimm genug, doch darüber zu sprechen oder auch nur zuzugeben, daß so etwas passiert ist, kann dir oder einem anderen Familienmitglied nur Ärger und möglicherweise Schaden bringen. Nichtwissen ist hier einfach eine Überlebenstaktik. Als er also über die kleine Vortreppe ging und an den zertrümmerten Fenstern vorbei, wo er sich ein paar Stunden vorher noch ein Soda Pop gekauft hatte, wandte Lafeyette den Kopf von der brennenden Wohnung ab. «Ich wollte nicht neugierig sein», erklärte er später. Glücklicherweise war die Familie, die offensichtlich einen solchen Angriff erwartete, zu Freunden gezogen, so daß niemand verletzt wurde. Die Zeitungen berichteten nichts. Über zwei Jahre blieb die Wohnung danach mit Brettern vernagelt.

(Pharoah erfuhr von dem Bombenanschlag erst am nächsten Morgen, als er auf die Vortreppe hinaustrat. Offensichtlich hatte er den Vorfall und die Bemühungen der Feuerwehr, die Flammen zu ersticken, überschlafen. «Es war stinkig da drin. Alles war verbrannt», erinnerte sich Pharoah, der seinen Kopf durch die Öffnung gesteckt hatte, wo einst die Fenster gewesen waren. «Ich hab einen aufgeplatzten Teddy gesehen mit lauter Baumwolle auf dem Fußboden. Das Sofa stand auf dem Kopf. Die Wände waren ganz schwarz, so verbranntes schwarzes Zeug war an den Wänden. Ihre Fenster waren rausgeflogen. Die Bodenfliesen waren rausgerissen. Das Spülbecken, ich weiß nicht, wo das war. Das war weg. Es war alles gräßlich, ganz gräßlich. Das hätten sie nicht tun dürfen. Die Leute möchten doch nicht, daß man so was mit ihrer Wohnung macht.»)

Bei all diesem Aufruhr suchte Lafeyette immer noch nach Vernunft und Ordnung, dachte LaJoe. Es beruhigte sie, daß er noch nicht aufgegeben hatte. Als ein Einsatztrupp der Polizei eine Handgranate aus einer Wohnung im dritten Stock holte, sah Lafeyette vom Spielplatz aus zu und erzählte einem Freund scheinbar unbeteiligt, daß die Banden «eigentlich mein Haus in die Luft jagen wollten». Aber, erklärte er, «da sind so viele alte Leute und kleine Kinder drin, da haben sie gesagt: ‹Schmeißt die Bombe doch nicht.›»

Die Erinnerung an Bird Legs Beerdigung verfolgte ihn. Er meinte, Bird Legs Geist in der Wohnung eines Freundes gesehen zu haben. «Er wollte uns was sagen», erzählte er seiner Mutter, wußte aber nicht genau, was. Vergeblich versuchte LaJoe, Lafeyette dazu zu bewegen, seinen Kummer in Worte zu fassen; Lafeyette sagte ihr im Vertrauen, daß Reden ihm nicht helfen könne, denn alles, «was falsch läuft, geht so weiter, und alles, was richtig ist, bleibt nicht richtig».

Sein Gesicht verbarg seine Ängste wie eine Maske. Es verriet weder Affekte noch Gefühle; manchmal wirkte er gleichgültig oder humorlos. Bei einem Erwachsenen hätte man in einem solchen ausdruckslosen Gesicht ein Urteil gelesen; bei Lafeyette jedoch signalisierte es, daß er auf der Hut war. Selbst in seiner Leere war es ein unversöhnliches Gesicht: Er war ein Kind, das nicht verzieh.

«Ich habe keine Freunde», sagte er zu seiner Mutter. «Bloß Bekannte. Freunden kann man vertrauen.»

Wenn man in jenem Sommer in Lafeyettes rostbraune Augen sah, war das, als blicke man in einen Abgrund aus Einsamkeit und Angst. Doch diesen unruhigen Augen entging kaum etwas.

Trotz Pharoahs wiederholter Bitten weigerte er sich deshalb, noch einmal zum Bahndamm zu gehen. Das würde höchstens Ärger bringen, meinte er.

HERBST 1987 – FRÜHJAHR 1988

SIEBEN Ein schmaler Parkplatz erstreckte sich zwischen der Rückseite des Hauses, in dem die Rivers wohnten, und dem Flachbau der Farbenfabrik Professional Coatings, Incorporated. Selbst bei Vollbetrieb arbeitete sie so gut wie geräuschlos und beschäftigte nur fünfundzwanzig Leute, von denen höchstens fünf aus Horner kamen.

Zwischen den geparkten Autos lehnte LaJoe an einer verrosteten Limousine, deren Fenster und Vorderreifen seit langem verschwunden waren. Obwohl man schon längst September schrieb, war es immer noch sommerlich. Ein warmer Wind wirbelte durch die Siedlung, fegte durch die Hausdurchgänge und über die Parkplätze.

Wie auch die anderen hier hing LaJoe an ihren Sommersachen; sie trug abgeschnittene Jeans und ein pastellblaues, kurzärmliges Krankenhaushemd, das sie aus zweiter Hand für vierzig Cents gekauft hatte. Ihre beste Freundin Rochelle lehnte mit gekreuzten langen Beinen an der Motorhaube des Wagens und schwatzte fröhlich vor sich hin.

Rochelle war sechs Jahre jünger als LaJoe. Sie kannten sich schon seit Kindertagen, ihre Mütter waren eng befreundet gewesen. Rochelles Mutter hütete LaJoes drei älteste Kinder, als die junge Frau in den siebziger Jahren in einer Praxisgemeinschaft arbeitete. Wie ihre Mütter wurden LaJoe und Rochelle schließlich ebenfalls Busenfreundinnen – jede hielt die andere für ihre einzige richtige Freundin. Rochelle hatte selbst keine Kinder, hatte aber fünf Jahre lang zwei von ihrer rauschgiftsüchtigen Mutter verlassene Pflegekinder aufgezogen. LaJoe sagte immer, Rochelle sei für Lafeyette, Pharoah und die anderen «wie eine zweite Mutter». Manchmal kaufte Rochelle ihnen etwas zum Anziehen oder Spielzeug oder schenkte ihnen einen Dollar für Süßigkeiten. Sie hatte zwar keine Stellung und kein Einkommen – achteinhalb Jahre lang hatte sie in einer Druckerei gearbeitet, bis diese schloß und nach Süden verlagert wurde –, doch sie organisierte regelmäßig Kartenspiele, was ihr monatlich bis zu 700 Dollar einbrachte. Mit ihren Eltern zusammen wohnte sie einige Blocks von LaJoe entfernt in Horner; ihr Vater, jetzt Rentner, hatte in einem Galvanisierbetrieb gearbeitet. LaJoe besuchte sie häufig, und wie heute kam Rochelle oft bei LaJoe vorbei.

Immer wenn die Banden einen, wie sie es tatsächlich nannten, Friedensvertrag schlossen, verwandelte sich der Rand dieses schmalen Parkplatzes in einen Treffpunkt für die Anwohner. Heute war ein solcher Tag, und die Kinder nutzten die Atempause. «Du bist dran!» rief ein schlaksiges, linkisches Mädchen und flog dabei der Länge lang über den Fußweg, ohne ihre Freundin erwischt zu haben. Sie war über eine Metallkette gestolpert, die wenige Zentimeter über dem Boden parallel zum Weg lief und schon oft zur Fußfalle geworden war. Wahrscheinlich hatte man sie einmal angebracht, um die Anwohner vom Rasen fernzuhalten; vor vielen Jahren kassierte die Wohnungsbehörde für das Betreten des Rasens sogar Geldstrafen von Erwachsenen und Kindern. Doch jetzt waren die Ketten eher ein Ärgernis denn ein Schutz, und das Gras war so zertrampelt, daß es nur noch stellenweise wuchs und es kaum noch etwas zu schützen gab.

Die Erwachsenen sahen voller Anteilnahme zu, doch das kaum mehr als achtjährige Mädchen rappelte sich wieder auf, putzte sich die mageren Beine ab und setzte seine Verfolgungsjagd fort.

Während die kleineren Kinder über den ganzen Parkplatz Fangen spielten, stand Pharoah allein auf der Hintertreppe. Er lehnte an dem schwarzen Metallgeländer, das Kinn in die Hand gestützt, und starrte vor sich hin, ohne die quietschenden Kinder direkt unter seinen Augen wahrzunehmen.

«Er träumt dauernd vor sich hin», sagte LaJoe zu Rochelle. «Er wird immer vergeßlicher. Ich hatte ihn gebeten, den Müll rauszutragen. Hat er nicht gemacht. Ich sagte: ‹Pharoah, was ist mit dem Müll?› Er hielt sich den Mund zu, du weißt ja, wie er immer tut, und sagte, er hätte es vergessen. Einfach vergessen. Wahrscheinlich stimmt das auch. Er vergißt alles und jedes.»

«Pharoah!» rief sie. «Pharoah, komm mal her!»

Der Junge riß den Kopf hoch, als hätte man ihn aus tiefem Schlaf geweckt. Lächelnd lief er zu seiner Mutter hinüber, und sie kraulte sein Haar, das ihm schon weit in den Nacken hineinwuchs. Rochelle nickte ihm freundlich zu.

«Woran denkst du denn?» fragte seine Mutter. Pharoah sah zu ihr auf.

«Mama, w-w-wann... w-w-wann...» Die Worte blieben ihm im Hals stecken, vergeblich versuchte er zu antworten. LaJoe streichelte ihm weiter Kopf und Haar.

«W-w-w-wann... wann...»

«Bald, Pharoah. Wenn sie aufhören zu streiken.»

Die Lehrer der Stadt streikten nun schon die zweite Woche; es war der vierte Streik in fünf Jahren. Wie bei den anderen Arbeitsniederlegungen ging es auch diesmal um Geld. Die Lehrer verlangten eine Gehaltserhöhung und geringere Schülerzahlen in ihren Klassen. Das Anfangsgehalt eines Lehrers mit B. A.-Examen betrug nur 17651 Dollar im Jahr. Die Schulbehörde hingegen wollte, um Geld zu sparen, das Schuljahr um drei Tage kürzen, was de facto eine Gehaltskürzung von 1,7 Prozent bedeutet hätte.

Pharoah liebte die Schule. Während er draußen wegen seiner kleinen Körpergröße und seines Stotterns oft gehänselt wurde, stand er in der Schule gut da. Nach den *Iowa Tests of Basic Skills* entsprach sein Leseniveau dem Halbjahrsstand der vierten Klasse; damit lag er nur zwei Monate hinter den offiziellen Anforderungen für seine Altersgruppe. Tatsächlich bedeutete es, daß er zur Spitze seiner Klasse gehörte, wo der Durchschnitt nur 2,6 im Test bekam und damit um ein ganzes Jahr und zwei Monate zurücklag.

Während der Schulzeit war Pharoah immer der erste, der morgens die Wohnung verließ. Wenn Lafeyette noch beim Anziehen war, stürzte Pharoah schon zur Tür hinaus und drängte seinen Bruder, sich zu beeilen, sonst würde er es bis zum Klingeln um neun Uhr nicht mehr schaffen. Die Schule lag einen Block entfernt. Während der ganzen dritten Klasse war Pharoah nur viermal zu spät gekommen. Lafeyette dagegen hatte sich im vorigen Jahr achtzehnmal verspätet.

Abends las Pharoah oft, bis ihm die Augen weh taten. Da er keine funktionierende Decken- oder sonstige Lampe in seinem Zimmer hatte, lag er bäuchlings auf dem braunen Fußboden und streckte den Kopf zur Tür hinaus, um im Licht des Korridors zu lesen. Die nackte Sechzig-Watt-Birne erhellte den engen Flur nur spärlich, deshalb wurden Pharoahs Augen schnell müde. Er war überzeugt davon, daß er eine Brille brauchte. Ja, er wünschte sich dringend eine, denn erstens könnte er bestimmt länger damit lesen, und außerdem würde er in der Schule damit auffallen. Wenn er eine Brille hätte, meinte er, würden die Lehrer ihn sicher öfter mit Botengängen beauftragen oder an die Reihe nehmen. Zumindest sähe er damit ganz sicher schicker aus. Obwohl eine Augenuntersuchung später zeigte, daß er keinerlei Sehprobleme hatte, bat er auch weiterhin um eine Brille, selbst wenn die Gläser nur Fensterglas wären.

Wenn er sich langweilte oder nichts Besseres zu tun hatte, übte er seine Schreibfertigkeit. Seine Lehrer sagten, daß er für sein Alter eine ungewöhnlich saubere, sorgfältige Handschrift habe. Aber Pharoah arbeitete auch daran; meist schrieb er wieder und wieder seinen Namen auf ein Blatt, so daß schließlich an die zwei Dutzend Mal «Pharoah» in allen Richtungen über das Papier hüpfte. Anmutig beherrschten die großen Ps die anderen Buchstaben; er ließ sogar den Abstrich in einem Schnörkel enden, damit es noch schöner aussah. Manchmal zeigte sein Name im Eifer des

Gefechts sogar einen deutlichen Aufwärtstrend, und Schnörkel verzierten auch die anderen Buchstaben, als wäre sein Name ein phantastisches Raumschiff, das im Begriff war, über den Rand des Papiers hinaus abzuheben.

In diesem Sommer hatte er reichlich Zeit gehabt, Schreiben zu üben. Für ihn hatten sich die durch den Streik verlängerten Ferien viel zu lange hingezogen. Im Laufe des langen Sommers war noch ein weiterer Freund der Familie erschossen worden, ein Mann Anfang zwanzig. Die Umstände wurden nie geklärt. Beide Jungen weigerten sich, zur Beerdigung zu gehen; sie hatten Bird Legs Tod noch nicht verwunden.

LaJoe, um die Sicherheit ihrer Kinder besorgt, schickte Lafeyette und Pharoah bis zum Schulbeginn zu ihrer Mutter. Lelia Mae Anderson wohnte mit einer Enkelin im Erdgeschoß eines Zweifamilienhauses etwa drei Kilometer weiter im Westen der Stadt. Obwohl es eine der ärmsten Gegenden Chicagos ist, waren das Bandentreiben und das Rauschgiftgeschäft dort nicht so beherrschend wie in Horner.

Als die Schule schließlich am 4. Oktober mit vierwöchiger Verspätung begann – die Lehrer hatten nach einem Streik von Rekorddauer eine vierprozentige Gehaltserhöhung für die nächsten beiden Jahre durchgesetzt –, ging Pharoah voller Inbrunst an die Sache. Es wurde ein sehr bedeutsames Schuljahr für ihn.

Die Henry-Suder-Grundschule, benannt nach einem engagierten Sportlehrer der Jahrhundertwende, ist ein wenig beeindruckendes, eingeschossiges rotes Ziegelgebäude, erbaut weniger unter ästhetischen denn Nützlichkeitsaspekten. Das Gebäude ist hufeisenförmig; die drei Seiten umschließen einen betonierten Hof, wo die Kinder unter dem wachsamen Auge der Lehrerschaft Fußball und Fangen und anderes spielen können. Nur ein hüfthoher Zaun begrenzt den Schulhof zur offenen Seite hin gegen Horner.

Die Suder-Schule war eine von drei Grundschulen dieses Stadtviertels, die zwischen 1952 und 1963 entstanden. Das war die Zeit des stärksten Zuzugs in Horner, als etwa fünftausend Kinder einzogen. In der Blütezeit des Viertels, Jahre, bevor Horner gebaut wurde, lernten in den Schulen hier zukünftige Stars wie Lillian Russell, Edgar Rice Burroughs und Florenz Ziegfeld. Doch damals waren die staatlichen Schulen noch starke, allgemein respektierte Institutionen.

Während sich in den letzten Jahren die öffentliche Aufmerksamkeit auf den bedenklichen Zustand der Innenstadtschulen des Landes richtete, haben die Bewohner solcher Gemeinden wie Horner ihre Schulen schon immer als unzulänglich empfunden. Bereits Anfang und Mitte der sechziger Jahre wurden diese Schulen Chicagos zum Sammelpunkt für die Schwarzen; sie erhoben den Vorwurf, die Schulpolitik isoliere und benachteilige ihre Kinder. 1964 besuchten neunzig Prozent aller schwarzen Kinder im Grundschulalter Schulen, die zu neunzig Prozent schwarz waren. Eine Studie der *Chicago Urban League* – der ersten schwarzen Selbsthilfeorganisation der Stadt – ergab, daß das Gehaltsbudget der Schulen, die vorwiegend von Kindern ethnischer Minderheiten besucht wurden, nur fünfundachtzig Prozent von dem der vorwiegend «weißen» Schulen betrug und die Sachmittel pro Kind nur sechsunddreißig Prozent. Außerdem unterlief die lokale Schulbehörde jedes Elternengagement. Sie ließ die Telefonnummern der einzelnen Schulen nicht im städtischen Telefonverzeichnis aufführen, damit Eltern nicht in der Schule ihrer Kinder anrufen konnten.

Der Präsident der Schulbehörde, Benjamin Willis, rückte ins Zentrum der Kontroverse und wurde für die immer stärker werdende Bürgerrechtsbewegung zum Symbol der Ungleichheit an den Schulen. 1961 verkündete Willis, ein schwarzes Kind könne nur dann die Schule wechseln, wenn seine Schule einen Klassendurchschnitt von über vierzig Schülern habe, während eine weiße Schule Kinder aus anderen Schulen nur bei einem Klassendurchschnitt unter dreißig aufnehmen könne. Um der Überfüllung in den vorwiegend schwarzen Schulen Herr zu werden, führte er mobile Klassenräume ein, die spöttisch «Willis Waggons» genannt wurden. Die Schulen im Umkreis von Henry Horner einschließlich der Suder-Schule waren so überlastet, daß sie in zwei Halbtagsschichten unterrichteten.

1963 blieben 225 000 Kinder, die Hälfte der Gesamtschülerzahl der Stadt, aus Protest gegen Willis' eindeutig diskriminierende Verteilungspolitik dem Unterricht fern. Fast zehntausend Eltern und Schüler demonstrierten vor dem Rathaus und forderten seinen Rücktritt. Unter dem Druck von Gemeindevertretern trat Willis schließlich 1966 zurück, doch mit den Schulen ging es weiter bergab. Deshalb war es keine Überraschung für die Menschen, die in Hochhaussiedlungen wie Horner wohnten, als William Bennett, Präsident Reagans Erziehungsminister, Chicagos Schulsystem als das schlechteste der Nation brandmarkte. Es war immer mies gewesen. Warum sollte es jetzt anders sein? 1963 brachen achtunddreißig Prozent der Schüler vorzeitig die Schule ab, fünfundzwanzig Jahre später waren es vierzig Prozent. Der Stand der Lesefertigkeit war in der gesamten Stadt etwa derselbe wie vor zwanzig Jahren.

Und doch ist die Suder-Schule keine ganz gewöhnliche Innenstadtschule. Obwohl die Testergebnisse der Kinder dort unter ihrem Altersdurchschnitt liegen – normalerweise sind die Achtkläßler mit dem Lesen ein Jahr im Rückstand –, stehen die Klassen unter sorgfältiger Aufsicht, und das Betragen ist insgesamt gut. Außerdem zeigen die Lese- und Mathematiknoten der Schüler nach Abschluß der achten Klasse einen stetigen Aufwärtstrend. Vieles von diesem positiven Bild ist der dynamischen, gelegentlich etwas autoritären Rektorin Brenda Daigre zu verdanken, die die Schule seit 1975 leitet. Frau Daigre läßt weder Mützen noch Ohrringe in der Schule zu, da beide Bindung an eine Bande signalisieren. In ihrer Schule gibt es weder beschmierte Wände noch Gewalt.

Aus den Fenstern des ersten Stockwerks der Schule hängt ein meterhohes Plakat: «PROJEKT AFRIKA». Dies ist vielleicht Frau Daigres schönster Beitrag zum Schulalltag von Suder und hat ihr Lob in der ganzen Stadt eingetragen. Das Projekt wurde 1987 begonnen. Frau Daigre sammelte Geld, um in den Sommerferien mit etwa einem Dutzend Schüler nach Afrika zu fahren. In den Monaten danach stellte sie im Korridor des Erdgeschosses afrikanisches Kunsthandwerk aus, Holzschnitzereien, eine handgeflochtene Strohschale – das Geschenk eines afrikanischen Stammeshäuptlings –, Zahlungsmittel verschiedener westafrikanischer Völker und ein T-Shirt, das für das «Projekt Afrika» warb. Die jährlichen Reisen sind mittlerweile zur festen Einrichtung geworden und erregen allgemeine Aufmerksamkeit; ein Chicagoer Fernsehsender hat sogar eine Sendung über eine der Fahrten gemacht.

Doch Frau Daigre ist nicht überall beliebt. Einige Mütter beklagen sich, daß sie oft vorschnell urteilt, daß sie Lieblinge hat. Einige haben ihre Kinder sogar umgeschult, weil sie hoffen, daß sie in anderen Schulen des Viertels nicht als «schlechte Schüler» abgeschrieben werden. Gelegentlich haben Lehrer schon Kinder vor Ms. Daigre in Schutz genommen. Mindestens ein Lehrer überlegt es sich, ob er einen Schüler ins Büro der Rektorin schickt, weil er fürchtet, daß Frau Daigres Strafen oft das Ausmaß des Vergehens weit überschreiten.

Es gibt auch Dinge, die sich Frau Daigres Einflußmöglichkeiten entziehen. Wie andere Großstadtschulen hat auch die Suder-Schule finanzielle Einschränkungen hinnehmen müssen. 1980 wurde der Kunst- und Musikunterricht zusammengestrichen. Der einzige Fachberater muß die Iowa-Tests durchführen, die Gesundheitshefte der Kinder führen und den Berufsberatungstag für die Achtkläßler bestreiten, so daß ihm wenig Zeit bleibt, die siebenhundert Schüler der Schule auch noch zu beraten. Eine Krankenschwester und einen Psychologen muß die Suder-Schule sich mit drei, den Sozialarbeiter mit vier weiteren Schulen teilen.

Die Suder-Schule hat noch ein anderes, den meisten städtischen Grundschulen gemeinsames Problem: Von ihren achtunddreißig Lehrern ist nur eine Handvoll männlich. In einer Gesellschaft, in der männliche Vorbilder rar sind, ist die Schule einer der wenigen Orte, wo Kinder regelmäßig Kontakt zu einem festangestellten Mann haben könnten, der kein Polizist ist. (Es wird geschätzt, daß fünfundachtzig Prozent der Haushalte von Horner eine Frau als

Familienvorstand haben.) Als daher die Stadt der Suder-Schule außerplanmäßige Gelder zur Verfügung stellte, schlugen die Lehrer vor, damit diesem eklatanten Mangel abzuhelfen und weitere männliche Lehrkräfte einzustellen.

Es war der erste Schultag nach dem Streik, und die vierzigjährige Diana F. Barone betrat das Klassenzimmer ihrer Viertkläßler. Ihre Schüler flatterten um sie herum wie junge Rotkehlchen, die nach einem Wurm schnappen.

«Wo waren Sie?»

«Kriegen Sie Ihr Geld?»

«Echt gut, daß Sie wieder da sind!»

Schnell und heftig prasselten die Fragen und Kommentare auf sie ein. Das machte sie froh. Schüler wie Lehrer waren glücklich, daß der Streik endlich zu Ende war.

Frau Barone, die kürzlich geheiratet hatte und bei ihren Schülern noch immer unter ihrem Mädchennamen als Frau Fecarotta bekannt war (manche zogen die beiden Namen zu Fecarone zusammen), hatte vor sechzehn Jahren als Lehrerin in der Suder-Schule angefangen, und wenn sie auch ihre Begeisterung für ihren Beruf nicht verloren hatte, so investierte sie jetzt doch bewußt weniger Zeit und Energie als früher. In ihren Anfangsjahren hatte sie nicht selten fünfhundert Dollar aus eigener Tasche für Bücher und Arbeitsmittel für ihre Schüler ausgegeben. Inzwischen war sie sparsamer geworden. Jedes Jahr dekorierte sie ihre vier Wandtafeln mit Plakaten über das Lesen und mit Aufsätzen ihrer Schüler. Eine Tafel war der Phonetik gewidmet und wurde von riesigen Satzzeichen bevölkert, denen sie Turnschuhe und Mützen angesteckt hatte. Um Geld zu sparen, hatte sie die Zeichen und Buchstaben mit Folie überziehen lassen, so daß man sie jedes Jahr wiederverwenden konnte. Sie hütete noch verschiedenstes anderes Lehrmaterial, wovon einiges sechzehn Jahre alt war.

Die großen Klassen, die zu gewissen Zeiten bis auf vierunddreißig Schüler angeschwollen waren – jetzt hatten sie sich um fünfundzwanzig eingependelt –, und die ewigen Kürzungen der Mittel hatten Mrs. Barone müde gemacht. Und sie machte sich so viele Sorgen um ihre Kinder, die oft müde oder bedrückt oder unkonzentriert zur Schule kamen, daß sie schließlich ein Dickdarmgeschwür bekam.

Auch die unaufhörliche Gewalttätigkeit des Viertels deprimierte sie. Der Parkplatz hinter der Schule war Schauplatz zahlreicher Bandenkriege gewesen. Wenn der laute Knall einer .357 Magnum und das Tacktack von Gewehren mit abgeschnittenem Lauf von den Schulwänden widerhallten, rutschten die leidgeprüften Schüler von ihren Stühlen und kauerten sich unter die Tische. Diese Kinder hatten keine Übungen mit dem Motto «Ducken und in Deckung gehen» mitgemacht wie Anfang der sechziger Jahre, als die Gefahr eines Atomkrieges mit Kuba und der Sowjetunion die Nation bedrohte. Dies war einfach ihre vernünftige Reaktion darauf, daß Kugeln durchs Fenster fliegen konnten. Wie die anderen Lehrer schob Mrs. Barone dann ihren Stuhl mit der Rücklehne an eine Säule, um nicht ungeschützt im Schußfeld zu sitzen.

Jeden Morgen und Nachmittag fürchtete sie sich vor dem Weg von ihrem Auto zur Schule und zurück. Sie trug keinen Schmuck mehr und auch keine lederne Handtasche, sondern eine billige aus Plastik. Ihren Gehaltsscheck schob sie immer in ihren BH, bevor sie die kurze Strecke zu ihrem Wagen zurücklegte.

Doch all dies hatte Mrs. Barones enorme Energien nicht erschöpfen können. Die kleine, draufgängerische Frau sprach so schnell, daß es manchmal klang, als habe jemand die Drehzahl hochgestellt. Sie war ständig in Bewegung. Im «Talentschuppen» des vorigen Schuljahrs hatten sie und drei andere Lehrerinnen sich als kalifornische Weinbeeren verkleidet; in Kostümen aus schwarzen Müllsäcken, schwarzen Hosen, weißen Handschuhen und riesigen Sonnenbrillen kamen sie zur Musik von «I Heard It Through the Grapevine» Boogie tanzend auf die Bühne. Bei Frau Barone hatte man immer den Eindruck, sie tanze Boogie.

Als wollte sie damit ihr ungezwungenes Naturell kompensieren, griff sie, wenn es um die Disziplin in der Klasse ging, auf den Drill ihrer Militärzeit zurück – zwei Jahre bei den Marines und drei Jahre bei der Reserve der Luftwaffe. An diesem ersten Schultag erklärte sie ihren Schülern, daß sie eine bestimmte Ordnung einzuhalten hätten, um zu ihrem Platz zu gelangen. Sie müßten, so sagte sie ihnen, erst im Gänsemarsch bis ans Ende des Klassenraums gehen und dann den entsprechenden Gang entlang zu ihrem Tisch. Nahm ein Schüler ein Buch mit nach Hause, hatte er es am nächsten Morgen auf die obere rechte Ecke ihres Tisches zu legen. Die Kinder durften nur zweimal täglich zur Toilette gehen, und dann nur im Klassenverband. Abfälle durften sie nur auf dem Weg aus dem Klassenzimmer wegwerfen.

«Die Kinder brauchen diese Ordnung», argumentierte Frau Barone. «Sie finden sie richtig. Sie mögen sie. Sie vermittelt ihnen das Gefühl, daß sie sich in ihrer Umgebung sicher und wohl fühlen können.»

Am ersten Schultag bat Frau Barone die Schüler, sich selbst vorzustellen. Als Pharoah an die Reihe kam, bemerkte sie sein Stottern: «I-i-ich hei-heiße... i-i-ich heiße Pharoah Rivers», sagte er zu den anderen. Sie war beeindruckt von seiner Entschlossenheit. Manchmal wollten die Wörter nicht herauskommen, doch er gab nicht auf. Frau Barone ermahnte Pharoah, langsam zu sprechen, sich Zeit zu lassen. Doch im Laufe dieses Jahres, das für seine Familie eine ganze Reihe von Problemen bereithielt, wurde Pharoahs Stottern immer schlimmer.

Frau Barone hatte diesmal eine ungewöhnlich begabte vierte Klasse. Ihre beste Schülerin war Clarise Gates, eine von sieben Schwestern, die alle die Suder-Schule besuchten. Die Mädchen waren schulbekannt wegen ihrer Tüchtigkeit – die sieben hatten bereits über hundert Preise eingeheimst. Clarise war die drittälteste. Frau Barone war beeindruckt von ihrer Reife; sie wirkte viel älter als die anderen, und Frau Barone beauftragte sie, anderen Schülern bei den Aufgaben zu helfen.

Und dann war da noch Pharoah. Er blühte unter Frau Barones strenger Disziplin und energischer Art förmlich auf – und trotz aller guten Vorsätze, keinen Schüler vorzuziehen, schloß Diana

Barone Pharoah bald besonders ins Herz. «Man versucht, alle gleich zu behandeln, egal, wie die Sympathien liegen», erklärte sie ihre Unterrichtsphilosophie. «Aber Pharoah ist ein Sonderfall. Für Pharoah werde ich immer eine kleine Schwäche haben.»

Sie merkte schnell, daß Pharoah sich trotz seines Stotterns gern im Unterricht äußerte. Manchmal antwortete er auf Fragen, wenn er gar nicht an der Reihe war. Manchmal begann er einfach eine Unterhaltung mit seinem Nachbarn, oft mitten in der Stunde. Aller Wahrscheinlichkeit nach äußerte und bewegte Pharoah sich so frei in der Schule, weil er sich dort geschützt fühlte. Mit dem Gefühl der Sicherheit kommt auch ein Wohlbefinden, und Pharoah, der draußen oft verschlossen und launisch wirkte, verlor in der Schule seine Hemmungen. Dort schwatzte und spielte er so frei, wie man ihn draußen selten sah. Später in diesem Schuljahr nahm sein Schwatzen während der Stunden so überhand, daß Frau Barone LaJoe zu sich bitten mußte, um mit ihr darüber zu reden.

Frau Barone sorgte dafür, daß Pharoah in der ersten Reihe in unmittelbarer Nähe ihres Tisches saß, damit sie ein Auge auf ihn haben konnte. So saß er also ganz vorne, direkt bei der Lehrerin und der Tafel.

Wegen seiner Körpergröße wurde Pharoah oft von den anderen Kindern gehänselt. Einmal traf ihn ein Mädchen mitten in einem Test mit einem Papierkügelchen in den Nacken. Pharoah kreischte und schrie dann zum Vergnügen seiner Klassenkameraden: «Das alte Mädchen da hat mich getroffen! Hör auf damit, altes Mädchen!» Alle lachten. Pharoah redete immer von anderen als «altes Mädchen» oder «alter Junge», selbst von Lehrern, und obwohl ihm nicht klar war, warum, wirkte es auf seine Zuhörer immer komisch.

Pharoah bat Frau Barone oft, ihn beim Einsammeln der Hefte helfen zu lassen oder ihn auf Botengänge ins Rektorat zu schikken – er liebte alles, was mit Verantwortung verbunden war. Er nahm alles ernst, ob es nun Gespräche mit seinen Nachbarn oder die Schularbeiten waren.

Doch besonders gern mochten seine Klassenkameraden und Lehrer ihn wegen seiner Phantasie und der Geschichten, die er schrieb. Er liebte Wörter. Er behielt Ortsnamen wie Ontonagon River oder Agate Falls, weil sie so schön klangen. Bei jeder Gelegenheit spielte er Scrabble mit Freunden und legte Wörter wie *motel* oder *quake*. Er war so gut in Buchstabieren, daß Frau Barone ihn später im Jahr für den Buchstabierwettbewerb um eine der ehrenvollsten Auszeichnungen der Schule vorschlug.

Einmal sollten die Kinder einen Aufsatz zum Thema «Mein Lieblingsmonster» schreiben, und Pharoahs Aufsatz erntete überschwengliches Lob in der ganzen Klasse. Er schrieb über ein Monster, das wie er ein unverbesserliches Schleckermaul war. Pharoah wußte, daß Süßigkeiten und Kuchen und Limonade schlecht für ihn waren, doch er konnte sich nicht beherrschen. Manchmal bekam er Pickel davon. Wenn er auch nicht aufhören mochte, konnte er doch wenigstens über sich selbst lachen – und das tat er in diesem Aufsatz. Frau Barone forderte Pharoah auf, ihn laut vor der Klasse vorzulesen. Er stotterte nur gelegentlich und las manche Stellen besonders schnell, um nicht über die Worte zu stolpern. Es half ihm auch, daß er vorlas und nicht darüber nachdenken mußte, was er sagen wollte.

> *Einmal hatte ich ein Haustier, und das hieß «Mein Lieblingsmonster», und es mochte Zuckermilch lieber als alles andere. Es machte dauernd Unsinn, und wenn es Unsinn macht, dann schließ ich es immer ein mit Handschellen, und dann will es mich immer beschwatzen, es rauszulassen, aber ich mach's dann nicht, erst später.*
> *Einmal hatten die Läden eine Woche lang geschlossen. Da merkte «Mein Lieblingsmonster», daß die Läden zu waren, und fing an nachzudenken und dachte immer an seine Zuckermilch. Überall rannte es rum und suchte, ob nicht ein Laden in der Stadt offen wär. Es merkte, daß kein Laden in der Stadt offen war. «Mein Lieblingsmonster» war unglücklich und redete mit keinem mehr. So unglücklich war es.*

> *Die Woche ging um, und die Läden machten wieder auf, und «Mein Lieblingsmonster» ging als erstes ins Geschäft. Es kaufte zwei Gallonen Milch und zwei Kilo Zucker, und «Mein Lieblingsmonster» sagte: «Ich hab bloß darum von allem zwei gekauft, weil wenn die Läden zumachen, hab ich noch eine Gallone und brauch mich nicht zu sorgen.»*

Die Kinder lachten hemmungslos über die Geschichte, und Frau Barone nahm sie mit nach Hause, um sie abends ihrem Mann vorzulesen. Dann pinnte sie sie ans Schwarze Brett, wo die anderen Schüler und vorbeigehende Lehrer sie lesen konnten. Das war ein bedeutender Augenblick für Pharoah, der oft genug wegen seines Fleißes verspottet worden war. Manche Schüler nannten ihn einen Trottel, andere mokierten sich über seine Nagetierzähne. Das Sticheln machte Pharoah unglücklich – er war sicher, es werde nicht immer mit lustigen Geschichten abzuwehren sein. Doch zu Beginn dieses Schuljahrs fand er einen Freund, der ihm half, die Quälgeister in Schach zu halten.

ACHT Pharoah lernte Rickey in der Schule kennen, sie waren Klassenkameraden. Rickey bat Pharoah um einen Gefallen. Pharoahs Cousine Dede hatte es ihm angetan. «Pharoah», sagte er eines Tages in der Schule, «frag doch Dede mal, ob sie mit mir ausgehen will.» Pharoah kicherte, entzückt über einen solchen vertraulichen Auftrag. Als er Dede die Nachricht überbrachte, sagte die: «Kommt nicht in Frage.»

«Frag sie noch mal», flehte Rickey. Pharoah tat es, und diesmal sagte Dede, sie würde sich mit Rickey verabreden, um ihm eine Chance zu geben. Binnen kurzer Zeit erschienen Wandmalereien in Pharoahs Treppenhaus: RICKEY LIEBT DEDE. Rickey und Pharoah wurden Freunde.

Rickey, den die Erwachsenen Richard nannten, wohnte mit seiner Mutter Gloria, einem jüngeren Bruder und zwei älteren Schwestern in Henry Horner. Sein Vater war weggegangen, als Rickey drei war, das letzte Mal hatte er ihn vor zwei Jahren gesehen.

Rickey wohnte nur zwei Häuser weiter westlich von Pharoah, doch die Entfernung erschien viel größer, denn sein Haus lag auf der anderen Seite der Damen Avenue. Diese Straße fungiert als Grenzlinie zwischen den Revieren der Vice Lords und der Disciples. Sie schneidet auch die Wohnsiedlung in zwei Hälften. Obwohl kleinere Kinder die vierspurige Straße ohne weiteres überqueren, sind Teenager und selbst Erwachsene wesentlich vorsichtiger beim Überschreiten der Bandengrenze. Die meisten Kinder, die westlich der Damen Avenue im sogenannten «Neuen Projekt» von Horner wohnen, da es in einem zweiten Bauabschnitt entstand, gehen nicht in den Jungenclub, der auf dem Gebiet der Vice Lords liegt. Rickey wohnte ein Haus westlich der Damen Avenue, Pharoah zwei Häuser östlich davon.

So war es schon ungewöhnlich, daß ein Junge aus dem «Neuen Projekt» sich mit einem Jungen aus dem «Alten Projekt» anfreundete. Noch erstaunlicher war, daß Rickey und Pharoah trotz der auffallenden Unterschiede zwischen ihnen Gemeinsamkeiten fanden, die sie verbanden. Nicht einmal Frau Barone vermutete, daß ihre beiden Schüler außerhalb der Schule zusammen waren.

War Pharoah zierlich, so war Rickey nach den Worten eines Ortspolizisten «wie ein junger Bulle» gebaut. Für einen Elfjährigen hatte er ungewöhnlich kräftige Muskeln; er sah viel älter aus, als er war.

Während Pharoah die Schule heiß liebte, drückte Rickey sich, wo es nur ging, konnte kaum lesen und hatte schon eine Klasse wiederholen müssen. Er war eineinhalb Jahre älter als Pharoah. Außerdem hatte er schon so viele Einträge wegen schlechten Benehmens, daß sein Sündenregister in der Suder-Schule, eine Aufzählung vergangener Vorfälle, allmählich die Stärke eines Telefonbuchs erreichte. Einmal hatte man sogar die Polizei rufen müssen, um mit ihm fertig zu werden. Er war oft in Schlägereien verwickelt, und da er stärker war als die meisten anderen Jungen, konnte er sie erheblich verletzen. Wenn er böse wurde, benutzte er unflätige Schimpfworte, sogar gegenüber Erwachsenen. Einmal hatte er zu Frau Barone «fuck off» gesagt. Manchmal mußte sich Frau Barone nach der Schule ein wenig hinlegen, nur um sich von den Auseinandersetzungen mit dem Klassentyrannen zu erholen.

Und wo Pharoah versuchte, sich von den Gewalttätigkeiten in der Nachbarschaft fernzuhalten, steckte Rickey mittendrin. Rickey war mit Bird Leg zusammengewesen, als dieser starb. Die beiden waren Vettern zweiten Grades. Rickey war eins der jüngeren Kinder, mit denen Bird Leg sich angefreundet hatte, und wie Lafeyette war er leidenschaftlich gern mit Bird Legs Hunden umgegangen. Am Tag, als er erschossen wurde, hatte Bird Leg Rickey gebeten, sein Radio zu halten, während er hinter den Flaschen werfenden Disciples herrannte. Rickey aber hatte ihm bei der Verfolgung helfen wollen, stellte das Radio auf den Boden und warf sich in den Kampf, indem er Bird Legs Angreifer mit Ziegelsteinen traktierte. Er hatte den einzelnen Pistolenschuß gehört und zugesehen, wie sein Vetter strauchelte, unter der Pappel zusammenbrach und starb. Danach hatte er auf einer Bank in der Nähe gesessen und geweint. Die nächsten beiden Tage blieb Rickey zu Hause und wollte weder essen noch reden. Das ganze Wochenende über mußte er sich immer wieder übergeben. Seine Mutter machte sich Sorgen, daß er krank wäre, aber am Montag begann er wieder zu essen und wagte sich wieder nach draußen. Doch die Wut über Bird Legs Tod ließ nicht nach, sie schwelte und glomm weiter in seinem Inneren. Es dauerte zwei Jahre, bevor er zum erstenmal mit jemandem darüber sprach, wie er seinen Cousin hatte sterben sehen.

«Ich fühlte mich, als hätte ich einen großen Bruder verloren. Ich dachte immer, sie hätten ihm ins Bein schießen sollen», sagte Rickey später. «Ich glaub, mir ist jetzt alles egal. Ich hab kein Mitleid mehr mit den andern, weil, als sie Bird Leg umlegten, da haben die Typen, die ihn erschossen haben, auch kein Mitleid mit ihm gehabt. Also wenn ich Basketball spiel oder so, muß ich manchmal dauernd dran denken. Es will mir einfach nicht aus dem Kopf.»

Wenn Rickey in eine Prügelei verwickelt wurde, begann er oft, Bird Legs letzte Minuten noch einmal zu durchleben, und dann verwandelte sich sein Zorn in blinde Wut. In seiner Klasse hatte er einmal einen Jungen so lange und fest gewürgt, daß er ihn in Pharoahs Worten «schlafen legte». Solche Flashbacks, ähnlich wie bei traumatisierten Kriegsveteranen, verfolgten Rickey noch über ein Jahr nach Bird Legs Tod.

«Wenn ich jetzt anfange, mich mit jemand zu schlagen, ist es mir egal, ob ich ihn umbring oder so. Ist mir ganz egal. Es ist, als ob wir kämpfen würden, als ob wir Fremde wären, die kämpfen.

Dann flüstert jemand in meinem Kopf: ‹Hau drauf, denk nicht an ihn!› Tjaaa. Dann denk ich nur daran, wie ich ihn fertigmachen kann. Das ist wie ein Zwang in meinem Kopf. Dann sehe ich dauernd Bilder von damals. Ich seh, wie Bird Leg ganz krumm wurde und fast über die Kette stolperte und sich dann einfach hinlegte. Ich erwisch mich immer wieder dabei. Ich glaub, wenn ich jemanden umbringe, ist das, weil ich denke, das war der, der Bird Leg umgebracht hat.»

Pharoah und den anderen war nicht bewußt, welche Auswirkungen Bird Legs Tod auf Rickey gehabt hatte. Unter der rauhen Schale zeigte sich ein zartbesaitetes Kind, das vielen Erwachsenen voller Respekt begegnete und jüngere Kinder bei der Hand nahm, um ihnen beim Überqueren der Straße zu helfen. LaJoe fand, er sehe einen so lieb an. Doch er war immer auf der Hut. Wenn er lächelte, schien er sich unbehaglich zu fühlen, als würde man ihn als Schwächling abstempeln oder als Waschlappen abtun. Später, nach zahlreichen Zusammenstößen mit dem Gesetz und Flirts mit den Banden, kam es vor, daß Rickey mit älteren Freunden auf der Hintertreppe von Pharoahs Haus stand und sich nicht überwinden konnte, vorbeigehenden Erwachsenen oder Kleineren auch nur zuzunicken. Er machte auf cool und brutal. Doch mit elf Jahren wollte – oder konnte – Rickey sein freundliches Wesen noch nicht verbergen.

Gefestigt wurde Rickeys und Pharoahs Freundschaft durch ein Ereignis während einer Turnstunde, kurz nachdem Rickey begonnen hatte, Dede den Hof zu machen. Ein anderer Junge, Cortez, hatte Pharoah einen Basketball aus der Hand gerissen. Pharoah war wütend. «Gib... gib... gib... ihn mir wieder!» verlangte er. Cortez grinste und dribbelte mit dem Basketball, um Pharoah zu hänseln. Pharoah, der nicht gern kämpfte, tat nichts. Rickey, größer und stärker als die anderen Viertkläßler, hatte den Streit aus einiger Entfernung beobachtet.

«Ich weiß nicht, die stritten da hinten. Ich hatte erst gar nicht darauf geachtet», erinnerte er sich später, «ich spielte gerade Basketball. Dann sah ich rüber. Er versuchte, Pharoah zu hauen.»

Rickey schnappte Cortez den Basketball weg und gab ihn Pharoah. Alles schien geregelt, doch ein paar Minuten später ging Cortez zu Pharoah hin, als der gerade am Schuß war, und warf ihn zu Boden.

«Mensch, Cortez, warum machst du das?» fragte Rickey. Er ging langsam auf Cortez zu, und bevor der sich noch wehren konnte, hatte er ihn schon im Schwitzkasten, bis er Rickey anflehte, ihn loszulassen. Dann schlug Rickey mit den Fäusten auf ihn ein: «Peng, peng, peng! Dann hörte ich auf», erzählte er. «Jeder hackt auf Pharoah rum, weil er so klein ist und sich nicht gern rumprügelt. Irgendwie ist er wie ein kleiner Bruder für mich.» Danach rührte Cortez Pharoah nicht mehr an.

Den Erwachsenen in der Nachbarschaft erschien Rickeys Freundschaft mit Pharoah merkwürdig. Vielleicht betrachtete Rickey Pharoah als Verwandten, da er jetzt mit seiner Cousine ging. Vielleicht aber spürte Rickey auch, hin- und hergerissen zwischen dem Impuls, zu tyrannisieren oder zu umarmen, daß er hier jemanden gefunden hatte, den er nur wie einen Freund behandeln konnte. Pharoah wäre ohnehin kein ebenbürtiger Gegner für Rikkey gewesen. Aller Wahrscheinlichkeit nach erklären beide Gründe, warum Rickey sich von Pharoah so angezogen fühlte.

Aus Pharoahs Perspektive war die Freundschaft leichter zu verstehen. Rickey bot Pharoah Schutz; er hatte sein Vertrauen. Wenn Rickey Geld hatte, gab er Pharoah etwas ab. Obwohl er sich Pharoah gegenüber nie dazu äußerte, galt unausgesprochen, daß er nicht zulassen würde, daß ihm etwas zustieß.

Argwöhnisch beobachtete Lafeyette den neuen Freund seines Bruders. «Ich mache mir ziemlich Sorgen wegen Pharoah», erklärte er. «Ich will nicht, daß ihm etwas passiert, weil er mein kleiner Bruder ist. Ich muß auf ihn aufpassen. Manchmal nervt er mich, aber ich liebe ihn trotzdem.»

Er war stolz auf Pharoahs gute Leistungen in der Schule. Lafeyette war selbst ein intelligentes Kind, doch er nahm die Schule nie so ernst wie sein Bruder. Er hatte schon ein Jahr wiederholen müssen. Zeitweise hatte er bedenklich oft durch Abwesenheit geglänzt: 1986 fehlte er 35 Tage und bekam als Durchschnittsnote «ausreichend». Es gab immer neue Entschuldigungen: Grippe, Bauchschmerzen, Windpocken, keine sauberen Sachen zum Anziehen. Manchmal verpaßte er auch Tage, weil er aufgrund von Prügeleien in der Schule vom Unterricht suspendiert wurde. Heimlich wünschte er, seine Mutter würde ihn mehr antreiben, ihn früher ins Bett schicken, ihn zwingen, seine Schularbeiten zu machen. LaJoe gab zu, daß sie vielleicht zu nachgiebig war mit ihren Kindern, obwohl sie nichts sehnlicher wünschte, als daß Lafeyette und Pharoah den High-School-Abschluß schafften.

Doch sooft Lafeyette auch den Unterricht schwänzte, in seinem Lieblingsfach Mathematik schnitt er immer besonders gut ab. Wenn er – wie in der vierten Klasse – einigermaßen regelmäßig zur Schule ging, bekam er «gut» als Durchschnittsnote. Und als er in die siebte Klasse kam, bekam er Einsen in Mathematik und Naturwissenschaften. Seine Lehrerin in diesem Herbst, Ruby Everage, mochte ihn gern. Wenn Lafeyette zur Schule kam, wollte er auch lernen und nahm seine Arbeit ernst, merkte sie. Lafeyette begann Frau Everage auch sehr zu mögen, kam im zweiten Halbjahr regelmäßiger zum Unterricht und war beteiligt, als die Klasse eine Überraschungsparty für sie gab. Sie stand kurz vor ihrem Schwangerschaftsurlaub.

Manchmal schwänzte Lafeyette den Sportunterricht, um sich unter vier Augen mit Mrs. Everage über Probleme zu Hause oder in Horner zu unterhalten. Lafeyette erzählte ihr, wie er manchmal in der Schule daran denken mußte, was seinen Brüdern und Schwestern passieren könnte. Sie merkte, wie sensibel er war, wie viel ihn bedrückte. Sie erzählte ihm und anderen, daß es Hoffnung gebe, daß es ein Leben außerhalb der Henry-Horner-Siedlung gebe. Um das zu illustrieren, machte sie mit ihren Schülern zahlreiche Ausflüge zum Museum für Wissenschaft und Industrie oder dem Robert Crown Center für darstellende Künste.

Besonders frustrierte Lafeyette, daß sein kleinerer Bruder einfach nicht kämpfen wollte. Er fürchtete, die größeren Jungen würden Pharoah übel zurichten, wenn er nicht lernte, sich zu wehren.

Daher meinte Lafeyette, es sei seine Pflicht, ihn abzuhärten. Er setzte Pharoah zu, nannte ihn «Weichling» und «Flasche» und schlug nach ihm, bis der es nicht mehr aushielt und blindlings zurückschlug.

«Du mußt kämpfen», sagte Lafeyette ihm immer wieder. «Ich werde nicht immer da sein, um dich zu verteidigen. Los, los, schlag mich doch!»

Pharoah bat seinen Bruder, ihn in Ruhe zu lassen, und wenn das nicht half, wandte er sich an ihre Mutter um Hilfe. Er wollte nicht kämpfen.

«Das ist nicht richtig», sagte Pharoah zu Lafeyette. «Warum schlagen Menschen sich gegenseitig?»

«Blöde Frage», konterte Lafeyette.

Lafeyette redete mit seiner Mutter. Konnte sie nicht etwas tun, um Pharoah von Rickey fernzuhalten, der Pharoah ganz bestimmt in Schwierigkeiten bringen würde? Das war doch ein ganz merkwürdiges Paar: der Tyrann und der Bücherwurm. Und deshalb wunderte es Pharoah nicht, daß sein Bruder seine Freundschaft mit Rickey mißbilligte.

«Mensch, der bringt dir doch nur Ärger», warnte Lafeyette Pharoah.

«Du... du... du bist nicht mein Vater», gab Pharoah zurück und lief weg.

«Er ist viel zu alt für dich!» rief Lafeyette ihm nach.

Doch die Freundschaft hielt, trotz Lafeyettes Bemühungen, die beiden voneinander fernzuhalten – und ironischerweise geriet Lafeyette schließlich viel stärker unter Rickeys Einfluß als Pharoah.

NEUN Die Januarsonne hatte sich gerade erst über die gläsernen Wolkenkratzer von Chicagos Geschäftsviertel, dem *Loop*, erhoben, als Pharoah, kaum aus dem Bett, die beiden toten Goldfische aus ihrem Glas angelte und in eine Plastiktüte fallen ließ. Als er aus der offenen Durchgangshalle des Hauses in die Stille des frühen Morgens hinaustrat, hielt er einen Augenblick inne und sah sich nach einem geeigneten Platz um. Er wählte eine Stelle gleich links vom Ausgang, einen Grasflecken, der bis ans Haus heranreichte. Hier kamen wenige Leute vorbei, überlegte er; hier würde das Grab nicht gleich zertrampelt werden.

Mit einem Eisstiel begann er, die gefrorene Erde aufzukratzen. Das Hölzchen war schnell angeknackst, doch Pharoah verstärkte es mit Daumen und Zeigefinger und grub weiter, bis er ein mehrere Zentimeter tiefes Loch ausgehoben hatte. Er holte die einst orangeroten Fische heraus – jetzt im Tod hatten sie eine schmutziggraue Farbe angenommen – und versenkte sie behutsam in der Erde.

«Gott segne diese Fische», rezitierte er feierlich. «Laß sie nicht in die Hölle fahren. Laß sie in den Himmel kommen.»

Er hatte am Abend vorher schon drei Stunden lang geweint, als er seine Lieblinge mit dem Bauch nach oben in ihrem Glas treiben sah. («Ich hab sie zu gut gefüttert», war seine Schlußfolgerung.) Seine Mutter hatte ihm die Tiere zu Weihnachten geschenkt, und er hatte sie nach zwei Helden der Fernsehsendung *Diff'rent Strokes* Abraham und Goldberg genannt. Jetzt wollte er nicht mehr weinen. Stumm häufte er die bröcklige Erde über die Fische.

Bei allem, was in diesem Winter auf Pharoah einstürmte, erschien der Tod seiner Fische eher als Nebensächlichkeit. Doch war dies wenigstens eine Krise, mit der er selbst fertig werden, etwas, das er begreifen konnte.

Die Wohnung war hoffnungslos überfüllt, das war LaJoe klar; doch sie hatte nicht das Herz, jemanden hinauszuwerfen. Wo hätten ihre Kinder denn bleiben sollen?

Kurz vor Weihnachten war LaShawn, die Älteste, wieder zu Hause eingezogen. Sie brachte einen kleinen Troß mit: ihren Freund, den Bruder ihres Freundes und ihre beiden Kinder – die siebenjährige Tyisha und den gerade einjährigen Darrell. Jeder nannte ihn Baldheaded – «Kahlkopf» –, nur Pharoah nannte ihn beharrlich Sir Baldheaded. LaShawn hatte mit ihren Kindern zur Untermiete bei Freunden gewohnt, doch sie waren nicht mehr miteinander zurechtgekommen. LaJoe hatte Angst, es könnte LaShawn etwas zustoßen, wenn ihr Freund Brian bei der Arbeit war. Brian arbeitete am O'Hare-Flughafen, das heißt, er verkaufte dort falschen Goldschmuck an gutgläubige Touristen. LaJoe machte sich auch Sorgen, daß ihre Tochter sich nicht genügend um ihre beiden Kinder kümmern konnte, da sie rauschgiftsüchtig war. Sie rauchte Karachi, ein starkes Gemisch aus pakistanischem Heroin und Amphetaminen. Die Droge wurde selten gespritzt, meist geraucht, und erfreute sich auf der Westside der Stadt großer Beliebtheit.

Wie viele Sozialwohnungen drohte auch die der Rivers aus allen Nähten zu platzen – wenn Paul, der Vater der Jungen, auch noch kam, waren sie dreizehn Personen. In einem Zimmer schliefen LaShawn, Brian und Sir Baldheaded, in einem anderen Terence und Paul, den alle Weasel («Wiesel») nannten. Die Drillinge und Tyisha wurden im vordersten Zimmer schlafen gelegt. Lafeyette und Pharoah teilten sich das Zimmer ganz hinten mit Brians halbwüchsigem Bruder Larry. Pharoah fühlte sich unwohl in der überfüllten Wohnung und konnte sich nicht auf seine Hausaufgaben konzentrieren. Doch gestand er, die vielen Leute gäben ihm ein Gefühl der Sicherheit. «Wenn dich jemand schnappt, dann hast du einen Zeugen», erklärte er. LaJoe schlief meist auf dem Sofa oder bei den Kindern.

Es ist nichts Ungewöhnliches, daß sich in einer Sozialwohnung viele Menschen drängen. Die Chicagoer Wohnungsbaubehörde schätzt, daß in ihren neunzehn Sozialsiedlungen 200 000 Menschen wohnen, von denen 60 000 in den Mietverträgen gar nicht auftauchen. Weitere 60 000 Familien stehen auf den Wartelisten der Behörde, weil in der Stadt ein eklatanter Mangel an billigem Wohnraum herrscht.

Wenn die drangvolle Enge zu sehr an LaJoes Nerven zerrte, brauchte sie nur um sich zu blicken, um zu sehen, was ihren erwachsenen Kindern bevorstand, wenn sie nicht bei ihr Unterschlupf fanden. Drei Wochen vor Weihnachten hatte sich eine Gruppe obdachloser Frauen und Männer mit Vorschlaghämmern Zutritt zu leerstehenden Wohnungen in Horner verschafft. Vielen Mietern war das nur recht: Besser die Obdachlosen als die Banden, argumentierten sie. Auch fanden LaJoe und andere es unsinnig, geheizte Wohnungen leerstehen zu lassen. Die meisten Wohnungen hatten sogar fließendes Wasser, wenn in einigen auch die Toiletten und Waschbecken fehlten, die man gestohlen und verhökert hatte. Die fünfzig Obdachlosenunterkünfte der Stadt waren allnächtlich voll belegt.

Die Wohnungsbaubehörde machte Haftungsgründe geltend. In einem Katz-und-Maus-Spiel, das die Abendnachrichten füllte, stöberten private Wachdienste die Hausbesetzer auf und holten sie mit Gewalt aus den Wohnungen. Während die Wachleute die Obdachlosen aus dem einen Haus vertrieben, schlichen die sich schon ins nächste, oft mit Hilfe von Mietern, die ihnen die noch einigermaßen bewohnbaren unter den leeren Wohnungen zeigten. Das ging so wochenlang, bis die Wohnungsbehörde und die Presse der Jagd müde waren. Wie in den vorhergehenden Wintern (damals allerdings mit weniger Lärm und Publizität) suchten die Obdachlosen auch weiterhin Zuflucht in den ungenutzten Apartments von Horner. Häufig brachten Mieter den neuen Nachbarn etwas Warmes zu essen.

LaJoe fühlte sich in jenem Winter sehr stark belastet. Gelegentlich explodierte sie ohne größeren Anlaß und befahl den Jüngeren, den Mund zu halten, oder Lafeyette und Pharoah, ihr Zimmer sauberzumachen. Sie kannte kaum noch einen unbeschwerten Tag, an dem sie sich an kleinen Dingen wie dem Nahen des Frühlings, an Pharoahs Lächeln oder Lafeyettes Neckereien freuen konnte. Die Zeit reichte weder, über die Vergangenheit nachzudenken, noch die Zukunft zu planen. Wenn es nicht die Schießereien draußen waren, dann bedrückten sie die Drogenabhängigkeit ihrer Tochter, Lafeyettes Schulprobleme oder Pharoahs Stottern.

Manchmal litt LaJoe zusätzlich zu diesen Sorgen unter längeren Phasen starken physischen Unwohlseins. Sie konnte nicht mehr schlafen und kämpfte ständig gegen Erkältungen und Kopfschmerzen. Ihre Geduld reichte nicht mehr weit. Sie fühle sich, als würde ihr Inneres zerfasert, sagte sie. In diesem Zustand dachte sie manchmal daran, aufzugeben oder allein noch einmal ganz von vorn anzufangen. Einmal sagte sie: Hätte sie vorher gewußt, was ihre jüngeren Kinder – von Lafeyette abwärts – erdulden müßten, hätte sie sie nicht auf die Welt kommen lassen.

So fühlte sie sich in diesem Winter. Zuerst verhaftete die Polizei Terence; ihm wurde bewaffneter Raub vorgeworfen. Dann erhielt sie eine Nachricht vom Sozialamt, man habe Beweise, daß ihr Mann bei der Familie wohne, und beabsichtige deshalb, ihr die Zuwendungen zu streichen – was bedeutete, daß sie und die Kinder keinerlei Einkommen mehr haben würden. Sie hatte jetzt das Gefühl, die einzigen Menschen, auf die sie sich noch verlassen könne, seien Lafeyette und Pharoah; und wirklich stützte sie sich auf die beiden Jungen, besonders auf Lafeyette, um diese Zeit irgendwie zu überstehen.

Die Probleme begannen mit Terence. Er hatte LaJoe am nächsten gestanden, und sein Versagen war für sie die schlimmste Enttäuschung. Für LaJoe wurde Terence zu einer Art Maßstab für Lafeyette und Pharoah. Sie hatte Angst, daß die beiden ihre Hoffnungen genauso zunichte machen könnten wie er.

Terence wurde am 31. Januar 1970 geboren und wuchs in einer für LaJoe und Paul schwierigen Zeit auf. Die beiden hatten sich vier Jahre vorher im Swingville, einem Chicagoer Tanzlokal, kennengelernt. Sie streiten bis heute, wer den anderen als erster aufgefordert hat; doch es gibt jetzt vieles, worüber sie verschiedener Meinung sind. Als die beiden sich zum erstenmal begegneten, verheimlichte LaJoe ihr wirkliches Alter. Sie sagte Paul, sie sei sechzehn; in Wirklichkeit war sie drei Jahre jünger.

Paul war damals siebzehn und ein gutaussehender junger Mann – wie noch heute. Wie LaJoe war er schüchtern und klein von Statur, doch als Amateur-Bantamgewichtler robust und drahtig. Als erstes aber war LaJoe Pauls geschniegeltes Äußeres aufgefallen. Mit seinen blanken Lederschuhen und dem frischgebügelten Nadelstreifenanzug unterschied er sich merklich von den anderen jungen Männern, die vorzugsweise Jeans und Lederjacken trugen. Pauls Markenzeichen wurde ein stahlgrauer, seitlich sorgfältig eingedellter Stetson.

Trotz seines Faibles für den Boxsport hatte Paul ein sanftes Naturell und einen beweglichen Geist. Außerhalb des Ringes kämpfte er nicht gern, er hatte sogar ein nervöses Magenleiden, das ihn zeitweilig kampfunfähig machte. Er las viel, hauptsächlich Illustrierte und Zeitungen, die er in seiner Gesäßtasche mit sich herumtrug. Außerdem war er ein Jazz-Kenner und besaß schließlich eine Sammlung von über hundert Platten. Zu seinen Favoriten zählten Thelonious Monk und Miles Davis. Er diskutierte auch gern über Politik. Vorübergehend hatte er Kontakt zu den Schwarzen Panthern, deren Chicagoer Zentrale wenige Blocks von Horner entfernt lag, und danach zum Parteiapparat der Demokraten. Major Adams, der Leiter der Marschkapelle des Jungenclubs und eine Art Vaterfigur für die Jugendlichen des Viertels, meinte, Paul sei einer der intelligentesten jungen Männer gewesen, die ihm in Horner begegnet seien.

In ihren ersten gemeinsamen Jahren hörte Paul gern zu, wenn LaJoe laut vom gemeinsamen Altwerden träumte. Sie malte angenehme Bilder aus, wie sie in einem ruhigen Viertel mit Gärten hinter den Häusern und Lattenzäunen viele Kinder aufziehen würden. Sie würden in einem Holzhaus wohnen und im Alter im Schaukelstuhl auf der Veranda sitzen.

Paul und LaJoe verloren nicht viel Zeit mit der Familiengründung. Binnen Jahresfrist nach ihrer ersten Begegnung brachte die damals erst vierzehnjährige LaJoe LaShawn zur Welt und ein Jahr später Weasel. Bald danach beschlossen sie zu heiraten. Doch am Tage der kirchlichen Trauung kniff Paul und ließ sich statt dessen sinnlos vollaufen. LaJoes Mutter, erbost über den Rückzieher des Bräutigams, verbot ihm, LaJoe zu besuchen. Die beiden trafen sich weiterhin heimlich und zogen schließlich zusammen. Bald darauf wurde ihr drittes Kind, Terence, geboren, und das war der Punkt, an dem der Traum zu zerrinnen begann.

Paul hatte auch einen Jungen mit einer anderen Frau gezeugt; das Kind kam wenige Tage vor Terence zur Welt. LaJoe sagt, sie erfuhr von Pauls Seitensprung, während sie in der Klinik lag. Sie betrachtete gerade liebevoll den einen Tag alten Terence durch die Trennscheibe, als eine Frau hinzukam und auf ihren Neugeborenen deutete. «Wer ist denn der Vater?» fragte LaJoe. «Paul Rivers», antwortete die Frau. Paul sagt, LaJoe habe erst später erfahren, daß er sie betrogen hatte, erst Wochen, nachdem sie mit Terence schon wieder zu Hause war. Wie auch immer LaJoe davon erfuhr, sie konnte Paul nie ganz verzeihen. (In späteren Jahren wurde LaJoe, die nie jemanden abweisen konnte, wie eine zweite Mutter für Ivan, Pauls Sohn von der anderen Frau.)

Doch damals brachte LaJoe in ihrer jugendlichen Entschlossenheit, klare Verhältnisse zu schaffen, Paul dazu, sie zu heiraten. Sie wollte, daß ihre Kinder einen Vater hätten. Sie wollte sie nicht allein aufziehen. «Ich hatte keinen Winkel, wohin ich mich hätte flüchten können», sagte sie später. Auch Paul fand, die Kinder sollten mit einem Mann im Hause aufwachsen. Am 22. August 1970, fast sieben Monate nach der Geburt von Terence, fuhren sie mit dem Bus zum Rathaus in die Innenstadt und ließen sich trauen.

In einer Gegend, wo Männer Kinder zeugen und dann in den

Banden oder in der Gosse verschwinden und umkommen, wuchsen Terence und seine Geschwister in einer ungewöhnlichen Familiensituation auf. Ihre Mutter blieb mit demselben Mann verheiratet, und er war der Vater aller acht Kinder. Mit der Liebe jedoch war es zu Ende, als LaJoe von Pauls Drogenabhängigkeit erfuhr.

Ohne LaJoes Wissen hatte Paul schon seit Beginn der siebziger Jahre gelegentlich Drogen genommen, kurz nach ihrer Eheschließung. Er trank bereits und hatte sich dadurch vor der Einberufung nach Vietnam drücken können, daß er im Vollrausch vor der Musterungskommission erschienen war. Er hatte Robitussin geschluckt, einen Hustensirup, der damals als schnell wirkendes Rauschmittel beliebt war. Er begann auch Tabletten zu nehmen, meist «Rote Teufel» oder «Weihnachtsbäume» genannte Barbiturate. Mit zweiundzwanzig bekam er sein erstes Heroin von einem Freund aus der Wettannahmestelle und begann mit dem Drücken; trotz gelegentlicher Versuche, davon wegzukommen, ist er zwanzig Jahre lang dabeigeblieben.

Für LaJoe bestätigte sich der Verdacht, daß Paul drogensüchtig sei, erst 1978, als Terence acht war. Sie saß im vorderen Schlafzimmer, als sie Paul im Badezimmer stürzen hörte. Er war zwischen Tür und Badewanne eingeklemmt. Schließlich, nach minutenlangem Schieben und Drücken gegen die Tür, gelang es LaJoe, sich ins Bad zu zwängen, ohne ihren Mann zu verletzen.

Paul war bewußtlos; an seinem Unterarm hing eine mit Blut gefüllte Spritze. Er hatte sich eine Überdosis gespritzt und war im Fallen mit dem Kopf gegen das Heizungsrohr geschlagen. LaJoe zerrte ihm die Nadel aus dem Arm und rief einen Krankenwagen. Nachdem man ihn ins Krankenhaus gebracht hatte, weinte sie stundenlang.

Paul überlebte – und überlebte ein paar Jahre später noch einmal eine Überdosis. LaJoe haßte ihn dafür. Obwohl sie wußte, daß er trank und gelegentlich auch Rauschgift nahm, hatte sie nie geglaubt, daß er abhängig werden könnte. Das meiste Geld, das er für Heroin ausgab, verdiente er in seinen gutbezahlten Jobs bei der

Stadt. Nachdem er acht Jahre als Polsterer gearbeitet hatte, wurde Paul für seine Parteiarbeit bei den Chicagoer Demokraten mit einer Anstellung beim städtischen Wasserwerk belohnt. Dort verdiente er alle zwei Wochen 350 bis 450 Dollar. Danach arbeitete er bei der Müllabfuhr und zuletzt als Busfahrer bei der Stadt.

LaJoe hätte ihn gern ganz hinausgeworfen. Doch andererseits wollte sie unbedingt, daß ihre Kinder einen Vater hätten – und außerdem gab sie bereitwillig zu, daß sie nicht leicht nein zu jemandem sagen konnte. Also erlaubte sie ihm, sie zu besuchen und sogar bei ihnen zu übernachten, wenn sie auch selten miteinander schliefen. Dennoch war Paul der Vater der Drillinge. LaJoe war wieder zur Schule gegangen, um ihren High-School-Abschluß zu bekommen, und arbeitete mit Unterbrechungen fünf Jahre lang als Sekretärin im Miles Square Health Center. Kurze Zeit liebäugelte sie auch mit einer Karriere als Model, doch der Traum zerstob schnell. Eine Zeitlang zeigte sie Fotos von sich in fließenden Gewändern und elegantem afrikanischem Turban herum, doch irgendwann warf sie sie weg. Zurück blieb ein Gefühl der Enttäuschung, und dies war eines der wenigen Themen, über die LaJoe mit niemandem sprach. Wenn sie ohne Arbeit war, bezog sie Sozialhilfe.

Je mehr Pauls Drogenabhängigkeit LaJoe bedrückte, desto weniger sprach sie – manchmal überhaupt nicht; die Spannung führte zu unangenehmen Szenen, wenn Paul ins Haus kam. War er high, flüchteten die Kinder sich in ihre Zimmer.

In Pauls Abwesenheit fand LaJoe Trost bei ihren Kindern, besonders bei Terence. Als kleiner Junge sah Terence vom Körperbau her genau wie Lafeyette aus, spindeldürr und schlaksig. Mit sechzehn Jahren wog er nur fünfzig Kilo bei 1,63 Meter Körpergröße. Er war nicht besonders sportlich und auch nicht sehr kämpferisch veranlagt. Eher war er ein ängstliches Kind; seine Mundwinkel zuckten manchmal nervös.

Terence wollte sich anpassen, von seinen Altersgenossen akzeptiert werden. Einmal stieg eine Schar Kinder in den zweiten Stock eines Hauses hoch und animierte sich gegenseitig, auf einen

Haufen Matratzen hinunterzuspringen. Niemand wollte springen, bis zu aller Überraschung Terence vortrat. Er als Jüngster – er war damals elf – sprang aus dem Fenster auf die neun Meter tiefer liegenden Matratzen.

Terence hing immer am Rockzipfel seiner Mutter, er schien ein Muttersöhnchen zu sein. LaJoe verwöhnte den Jungen wirklich, und manchmal, gab sie zu, verhielt sie sich eher wie eine große Schwester und nicht wie eine Mutter. Terence erhielt ein monatliches Taschengeld, und einmal jeden Monat lud LaJoe ihn, seine Schwester und seinen älteren Bruder zum Essen ins South Pacific ein, ein Restaurant im Zentrum. Sie vergötterte Terence so sehr, daß sie ihm sogar versprach, keine weiteren Kinder mehr zu bekommen: Er sollte der letzte sein.

«Alles, worum ich Mama bat, hab ich auch gekriegt», erinnerte sich Terence. «Ich war immer der, der alles kriegte. Mama liebte uns alle gleich, aber ich hatte das Gefühl, der Liebste von allen zu sein.»

Doch als später Lafeyette kam, dann Pharoah und dann die Drillinge, wurde Terence eifersüchtig auf die Neuankömmlinge und zog sich von der Familie zurück. Seine Mutter hatte ihn im Stich gelassen. Die einst ihm geltende Aufmerksamkeit wandte sich allmählich den jüngeren Kindern zu, und LaJoe reagierte ungeduldig, weil Terence noch immer so an ihr klebte.

«Terence war derjenige, um den ich mich vielleicht mehr hätte kümmern sollen. Er wollte immer bei mir sein», entsinnt sich LaJoe. «Mit Terence war das so: Terence und ich hingen immer zusammen. Wohin ich ging, Terence kam mit. Er war damals mein Kleiner. Und ich glaube, Terence wollte mich nie loslassen. Als die anderen Kinder kamen, wollte Terence das nicht, denn er sagte immer wieder zu mir: ‹Du hättest bloß mich haben sollen.› Und dann sagte ich immer zu ihm, ich hätte nicht bloß ihn haben sollen. Daß ich Shawnie und Weasel hatte, bevor er kam, und daß ich ihn liebhatte und Shawnie und Weasel auch.»

«Ich mußte Terence das immer wieder sagen. Immer wieder. Dauernd. Aber eines Tages lief Terence einfach weg. Er war etwa neun. Nein, er war ungefähr zehn. Eines Tages lief er weg. Ich konnte ihn nicht finden. Die Polizei suchte nach ihm. Erst drei Monate später sah ich ihn wieder. Ich konnte doch nichts machen, ich wußte ja von nichts.»

Was LaJoe nicht wußte, war, daß ein örtlicher Dealer, Charles, den Jungen unter seine Fittiche genommen hatte. Charles benutzte Terence, der noch nicht einmal in der sechsten Klasse war, um sogenannte «T's and Blues» zu verkaufen, ein Gemisch aus Talwin und Antihistaminen, damals ein sehr verbreiteter Ersatz für Heroin.

Das war 1981, zu der Zeit, als die Rauschgiftpreise fielen und der Handel blühte. Terence stand an der Madison Street zwischen Schnapsläden und Pfandhäusern, nur zwei Blocks südlich von ihrer Siedlung. Seine Ware versteckte er in den Eisenträgern der Hochbahn. Drogenhändler bedienen sich gern der Dienste von Kindern, da die Gerichte Kinder meist nachsichtiger behandeln als Erwachsene. Mehr noch, auch wenn sie verurteilt werden, dürfen sie nicht über ihren einundzwanzigsten Geburtstag hinaus festgehalten werden. Die meisten werden nicht länger als zwanzig Tage eingesperrt.

Terence verdiente nicht nur bis zu zweihundert Dollar täglich, sondern Charles hatte ihn praktisch adoptiert und ihm ein eigenes Zimmer mit Bett und Fernsehapparat eingerichtet. Manchmal vertraute Charles Terence an die zehntausend Dollar Bargeld an, die er für ihn aufbewahren sollte, da er wußte, daß weder Polizisten noch Erpresser so viel Geld bei einem Elfjährigen vermuten würden. Charles lehrte Terence auch, mit einem .45er Revolver schießen. Nachts übten sie Scheibenschießen in den schmalen Durchgangsstraßen der Siedlung. Terence war so klein, daß er die Waffe mit beiden Händen halten mußte; schließlich tauschte er sie gegen eine kleinere, mit der er leichter umgehen konnte. Obwohl Terence den Revolver immer im Hosenbund bei sich trug, zog er ihn nur ein einziges Mal, nämlich als Charles und er auf zwei Männer zu schießen drohten, die sie ausrauben wollten.

Für die Schule hatte Terence keine Verwendung. In der siebten

Klasse blieb er ganz weg und wurde vom Schulsystem als «verloren» registriert. Da er vor dem amtlichen Abschlußalter von sechzehn Jahren abging, wurde er nicht als Abbrecher betrachtet.*

Als LaJoe erfuhr, was aus Terence geworden war, war es bereits zu spät, um ihn zurückzuholen. Freunde sagten ihr Bescheid, wenn sie ihren Sohn irgendwo gesehen hatten, doch wenn sie zum angegebenen Ort kam, war Terence längst weg. Einmal stellte sie Charles zur Rede.

«Ich will meinen Sohn zurück», sagte sie zu ihm.

«Terence ist mein Sohn. Er gehört zu mir», entgegnete Charles.

LaJoe versuchte alles Erdenkliche. Sie ging sogar zur Polizei. Wenn sie ihn fänden, würden sie ihn nach Hause bringen. Sie bat eine Freundin, eine Sozialarbeiterin aus der Nachbarschaft, ob sie mit Terence reden würde. Aber LaJoe konnte Terence nicht dazu bewegen, zu der Freundin hinzugehen.

Auch Paul versuchte es. Trotz der Entfremdung von LaJoe und trotz seiner Sucht hörte er nie auf, sich für die Kinder verantwortlich zu fühlen. Eine kurze Zeit lang besaß er einen Wagen und nahm die Kinder samstags oder sonntags zu Fahrten in Parks in der Umgebung mit. Er war der Meinung, Terence und die anderen wüßten nichts von seiner Drogenabhängigkeit – Terence wußte wirklich nichts –, und wollte vor allem nicht, daß die Kinder seine Fehler wiederholten.

Eines Nachmittags, kurz nachdem Terence sich selbständig gemacht hatte, schnappte Paul seinen Sohn am Schlafittchen. «Los, Terence, jetzt gehen wir rüber, und ich werde mit dem Saukerl mal reden. Wenn ich mit ihm fertig bin, wird er dir nichts mehr in die Hand drücken.» Ein Freund bot Paul eine Pistole zum Schutz an. Er lehnte ab und zog Terence zu der Gaststätte, wo Charles dem Vernehmen nach meist zu finden war.

Auf dem Parkplatz blieb Terence wie angewurzelt stehen und

* Das Chicagoer Schulsystem registriert inzwischen vorzeitige Schulabgänger nach einem anderen System; ein Kind, das die Schule mit weniger als sechzehn Jahren verläßt, wird jetzt unter «abgebrochen» registriert, nicht mehr unter «verloren».

schlug die Augen nieder. «Ist das da Charles?» fragte Paul. «Ist er das? Der Typ, der dir Rauschgift und wer weiß was gibt?»

«Jaa», murmelte Terence. Seinen Vater anlügen konnte er nicht.

Charles kam herangeschlendert. Er versuchte Paul zu erklären, wenn Terence sich aus freien Stücken zu seiner Tätigkeit entschieden habe, solle Paul ihn machen lassen.

Paul fühlte die Wut in sich hochsteigen und begann zu zittern. Sein Magen krampfte sich zusammen. «Was soll das heißen, aus freien Stücken? Du beutest ihn doch aus! Der Junge kann das noch nicht beurteilen. Er ist erst zwölf. Er weiß nicht, was gut für ihn ist.» Paul holte Luft. «Wenn du meinem Sohn noch weiter Drogen in die Hand drückst, mach ich dich klein!»

Charles stand einfach da. Mehr und mehr Menschen begannen sich um die beiden Männer zu scharen. Paul schienen sie aus dem Nichts aufzutauchen. Aus einer nahen Fischhalle. Aus dem Lokal. Von der anderen Straßenseite. Einer hatte die Hand in einer braunen Papiertüte verborgen. «He, Kumpel», fragte er Charles, «soll ich ihn wegpusten?» Charles wedelte ihn mit einer Handbewegung weg. Er sagte kein weiteres Wort. Er ließ nur Platz machen und Paul mit einem mürrischen, verängstigten Terence abziehen. Paul fühlte sich so schwach, daß ihm fast die Knie versagten. Terence «trat danach lange Zeit etwas kürzer», entsann sich Paul, «aber dann verschwand er immer mal wieder. Er verschwand einfach und blieb bei Freunden.»

LaJoe und Paul verloren Terence an die *neighborhood.* Es ist nichts Ungewöhnliches, daß Eltern gegen die Lockungen der Banden und Drogenhändler verlieren. Die Gründe dafür liegen nicht immer klar auf der Hand. Bei einer Familie in Horner ist ein Sohn ein großer Dealer geworden und die Tochter Sozialarbeiterin. In einer anderen sitzt ein Junge im Gefängnis wegen gemeinschaftlichen Mordes, und der andere hat ein Programm für die Jugendlichen der Siedlung aufgezogen. Einige Eltern lassen ihre Kinder nicht einmal aus der Wohnung auf den Spielplatz. Eine verbreitete Redewendung unter den Müttern von Horner ist: «Er ist nicht mehr mein Kind.» Micki, James Howards Mutter, sagte mehrmals zu LaJoe: «Gott sei Dank habe ich noch ein dreizehnjähriges Kind, das mir gehört.»

Lafeyette war damals sechs; er wußte nur, daß sein großer Bruder «T's and Blues» verkaufte, obwohl er erst Jahre später verstand, was das bedeutete. Lafeyette betrachtete Terence als seinen Lieblingsbruder und konnte sich noch gut erinnern, daß Terence ihm jedesmal fünf oder zehn Dollar schenkte, wenn er ihn einmal traf. Wenn Lafeyette seinem Bruder auf der Straße begegnete, rannte er auf ihn zu und warf ihm die Arme um den Hals.

«Komm doch mit, Terry, laß uns nach Hause gehen.»

«Nee, ich muß mich um mein Geschäft kümmern», war die Antwort.

«Komm doch, Terence.»

«Da hast du fünf Dollar. Jetzt hau ab. Sag Mama und den anderen 'n schönen Gruß.»

«Okay, ich sag Mama und den anderen, was du gesagt hast.» Lafeyette blieb stehen, noch immer hoffnungsvoll. «Kommst du denn morgen nach Hause?»

«Jaja, ich komm mal nachsehen, wie's bei ihnen geht.»

«Kommst du echt?»

«Klar, echt.»

Ab und zu trieben Terence Gewissensbisse, ein oder zwei Nächte zu Hause zu verbringen. Doch meist betrieb er sein Geschäft und verkaufte Rauschgift. Wenn er Lafeyette traf, spendierte er ihm ein Würstchen und Pommes frites in einer Imbißstube in der Nähe. Mit baumelnden Beinen kauerte Lafeyette dann auf einem der hohen Hocker, während Terence wieder hinausging, um seinen Stoff zu verkaufen. Pharoah war damals erst drei und bekam nicht viel mit von Terences unstetem Leben.

Terence vermißte seine Familie sehr. Als er zum erstenmal Weihnachten nicht zu Hause war, hörte er von Bekannten, sein Vater sei überfallen und um mehrere hundert Dollar erleichtert worden. Ein paar Tage später erschien ein Junge an LaJoes Wohnungstür und fragte nach LaJoe Rivers. «Das bin ich», sagte sie.

Der Junge, der nicht älter als zehn sein konnte, drückte ihr hastig einen Briefumschlag in die Hand und sauste aus dem Haus. LaJoe ahnte, daß er ein Freund von Terence sein könnte, und lief hinter ihm her, verlor ihn jedoch schnell aus den Augen. Als sie den Briefumschlag öffnete, fand sie darin 500 Dollar und einen Zettel von Terence, auf dem er schrieb, er habe von dem Raub gehört. Er bat sie, nicht nach ihm zu suchen.

Nach einiger Zeit bekam Terence die Abhängigkeit von Charles satt. Er wollte wieder bei seiner Familie sein. Schließlich brachte ihn ein kleiner Vorfall nach Hause, der LaJoe damals nebensächlich erschien, doch Terence sprach noch Jahre später davon, als sei es gestern gewesen.

«Meine Mom hat mir immer alles gegeben, was ich haben wollte», erinnerte er sich. «Das machte sie jetzt nicht mehr. Sie gab mir überhaupt nichts mehr. Sie hatte es einfach satt. Besonders an einem Tag, da hatte ich kein Geld. Ich hatte bloß all das Rauschgift dabei und sagte, sie sollte mir zehn Dollar geben. Sie stand an der Haltestelle und wollte gerade einkaufen gehen. Ich werd's nie vergessen, Ecke Damen Avenue und Lake Street. Sie sagte nein zu mir. Sie sagte einfach: ‹Ich hab kein Geld.› Ich sagte: ‹Okay, okay, Mama.› Sie stieg in den Bus. Ich saß da, weißt du, als wenn meine Mutter mich gerade vergessen hätte. Sie hatte einfach genug von mir... Das werd ich nie vergessen, weil ich sie abpaßte, als sie zurückkam. Sie hatte ein paar Einkaufstüten dabei. Ich half ihr, die Tüten zu tragen. Von da ab hab ich 'n bißchen langsamer gemacht. Hab wieder angefangen, zu Hause zu wohnen. Und meine Mutter fing an, wieder mit mir zu reden. Für mich war das 'ne kleine Lehre gewesen. Meine Mom hat mir immer alles gegeben, was ich haben wollte. Ich kriegte immer alles, was ich haben wollte. Und dann sagte sie nein. Sie war echt böse, echt wütend auf mich, frustriert. Sie sagte: ‹Du hörst nicht mehr auf mich.› Und das tat mir weh. Das war das erste Mal, daß sie mir was abgeschlagen hat.»

Terence kam nach Hause zurück. Doch die Sorgen nahmen damit kein Ende. Er trieb sich mit einer skrupellosen Clique herum. Er und seine Freunde stahlen und brachen in Video-Läden ein. Er war derjenige, der die Maschinen aufbrach. Einiges von dem Geld ging für Drogen weg. Terence hatte erst Marihuana ausprobiert und dann Karachi, das Heroingemisch, das man rauchen kann.

Eine kurze Zeit lang ging er zu den Disciples, die damals sein Ende von Horner beherrschten. Er wurde in mehrere Schießereien verwickelt, und mindestens einer seiner Freunde kam dabei um. Doch er stieg wieder aus, als die Bandenmitglieder ihn während einer einmonatigen Haft nicht besuchten. Die Insignien der Gang sind noch immer auf seinem rechten Arm eintätowiert: ein sechszackiger Stern und eine Mistgabel.

Und wie so viele seiner Freunde im Teenageralter wurde er Vater; insgesamt hatte er drei Kinder, einen Jungen und zwei Mädchen. Wie seine Mutter bekam er sein erstes Kind mit vierzehn. Wie die Tradition es befahl, wurde der Junge nach seinem Vater Terence genannt, doch alle nannten ihn Snuggles.

Es gab Zeiten, in denen Terence versuchte, ein normales Leben zu führen, und eine Zeitlang putzte er Schuhe am Flughafen oder hing einfach zu Hause herum. Doch als er achtzehn wurde, war er schon sechsundvierzigmal verhaftet worden; seine Vergehen reichten von ordnungswidrigem Verhalten bis zu Handtaschenraub.

Ein halbes Jahr lang, vom Sommer 1987 bis Ende Januar 1988, meldeten fünfzehn Lokale im 19. Polizeidistrikt im weitgehend weißen Norden der Stadt ständig Raubüberfälle, manche sogar zwei pro Monat. Zwei bis vier junge Schwarze brachen Video-Computer auf und machten sich mit dem Geld aus dem Staub. In einem Fall erbeuteten sie 1500 Dollar allein aus einem Gerät, doch normalerweise betrug der Schaden zwischen 200 und 500 Dollar pro Computer. Die Polizei sagt, im selben Zeitraum hätten mindestens dreißig weitere Kneipen in angrenzenden Stadtbezirken ähnliche Straftaten gemeldet.

Die Räuber arbeiteten fast immer nach derselben Methode.

Zwei Teenager suchten ein Lokal in einer Arbeitergegend aus, wo tagsüber – sie arbeiteten nie abends, wenn die Kneipen zu voll waren – meist älteres Publikum verkehrte, von dem sie weniger Widerstand erwarteten. Die Diebe konzentrierten sich auf Video-Pokerspiele; sie waren in vielen Bars sehr beliebt, auch wenn sie nur wegen der Spannung gespielt wurden – die Automaten schütteten kein Geld an die Gewinner aus. Da diese Automaten nur Eindollar- und Fünfdollarnoten schluckten, enthielten sie meist mehr Geld als andere Videospiele. Während einer der Jungen herumhüpfte und in gespielter Aufregung lärmte, um jeden Verdacht zu zerstreuen, sie wären zu einem anderen Zweck als zum Spielen in der Bar, schob sein Begleiter einen langen Schraubenzieher in einen schmalen senkrechten Schlitz an der Vorderseite des Automaten und hebelte damit den Geldbehälter auf. Sie kippten sich das Geld in die Taschen – zu dem Zweck trugen sie übergroße Jakken –, rannten zur Tür hinaus und entkamen meist per Auto, Bus oder Hochbahn. Rissen vier statt zwei Jugendliche das Ding, setzte sich einer an die Bar, bestellte etwas zu trinken – meist eine Limo, da er minderjährig war – und lenkte die Bedienung mit Unterhaltung ab, während die anderen die Automaten knackten.

Die Polizei betrachtete dies als «lästige» Straftaten, da niemand verletzt oder auch nur bedroht wurde. Auch ging es dabei nicht um den Raub großer Geldsummen, und auch sonst wurde nichts mitgenommen. Aber die Barbesitzer der Northside hatten sich regelmäßig bei der Polizei beschwert und einmal sogar eine Gemeindeversammlung einberufen. Die Polizei erließ die Aufforderung, sie zu rufen, sobald verdächtige Personen ein Lokal beträten.

Am 15. Januar erreichte die Polizei ein solcher Hilferuf aus Lawry's Tavern an der Lincoln Avenue; von dort waren in den vorhergehenden beiden Tagen bereits vier Diebstähle gemeldet worden. Zwei junge Schwarze waren hereingekommen. Einer von ihnen hatte eine Coca-Cola bestellt. Keiner der beiden wirkte alt genug, um etwas Alkoholisches bestellen zu können. Drei Polizisten in Zivil fuhren sofort zu Lawry's und betraten einzeln das Lokal, um keinen Verdacht zu erregen. Ein paar Minuten später gingen die beiden Jungen, während die Polizisten aus verschiedenen Ecken der Bar zusahen, zum Video-Poker hinüber und begannen an dem Automaten zu spielen. Dann schöpften sie wohl Verdacht, daß die drei neuen Gäste Polizisten sein könnten, und ließen den Schraubenzieher verstohlen hinter einem Heizkörper verschwinden. Sie spielten zwei Spiele. Als sie aber das Lokal verlassen wollten, hielten die Polizisten sie am Ausgang an und verhafteten sie. Bei einem der Jungen fanden sie eine Anzahl von Schlüsseln für andere Video-Automaten; auch den Schraubenzieher entdeckten sie. Sie nahmen die Jungen mit aufs Revier, erstatteten Anzeige und machten Aufnahmen von ihnen in der Hoffnung, daß die Lokalbesitzer sie dann wiedererkennen könnten, wenn sie weiterhin auf Raubzüge gingen. Der Jüngere der beiden, Terence Rivers, war nur allzu leicht zu identifizieren: Er trug sein langes Haar glatt nach hinten gekämmt und schulterlang, eine zu der Zeit ungewöhnliche Frisur. Außerdem war Terence leicht gebaut, klein und athletisch.

Als zwei Wochen später vier junge Schwarze Ann's Longhorn Saloon ausraubten und einer von ihnen als Terence identifiziert wurde, lag die Folgerung nahe, daß er wieder einmal einen Video-Poker-Automaten ausgeräumt hatte. Doch jetzt war er erwachsen, was bedeutete, daß die Strafe erheblich über ein oder zwei Monate Jugendarrest hinausgehen würde.

Ann's Longhorn Saloon paßte genau ins Bild: eine Arbeiterkneipe in einem verschlafenen Wohngebiet im Norden der Stadt. Die Kneipe liegt zusammen mit einer weiteren Gaststätte und verschiedenen Einzelhandelsgeschäften in einer zwei Blocks langen Einkaufszone; die Gleise der Hochbahn verlaufen hier auf Straßenniveau und haben automatische Schranken, die sich bei jedem ankommenden Zug heben und senken. Sie geben der Gegend eine Art kleinstädtisches Gesicht.

Rebecca Mitchell oder Ann, wie sie sich lieber nennen ließ, die Betreiberin und seit acht Jahren auch Besitzerin der Bar, war eine üppige rothaarige Person, die ihren gedehnten Alabama-Akzent nicht verleugnete. Die Wände hatte sie mit Plakaten leichtbekleideter, vollbusiger Frauen, einer amerikanischen Fahne und über der Registrierkasse mit einer Flagge der Konföderierten geschmückt. Unter dem Südstaatler-Emblem und der Kasse prangte das Wahrzeichen der Bar: das ausladende Hörnerpaar eines Langhornrinds, das von Spitze zu Spitze etwa zwei Meter zehn maß.

Das Lokal war tiefer als breit. Die fast sechs Meter lange Theke erstreckt sich von der Tür bis in die Tiefe des Raums. Für hereinkommende Gäste befand sie sich rechter Hand. An der Wand gegenüber standen die Jukebox, die meist Country and Western spielte, und zwei Video-Pokerspiele. Sie waren in den letzten beiden Jahren fünfmal geknackt worden.

Am Nachmittag des 28. Januar betrat Johnny Adams, ein junger Mann ungefähr in Terences Alter, Ann's Longhorn Saloon, setzte sich an die Bar und bestellte ein 7-Up und eine Tüte Kartoffelchips. Er war einige Tage vorher schon einmal kurz dagewesen und kannte daher die räumlichen Verhältnisse. Ein paar Minuten später kam ein anderer junger Schwarzer herein.

«Hallo, wie geht's! Hängst du noch immer hier in der Gegend rum?» fragte er Johnny. Sie taten so, als hätten sie sich lange nicht mehr gesehen. Johnny pumpte ihm ein paar Vierteldollar, damit er am Videoautomaten spielen konnte. Zwei weitere Freunde betraten das Lokal und stellten sich dazu.

Ann Mitchell war klar, was sie planten. Sie hatte gesehen, wie sie ein paar Minuten vorher nervös an der Bar vorbeigegangen waren. Sie hatten miteinander geflüstert – wahrscheinlich sprachen sie sich ab, wie sie das Ding drehen wollten. Als Johnnys Freunde mit dem Pokerspiel begannen, erzählte Ann ihm, sie habe die Polizei gerufen. Im Nu war er bei ihnen. Sie hatten das Vorhängeschloß bereits mit einem Bolzenschneider aufgeschnitten und 200 Dollar aus dem Automaten geholt. (Wie mehrere andere Barbesitzer hatte Ann ihre Automaten mit Vorhängeschlössern versehen, damit sie nicht so leicht aufzubrechen waren.) Sie stopften sich das Geld in die Taschen, und als sie zur Tür hinausflitzten, sprang einer der beiden Gäste von seinem Barhocker.

«Bleib gefälligst sitzen!» brüllte Johnny ihn an. Ann sagt, Johnny habe dabei mit einem Messer gefuchtelt und dem Gast beinahe in den Rücken gestochen. Johnny bestreitet, eine Waffe zu besitzen. Die vier Jugendlichen sprinteten auf die Straße in ein wartendes Auto und fuhren nach Hause – nach Henry Horner.

Drei Tage später, am 31. Januar, klopfte es an LaJoes Tür. «Polizei!» sagte eine Stimme. LaJoe ließ sie eintreten. «Wir suchen einen Bobby Anderson. Ist der hier?» fragte einer der Beamten. Terence benutzte ein Pseudonym; Anderson war LaJoes Mädchenname.

Terence kam aus dem hintersten Zimmer angeschlendert. Er sagte zu LaJoe, er habe nichts getan. Sie bat die Beamten, ihm nicht vor Lafeyette und Pharoah Handschellen anzulegen, aber sie taten es doch. Als die Handschellen hinter seinem Rücken klickten, fiel Terence der Kopf auf die Brust, als sei er vorher von einem unsichtbaren Faden hochgehalten worden. «Die bringen dich nicht wieder zurück», murmelte Lafeyette. Pharoah sagte nichts. Und als Terence aus dem Haus geführt wurde, zeterte der damals zweijährige Snuggles aus einem Fenster im ersten Stock, wo er mit seiner Mutter wohnte: «Dumme Jungs, laßt meinen Papa los! Laßt meinen Papa los!»

Die Anklage lautete auf bewaffneten Raub. Ann Mitchell hatte ihn auf dem kürzlich aufgenommenen Polaroid-Foto identifiziert. Ihm wurde auch der Diebstahl eines Videospiels aus einer anderen Kneipe angelastet, ein weniger schweres Vergehen als bewaffneter Raub.

ZEHN

Sozialhilfeempfänger nennen ihn den «Verhörraum». Er liegt hinten im ersten Stock des örtlichen Sozialamts, eines ausgedehnten Ziegelbaus an der Western Avenue, direkt gegenüber von Henry Horner auf der anderen Straßenseite. 1987 zahlte diese Zweigstelle des Sozialamts an 23247 Empfänger aus Chicagos Westside Zuwendungen in Höhe von 31720194 Dollar als Hilfen für Familien mit minderjährigen Kindern, als allgemeine Unterstützung und für ärztliche Versorgung.

Um den Raum zu erreichen, muß man durch den Haupteingang des Gebäudes gehen, am Sicherheitsbeamten vorbei und eine Treppe hoch. Dann kommt man direkt rechts in den Wartebereich. Überall stehen Plastikstühle – rote, gelbe, grüne und braune –, Plakate über Kindesmißhandlung, Ernährung und Teenager-Schwangerschaften zieren die Wände; eins kündigt das festliche Ereignis der Kunstwoche von Illinois 1985 an, das vor drei Jahren stattfand.

An diesem windigen Apriltag, als es abwechselnd schneite und regnete, war der Wartebereich halb besetzt. LaJoe, ordentlich angezogen in Jeans und blauer Denimjacke, wartete nervös. Ihr Blick blieb an einem Plakat an einer der Stellwände hängen. Wie zum Spott der armen Klientel warb es für Urlaub auf den Bermudas: Lächelnd lehnte sich ein nasses Paar im Sand zurück, die Ausläufer der Wellen umspülten ihre Füße.

«Jesse Thomas», rief eine Sozialarbeiterin auf. Niemand rührte sich. «Jessseee Thomas.» Mit jedem Aufruf zog die Sozialarbeiterin den Namen weiter in die Länge, und ihre Stimme hob sich vor Ungeduld. «Jessseeeee Thomas?»

LaJoe dachte allmählich, wenn Jesse Thomas wirklich hier wäre, täte er gut daran, sich nicht zu erkennen zu geben. Schließlich schrie die Sozialarbeiterin den Namen so laut, daß andere Angestellte über ihre sichtbar genervte Kollegin grinsten. Ein Mann mittleren Alters mit wirrem Haar und roter Wollmütze fuhr aus dem Schlaf hoch.

«Wen ham Sie aufgerufen?»

«Jesse Thomas?» fragte sie kurz.

«Jaa, das bin ich», bestätigte Thomas einfältig.

Die Beamtin strafte ihn mit vorwurfsvollem Blick. Andere kicherten, als der bekümmerte Thomas schlurfenden Schritts der Frau in die Tiefe des Gebäudes folgte. Ärgere keinen Sachbearbeiter, dachte LaJoe bei sich. Wenn sie schon nicht deine Verbündeten sind, sieh wenigstens zu, daß du sie nicht gegen dich aufbringst.

Es war offensichtlich, daß niemand freiwillig hier war. Von dem runden Dutzend wartender Menschen hob niemand den Blick – außer um zu sehen, wer Thomas war. Sie alle behielten ihre dikken Mäntel und Jacken an, als ob sie gerade hinaus-, nicht hineingehen wollten. LaJoe zog ihre Denimjacke nicht einmal während der Vernehmung aus.

«LaJoe Rivers», rief schließlich eine Sozialarbeiterin. LaJoe mußte an Jesse Thomas denken, meldete sich mit hocherhobener Hand und stand auf, um der Sozialarbeiterin durch ein Labyrinth von Tischen und Trennwänden in den Verhörraum zu folgen. Das war kein Büro, sondern eher eine Reihe fensterloser Abteile, die die Rückwand ausfüllten. Dort wurden Unterstützungsempfänger über die Berechtigung ihrer Ansprüche befragt.

Vor einigen Monaten hatte LaJoe eine Mitteilung vom Sozialamt erhalten, man sei dabei, ihr Anrecht auf Unterstützung zu überprüfen. Mehr wußte sie nicht. Die 931 Dollar, die sie allmonatlich erhielt, bestehend teils aus finanzieller Unterstützung, teils aus Lebensmittelgutscheinen, waren ihre einzigen Einkünfte. Den größten Teil davon gab sie in den ersten drei Tagen aus: fast 400 Dollar für Lebensmittel, die sie auf einer Einkaufsfahrt zusammenkaufte; 80 Dollar für eine Beerdigungsversicherung; 122 Dollar für Miete und acht Dollar Scheckgebühr beim Einlösen in der Wechselstube. Für die ihr verbleibenden 300 Dollar kaufte sie Kleidung für die Kinder, die sie meist auf Anzahlung zurücklegen ließ. Sie plante das so, daß sie zu drei Terminen im Jahr Kleidungsstücke abbezahlte: zu Ostern, zum Schuljahrsbeginn im September und zu Weihnachten. Etwas von dem Geld benutzte sie auch dazu, kleine Dinge zu kaufen, die sie nicht auf Lebensmittelmarken bekam: Schulsachen für die Kinder, Waschmittel, Haarpomade, Seife und andere Kosmetikartikel. Das Geld ging auch für weitere Nahrungsmittel im Laufe des Monats weg. Was blieb, mußte für die Familie bis zum nächsten Scheck vier Wochen später reichen.

Ein handgeschriebenes Schild zierte die Tür, zu der LaJoe geführt wurde:

NUR ANHÖRUNGSRAUM
UNBEFUGTEN ZUTRITT VERBOTEN

Der Raum selbst war winzig, vielleicht zwei Meter vierzig tief und ebenso breit. Die Neonbeleuchtung, vier strategisch angeordnete Metallstühle – drei davon standen dem vierten gegenüber – und ein großer Metallschreibtisch ohne Papier, Bleistifte oder Bücher gaben dem Raum den Anstrich einer Verhörzelle. Es gab nichts, das den Inquisitor oder den Angeklagten hätte ablenken können, keine Fenster oder Uhren, an denen das Orts- oder Zeitgefühl sich hätte orientieren können, keine Bilder oder Poster, die dem Raum ein wenig Atmosphäre verliehen hätten.

LaJoe setzte sich auf den eindeutig für sie bestimmten Stuhl, den alleinstehenden. Sie faltete die Hände und wartete: Jemand brachte einen weiteren Stuhl herein und stellte ihn zur Reihe der anderen. «So viele gegen mich arme Kleine?» flüsterte sie vor sich hin. Zehn Minuten später drängten sich drei Frauen und ein Mann herein. Niemand stellte sich vor.

Die älteste der drei Frauen, Edith Rogers, deren Aufgabe es war,

Mißbrauch von Sozialhilfegeldern aufzudecken, erklärte LaJoe, sie sei hier zu einem «Vor-Revisions-Gespräch», in dem sie Gelegenheit bekäme, zu hören, was ihr vorgeworfen werde; wenn sie es wünsche, könne sie darauf antworten. Dann ergriff eine der beiden anderen Frauen das Wort.

«Wir arbeiten genau nach Vorschrift», erklärte sie und zitierte Paragraph 320 des Sozialhilfegesetzes, der darlegt, daß die Sozialstelle berechtigt ist, den Wohnort zu überprüfen. «Wir haben ernst zu nehmende Hinweise darauf, daß Ihr Mann angibt, er lebe bei Ihnen in Ihrer Wohnung. Können Sie das irgendwie widerlegen?»

LaJoe befingerte nervös ihre vergoldeten Kreolen. Zum erstenmal, seit man sie in den Raum geführt hatte, sprach sie. «Er wohnt bei seiner Mutter und bei seiner Schwester – mal hier, mal da.» Sie sprach so leise, daß die vier Untersuchungsbeamten sich vorbeugen mußten, um sie zu verstehen. LaJoe erklärte weiter, daß sie Paul seine Post gab, wenn er mal vorbeikam.

«Gab es einen Ort, wo Sie ihn immer antreffen konnten?» fragte die Frau.

«Er war immer an der Ecke bei Lake & Woods», sagte LaJoe und meinte damit ein Spirituosengeschäft ihres Viertels, wo Männer in Pauls Alter herumlungerten.

Die Frau ratterte nun weitere Beweise für Pauls Anwesenheit in LaJoes Wohnung herunter, die das Sozialamt zusammengetragen hatte. Sie waren erdrückend. Sie zitierte gemeinsame Steuerrückzahlungen für die Jahre 1982, 1983, 1984 und 1985.

«Haben Sie die beim Amt angegeben?»

LaJoe schüttelte den Kopf. «Nein.»

Die Frau hatte festgestellt, daß Paul zwischen Juli 1984 und März 1985 achtunddreißig Wochen lang in LaJoes Wohnung Arbeitslosenunterstützung bezogen habe; daß Pauls Führerschein, ausgestellt im Juli 1986, als Adresse West Washington Boulevard 1920 angab; und daß Paul am 25. Oktober 1981 eine gerichtliche Vorladung unter dieser Adresse persönlich zugestellt worden sei. Eine vierseitige, einzeilig getippte Zusammenfassung der Erkenntnisse präzisierte die Punkte der Anklage. Eine fünfte Seite listete die Zuwendungen auf, die LaJoe seit 1974 erhalten hatte; sie beliefen sich auf 109 373 Dollar in Form von finanzieller Unterstützung und Lebensmittelgutscheinen, das meiste davon nach 1980. Außerdem gab es da noch einen Posten von 97 903 Dollar für medizinische Versorgung, die weitgehend die Drillinge betroffen hatte: Als Frühgeburten hatten sie einen großen Teil ihres ersten Lebensjahrs im Krankenhaus verbracht.

Die Frau schloß die fünfzehnminütige Anhörung damit, daß sie LaJoe erklärte: «Sie müssen uns beweisen, daß unsere Erkenntnisse falsch sind. Wir verfügen über erhebliche Beweise, daß er bei Ihnen wohnt.»

«Ist das alles?» fragte LaJoe, womit sie nicht die Beweise, sondern das Gespräch selbst meinte.

«Ja», antwortete die Frau.

Aufgeregt und verwirrt verließ LaJoe ohne ein Wort den Raum und knallte die Tür hinter sich zu. Später entschuldigte sie sich gegenüber den Untersuchungsbeamten für ihre Unhöflichkeit, doch gegen die Vorwürfe des Sozialamts wußte sie wenig vorzubringen. Sie leugnete nicht, daß Paul gelegentlich bei ihnen übernachtete. Sie fragte nicht, ob ihr ein Rechtsbeistand zustünde. Sie fragte nicht, woher sie das Geld nehmen sollte, um ihre Kinder zu ernähren. Sie verlangte nicht, daß eine Sozialarbeiterin zu ihnen herauskommen und sich die Wohnung ansehen sollte. In diesem Augenblick, als sie sich durch das Labyrinth von Schreibtischen hindurchfädelte, überlegte sie nur, wie sie den Kindern die Nachricht beibringen sollte.

Lafeyette wußte, daß seine Mutter zu einer Vernehmung gegangen war und daß das Amt ihnen die Sozialhilfe streichen wollte; deshalb begrüßte er sie bei ihrer Rückkehr an jenem Nachmittag schon an der Tür. Als sie in die Wohnung kam, sah er ihr in die Augen. Seine langen Finger umschlossen ihr Gesicht.

«Was haben sie gesagt?» fragte er.

«Gestrichen», antwortete LaJoe in kaum hörbarem Flüsterton. Lafeyette ließ die Schultern sinken. LaJoe umarmte ihn.

Pharoah sagte sie lieber nichts davon, zumindest nicht gleich; das wollte sie ihm nicht zumuten. In letzter Zeit hatte er auf fast jeden Fall von Gewalt und Familienunstimmigkeiten mit demselben Spruch geantwortet: «Ich bin noch zu klein, um das zu verstehen», und sie fürchtete, daß er die Probleme zu tief in sich hineinfressen würde, wenn er erst soweit war, sich ihnen zu stellen. Vorerst war sie der Meinung, daß Pharoahs Haltung ihm ein wenig Seelenfrieden verschaffte und die Kraft, weiterzumachen, deshalb vermied sie es, ihn mit bedrückenden Nachrichten zu belasten.

«Ich sag's Pharoah nicht, weil ich es schön finde, daß er noch einfach ein Kind ist», erklärte sie. «Besser, ich freue mich jetzt daran, man weiß ja nicht, wie lange es noch so ist.»

Eigentlich hätte sie auch Lafeyette lieber nichts davon gesagt, doch er war der einzige Mensch, zu dem sie darüber sprechen konnte – als wäre er zugleich Ehemann und Sohn. Er war ihr Vertrauter. Lafeyette war überzeugt davon, daß seine Mutter der einzige Mensch sei, auf den er sich verlassen könne, und er war zu allem bereit, um sie zu schützen. Vor einem Jahr hatten zwei Teenager sie und Rochelle überfallen und beraubt, und einer der Angreifer hatte dabei die Nerven des Mittel- und Ringfingers ihrer rechten Hand mit einem Schlachtermesser durchtrennt. Jetzt schwollen die Finger oft an und schmerzten. Rochelle verletzten die Angreifer mit sieben Stichen. Lafeyette sagte zu seiner Mutter: «Wenn ich dabeigewesen wäre und eine Waffe gehabt hätte, hätte ich ihm in den Kopf oder in die Brust oder so geschossen. Bei meiner Mutter versteh ich keinen Spaß.»

Später sagte er einmal: «Manchmal wein ich im Bett, damit Gott mich hören kann und Mamas Finger wieder besser macht. Sie kann beinah gar nichts damit machen. Wenn sie eine Dose aufmachen muß, helf ich ihr dabei.» Er half auch, die schmutzige Kleidung der Familie zu schrubben, weil er wußte, daß seiner Mutter bei dieser Arbeit die Hand sehr weh tat.

Spät am Abend nach der Vernehmung, als alle anderen Kinder schliefen, stieg Lafeyette wieder aus dem Bett und hockte sich zu seiner Mutter auf die Wohnzimmercouch. Ohne Hemd, nur in seinen dunkelblauen Jogginghosen, stemmte er seine bloßen Füße gegen den zerkratzten und klebrigen Sofatisch. Ein Film im Spätprogramm lief unbemerkt, das ständige Rauschen des Wassers in die Badewanne hörte man selbst durch die geschlossene Badezimmertür.

«Worüber machst du dir Sorgen?» fragte Lafeyette.

«Ich mach mir keine Sorgen», log LaJoe.

«Machst du wohl. Sorg dich wegen nichts. Ich werd mich für dich sorgen. Ich werd dir helfen.» Lafeyette rückte näher an seine Mutter heran und legte ihr unbeholfen den Arm um die Schultern.

«Lafie, ich mach mir wirklich um gar nichts Sorgen. Wir werden schon zurechtkommen.» Dann erklärte LaJoe Lafeyette, daß sie deshalb Ärger mit dem Sozialamt bekommen hatte, weil sie Paul erlaubt hatte, ihre Adresse zu benutzen.

«Warum sagst du nicht einfach, daß er das gar nicht getan hat?» fragte Lafeyette.

«Wenn ich ihnen sagen würde, daß ich nicht gewußt hab, daß er die Adresse benutzt, wäre das eine glatte Lüge. Ich wußte es doch genau.»

«Du solltest sie alle raussetzen», sagte Lafeyette und meinte damit seinen Vater und seine ältere Schwester.

«Wenn ich sie auf die Straße setze, dann leben sie schließlich auf der Straße – und dann werden sie auch wie die Straße aussehen. Ich kann sie nicht rauswerfen.»

«Wenn sie dir nicht so helfen, wie du uns immer hilfst, würde ich ihnen auch nicht mehr helfen. Ich würde mich gar nicht um sie kümmern.»

«Das sind doch nicht sie – sie sind gar nicht richtig sie selbst», erwiderte sie in Anspielung auf ihre Drogenprobleme.

«Du bist einfach zu weichherzig.» Lafeyette sah den gequälten Blick seiner Mutter. Die Bemerkung traf LaJoe, zumal sie eine gewisse Wahrheit enthielt. Sie war wirklich «weichherzig». Sie war nicht konsequent genug, ihre älteren Kinder aus der Wohnung zu werfen oder endlich reinen Tisch zu machen und Paul zu verbieten, immer wieder mal über Nacht dazubleiben. Manchmal schien sie passiv und unfähig, das durchzusetzen, was sie doch als richtig erkannt hatte. Ihre Stärke war auch ihre Schwäche: Sie gab und gab und gab – und bekam nichts zurück. Das Problem war, daß sie nicht wußte, wann sie mit Geben aufhören mußte.

«Nein, ich mein nicht weichherzig», korrigierte Lafeyette sich. «Du hast auch ein starkes Herz, aber du solltest auch nicht mehr so weichherzig sein. Du magst das hier doch nicht. Du magst doch das alles nicht, was hier zur Zeit los ist. Ich würde ausziehen. Wenn wir nicht hier wohnen würden, wär Terence nicht ins Gefängnis gekommen. Sie hätten ihm keine Handschellen angelegt und ihn wie einen Hund rausgeführt. Eines Tages gehe ich vielleicht die Straße längs und finde eine Tasche voll Geld und bring sie mit nach Hause, Mama, und dann können wir aus der Siedlung ausziehen. Ich weiß noch nicht, was ich mal werd, aber wenn ich groß bin, will ich ein weißes Haus haben, und Pharoah und die anderen sind dann meine Kinder. Ich brauch keine eigenen Kinder.»

Lafeyette sprach oft davon, wie man aus Horner herauskommen könnte, und manchmal wurde dieser Wunsch so übermächtig, daß er böse wurde auf seine Mutter, weil die sich nicht mehr anstrengte. Einmal verlangte er von ihr, sie solle sich auf die Warteliste für eine der 285 mit Bundesmitteln renovierten Wohnungen setzen lassen. Das tat sie schließlich, doch es waren über tausend Leute vor ihr auf der Liste, von denen einige seit dem Morgen des Vortags vor der Meldestelle kampiert hatten. Ein anderes Mal bestand Lafeyette darauf, sie solle sich wegen einiger neuer Mietwohnungen in einem der wenigen restaurierten Brownstone-Häuser ihres Viertels erkundigen. Auch das tat sie, doch die Miete war viel zu hoch. Später stellte sich heraus, daß das Haus einem Paar gehörte, das angeblich zu den größten Drogenhändlern der Westside zählte, deshalb wurde das Anwesen von der Bundesregierung beschlagnahmt.

Lafeyette schlug vor, er würde von der Schule abgehen und sich Arbeit suchen, um die Familie mit zu ernähren und zu kleiden.

LaJoe sagte, das sei Unsinn; sie würden irgendwie zurechtkommen, und er solle in der Schule bleiben. Die beiden redeten bis gegen zwei Uhr morgens. Ab und an schwiegen sie, und Lafeyette legte den Kopf an die Schulter seiner Mutter. Während ihrer Unterhaltung vertraute er ihr an: «Mama, ich hab schon mal zu mir gesagt, ich rede nicht mehr. Ich hatte es satt, daß die Leute mich vollquatschen, und ich hab nicht mehr geantwortet. Was ich sagen will, brauch ich sowieso niemandem zu erzählen – es passiert doch nichts.»

Lafeyette war immer schweigsamer und verschlossener geworden. Er verließ sich auf so wenige Menschen wie möglich: seine Mutter, seinen Bruder Pharoah und sich selbst. Sie waren die einzigen, von denen er sicher war, daß sie ihn weder hereinlegen noch im Stich lassen würden.

James Howard, einer von Lafeyettes nächsten «Bekannten», war im April aus Horner weggezogen. Seine Mutter hatte zehn Jahre lang auf der Warteliste für «Section 8 Housing» gestanden, ein Programm, bei dem die Regierung Mietzuschüsse zu privat vermieteten Wohnungen zahlt. Schließlich hatte ihr Name ganz oben auf der Liste gestanden, und sie fanden etwa anderthalb Kilometer südlich von Horner eine Dreizimmerwohnung. Ihre Wohnanlage hatte rund um die Uhr einen Wachdienst, hatte ein Schwimmbecken und einen Basketballplatz. Anfangs kam James an den Wochenenden noch nach Horner, doch dann verbrachte er immer mehr Zeit mit seinen neuen Freunden in der Wohnanlage. In diesen ersten Monaten kniete er allabendlich an seinem Bett nieder und betete zu Gott, daß er nicht wieder nach Horner zurückziehen müßte.

In Lafeyettes Leben hatte es schon so viele vorübergehende Freunde und Bekannte gegeben, daß er James' Wegzug nicht viel Bedeutung beizumessen schien. Manchmal blieb er über Nacht bei den Howards, doch im Laufe der Monate kamen die beiden Jungen immer seltener zusammen.

Lafeyette war an Enttäuschungen gewöhnt. Ihm stand nie jemand bei, dachte er. Er war sicher, daß irgendein Nachbar oder

Freund beim Sozialamt angerufen und dort Pauls gelegentliche Aufenthalte in der Wohnung gemeldet hatte.*

«Mit Lafie beredete ich das, was ich eigentlich mit Paul hätte besprechen müssen», sagte LaJoe. «Ich habe ihm viel zugemutet. Aber ich hatte niemanden zum Reden. An dem Tag damals wurde Lafie ein zwölfjähriger Mann», sagte sie bedauernd.

LaJoe mußte sich überlegen, was zu tun war, wie sie etwas zu essen auf den Tisch stellen und die Miete zahlen sollte. Sie mußte fünf Kinder versorgen. Terence war jetzt im Gefängnis, dafür war Weasel für ein paar Monate mit Freunden eingezogen.

Am nächsten Tag brachte Lafeyette nach der Schule sieben Brote mit nach Hause, die er in einem Gemeindezentrum in der Nähe geschenkt bekommen hatte. LaJoe dankte ihm, mußte sie aber wegwerfen, denn alle sieben waren schimmlig. Pharoah erfuhr von der Entscheidung des Sozialamts erst ein paar Wochen später, als LaJoe nicht zu ihrer monatlichen Einkaufsfahrt aufbrach. Pharoah half seiner Mutter so gern dabei, die Einkäufe zu tragen und dann im Kühlschrank und in den Schränken zu verstauen, und als klar wurde, daß seine Mutter nicht am gewohnten Tag des Monats zum Einkaufen ging, fragte er, was denn los sei. Seine Mutter erklärte ihm die Lage.

«Jetzt sind wir wirklich arm, altes Mädchen», sagte Pharoah.

LaJoe lachte und dachte bei sich: «Als wären wir nicht vorher schon arm gewesen.»

Pharoah überraschte sie. Er schien das alles spielend zu verkraf-

* Anm.: Ein Sprecher der Sozialbehörde von Illinois räumte später ein, die Behörde habe die Untersuchung aufgrund eines von mir geschriebenen Artikels im *Wall Street Journal* in Gang gesetzt. Die Story war eine Art Chronik eines Sommers in Lafeyettes Leben und berichtete detailliert über die fast tägliche Gewalt, mit der er fertig werden mußte. Eine Zeile erregte die besondere Aufmerksamkeit des Sozialamts: «Lafeyettes Vater, Busfahrer bei der Stadt, wohnt gelegentlich bei seiner Familie.» Dem Sprecher zufolge durchkämmt die Behörde regelmäßig Zeitungen auf mögliche Hinweise auf Sozialhilfeempfänger, die zu Unrecht Unterstützung beziehen.

ten. Eines Nachmittags bat er sie um einen Vierteldollar, doch bevor sie ihn noch abweisen konnte, schlug er sich schon beschämt die Hand vor den Mund. «Huch, ich hab ja ganz vergessen...», entschuldigte er sich und spielte weiter. Timothy, einer der Drillinge, hatte gesehen, wie Lafeyette LaJoe tröstete, und sagte zu seiner Mutter: «Dein Kopf tut immerzu weh. Ich will mich für dich sorgen.»

LaJoe bekam Hilfe von Freunden und Verwandten. Eine ihrer Schwestern schenkte ihr für 65 Dollar Lebensmittelmarken. Rochelle brachte ihr Nahrungsmittel. Doch ihre Familie wie ihre Nachbarn, denen es in der Regel nicht viel besser ging als ihr, konnten nur begrenzt helfen. Deshalb spielte LaJoe Karten um Geld.

Ihre Eltern hatten beide Spaß an Glücksspielen gehabt. Ihr Vater spielte Poker und Blackjack und würfelte gelegentlich. Ihre Mutter trank Pepsi und nahm Aspirin, um wach zu bleiben, wenn sie nächtelang mit ihren Freundinnen Karten spielte. Ja, LaJoe selbst war nach einem Onkel benannt, der Glücksspieler auf einem Flußdampfer war. Es schien der Familie im Blut zu liegen.

Wie beim Saubermachen konnte sie auch hierbei ihre Probleme vergessen. Die Mutter einer Freundin organisierte ein nächtliches Kartenspiel für Frauen, und LaJoe hatte dort gelegentlich schon mitgespielt. Man spielte Pitty-Pat; wer die meisten Paare hatte, gewann. Jetzt spielte sie fast jede Nacht und gewann mal fünfunddreißig Dollar, mal zwanzig. Sie spielte selten in derselben Runde wie Rochelle; sie wollten einander kein Geld abnehmen. An vielen Wochenenden und manchmal auch während der Woche verbrachte LaJoe ihre Nächte außer Haus beim Kartenspielen. Sie ging weg, wenn sie die Kinder ins Bett gebracht hatte, und kam erst morgens wieder, meist früh genug, um die Kleinen für die Schule fertigzumachen. Manchmal mußten die Kinder aber auch allein zurechtkommen. Dann übernahm Lafeyette das Regiment. Brauchte Timothy ein neues Loch in seinem Gürtel, schlug er eins mit einem Nagel hinein; brauchten Tiffany oder Tammie eine gebügelte Bluse, bügelte er. Es war zwar immer ein Erwachsener in der Wohnung bei den Kindern – entweder Paul oder Weasel oder in späteren Monaten Weasels Freundin, die zwar erst Ende zwanzig, doch für ihr Alter ungewöhnlich verantwortungsbewußt war –, aber die Kinder machten sich Sorgen um ihre Mutter. Denn der Raubüberfall, bei dem ihr die Finger aufgeschnitten wurden, war passiert, als sie einmal nachts allein unterwegs war.

LaJoe verließ sich nicht nur auf die Großherzigkeit ihrer Freunde und ihr Spielerglück, sie suchte auch nach Arbeit. In drei Krankenhäusern des Viertels bewarb sie sich, wurde aber zu keinem Einstellungsgespräch eingeladen. Sie hatten keine freien Stellen für jemanden mit ihrer begrenzten Sekretärinnenerfahrung. Sie lief einen Tag lang durch den Loop, Chicagos City, und fragte in Geschäften nach einem Job als Verkäuferin, konnte jedoch nichts finden. Ein Problem bei ihrer Jobsuche war ihre Schüchternheit, sie ließ sie manchmal ungewöhnlich verkrampft oder, schlimmer noch, unnahbar erscheinen. Außerdem hatte sie sieben Jahre lang nicht gearbeitet, und auch davor nur auf einer Arbeitsstelle, im Miles Square Health Center. Sie verstand es nicht, ihr Selbstbewußtsein und ihre Bescheidenheit, zwei prägende Charakterzüge, die abwechselnd ihre Persönlichkeit dominierten, in die Einstellungsgespräche einzubringen. Nach sieben Jahren, in denen sie sich zu Hause ihren Kindern gewidmet hatte, war sie für den Wiedereinstieg in den Arbeitsmarkt nicht gerüstet. Sie hatte keine Fertigkeiten anzubieten, und es gab kaum offene Stellen.

Frustriert und verbittert, voller Sorgen angesichts jedes neuen Tages bekam LaJoe wenig Schlaf, abgesehen von kurzen Nickerchen am Nachmittag, wenn die Kinder in der Schule waren. Sie trank Tee und Pepsi, um sich in Gang zu halten, doch die chronische Müdigkeit wirkte sich doch aus. Sie ließ ihre Launen an den Kindern aus und schrie sie an, sie sollten ausfegen oder den Müll wegtragen. Meistens ging sie nach einem solchen Ausbruch zu Lafeyette, Pharoah oder einem der Kleinen hin und schmuste mit ihnen und versuchte, alles wiedergutzumachen. Dann flocht sie Tammie und Tiffany die Haare oder schenkte, wenn sie Geld hatte, Pharoah zwei Vierteldollar, damit er an der Ecke im Videoshop spielen konnte.

In dieser Zeit fand LaJoe Trost in der Erkenntnis, daß es Menschen gab, denen es noch schlechter ging. An einem frostigen Frühlingsabend kamen zwei Obdachlose in ihr Haus, ein unrasierter Mann in einem viel zu großen Trenchcoat und eine junge Frau in weißem T-Shirt und zerlumpter Denimjacke. Sie hofften, eine leerstehende Wohnung zu finden. Doch LaJoe bestand darauf, daß sie auf ihrer Couch schliefen. In ihren Kleidern streckten sich die beiden aus, der eine mit dem Kopf zum einen, der andere zum anderen Ende. LaJoe konnte ohnehin nicht schlafen. «Ich bin bloß müde von all den Sorgen; Sie sind müde vom Herumlaufen», sagte sie zu der Frau.

LaJoe hatte auch noch eine Berufungsverhandlung, in der ein Verwaltungsrichter die Vorwürfe der Sozialbehörde gegen sie und ihre Antwort darauf anhören sollte. Es lief nicht gut.

LaJoe hatte sich damit abgefunden, daß sie keine Unterstützung mehr bekam. Sie wußte, daß das Sozialamt auf dem Papier starke Argumente gegen sie hatte. Ja, gab sie später zu, sie hatten gemeinsame Steuererklärungen eingereicht, auch wenn sie nie etwas von dem Geld gesehen hatte. Und Paul wohnte manchmal bei ihnen, je nachdem, ob er bei Freunden oder Verwandten unterkam oder nicht. Doch trotz alledem verbrauchte er einen großen Teil seines Lohns für Rauschgift. Paul fühlte sich verantwortlich, fühlte sich schuldig an der mißlichen Lage der Familie. Deshalb war er vor der Verhandlung zu einer Sozialarbeiterin gegangen, um ihr von seiner Drogenabhängigkeit und der Trennung von seiner Frau zu erzählen. Dabei bat er sie um Vertraulichkeit, sie sollte seinem Arbeitgeber nichts davon sagen. Mrs. Rogers, die Sozialarbeiterin, verstand das aber so, daß überhaupt niemand davon erfahren sollte. Daher erwähnte sie auch nichts von diesem Besuch bei der Verhandlung.

Doch LaJoe war völlig klar, daß jede Sozialarbeiterin ihrer Wohnung sofort angesehen hätte, daß sie unmöglich doppelte Sozialhilfe beziehen konnte, und das regte sie auf. Lafeyette und Pharoah schliefen auf klumpigen und zerrissenen Matratzen, die älter waren als die Jungen selbst. Die Drillinge und LaShawns Tochter Tyisha mußten sich in ihrem einen Bett so zusammendrängen, daß sie oft ganz ineinander verknotet aufwachten und ihnen Arme und Beine vom nächtelangen Kampf um eine bequeme Lage weh taten. Vieles von der Kinderkleidung war geerbt; die Kirchengemeinden der Vororte verschenkten getragene Kleidung, und daher trugen die Kinder der Siedlung T-Shirts mit den Emblemen der Sportvereine von Berwyn, Oak Park oder anderer weit entfernter Stadtviertel. Außerdem erhielt LaJoe Hilfe von zwei engagierten Leuten aus einem Vorort im Norden, einer Hausfrau und einem Airline-Piloten, die zweimal die Woche mit einem Lastwagen durch Horner fuhren und kostenlose Kleidung und Nahrungsmittel ausgaben. Eine Firma hatte fünftausend Pfund Fleisch gespendet, eine andere zweihundert Paar Handschuhe, die in der Henry-Horner-Siedlung verteilt werden sollten.

LaJoes Sofa im Wohnzimmer hatte im Gebrauchtmöbelbasar des Viertels fünfundvierzig Dollar gekostet, die dazu passenden schwarzgepolsterten Stühle zwanzig Dollar. In den olivgrünen Vorhängen sah man noch immer die beiden Einschußlöcher von der Bandenschlacht draußen vor den Fenstern. Die Familie hatte keinen Küchentisch, die Kinder setzten sich mit ihrem Essen ins Wohnzimmer. Und außerdem, dachte LaJoe, wäre ihnen Pauls ganzes Gehalt zugute gekommen, wären sie längst aus Horner weggezogen.

Dazu kam, und das erklärte LaJoe dem Sozialamt leider nicht, daß Paul im Januar, vor vier Monaten, wegen Trinkens vom Dienst suspendiert worden war. Das Verkehrsamt hatte ihn in eine Rehabilitationseinrichtung geschickt, doch Paul hatte danach wieder angefangen, zu trinken und Rauschgift zu nehmen. Also war er endgültig entlassen worden und verdiente nun nichts mehr.

LaJoe fühlte sich so geschlagen, daß sie sich kaum gegen das Sozialamt wehrte. Bei der Berufungsverhandlung erwähnte sie nur am Rande, daß Paul vorübergehendes Arbeitsverbot hatte. Von seinem Drogenproblem sagte sie nichts, womöglich, um ihn zu schützen. Auch wußte sie nichts von seinem Gespräch mit der Sozialarbeiterin. Daher war es kein Wunder, daß der Verwaltungsrichter Edward A. Disch, der sich LaJoe gegenüber, wie sie fand, höflich und verständnisvoll gezeigt hatte, gegen sie entschied. Das Sozialamt strich ihr und den Kindern die Unterstützung. Wenn sie wolle, könne sie jedoch einen neuen Antrag stellen.

Im übrigen änderte sich wenig. Mit dem Herannahen des Sommers 1988 gingen die Schießereien wieder los. Zweimal scheuchte LaJoe die Kinder im Mai in den Flur, wo sie sich an die Wände kauerten, um nicht von verirrten Kugeln getroffen zu werden. Pharoahs Stottern wurde schlimmer, so daß er kaum noch den Mund aufmachte und meistens für sich blieb. Sowie er ein lautes Geräusch hörte, begann er wieder zu zittern. Lafeyette sagte zu seiner Mutter: «Mama, wenn wir nicht wegziehen, geht hier noch jemand tot. Ich fühl es.»

Am Sonntag, dem 22. Mai, wurde ein neunjähriger Freund der Jungen von einer Kugel in den Hinterkopf getroffen. Alonzo Campbell ging gerade auf sein Haus auf der anderen Straßenseite zu, als eine für jemand anders bestimmte Kugel ihn traf. Die Schießerei wäre vielleicht außerhalb Horners überhaupt nicht bemerkt worden, hätte sie nicht einen so drastischen Kontrast zu einem Ereignis gebildet, das zwei Tage vorher in dem wohlhabenden nördlichen Wohnviertel Winnetka stattfand.

Laurie Dann, eine dreißigjährige geistig verwirrte Frau, war in die Toilette der Hubbard-Woods-Grundschule in Winnetka gekommen und hatte einen sechsjährigen Jungen erschossen. Dann drang sie in eine zweite Klasse ein und schoß auf sechs Kinder; der achtjährige Nicholas Corwin wurde getötet, die anderen verwundet. Am selben Tag noch brachte die Frau sich um.

Dieser Mord- und Selbstmordfall erregte die ganze Nation. Die Chicagoer Zeitungen brachten dicke Schlagzeilen. In Winnetka machten die Einwohner mobil, um mit der Tragödie fertig zu werden. Sie bildeten einen Krisenstab aus Psychologen und Sozialarbeitern, die ihnen und ihren Kindern helfen sollten, das Trauma abzubauen. Die Lehrer wurden instruiert, wie sie die Kinder trösten und beruhigen sollten. Der Gouverneur Jim Thompson verlangte mehr Sicherheit für die Schulen. Andere riefen nach strengeren Waffenkontrollgesetzen und einem restriktiveren Umgang mit Geistesgestörten.

Für viele Bewohner Horners zeigten die beiden Schießereien schlaglichtartig, was ihnen alles fehlte. Über Alonzos Verwundung wurde zwar in einer Lokalzeitung breit berichtet, doch nur, weil das, was folgte, sich so extrem von dem Echo auf das Attentat in Winnetka unterschied. Niemand beriet Alonzo, der überlebte, und seine Freunde. Lafeyette und Pharoah sprachen mit niemandem über den Vorfall, obwohl sie für ihren Schulkameraden beteten. Das eine Viertel, reich an Gemeinschaftsgeist und professionellen Möglichkeiten, machte mobil, um seine Verwundeten zu trösten; das andere, arm am Geiste und an Ressourcen, tat nichts. In Winnetka handelte es sich bei den Schüssen um einen Fall von Geistesgestörtheit; in Horner waren sie Teil des täglichen Lebens.

«Ich muß immer lächeln, damit ich nicht heule», redete LaJoe auf sich selbst ein. «Wenn ich nachgebe, pack ich's nicht mehr.»

ELF

LaJoe, Lafeyette, Pharoah und die Drillinge gingen durch das bewachte Tor im Sicherheitszaun, dann vorbei an dem künstlichen Teich, durch die Drehtür und in den Warteraum für Besucher der Abteilung IV des Cook County Jail. Der gut zwei Hektar große Komplex liegt auf der Südseite der Stadt, sehr praktisch direkt hinter dem Gerichtsgebäude. In dem Gefängnis, 1929 für 1200 Gefangene gebaut, sind heute 7000 Menschen untergebracht, von denen etwa tausend auf Matratzen auf dem Fußboden schlafen.

Fast alle hier warten auf ihre Verhandlung. Im Durchschnitt bleiben sie 138 Tage hier; bei Überfüllung darf die Gefängnisleitung jedoch einem umstrittenen Erlaß von 1982 zufolge Insassen auf freien Fuß setzen, denen Eigentumsdelikte vorgeworfen werden. Allein 1988 ließ das Gefängnis aus Platzmangel 25 000 angeklagte Straftäter frei.

Die Anstalt hat acht Abteilungen. Das älteste Gebäude ist mit sechzig Zentimeter dicken Betonmauern umgeben; dort sind wegen Mord oder Vergewaltigung angeklagte Gewalttäter untergebracht. Die Kautionen der meisten Insassen dort sind auf über 500 000 Dollar festgesetzt. Trakt IV, wo Terence einsaß, nahm solche Häftlinge auf, für die niedrige bis mittlere Sicherheitssummen galten, in der Regel nicht höher als 40 000 Dollar. Terences Summe war auf 20 000 Dollar festgesetzt worden; um herauszukommen, mußte er zehn Prozent davon, 2000 Dollar, als Kaution hinterlegen.

Die Abteilung IV war 1975 wie die Häuser von Horner aus

Schlackenstein gebaut worden, und die Gefängnisleitung merkte sehr bald, daß dieser nicht unbedingt die beste Sicherheit bot. Da Gefangene sich mit Blechlöffeln durch die Mauern hindurchkratzten, ging man 1979 zu Plastikbesteck über. Und nachdem mehrere Insassen ihre Frisierkommoden dazu benutzt hatten, Löcher in die Wände zu rammen – einige in der Rekordzeit von anderthalb Minuten –, wurden die Kommoden 1981 schließlich abgeschafft. Auf Außenstehende jedoch wirkte der Ort uneinnehmbar.

Nach einer Wartezeit von zwanzig Minuten dirigierte ein Wärter LaJoe und die Kinder zu einem rechter Hand gelegenen Raum. Dort könnten sie mit Terence reden, sagte er. Aufgeregt folgten die Kinder LaJoe. Seit seiner Festnahme vor zwei Monaten hatten sie ihren Bruder nicht mehr gesehen.

«Wo ist mein Terence? Wo ist mein Terence?» fragte Tammie ihre Mutter mit unterdrückter Stimme.

«Da drin», antwortete LaJoe.

Durch den rechteckigen Besuchsraum verläuft in Längsrichtung eine Theke. Man könnte den Raum für einen kleinen Speisesaal halten, wäre da nicht die zweieinhalb Zentimeter dicke kugelsichere Glasscheibe; sie reicht bis zur Decke und teilt den Raum in zwei Hälften. Auf jeder Seite der Trennscheibe stehen sechs Hocker.

In das Glas ist ein rundes Metallgitter von etwa fünfundzwanzig Zentimetern Durchmesser eingelassen, durch das Häftlinge und Besucher sich verständigen können. Um jemanden auf der anderen Seite zu verstehen, muß man sein Ohr fest an das kalte Metall pressen, während der drüben mit lauter Stimme spricht, um die anderen Insassen und Besucher im Raum zu übertönen. Früher gab es einmal Telefone, doch die wurden entfernt, nachdem temperamentvolle Insassen viele davon herausgerissen hatten. Außerdem hing da noch ein handgeschriebenes Schild, auf dem stand: VORSICHT VOR TASCHENDIEBEN.

Als LaJoe und die Kinder sich um den einen freien Hocker scharten, betrat auf der anderen Seite der Glaswand Terence den Raum.

Sobald er seine Familie entdeckte, verzog sein Gesicht sich zu einem breiten Strahlen. Lafeyette, Pharoah und die Drillinge strahlten zurück. Terence, der sein langes Haar fest an den Schädel geflochten trug, blieb einen Augenblick stehen, bog den Kopf nach hinten und deutete dann mit dem Finger auf jedes seiner Geschwister, wie um ihre Anwesenheit zu bestätigen. Alle deuteten zurück. Dann setzte sich Terence lächelnd auf seinen Hokker.

Tiffany zog sich auf die Theke hoch und preßte ihre Lippen an das Metallgitter. «Ich hab dich lieb», sagte sie zu ihrem Bruder. «Ich hab dich auch lieb», antwortete er. Dann erklärten sie Terence alle nach der Reihe, daß sie ihn liebten. Lafeyette saß mit LaJoe zusammen auf dem Hocker und bemühte sich, jedes Wort von Terence zu verstehen. Er hatte eine leichte Grippe und fühlte sich nicht wohl, deshalb verhielt er sich die meiste Zeit still. Pharoah stand auf der anderen Seite seiner Mutter. Er bemühte sich nach Kräften, Timothy, Tammie und Tiffany in Schach zu halten, die in ihrer Zappeligkeit um einen Platz auf der Theke kämpften. Doch sobald er sie etwas gedämpft hatte, wurde er wieder von all der Unruhe im Raum abgelenkt. Er kriegte wenig mit von dem, was Terence ihm und seinen Geschwistern an diesem Morgen mitzuteilen hatte.

Am meisten irritierte Pharoah ein junges, etwa siebzehnjähriges Mädchen, das auf dem Platz neben ihnen hockte. Sie trug einen Jeans-Minirock, der ein paar wohlgeformte Beine sichtbar werden ließ – wohl zu dem Zweck, damit ihren eingesperrten Freund zu ärgern, mit dem sie durchaus nicht zufrieden war. Sie schwenkte einen Brief vor der Glasscheibe. «Das ist doch Scheiße», sagte sie so laut, daß Pharoah sich zu ihr umsah. «Ich laß mir so'n Dreck nicht mehr bieten.» Und sie fuhr fort, sich lautstark gegen das Schreiben zu verwahren, das ihr offensichtlich ihr Liebhaber aus dem Gefängnis geschickt hatte und in dem er sie mit ausgewählten Schimpfworten wie «miese Schlampe» und ähnlichem belegte, weil sie ihn nicht besucht hatte. «Ich hab 'n Job und Wichtigeres zu tun», belehrte sie ihn. «Wirst schon sehen, wer zuletzt lacht.» Verwirrt über den Streit und die Grobheiten schlug Pharoah die Hand vor den Mund. Die Auseinandersetzung des Pärchens zog sich über die gesamte Besuchszeit hin, so daß LaJoe und die anderen ihre Ohren noch fester an das Gitter pressen mußten, um Terence zu verstehen.

Als die erste Wiedersehensfreude verflogen war, verkrampfte sich Terence. Sein Lächeln schwand. «Mir geht's schlecht», sagte er zu LaJoe, während er mit seiner linken Faust langsam und rhythmisch auf die Theke schlug. Als Terences Trommeln immer heftiger wurde, bekam LaJoe Angst, er würde explodieren. «Ich will hier raus! Ich will hier raus!» bat er. Zum Teil ging sein Flehen im allgemeinen Lärm unter. Im Rhythmus seiner Faustschläge schaukelte er auf dem Hocker vor und zurück. «Das ist doch totaler Quatsch», versicherte er und beteuerte immer wieder, er habe den Longhorn-Saloon nicht ausgeraubt. LaJoe war viele Male dabeigewesen, wenn Terence festgenommen wurde, und glaubte ihm. Das tat auch sein Pflichtverteidiger, mit dem LaJoe in den folgenden Wochen sprach. Bei seinen über drei Dutzend Verhaftungen hatte Terence bisher nur ein einziges Mal seine Unschuld erklärt. Und tatsächlich war er damals zu Unrecht beschuldigt worden. «Gib die Hoffnung nicht auf. Sei ein Mann», sagte LaJoe zu ihm und wiederholte es noch einmal. Es fiel ihr sonst nichts Ermutigendes ein.

Lafeyette drängte sich durch die Drillinge, lehnte sich mit dem Oberkörper schwer auf die Theke und preßte seine Lippen gegen das schmutzige, kalte Metall. «Hi, Terence», sagte er schüchtern. Terence lächelte, schüttelte den Kopf und zeigte auf ihn. «Hey, alter Junge, siehst gut aus», antwortete er und warf sich dann unverzüglich in einen zehnminütigen Vortrag, um Lafeyette zu ermahnen, weiter zur Schule zu gehen und sich von allem anderen fernzuhalten. Lafeyette lauschte entrückt, den Kopf so fest gegen das Gitter gepreßt, daß die kantigen Gitterstäbe Druckspuren auf Stirn und Wangen hinterließen.

«Lafie, sieh bloß zu, daß du niemals ins Gefängnis kommst, das ist hier nichts für dich», erklärte Terence seinem jüngeren Bruder.

«Das ist hart hier. Geh zur Schule. Mach 'n Abschluß. Tu, was Mama sagt. Und halt dich auf Abstand zu krummen Typen. Wenn sie sich an dich ranmachen und was von dir wollen, sag nein. Das ist nicht der richtige Weg. Ich sag dir, Lafie, bleib in der Schule und mach was Ordentliches. Sie zu, daß du 'n richtigen Beruf kriegst. Ich will nicht, daß du in meine Fußstapfen trittst. Was ich da gemacht hab... ich will, daß du's besser machst. Du wirst nicht wie ich. Du wirst besser als ich.»

Lafeyette nickte. Terence, eifrig bemüht, seinem Bruder diese Lebensregeln mit auf den Weg zu geben, redete und redete. Bis er fertig war, hatte Pharoah sich mit Kopfschmerzen in einer stillen Ecke auf dem Fußboden niedergelassen, Tiffany und Tammie waren zur Toilette am Ende des Korridors gegangen, und Timothy drückte sich mit dem Daumen im Mund eng an Lafeyette, damit ihm nur ja nichts von der Unterhaltung seiner größeren Brüder entging.

«Sprechzeit ist um!» rief ein Wärter Terence zu. Es war fast eine Stunde vergangen. «Halt die Wohnung sauber. Mach deine Schularbeiten. Wenn du fertig bist, lies 'n Buch», mahnte Terence Lafeyette noch eilig. «Und paß auf Mama auf.»

«Mach ich», antwortete Lafeyette.

«Mama, komm her», machte Terence LaJoe Zeichen. Es folgten ausführliche Instruktionen, was LaJoe seinen drei Kindern und ihren Müttern ausrichten solle.

«Mensch, das tut so gut, euch zu sehen», sagte er und wiegte bedächtig den Kopf.

«Sprechzeit zu Ende!» sagte der Wärter wieder.

«Schon gut, Mann!» schrie Terence.

Er stand auf und warf Lafeyette, Pharoah und den Drillingen Luftküsse zu. «Schickt mir 'n paar Fotos!» rief er. Sie konnten ihn nur durch Lippenlesen verstehen. Dann wandte er sich um und ging zum Zellentrakt zurück.

Als LaJoe und die Kinder durch die Drehtür und über den Rasen vor dem Gebäude gingen, zupfte Tiffany ihre Mutter am Ärmel. «Mama», fragte sie, «wie kommt Terence da hinter dem Glas raus?» Bevor LaJoe sich noch eine Antwort einfallen lassen konnte, hatte Lafeyette ihr schon eins über den Hinterkopf gegeben. «Halt den Mund», befahl er.

Ein paar Wochen danach hatten Lafeyette und Pharoah es sich auf dem Sofa bequem gemacht und sahen sich die Samstagmorgen-Zeichentrickfilme an. Die beigefarbene Couch zog Schmutz und Gerüche schneller an als jedes andere Möbelstück in der Wohnung. Die Kissen waren so schmutzig, daß man ihre ursprüngliche Farbe kaum noch ahnen konnte. Um den schlechten Geruch, vor allem den Uringestank, zu bekämpfen, hatte LaJoe ein altes Stück Samt über die Sitzfläche gebreitet. Ein Verwandter von ihr war hier stockbesoffen umgekippt und hatte sich in die Hosen gemacht. Einiges davon war auf die Couch gegangen.

LaJoe saß auf einem Stuhl in der Nähe und unterhielt sich mit Rochelle. «Wann kommt Terence aus dem Gefängnis?» unterbrach Lafeyette seine Mutter.

«Weiß ich nicht», antwortete sie.

«Rate», verlangte er. «Bis zum Sommer?» Er war schon im Stimmbruch, und seine dauernd umkippende Stimme wurde noch höher.

«Lafie, ich weiß es nicht», sagte sie.

«Wann kommt er nach Hause? Könnte er morgen wiederkommen?» beharrte er.

«Ich glaube nicht, Lafie», wiederholte sie. «Ich weiß es einfach nicht. Hör auf zu fragen.»

Lafeyette grunzte laut und unzufrieden und widmete sich wieder den Trickfilmen. Seit Terence verhaftet worden war, erkundigte er sich regelmäßig nach ihm. Diese Unterhaltung hatte sich in gleicher oder ähnlicher Form schon oft wiederholt. Er hatte sogar schon von Terence geträumt und wurde manchmal mitten in der Nacht davon wach; doch er erzählte niemandem davon.

Auch Pharoah dachte oft an Terence. Vor allem bedrückte es ihn, daß der vielleicht für etwas im Gefängnis saß, was er gar nicht getan hatte. Pharoahs Gerechtigkeitssinn war so ausgeprägt, daß er manchmal in Rechthaberei ausartete. Niemandes Sünden blieben unbemerkt, auch seine eigenen nicht. Vergangene Weihnachten war er früh vor allen anderen aufgewacht und hatte heimlich einen Blick auf die im Hinterzimmer gestapelten Geschenke geworfen. Als er unter den eingewickelten Spielsachen nichts mit seinem Namen darauf entdecken konnte, brach er in Tränen aus, lief zu seiner Mutter und beklagte sich, daß sie ihn vergessen hätte. Das hatte sie natürlich nicht, versicherte LaJoe: Seine Geschenke waren vorn im Schrank versteckt. Noch Wochen danach entschuldigte Pharoah sich, weil er ihre Liebe zu ihm angezweifelt hatte. «Das hat mein Gewissen bedrückt», erklärte er.

Auch in der Schule bekannte er sich manchmal schuldig. Wenn er geschwatzt hatte und Ms. Barone fragte, wer schon wieder geredet habe, gab er es sofort zu. LaJoe sagte von Pharoah: «Der ist ein Schatz. Er ist so lieb, er könnte nichts heimlich tun. Er würde sich immer selbst verraten.»

Pharoah wußte, daß Terence schon einmal für etwas eingesperrt worden war, das er nicht getan hatte. Vor zwei Jahren hatte die neunzehnjährige Maggie Atlas der Polizei erzählt, Terence habe ihr in den Bauch geschossen. Fünf Monate lang saß er im Bezirksgefängnis und wartete auf seinen Prozeß wegen versuchten Totschlags. Im Januar 1987, kurz vor der Verhandlung, rief das Mädchen im Büro des Pflichtverteidigers an und sagte, sie habe gelogen, Terence habe gar nicht auf sie geschossen. Ein Freund, der zu den Vice Lords gehörte, hatte versucht, sie umzubringen, und dann gesagt, sie solle Terence anzeigen, der der rivalisierenden Bande angehörte. Doch inzwischen war der Freund ums Leben gekommen, und sie hatte beschlossen, die Wahrheit zu bekennen. Das war eine quälende Erfahrung für die Familie. Sie waren sicher, daß Terence niemals auf ein Mädchen schießen würde. Das war nicht seine Art.

«Was würdest du tun, wenn jemand sagen würde, du hast was gemacht, und du hast es gar nicht getan?» fragte Pharoah einen Freund. «Was würdest du machen, wenn sie immer noch sagen, du warst es?» Er machte eine Pause. «Wenn der Richter sagen würde, du hast es getan?» Wieder machte er eine Pause. «Wenn sie dir einfach nicht glauben?» Der Vorfall warf Pharoah so aus dem Gleichgewicht, daß er in Tränen ausbrach, sobald er davon sprach.

Terences Verhaftung hatte beide Jungen sehr mitgenommen. In einem Umfeld voller Verluste verlängerte er die Reihe der verlorenen Freunde und Familienmitglieder: Eine Tante war ermordet worden, ihr Bruder Paul im Gefängnis, ihr Nachbar William zufällig erschossen, ihr Freund Bird Leg umgebracht, und nun war auch noch Terence weg. LaJoe versuchte, die Jungen seinetwegen zu beruhigen. Vielleicht war er im Gefängnis sogar besser aufgehoben, meinte sie, da war er von der Straße weg und konnte nicht noch in weitere Schwierigkeiten kommen. Sie aber wollten ihn wieder zu Hause haben.

Pharoah schickte Terence ein Schwarzweißfoto von sich. Im Oberhemd mit Button-down-Kragen stand er lächelnd vor ihrem Haus, den Kopf zur Seite geneigt wie ein junger Hund, ganz ähnlich wie auf der Broschüre des Jungenclubs. Auf die Rückseite schrieb er in sauberen, deutlichen Druckbuchstaben: «TERENCE ICH BIN ZU KLEIN UM ZU VERSTEHEN WAS LOS IST. ABER ICH MUS DIR SAGEN ICH VERMIS UND LIEB DICH. PHAROAH.»

ZWÖLF Pharoah hätte sich schon sehr gefreut, wenn Rickey ihn beim Buchstabierwettbewerb der Schule angefeuert hätte, doch sein Freund verbrachte diese Stunden im Büro der Rektorin, seinem üblichen Verbannungsort während größerer Schulversammlungen. Ms. Barone hatte ihn vorsorglich dort hingeschickt; denn hätte es ihn plötzlich überkommen, wäre er imstande gewesen, die ganze Veranstaltung zu sprengen. Auch Lafeyette konnte nicht dabeisein, der Wettbewerb war nur für die Mittelstufe.

Pharoah bereitete sich sorgfältig auf das alljährliche im Frühjahr stattfindende Ereignis vor, bei dem die besten Dritt-, Viert- und Fünftkläßler der Schule gegeneinander antraten. Ein Dutzend Schüler nahm teil, aus jeder Klasse zwei. Ms. Barone hatte bereits innerhalb ihrer Klasse einen Wettbewerb abgehalten, um die beiden Besten zu ermitteln, die die Klasse vertreten sollten. Einer davon war Pharoah, der andere ein Junge namens Jimmy. Clarise, der Star der Klasse, hatte an diesem Tag gefehlt.

Pharoah wünschte sich sehnlichst, gut abzuschneiden, doch er wußte, daß er dazu sein Stottern beherrschen mußte, das durch die vielen Probleme der Familie schlimmer geworden war. Alles, was er anpackte, wollte er gut machen. Er glänzte gern, er genoß die allgemeine Aufmerksamkeit. Und wenn er sich nur genug anstrengte, dachte er, würde schon alles gutgehen. (An andere stellte er genauso hohe Ansprüche wie an sich selbst. Als treuer Fan der Chicago Cubs schimpfte Pharoah über Spieler, wenn sie in einer kritischen Situation nicht getroffen hatten: «Mensch», sagte er dann zum Beispiel, «Andre Dawson hat sich nicht genug

Mühe gegeben!») Er war zuversichtlich, daß er mindestens den zweiten oder dritten Platz beim Buchstabierwettbewerb belegen würde.

Er entwickelte eine Übungsmethode für sich: Zuerst horchte er auf den Klang des Wortes in seinem Kopf, machte eine kleine Pause, um sich daran zu erinnern, daß er ruhig bleiben mußte, und dann buchstabierte er es. Dabei zog er jeden Buchstaben mit Bedacht in die Länge, um nicht zu stottern. Drei Wochen lang übte er vierzehn hektographierte Seiten mit Wörtern.

Am Tag des Wettbewerbs bat Ms. Barone die beiden jungen Kandidaten, vor die Klasse zu treten. «Wir wünschen euch viel Glück», sagte sie zu den beiden aufgeregten Jungen. «Ich weiß, ihr könnt es schaffen. Ich weiß, ihr könnt gewinnen. Denkt an die Regeln. Ihr müßt das Wort sagen – es buchstabieren – und es dann noch einmal sagen. Viel Glück!» Ihre Klassenkameraden applaudierten, und auf dem Weg zur Aula zupften sie sie an den Ärmeln und sagten, sie sollten es gut machen.

Pharoah und die anderen elf Kandidaten stellten sich in einer Reihe auf der kleinen hölzernen Empore der Turnhalle auf, die der Schule zugleich als Aula diente. Sie blickten zur Jury hinüber, die auf der rechten Seite der Bühne saß, so daß die rechten Schultern der Kinder zum Publikum zeigten. Pharoah war ein aufgeweckter Kerl, dachte Ms. Barone. Er würde es schon gut machen. Er sah nett aus in seinem frischgebügelten türkisfarbenen Hemd. Das Namensschild, das sie für ihn geschrieben hatte, hob sich deutlich ab, ganz wie sie es bezweckt hatte. Auf hellgelbem Bastelkarton stand in großen Blockbuchstaben: PHAROAH RIVERS. Es wirkte gewaltig an dem Knirps; er war beträchtlich kleiner als die anderen Wettbewerbsteilnehmer.

Pharoah war viel aufgeregter, als die anderen ahnten. Er betete darum, daß er nicht stottern müßte, denn dann würden alle über ihn lachen und Witze machen. Welche Demütigung wäre das... Nicht vor all diesen Leuten. Bitte! Vor innerer Unruhe begann er, die Hände zu ringen.

Der Vorsitzende der Jury trat ans Pult und erläuterte die Regeln, wie Ms. Barone sie schon in der Klasse erklärt hatte. So nervös er war, Pharoah hörte aufmerksam zu. Für die Kinder, die wie Pharoah das Mikrophon nicht erreichen konnten, gab es einen Hokker. Wenn ein Wort fremd klang, konnte der Schüler darum bitten, es in einem ganzen Satz zu hören; doch kaum einer machte davon Gebrauch. Buchstabierte ein Schüler ein Wort falsch, ertönte ein Summer, und er oder sie mußte die Bühne verlassen.

Pharoah war so darauf konzentriert, sich nicht zu verhaspeln und die Wörter richtig zu buchstabieren, daß er kaum auf die anderen Wettbewerbskandidaten achtete. An die ersten Runden erinnert er sich nur ganz verschwommen; er weiß noch, daß die Wörter *Catholic, abandonment, adjust* und *Appalachian* vorkamen. Er wußte, wie sie geschrieben wurden. Als ein Schüler nach dem anderen geschlagen die Bühne verließ, merkte Pharoah, daß er dem Sieg immer näher rückte. Er buchstabierte *kangaroo* – das Wort kannte er zwar, hatte es aber noch nie gedruckt gesehen. Lautlos klatschten seine Klassenkameraden, die nicht applaudieren durften, in die Hände.

Doch als das Häufchen der Kandidaten auf fünf zusammengeschmolzen war, begannen Pharoahs Nerven sich wieder zu melden. Er spürte, wie er die so hart erkämpfte Selbstbeherrschung verlor. Im Eifer des Gefechts hatte er sein Hemd aus der Hose gezogen. Darunter ballten sich seine Fäuste und spielten mit dem Stoff. Schon wieder war er an der Reihe.

«*Endurance*», verkündete die Lehrerin laut. «*Endurance.*»

Pharoah fühlte sein Herz laut und schnell pochen. Er wußte, wie man das Wort buchstabierte. Er wußte auch, was es bedeutete. Er konnte seine Freude nicht unterdrücken, und ohne an seine Vorsichtsmaßnahmen zu denken, sprach er überstürzt, schneller als gut war. Aufgeregt schossen seine Blicke umher.

Er wiederholte das Wort. «*Endurance*», sagte er, indem er die drei Silben wie eine einzige ausspuckte. Dann begann er zu buchstabieren. «E-N-D-U...» Er konnte nichts mehr hören. Nichts kam aus seinem Mund. Nichts. Er versuchte es nochmals. Nichts. Sein Stottern, das sich in den letzten Monaten verschlimmert hatte, verschlang ihn. Die Buchstaben ballten sich in seiner Kehle, die Adern an seinem Hals schwollen vor Anstrengung, das Wort herauszuwürgen. Der Summer ertönte. Pharoahs Lippen zitterten vor Enttäuschung. Mit aller Kraft beherrschte er sich, um nicht vor seinen Freunden loszuweinen.

Als er sich zu seiner Klasse setzte, um den letzten Teil des Wettbewerbs zu verfolgen, legte Ms. Barone ihren Arm um ihn und zog ihn an sich. «Du hast es gut gemacht, Pharoah», sagte sie. «Wir sind stolz auf dich.»

Als Pharoah an diesem Tag aus der Schule kam, verschwand er schnurstracks nach hinten in sein Zimmer. LaJoe war gerade beim Abwaschen und merkte gleich, daß etwas nicht stimmte; sonst grüßte er immer. Sie ging ihm nach. Er lag auf seinem Bett.

«Na, wie ist es gelaufen, Pharoah?» fragte sie. Er erzählte es ihr. LaJoe versicherte ihm, er brauche sich deswegen nicht zu schämen. «Das kommt alles noch in Ordnung. Also ich find dich prima.» Sie versuchte, ihn zu trösten, und strich ihm über den Kopf. «Ich hab dich lieb. Du kannst mir jederzeit was vorbuchstabieren, wenn du Lust hast.» Er hatte sein Äußerstes gegeben.

«Pharoah ist Pharoah. Aus dem wird einmal was», sagte sie immer zu ihren Freunden. «Als er ein Baby war, hab ich ihn hochgehoben und gefragt, ob er wohl derjenige wäre – immer hab ich mir gewünscht, daß eins von meinen Kindern die High School schafft. Ich hab ihn gefragt, ob er derjenige wäre, der mir ein Abschlußdiplom nach Hause bringen würde.»

Doch Pharoah gab sich nicht so einfach zufrieden. Er konnte besser buchstabieren als die meisten Kinder seines Alters. Er hätte gewinnen oder zumindest den zweiten Platz belegen müssen. Er würde einfach noch mehr arbeiten müssen. Nächstes Jahr würde er es besser machen, versprach Pharoah seiner Mutter. Er gehörte nicht zu denen, die ihr Wort nicht halten.

SOMMER 1988

DREIZEHN

Im Rückblick war es ein Sommer voller Enttäuschungen und letzten Endes sogar voller Tragik. Damals jedoch empfand LaJoe ihn als eine Zeit der Hoffnung, als eine Reihe ungewöhnlich ruhiger, ja strahlender Monate, eine richtige Atempause nach all den Familienproblemen. Zumindest unterschied er sich erheblich vom, wie sie ihn jetzt nannte, «Kriegsgebietssommer» des Vorjahres.

An diesem glühendheißen, schwülen Mainachmittag – siebenmal kletterte das Thermometer in diesem Sommer fast bis auf 40 Grad Celsius hoch – ertönte aus einem Recorder draußen vor Lafeyettes und Pharoahs Haus das klagende Falsett des Pop-Sängers Keith Sweat:

> Laß mich hören, daß du mich brauchst,
> Laß mich hören, daß du mich nie verlassen wirst, Baby,
> Bis zum Morgenlicht,
> Laß es einfach ewig währen, ewig...

Bitte, dachte LaJoe still für sich, laß diesen Augenblick ewig währen. Mehr als fünfzig Erwachsene und Kinder hatten sich vor dem Vordereingang von West Washington Boulevard 1920 versammelt und wiegten und bewegten sich auf und nieder zur Melodie von Sweats Hit. Das war ein ungewöhnlicher Anblick in Henry Horner – eine große Menschenmenge, die fröhlich durcheinandertanzte und lachte, als hätte man nicht die kleinste Sorge auf der Welt. Selbst Lafeyette stand mit rhythmisch ruckenden Schultern am Rande und lächelte über die Szene. Seine Mutter fand, sie habe ihn noch nie so locker gesehen.

Verantwortlich für dieses musikalische Ereignis war Craig Davis, ein gutmütiger Achtzehnjähriger, der nicht einmal selbst in Horner wohnte, sondern in einem anderen Komplex von Sozialwohnungen, den ABLA Homes. (ABLA liegt etwas über zwei Kilometer südöstlich von Horner und besteht aus vier Wohnsiedlungen: den Jane Addams Homes, den Robert Brooks Homes, Loomis Courts und den Abbott Homes.) Craigs Freundin lebte bei ihrer Mutter im ersten Stock von Lafeyettes Haus, und Craig kam regelmäßig nach der Schule bei ihr vorbei. Er verbrachte viel Zeit im Haus, und während es Wochen dauerte, bis die Vice Lords und die Stones sich überzeugt hatten, daß er keiner gegnerischen Gang angehörte, hatte er die Herzen der jüngeren Kinder im Handumdrehen gewonnen. Auf dem Weg von Horner nach ABLA machte er meist am Klettergerüst halt, um mit Lafeyette und den anderen Korbwürfe zu üben.

Seine Ziele im Leben waren, ein guter Vater zu sein – er hatte mit einem anderen Mädchen zwei Töchter – und Diskjockey zu werden. Lafeyette erzählte er, wenn er mit der High School fertig sei, wolle er sich eine Arbeitsstelle suchen, um sich in einem ruhigeren Viertel ein Haus kaufen und dort seine Kinder großziehen zu können. Craig war zu dieser Zeit auf der Cregier High School. Trotz einer leichten Lernbehinderung, die der Bericht des Schulpsychologen als «Probleme mit der audiovisuellen Koordination und schlechtem Gedächtnis» einstufte, hatte er es immerhin bis zum letzten Schuljahr geschafft, was einem Dreiviertel seiner Freshman-Klasse nicht gelungen war. Besonders beeindruckte er seine Lehrer durch seine Aufsätze.

Doch Craig lebte für seine Musik. In jeder freien Minute verfaßte er Rap-Texte und schickte sie an verschiedene Lokalsender in der Hoffnung, daß sie gesendet würden. Manche trug er Lafeyette vor und fragte ihn oft nach seiner Meinung. Er hatte Lafeyette erzählt, er habe sich bei einer Schule für Rundfunkjournalisten beworben, um Radio-Diskjockey zu werden.

Craig war anders als all die anderen Teenager, die Lafeyette kannte. Dies war ein älterer Junge, der ihn nicht nur wahr-, sondern auch ernst nahm. Ja, mehr noch, Craig hatte sich Gedanken über die Zukunft gemacht, was die meisten jungen Männer der Nachbarschaft – häufig aus guten Gründen – als Zeitverschwendung ablehnten. Und er hatte einen hochfliegenden Traum: eine Familie und ein Zuhause in einem sicheren, ordentlichen Viertel. Er ermahnte Lafeyette, sich von den Banden fernzuhalten.

«Ich mochte seine Art zu denken», sagte Lafeyette später. «Er redete über viele gute Sachen.»

Oft folgten Craig Lafeyettes bewundernde Blicke, wenn er mit seinen langen, weichen Schritten, Kopfhörer über den Ohren, die Hände in rhythmischer Bewegung schlenkernd, beschwingt die Siedlung durchquerte, als habe er immer eine Absicht und ein Ziel im Sinn.

Wie noch öfter in diesem Sommer hatte Craig an diesem Nachmittag zwei Plattenspieler und einen Lautsprecher vor Lafeyettes Haus aufgestellt, und zwar auf dem von den Bewohnern großzügig so genannten «Vorbau». Dies war in Wirklichkeit eine etwa drei Meter tiefe, sechs Meter breite Betonplatte, die in die dunkle Eingangshalle des Gebäudes führte. In den Ecken, wo die Betonplatte an das Haus stieß, roch es unverkennbar nach Urin; das waren die Winkel, wo Betrunkene sich unbeobachtet erleichtern konnten. Da der Eingang von einem Vordach überragt wurde, konnten die Bewohner der oberen Stockwerke nicht verfolgen, was im Eingangsbereich vor sich ging, wo Bandenmitglieder Rauschgift verkauften. Das Vordach war ebenfalls aus Beton; auf ihm landete alles, was aus den oberen Stockwerken heruntersegelte und sonst vielleicht die unten spielenden Kinder getroffen hätte: ein schwarzer plastikbezogener Autositz, ein Babyfläschchen, Coca-Cola-Flaschen, ein Koffer und Schuhe verschiedenster Größen.

Akustisch wirkte das Vordach wie ein Verstärker nach draußen zum Spielplatz hin, so daß die Leute in den drei umgebenden Häusern immer schon hören konnten, wenn Craig wieder da war. Angelockt vom dröhnenden Beat der Pop-Stars, von Rap-Gruppen und Soul-Sängern, zog es sie wie beim Rattenfänger von Hameln vor die Nr. 1920 der West Washington Avenue. Paul Rivers konnte die Musik noch einen ganzen Block weit entfernt hören, wo er mit Freunden an einer Straßenecke herumstand.

Mit vorrückendem Abend und anschwellendem Publikum brachte Craig selbst seine schüchternsten Zuhörer zum Tanzen. «Mama», übertönte Pharoahs helle Stimme die Rowdy-Raps der El-Jabbar-Gruppe, «g-g-g-guck mal... g-g-g-guck mal her! Das ist W-W-Wop!» Ruckartig ging er immer wieder in die Knie und ließ seinen Körper auf- und niederschnellen, während seine Arme und Schultern in zackigen Synkopen zu schlenkern begannen. Dazu ließ er seinen kleinen Oberkörper auch noch wie ein übermütiger Pfau vor- und zurückschwingen und gab sich ganz der Ekstase des neuen Tanzes hin. LaJoe knuffte Rochelle: «Nun sieh dir bloß mal meinen Kleinen an», sagte sie und lachte so frei wie schon lange nicht mehr.

Neben LaJoe und Rochelle standen Rickey, Lafeyette und James. James, der an manchen Wochenenden immer noch mit seiner Mutter nach Horner zu Besuch kam, tanzte nicht gern in Gegenwart von Erwachsenen. Er kreiste ausgelassen um die Tanzenden, klopfte Freunden auf die Schulter oder den Rücken, und bevor sie sich noch umdrehen konnten, um zu sehen, wer etwas von ihnen wollte, war er schon an anderer Stelle in der Menge untergetaucht. Auch James verehrte Craig. «Guck doch mal, wie er die Leute hier alle zum Lachen bringt», sagte er zu Lafeyette. «Die genießen das doch richtig, Mensch!»

Rickey, ein gehemmtes Kind, stand unsicher lächelnd dabei, die Hände tief in die Hosentaschen gebohrt, und schien sich an der Freude und Kraft der Tänzer zu weiden. «He, Lafie, guck doch mal Pharoah an!» sagte er und deutete auf seinen sich windenden Freund. Lafeyette sah hinüber und lachte: «Mann, der weiß wohl nicht, was er tut!» Mit übertriebenen Gesten begann er seinen Bruder beim Wop nachzuäffen.

Als Rickey mehr und mehr Zeit mit Pharoah verbrachte, hatte Lafeyette begonnen, ihn zu akzeptieren. Die drei Jungen spielten Fangen oder Basketball, und Lafeyette freute sich, wenn Rickey dabei war. Der konnte großzügig sein, wenn er Geld hatte, und kaufte Lafeyette oder Pharoah schon mal ein Würstchen oder Limonade. Wenn Pharoah Rickey traute, hatte Lafeyette sich überlegt, dann konnte er es wohl auch.

«Komm auch mit raus. Laß uns tanzen!» drängelte Rochelle Lafeyette. «Los, komm, Chicken Legs.» Diesen Spitznamen «Hühnerbein» hatte Rochelle ihm gegeben, weil er so mager war.

Lafeyette schüttelte den Kopf. «Los, geh doch mit», sagte Rikkey, selbst nicht bereit, den sicheren Zuschauerposten am Rande zu verlassen.

«Los, komm schon! Du tanzt doch nie!» beharrte Rochelle. Sie ergriff Lafeyette bei einer Hand und begann, ihn zwischen die Tänzer zu ziehen.

«Neee, ich will nicht! Ich will bloß zugucken», protestierte er. Doch Kinder wie Erwachsene begannen leise zu skandieren: «Tanz, Lafie, tanz! Tanz, Lafie, tanz!» Widerstrebend gab er nach. Zögernd und unbeholfen ruderten seine langen Arme, während sein Oberkörper zum Takt der Musik vorwärts und rückwärts schaukelte. Rochelle schob ihn sachte immer weiter zur Mitte der Tanzfläche, wo er sich einen Augenblick lang ganz losließ und Arme und Rumpf mit überraschender Anmut zu den El-Jabbar-Raps bewegte.

Ein paar Minuten lang war er im Frieden mit sich selbst, und sein Gesicht entspannte sich zu einem breiten, unbelasteten Lächeln. Sein Blick ruhte auf Craig, den er als Freund betrachtete, nicht als «Bekannten». Der war sein Idol. Craigs Energie und Freude konnten selbst Lafeyette einen Augenblick lang alle Kümmernisse vergessen machen.

Vom Vorbau her winkte Craig ihm lächelnd zu, und sofort wurde Lafeyette wieder unsicher beim Tanzen. «Das reicht», erklärte er Rochelle. Sie wollte ihn festhalten, doch er schlängelte sich durch die Menge, um lieber mit Rickey und James zusammen vom Rand her zuzusehen. Die Tänzer stampften und wirbelten weiter durch die heiße, feuchte Nacht. In LaJoes, Lafeyettes und Pharoahs Erinnerung gehörten später dieser und die noch folgenden Abende, an denen Craig sich als Diskjockey betätigte, zu den lustigsten, mitreißendsten Ereignissen, die sie je in Horner erlebt hatten.

Als Audrey Natcone, Terences Pflichtverteidigerin, ihn zum erstenmal sah, war sie betroffen, wie jung er aussah. Terence, ein magerer, in Gegenwart von Fremden extrem schüchterner Junge, wirkte viel jünger als achtzehn, dachte Audrey, kaum älter als ihr eigener Sohn, der gerade vierzehn geworden war. Er tat ihr leid, wie viele ihrer Mandanten. Er war nervös, sein rechtes Bein zuckte oft unkontrolliert. Er war so verschlossen, daß er sie nicht einmal berichtigte, als sie ihn mit «Bobby» anredete, seinem Pseudonym. Seinen richtigen Namen entdeckte sie erst bei der Lektüre der Gerichtsakten. Ein Gefängnisaufenthalt würde diesen Halbwüchsigen schnell verändern, dachte sie.

Die sechsunddreißigjährige Audrey war seit drei Jahren als Pflichtverteidigerin tätig. Politisch war sie von den sechziger Jahren geprägt, als sie in der Anti-Kriegs-Bewegung aktiv gewesen war und für die Landarbeiter-Gewerkschaft als Streikposten Einsatz geschoben hatte. Sie hatte bei der Telefonseelsorge und in einem Frauenhaus gearbeitet, einer Zuflucht für mißhandelte Frauen, bevor sie Jura zu studieren begann und sich für Strafrecht entschied. Jetzt überlegte sie, ob sie nicht lieber unterrichten sollte. «Ich habe keinen Spaß am Kampf», sagte sie. «Das ist zu destruktiv – zumindest für den Mandanten.» Monatelang hatte sie sich für einen anderen jungen Mann verkämpft, der ebenfalls aus Henry Horner stammte und wegen Mordes angeklagt war. Sie hatte das Gefühl, ihm werde da etwas in die Schuhe geschoben.

Sie war dermaßen mit Fällen überhäuft, daß sie für Terence nicht ausreichend Zeit fand. Auch fragte oder plagte Terence sie nicht wie manche anderen Mandanten wegen seines Falles; zudem hatte er kein Telefon, so daß sie sich bei auftauchenden Fragen keine schnelle Auskunft holen konnte. Er war nur über das Telefon eines Nachbarn erreichbar. Direkt miteinander sprechen konnten sie immer nur unmittelbar vor jedem Verhandlungstermin, bevor sein Fall aufgerufen wurde.

Im Mai hatte ein Freund geholfen, Terence auf Kaution aus dem Gefängnis zu holen. Er verbrachte den größten Teil des Sommers zurückgezogen hinten in seinem Zimmer. Gelegentlich fuhr er jedoch mit einem Freund zum O'Hare-Flughafen, wo sie Reisenden für einen Dollar die Schuhe putzten. An guten Tagen verdiente Terence damit bis zu hundert Dollar. Oft genug aber wurden die beiden von der Flughafenpolizei vertrieben, weil sie keine behördliche Arbeitsgenehmigung hatten.

Am meisten beeindruckte Audrey an Terence seine enge Bindung an seine Familie. Normalerweise besuchten Eltern und Geschwister ihre Mandanten nicht und erschienen auch nicht zur Verhandlung. Bei Terence war das anders. Sein Fall war an die Abteilung für Strafsachen der Außenstelle des Kreisgerichts in Skokie überwiesen worden, einem nördlichen Vorort Chicagos. Da die Zentrale des Gerichts in der Southside der Stadt überlastet war – die Zahl der Fälle war von dreizehntausend 1982 auf achtzehntausend 1987 hochgeschnellt –, bearbeiteten jetzt vier Richter in Außenstellen des Gerichts Fälle aus Chicago. Um nach Skokie zu kommen, mußte Terence einen Freund finden, der ihn hinfuhr, oder drei Züge und einen Bus benutzen. Es war gar keine Frage, daß LaJoe zu jeder Verhandlung mitkam, und die drei – LaJoe, Terence und Audrey – konnten vor oder nach der Sitzung über den Fall sprechen.

Wegen LaJoes unerschütterlicher Treue zu ihrem Sohn befaßte sich Audrey aufmerksamer mit dem Fall. LaJoe war fest davon überzeugt, daß Terence Ann's Longhorn Saloon nicht ausgeraubt hatte. Und als Audrey sich darüber mit Terence unterhielt, begann auch sie zu glauben, daß man ihn möglicherweise zu Unrecht beschuldigte. Nicht etwa, daß Terence nicht dazu imstande gewesen wäre, eine Bar auszuräumen. Schließlich war er schon als Teenager mehrfach wegen ähnlicher Delikte festgenommen worden. Doch diesmal gab es keine stichhaltigen Beweise für seine Anwesenheit dort, und außerdem gaben Terences ernste und anscheinend glaubwürdige Unschuldsbeteuerungen Audrey zu denken.

Monatelang rückte die Polizei die Fotos von der Gegenüberstellung nicht heraus, bei der das Opfer Terence identifiziert hatte. Audrey hatte sie so oft angefordert, daß der Richter mit einer Strafe wegen Mißachtung des Gerichts gedroht hatte, wenn die Fotos nicht vorgelegt würden. Dies bestärkte die Verteidigerin in ihrem Verdacht, hier gehe nicht alles mit rechten Dingen zu. Gab es etwas an der Gegenüberstellung, das es einem Zeugen besonders leicht gemacht hatte, Terence herauszupicken? fragte sie sich. Sie hatte bereits den Verdacht gehabt, daß die Polizei Ann Mitchell, der Barbesitzerin, schon vorher Aufnahmen von Terence gezeigt hatte, bevor sie ihn bei der Gegenüberstellung herausfischte. Wenn das der Fall war, würde sie argumentieren, Ann sei befangen gewesen. Damit würde Audrey das wichtigste Argument der Anklage zu Fall bringen.

Was Audrey nicht wußte, war, daß Johnny Adams, der junge Mann, der den Raubzug inszeniert hatte, hätte bezeugen können, daß Terence an dem Abend nicht dabei war, als sie Ann's Longhorn Saloon ausraubten. Doch Johnny hielt schön den Mund, denn damit hätte er sich selbst geschadet: Er hätte zugegeben, daß er am Ort des Geschehens gewesen war. Das ist das Gesetz der Straße. Jeder denkt an sich selbst zuerst, dann an die Familie und dann an Freunde. Erst ein Jahr später, nachdem er für seine Beteiligung an dem Überfall verurteilt worden war, äußerte sich Johnny Adams bei einem Interview offen zu der Tat und sagte, Terence sei gar nicht dabeigewesen.

Doch auch ohne diesen Zeugen war Audrey zuversichtlich, daß sie den Fall gewinnen könne.

Es war ein Freitagnachmittag gegen Ende Juni. In LaJoes Wohnung drängten sich Erwachsene und Kinder. Der Küchentisch, ein kürzlich erworbenes Erbstück von einer Freundin, bog sich unter den vollen Platten und Schüsseln: Da gab es gekochten Schinken, Spaghetti mit Fleischsoße, Makkaroni mit Käse, Broccoligemüse, Maisbrot, kleine Kuchen aus Süßkartoffeln... «Das war der schönste Tag in meiner Wohnung», sagte LaJoe später.

Es gab viel zu feiern.

Terence, so schien es, würde seinen Prozeß gewinnen. Besonders Lafeyette und Pharoah waren darüber erleichtert, denn wie die meisten Kinder des Viertels wußten sie, daß das Gefängnis seine Insassen schneller zermürbte und kaputtmachte als ihre Umgebung, die *neighborhood.* Sie waren heilfroh, daß er wieder zu Hause war, auf Kaution entlassen, raus aus dem überfüllten Cook-Kreisgefängnis. Die Familie war wieder beisammen.

Außerdem hatte LaJoe erneut Sozialhilfe beantragt. Diese Möglichkeit besteht, wenn jemand meint, daß ihm die Unterstützung zu Unrecht gestrichen wurde. Die Sachbearbeiterin hatte ihren Antrag anerkannt und ihr erklärt, sie werde bald wieder Geld bekommen. Das Sozialamt konnte die Behauptung, Paul versorge die Familie, nicht aufrechterhalten. Er war immer noch arbeitslos, und im Laufe der Monate erschienen seine Chancen für eine Wiedereinstellung immer dürftiger. Er trank und nahm weiterhin Drogen, wenn auch etwas gemäßigter seit seiner Entlassung aus dem Rehabilitationszentrum. Zu wissen, daß sie nächsten Monat wieder Geld bekommen würde, war eine Riesenentlastung für LaJoe. Das Sozialamt kam aber nicht mehr für ärztliche Behandlung auf; statt eines Hausarztes würden sie jetzt das Cook County Hospital aufsuchen müssen. Nun, da die monatlichen Einkünfte der Familie wieder gesichert waren, versprach LaJoe ihren fünf Jüngsten neue Doppelstockbetten. Sie würde sie abzahlen, versprach sie – zu Weihnachten wären sie da.

Und dann war da noch Craig Davis. Allein seine Anwesenheit schien Lafeyette zu beruhigen. In ihm hatte er einen älteren Jungen gefunden, der ihm Vorbild sein konnte, der vieles von dem aussprach, was er selbst auch empfand. LaJoe war überzeugt, daß Craig nur einen guten Einfluß auf ihren Sohn ausüben konnte.

Doch der Grund für das Fest waren weder Terence noch die Entscheidung des Sozialamtes noch Craigs Freundschaft zu Lafeyette. Dawn Anderson, LaJoes Nichte und Porkchops ältere Schwester, stand kurz vor dem Abschluß der Richard Crane High School. In der ganzen Familie Anderson war sie erst die zweite in Lafeyettes und Pharoahs Generation, die es bis zum High-School-Abschluß geschafft hatte: Neun Kinder hatten vorzeitig die Schule verlassen.

LaJoe hatte ein sehr enges Verhältnis zu Dawn. Das Mädchen, dessen Namen alle wie «D'won» aussprachen, holte sich bei seiner Tante Rat und Unterstützung. Ihr konnte sie sich anvertrauen und dabei sicher sein, daß LaJoe ihrer jüngeren Schwester, Dawns Mutter, nichts weitererzählen würde.

Dawn war ein lebhaftes, kampflustiges Mädchen und recht hübsch. Sie war breitschultrig und kräftig und fürchtete niemanden – an den Raufereien in der Nachbarschaft hatte sie ihren gesunden Anteil gehabt. Doch gerade diese Entschlossenheit und Furchtlosigkeit hatten sie so weit gebracht und würden sie, das hofften alle hier, auch noch weiterbringen.

Dawns Schulerfolg war um so bemerkenswerter, als sie mit ihren achtzehn Jahren bereits Mutter von vier Kindern im Alter von vier und zwei Jahren, einem Jahr und drei Monaten war. Sie zog die Kleinen mit Hilfe ihres Freundes Demetrius Nance auf; er war der Vater der Kinder. Anfang des Jahres hatte sie beschlossen, sich selbständig zu machen, und war aus der Wohnung ihrer Mutter umgezogen in eine Wohnung im zweiten Stock in LaJoes Haus. Sie, Demetrius und die Kinder wohnten illegal dort, da die rechtmäßigen Mieter ausgezogen waren und Dawn erlaubt hatten, die Wohnung gegen Zahlung der Miete zu übernehmen. (Wegen der langen Warteliste für Sozialwohnungen werden solche ungesetzlichen Absprachen in Chicago häufig getroffen. Und da die Chicagoer Wohnungsbehörde außerdem so knapp an Mitteln ist, bestehen kaum Aussichten, daß eine Wohnung bei Auszug einer Mieterpartei für einen Nachmieter renoviert wird. Daher war der Anteil der leerstehenden Wohnungen allein in Horner schon auf 40 Prozent angeschwollen.) LaJoe half Dawn, die Oberstufe zu schaffen, indem sie gelegentlich bei ihnen als Babysitter einsprang.

Lafeyette und Pharoah verehrten Dawn. Lafeyette erklärte ihr, er würde doppelt so viele College-Jahre brauchen wie sie. «Ich muß viel lernen, um bessere Noten zu kriegen», sagte er. «Ich will wie meine Cousine D'won werden.» Pharoah versicherte ihr, er würde sie im Lesen nach Punkten schlagen. Doch so stolz sie auch auf ihre große Cousine waren, eins wußten sie ganz bestimmt: An die Crane High School wollten sie nicht.

Crane ist eine der schlechtesten High Schools der Stadt. Sie erstreckt sich über einen ganzen Block keine vierhundert Meter von Horner entfernt – ein finsterer, gedrungener Steinbau mit Säulenportal. Seit Anfang der sechziger Jahre, als die Schule von 85 Prozent weißen Schülern zu 93 Prozent schwarzen wechselte, hat es hier Probleme gegeben. Schon 1965 hatte eine Serie von Zeitungsartikeln belegt, daß Crane aufgrund der De-facto-Rassentrennung im Schulsystem gezwungen war, 1500 Schüler über die eigentliche Schulkapazität hinaus aufzunehmen. Fast 60 Prozent der Unterstufe schaffte den Sprung in die Oberstufe nicht. Die Serie beschrieb, welche Atmosphäre der Angst in Crane herrschte: Binnen eines Vierteljahres waren sechs Lehrer von Schülern angegriffen worden, und nach Ausbruch eines kleinen Aufruhrs im Eßsaal bestellte die Schule Plastikbestecke statt des Metallbestecks.

Es war nicht unbedingt schlimmer geworden an der Schule, doch mit Sicherheit auch nicht viel besser. Heute beendet etwa die Hälfte der dort eingeschulten Kinder die Oberstufe nicht. 1985 lagen die Oberstufen-Lesetests im Bundesvergleich bei achtzehn Prozent. In einem Semester beschloß die Schule, ein Fahrrad unter den Schülern zu verlosen, die alle Klassen geschafft hatten. Davon betroffen waren nur 287 Schüler von insgesamt 1220.

Das Sicherheitsproblem bestand nach wie vor. In Dawns Jahrbuch waren zwei ganze Seiten den Fotos der elf Sicherheitsbeamten der Schule gewidmet, von denen einige schwarzarbeitende Chicagoer Polizisten waren. Im Speisesaal durften die Schüler keine Jacken tragen, weil sie darunter vielleicht eine Waffe verstecken konnten. James, Lafeyettes Freund, hatte solche Angst davor, nach Crane zu kommen, daß er versuchte, in der Suder-Schule sitzenzubleiben. «Weil ich so klein war und weil da so viele Große sind, da dachte ich, die würden mich bestimmt verprügeln und mir meine Jacke und meine Sachen wegnehmen, und dann müßte ich ihnen noch Strafgeld zahlen», sagte er. Also, meinte James, wenn es ihm gelänge, beim allgemeinen Lesetest durchzufallen, würde die Suder-Schule ihm das Abgangszeugnis der achten Klasse vielleicht nicht geben. Deshalb füllte er die Testfragen willkürlich aus und lag damit ein Jahr unter Klassenniveau, obwohl er nie gefehlt hatte. Doch das konnte seine Versetzung nicht verhindern, die Schule stellte ihm ein Abschlußzeugnis aus. James ging dann allerdings auf die Westinghouse High School im selben Viertel, deren Ruf nicht ganz so verheerend war wie der von Crane. Einige Kinder zogen zu Verwandten in andere Stadtviertel oder sogar in andere Bundesstaaten, nur um Crane und den anderen High Schools des Viertels zu entfliehen.

Dawn war in Crane in einem Leistungskurs für besonders begabte Schüler. Sie erfuhren besondere Zuwendung, was den Neid einiger anderer Schüler erregte. Dawn hatte verschiedentlich abspringen wollen, doch LaJoe hatte sie angespornt. «Du kannst nicht aufhören, Mädchen! Du bist schon zu weit gekommen… Mach weiter, mach einfach weiter», sagte LaJoe ihr immer wieder. «Wenn du mal keine Lust hast, zur Schule zu gehen, D'won, dann geh, weil es sich auszahlen wird. Du wirst einmal so leben wie die Leute auf der Southside, wie in Beverly [ein Vorort im Süden Chicagos].» Dawns Ausdauer kulminierte in ihrem High-School-Abschluß und der Party, die LaJoe heute für sie gab.

Cousins und Cousinen, Tanten und Freunde drängten sich in der Wohnung, tranken Bier und gekühlten Wein und füllten sich die Mägen mit den von LaJoe selbst zubereiteten Gerichten. Pharoah erzählte seiner Mutter, bei seinem Schulabschluß werde er vier weiße Pferde und eine Kutsche mieten, um damit zur Abschlußfeier zu fahren. Selbst der fünfjährige Timothy erklärte seiner Mutter, er werde auch ein Diplom machen. Jedem schien angesichts von Dawns Erfolgen fast zu schwindeln. Man prostete ihr zu und wünschte ihr Glück und Gesundheit für die Zukunft.

«Sie muß es einfach schaffen», sagte LaJoe. «Sie muß. Sie muß eine Stelle kriegen. Wenn alle sehen, daß ihr Leben nach der Schule nicht im Nichts endet, dann beweist das was. Hier draußen kann man doch nur noch Rauschgift verkaufen. D'won muß zeigen, daß es auch anders geht.»

LaJoe, die eigentlich nicht sehr religiös eingestellt ist (ein Priester hat sie einmal sexuell belästigt, seither hält sie sich von der Kirche fern), sprach dennoch ein Gebet: «Gott hat D'won eine Gabe geschenkt, und sie hat sie genutzt. Und ich hoffe, sie wird diese Gabe mit uns teilen, so daß sie in der Familie weitergetragen wird. Danke, Gott, daß du das möglich gemacht hast.» Gläser und Flaschen klangen, als man sich zuprostete.

Einen Monat später veröffentlichte *The Chicago Sun-Times* im Rahmen einer Serie zum Thema Bildung einen kurzen Artikel über Dawn und Demetrius unter dem Titel: JUNGES PAAR AUS SOZIALSIEDLUNG MACHT SEINEN WEG.

> *Sie war 13. Er war 16. Sie trafen sich in der Ladenpassage.*
>
> *«Kannst du mir einen Vierteldollar leihen?» fragte sie ihn. Er schob ihn rüber. Es funkte – sie verliebten sich.*
>
> *Jetzt ist sie 18 und er 21. Ihre Kleinen sind 4, 2, 1 und drei Monate alt.*
>
> *Sie sind immer noch verliebt. Und gemeinsam haben sie eine der seltenen Erfolgsstories der Henry Horner Homes geschrieben.*
>
> *Dawn Anderson, 18, Mutter von vier Kindern, hat ihren Abschluß an der Crane Vocational High School gemacht. Sie will ab Herbst aufs College gehen.*
>
> *«Jeder sagt, ich hab einen Meilenstein gesetzt. Ich hab immer weitergemacht mit der Schule. Er hat sich um die Kinder gekümmert, während ich in der Schule war», sagt sie.*
>
> *Und der Vater der Kinder, Demetrius Nance: «Ich hab sie*

alle aufgezogen – vom ersten kleinen Mädchen bis zu ihr» – dem Baby, der drei Monate alten Demeca.

Dawn war im siebten Monat, als sie die achte Klasse abschloß. Mit vierzehn wurde sie Mutter, da wohnte sie bei ihrer Mutter in den Henry Horner Homes.

Demetrius holte morgens die Kinder aus Horner ab – erst Demetra, jetzt 4, später dann die Söhne Demetrius Jr., 2, und Demond, 1 – und brachte sie zur Wohnung seiner Mutter oben im Nordwesten, wo er sich um sie kümmerte, während Dawn in der Schule war.

«Eins hatte ich vorn im Kinderwagen, eins hinten, und eins hatte ich auf dem Arm», sagt er. «Unangenehm wurde es nur, wenn es kalt war. Aber es war wichtig. Ich hab die High School nicht geschafft, wie ich gern wollte. [Er hat Hauptschulabschluß.] Ich wollte, daß Dawn fertigmacht.»

«Ich hab immer nur mein Diplom machen wollen», sagt Dawn. «Ich mußte ihnen beweisen, daß ich es schaffen konnte. Ich bin kein Verlierertyp.»

Und jetzt, wo sie ihr Diplom hat, eröffnen sich für die beiden neue Perspektiven. Neben College-Plänen überlegen sie, ob sie nicht in die Armee gehen sollen. Sie sind auf Stellensuche. Und ihr heißer Wunsch ist, die Sozialsiedlung weit hinter sich zu lassen.

«Ich hab mein ganzes Leben hier verbracht», sagt Dawn. «Es wird Zeit, daß wir hier rauskommen.»

«Ich hasse das hier. Ich hasse es von ganzer Seele. Wenn ich mit den Kleinen vom Spielplatz komme und das alles hier sehe, packt mich die große Wut. Sie – wir alle – sollen es besser haben.»

Wie hat sich dieses junge Paar bis hierher durchgeschlagen?

«Wir haben gekämpft. Es ging mal gut, mal schlecht», sagt Dawn. «Die Hälfte mach ich, die Hälfte er. Wir lassen niemanden zwischen uns. Ich achte ihn und vertraue ihm – und er mir. Das war alles, was wir brauchten. Wir haben uns im-

mer ausgesprochen. Wir haben uns immer verständigen können.»

Der Hochzeitstermin ist auf den 15. Oktober festgesetzt.

Ein Foto daneben zeigte das glückliche Paar mit seinen Kindern auf dem Spielplatz von Horner. Dawn trug einen Hosenanzug, Demetrius ein Muskelshirt und Jeans. Hätte das Foto nicht gerade diese Geschichte illustriert, man hätte es für das Bild einer gutbürgerlichen Familie beim Morgenspaziergang in ihrem Vorort halten können. Eine Zeile des Artikels fiel besonders ins Auge: «Und gemeinsam haben sie eine der seltenen Erfolgsstories der Henry Horner Homes geschrieben.» Lafeyette und Pharoah hüteten beide eine Fotokopie des Artikels und hielten ihn stolz ihren Freunden unter die Nase.

VIERZEHN Folgende Fälle waren im Jahr 1988 vor den Cook County Criminal Courts und seinen Außenstellen anhängig: 14 Meineide; 103 Bestechungen; 23 Fälle von betrügerischem Auftreten als Ärzte, Richter oder Beamte; 260 Anklagen wegen Amtsvergehen; 20 Anklagen wegen Verdunkelung; 3647 Fälle von schwerer und gefährlicher Körperverletzung; 8 Anklagen wegen Besitzes von Sprengkörpern; 993 Festnahmen mit Einbruchswerkzeugen; 162 Betrugsfälle im Zusammenhang mit Wohnungsreparaturen; 380 Fälle von Hausfriedensbruch; 1312 Anklagen wegen Freiheitsberaubung; 830 Entführungen; 84 Gefängnisausbrüche; 8419 Vergewaltigungen; 1584 bewaffnete Raubüberfälle; 1351 Anklagen wegen unerlaubten Waffengebrauchs; 10 Fälle von Entwaffnung eines Polizisten; 73 Anklagen wegen Glücksspiels; 5 Betrugsfälle mit Lebensmittelkarten; 3101 Diebstähle; 232 Einbruchsversuche; 6160 Einbrüche; 81 Anklagen wegen Nötigung; eine Klage wegen unerlaubten Abladens von Giftmüll; 1219 Fälle von Verletzung des *bail bond* (der schriftlichen Verpflichtungserklärung eines Untersuchungsgefangenen oder Angeschuldigten und seines Bürgen anstelle von Zahlung einer Kaution); 867 Urkundenfälschungen; 388 Brandstiftungen; 156 Betrugsfälle; 429 Ladendiebstähle; 2568 Autodiebstähle; 2569 Fälle von bewaffneter Gewalt; 104 Fälle von fahrlässiger Tötung; 3 Anstiftungen zum Mord; 953 versuchte Morde; 1905 Morde; 6 Anklagen wegen Gefährdung des Lebens eines Kindes; 4 Kindesaussetzungen; 36 Anklagen wegen Grausamkeit gegen Kinder; 3 Fälle von fahrlässiger Tötung eines Ungeborenen; 7 vorsätzliche Morde an ungeborenen Kindern;

53 Kindesentführungen; 7 Fälle von Anstiftung Minderjähriger zu Straftaten; eine Anklage eines Jugendlichen wegen Zuhälterei; 174 Anklagen wegen Kinderpornographie; 27 Anklagen wegen Unzucht mit Kindern; 14 Inzestfälle; 10 518 Drogendelikte. Das sind insgesamt 24 390 Untersuchungsverfahren und 56 204 Anklagen, die von 32 Richtern bearbeitet wurden.

Zwei davon waren für die Bewohner von Henry Horner von besonderer Bedeutung. An dem einen Fall war ein achtjähriges Mädchen beteiligt, Urica Winder; der andere betraf Jimmie Lee. In beiden Fällen ging es um Drogen, und über beide berichtete die Presse, was für Ereignisse in Horner durchaus nicht selbstverständlich war. Doch trotz der Publizität weigerten die Leute in Horner sich, darüber zu sprechen.

Die achtjährige Urica Winder lehnte im Zeugenstand, ihr mit Zöpfchen umflochtener Kopf ragte knapp über den Rand. Die Geschworenen und alle anderen im gesteckt vollen Gerichtssaal – Reporter, Uricas Familie, an dem Fall interessierte Juristen – konnten gerade noch ihr Gesicht sehen. In Anbetracht der Schwere des Falles erschien sie ungewöhnlich gefaßt. Die Staatsanwältin hatte die Zeugenaussage mehrere Male mit der Kleinen durchgesprochen, und daher war sie womöglich der einzige Mensch im Saal, der kaum Bewegung zeigte.

«Hattest du irgend etwas Ungewöhnliches an Lawrence Jackson bemerkt, an dem Mann, den du heute hier vor Gericht wiedererkannt hast?» fragte Paula Daleo, die Staatsanwältin.

«Ja», antwortete Urica selbstsicher.

«Und was war das?»

«Er hatte ein Messer in der Hand.»

«Und kannst du den Damen und Herren der Jury zeigen, wie groß das Messer war?»

Urica hielt ihre Hände etwa 30 Zentimeter auseinander.

«Und wen sah Lawrence Jackson in diesem Moment an?»

«Shirley.»

«Und was tat Lawrence dann vor deinen Augen?»

«Er stach ihr ins Herz.»

«Und was tat – sagte Shirley davor irgend etwas zu Lawrence?»

«Ja.»

«Was sagte Shirley?»

«Ich liebe dich.»

«Und was antwortete Lawrence Jackson darauf?»

«Ich liebe dich nicht.»

«Und was tat er dann?»

«Er stach ihr ins Herz.»

«Hast du gesehen, was mit Shirley passierte, nachdem er ihr ins Herz gestochen hatte?»

«Ja.»

«Was passierte?»

«Sie rutschte langsam an der Wand runter...»

Urica bezeugte auch, daß sie zugesehen hatte, wie Lawrence Jackson und sein Mittäter, Bobbie Driskel, ihre Mutter, den Freund ihrer Mutter und ihre neunzehn Monate alte Schwester töteten. Shirley war eine Freundin der Familie gewesen. Der vierfache Mord geschah am 24. September 1986 in einer Wohnung im ersten Stock auf der anderen Straßenseite gegenüber von den Rivers.

An einem Punkt der Verhandlung bat die Staatsanwaltschaft Urica, den Geschworenen ihre Narben zu zeigen. Unbefangen öffnete sie ihr schwarzweißes Kleid mit den Rüschen und entblößte eine häßliche Narbe, die von ihrer linken Achselhöhle bis zum Nabel verlief. Man hatte ihr achtundvierzig Stiche beigebracht und sie dann als vermeintlich tot liegengelassen. Zwei Dinge retteten sie. In ihrer Bauchhöhle hatte sich so viel Blut angesammelt, daß es die Blutung aus ihrer angestochenen Aorta und ihrem Herzen zum Stillstand brachte. Und außerdem blieb sie vom Zeitpunkt der Morde um Mitternacht bis zum nächsten Morgen, als man sie fand, erstaunlich ruhig. Als eine Cousine sie am nächsten Morgen entdeckte, war sie immer noch bei Bewußtsein.

Staatsanwältin Daleo befragte Urica auch über Bobbie Driskel. Sie hatte bereits festgestellt, daß er, wie Jackson, ein Messer in der Hand hatte.

«Und was tat er?»

«Er stach auf mich ein.»

«Wohin stach er dich, Urica?»

«In meinen Bauch.»

«Weißt du, wie oft?»

«Nein.»

«Hatte er sonst noch etwas in den Händen?»

«Ja.»

«Was?»

«Einen Kuli.»

«Und was tat er mit dem Kugelschreiber?»

«Holte meine Eingeweide raus.»

Erschüttert verließ Uricas Großmutter den Saal. Eine Geschworene weinte. Ein Zeitungsreporter drehte sich zu einem Kollegen um und flüsterte: «Hat sie das wirklich gesagt?»

Die Jury brauchte eine Stunde, um Jackson des Mordes in vier Fällen für schuldig zu befinden. Er wurde zum Tode verurteilt. In einem zweiten Verfahren wurde Driskel zu lebenslanger Haft verurteilt. Urica war die einzige Zeugin der Verbrechen gewesen. Ohne ihre Aussage hätte die Polizei die Mörder vielleicht nie gefunden. Die Vertreter der Anklage bewiesen, daß Jackson und Driskel auf der Suche nach Geld für Kokain der Familie einen Fernsehapparat und einen Videorecorder gestohlen und die beiden Gegenstände für 120 Dollar versetzt hatten. Driskel war ein Cousin des Freundes von Uricas Mutter.

Die Mütter in Horner nannten Urica das «Wunderkind». Nicht nur, daß sie den Überfall überlebt hatte – sie hatte vor allem auch den Mut, als Zeugin aufzutreten, was viele Menschen in Horner nicht tun wollten oder konnten.

Viele Kinder hatten gesehen, wie die Leichen aus dem Haus getragen wurden. Lafeyette und Pharoah hörten die Geschichte in der Schule und erfuhren später Einzelheiten aus den Abendnachrichten. LaJoe sagte, sie sollten nicht mehr daran denken. Daß so etwas nicht wieder passieren würde, konnte sie ihnen nicht sagen. Es war nicht unmöglich. Und außerdem, warnte sie sie, was in jener Nacht geschehen sei, es könnte vor die falschen Ohren kommen. Andere Mütter taten dasselbe.

Nach der Verurteilung gab es kein Fest in der Siedlung. Nur flüsternd redeten die Leute darüber, daß ein achtjähriges Mädchen solche Kraft gehabt hatte – vielmehr mehr, als sie selbst unter entsprechenden Umständen aufbringen würden. Und sie staunten und fanden es gleichzeitig traurig, daß Urica weiter mit ihrer Großmutter zusammen in Horner wohnte, nur zwei Stockwerke über der Wohnung, wo der Überfall stattgefunden hatte. Man hatte der Familie eine Neubauwohnung in Cabrini Green angeboten, doch sie lehnten ab. In Horner kannten sie wenigstens jemanden.

Selbst im Sieg herrschte ein betäubendes Schweigen.

Ein paar Wochen zuvor hatte Jimmie Lee zwei Etagen über dem Gerichtssaal, wo Urica als Zeugin ausgesagt hatte, vor Richter Robert Boharic gestanden. Zur Linken des Richters hing ein von Hand gezeichnetes Smiley-Gesicht.

Anders als bei Uricas Prozeß saßen nur wenige Zuschauer auf den harten Holzbänken. Intelligente Bandenchefs wie Jimmie Lee waren nicht so dumm, ihre Bandenmitglieder bei Verhandlungen aufmarschieren zu lassen; der Richter hätte das als Versuch werten können, das Gericht einzuschüchtern. Während des gesamten zweitägigen Verfahrens wirkte Lee unbewegt. Nichts schien ihn aus dem Gleichgewicht zu bringen. Boharic war früher Staatsanwalt gewesen und für seine Härte bekannt; als er erfuhr, daß Lee ein bekannter Bandenchef war, hatte er bereits im voraus beschlossen, ihn zu einer hohen Freiheitsstrafe zu verurteilen, sollte er ihn für schuldig befinden. Er wollte ein Exempel an Lee statuieren.

Lee, seiner Frau Geraldean und einer anderen Frau, Donna Scoyners, wurde der Besitz von neunundsechzig Gramm Heroin vorgeworfen. Es hatte einen geschätzten Verkaufswert von 7500 Dollar, keine übermäßig hohe Summe, doch ausreichend, um nach dem Gesetz des Staates Illinois eine Haftstrafe von dreißig Jahren zu rechtfertigen. Außerdem wurde Lee illegaler Besitz einer automatischen Handfeuerwaffe vorgeworfen.

Die Beamten der Abteilung für Bandenkriminalität zählen zu den milieuerfahrensten und gewieftesten Cops von Chicago. Ihre Aufgabe besteht darin, die Tätigkeiten der Straßenbanden der Stadt im Auge zu behalten und genau darüber zu berichten. Einer der Besten auf der Westside war Michael Cronin, schon seit siebzehn Jahren im Dienst; er hatte einen Fuß im Vietnam-Krieg verloren. Er beobachtete die Vice Lords. Er kannte die Organisation wahrscheinlich genauso gut wie ihre Mitglieder, wenn nicht besser. Er wußte detailliert Bescheid über Lees Unternehmungen – und er kannte Lee. Doch selbst Cronin war es nicht gelungen, ihn mit einer Waffe oder mit Rauschgift zu erwischen. Lee trug nie eine Waffe und auch nie Drogen bei sich. Die schmutzige Arbeit ließ er immer von Mittelsmännern verrichten.

Lee frustrierte die Polizei wirklich. Charlie Toussas zum Beispiel, der Cop in Zivil, der Lee nach Bird Legs Tod von seinem Rachefeldzug abgehalten hatte, traf eine Art Abkommen mit Lees Gang: Als man ihm ein Fenster seines vor einem Vice-Lord-Haus geparkten Streifenwagens eingeschlagen hatte, drohte er Lees zweitem Mann an, wenn so etwas wieder passierte, würde er seine ganze Schicht hindurch unten in der Durchgangshalle des Hauses sitzen und das Dealen unterbinden. Fortan bewachten zwei oder drei junge Vice Lords Toussas' Wagen, sobald er ihn irgendwo an der Wolcott Avenue abstellte. Toussas pflegte zu sagen, er könne bei unverschlossenen Autotüren seine Brieftasche auf dem Sitz liegenlassen, und sie würde bei seiner Rückkehr noch daliegen.

Cronin und den anderen im Dezernat für Bandenkriminalität waren in gewisser Weise die Hände gebunden. Wegen der getrennten Zuständigkeitsbereiche bei der Polizei durften die für Bandenverbrechen zuständigen Beamten selbst keine großangelegten Drogenfahndungen durchführen, obwohl der Rauschgifthandel den Haupttätigkeitsbereich der Banden ausmachte. Solche Ermittlungen waren dem Rauschgiftdezernat vorbehalten. Doch nachdem man ihm den Tip gegeben hatte, Lee habe eine Maschinenpistole in seiner Wohnung, hatte Cronin einen Hausdurchsuchungsbefehl erhalten.

Am 1. November 1986 stürmten Cronin und fünf andere Beamte Lees Wohnung im ersten Stock in der Westside. Als sie die Tür mit einem Vorschlaghammer aufgebrochen hatten, fanden sie Lee barfuß und ohne Hemd in der Diele stehen. Cronin entdeckte mehr, als er sich hatte träumen lassen. Auf dem Fußboden im Schlafzimmer, in der Küche und im Bad lagen Hunderte Heroinbriefchen, außerdem zahlreiche Gegenstände zum Abpacken von Rauschgift, unter anderem zwei Laborwaagen, Mixer, Siebe, zwei Signalgeber, zwei Walkie-Talkies und drei Daisy-Verschließgeräte. Durch ein offenes Fenster entdeckte Cronin auf dem Grund des Luftschachts ein Neun-Millimeter-Schnellfeuergewehr mit Magazin. Es enthielt achtundzwanzig Schuß scharfe Munition.

Cronin fand auch Lees Kleidung in einem Wandschrank, was dann unter anderem vor Gericht als Beweis dafür diente, daß dies tatsächlich seine Wohnung war. In einer Anzugtasche steckten noch die Traueranzeigen für zwei Bandenmitglieder; an den einen, Neal Wallace, konnte Cronin sich erinnern. Wallace, ein Anführer der Traveling Vice Lords, war erst kürzlich umgekommen. Als Cronin dessen Wohnung nach seinem Tod durchsuchte, fand er dort auch einen Aufsatz von Wallace über sich selbst. In dem handgeschriebenen Exposé erklärte er, daß er Rauschgift verkaufe, um es der nächsten Generation schwarzer Kinder zu erleichtern, Rechtsanwälte und Ärzte zu werden. Wie viele andere auch sah Wallace, der alljährlich Osterkörbe mit Lebensmitteln und Süßigkeiten verteilte, sich eindeutig als Helden.

Trotz der Verhaftung und seines Vorstrafenregisters wurde Lee auf freien Fuß gesetzt. Er stellte 5000 Dollar Kaution. Ein ganzes Jahr lang, einschließlich des Bandenkriegssommers von 1987, ging er seinen Geschäften nach. Doch 1987 wurde er erneut festgenommen; ihm wurde versuchter Mord an einem Polizisten vorgeworfen, eine Anklage, von der er letzten Endes freigesprochen wurde. Wiederum brachte er die erforderliche Kaution auf und wurde freigelassen.

Während des Verfahrens äußerten Lees Anwälte Zweifel daran, daß das halbautomatische Gewehr ihm gehörte. Seine Frau und die Bekannte wurden in allen Punkten freigesprochen. Richter Boharic jedoch fand Lee schuldig wegen Besitzes und beabsichtigten Verkaufs einer dem Rauschgiftgesetz unterliegenden Substanz.

Im Vorverfahren hatte Lee ausgesagt, er habe seinen Lebensunterhalt als Manager einer Autowaschanlage verdient, und seine Frau erhalte Sozialhilfe. Er sagte auch, er überlege unter anderem, eventuell eine eigene Autowaschfirma zu gründen.

Doch in der Voruntersuchung durch Richter Boharic bemühten sich die Vertreter der Anklage, Beweise für Lees hohen Rang bei den Vice Lords zu erbringen. Charlie Toussas erzählte davon, wie Bird Leg erschossen wurde und Lee eine Schar seiner Anhänger zum Revier der Disciples hinüberführen wollte. Cronin bezeugte, daß die Vice Lords ihren Operationsbereich mittlerweile auf Iowa, Minnesota und Mississippi ausgeweitet hatten. Ein anderer Polizeibeamter schätzte, daß die Conservative Vice Lords, die von Lee kontrollierte Gruppe, «täglich Heroin und Kokain im Wert von Tausenden von Dollar» verkauften.

In seinem Schlußplädoyer verlangte der Staatsanwalt, William O'Brien, eine langjährige Freiheitsstrafe für Lee. «Die Menschen wünschen sich vor allem, daß dieses Gericht auf die Bewohner der Henry Horner Homes hört, daß es auf die Menschen in Chicago hört und Jimmie Lee hinter Schloß und Riegel bringt..., um den Würgegriff der Gangs in den Sozialsiedlungen und Nachbarschaften Chicagos zu lockern.» Der Richter fuhr fort zu erläutern, daß eine hohe Freiheitsstrafe als Botschaft an die Allgemeinheit zu werten sei, «daß dieses Gericht und die Menschen von Cook County solches Verhalten nicht mehr dulden».

Lees Rechtsanwalt, Maurice Scott, wandte sich an diesem Tag als letzter an den Richter. «Ich bin der Ansicht, daß dieser Mann hier als Individuum vor Gericht steht, nicht als Symbol für alles, was in unserer Gesellschaft nicht in Ordnung ist», erklärte er dem Gericht. «Wenn Sie diesen Falls als *cause célèbre* behandeln und diesen Mann für lange, lange Zeit ins Gefängnis schicken, ändern

Sie damit nichts am Drogenproblem. Ich wünschte, ich wüßte ein Mittel dagegen – vielleicht Legalisierung, irgend etwas, das die Gewinnspannen zunichte macht. Ich weiß es nicht. Doch ich bin überzeugt, daß lange Freiheitsstrafen hier gar nichts verhindern können.» Scott argumentierte auch, daß das gefundene Heroin alles andere als rein und daher bei weitem nicht so viel war, wie es schien.

Dann fragte der Richter Lee, ob er vor der Urteilsverkündung noch etwas sagen wolle. «Nein, Sir», antwortete Lee.

«Organisierte Übeltäter können von diesem Gericht keine Milde erwarten», erklärte Richter Boharic Lee und den versammelten Anwälten. «Meines Erachtens besteht unter den herrschenden Umständen hier die Notwendigkeit, andere davon abzuschrecken, dieselbe Art Verbrechen zu begehen und denselben Lebensweg zu beschreiten, wie ihn der Angeklagte offensichtlich für sich gewählt hat. Es wird immer wieder darauf hingewiesen, daß Menschen, die in der Gegend aufwachsen, wo der Angeklagte wohnt, im Leben vor schweren Entscheidungen stehen, und zu den äußerst attraktiven Aspekten beim Bandenwesen und Rauschgifthandel gehören das damit verbundene Geld und Prestige. Doch ich bin dazu da, das Gesetz durchzusetzen und zu zeigen, daß es manchmal sehr nachteilig und teuer wird, wenn jemand bei so schwerwiegenden Verbrechen gefaßt wird wie dieser Angeklagte. Wir müssen der Bevölkerung hier klarmachen, daß die Gesellschaft unerbittlich mit all denen verfahren wird, die die Schwächen der Menschen in diesem Gemeinwesen ausnutzen. Auf die Dauer müssen wir der Jugend in diesem Gemeinwesen die alte Wahrheit beibringen, daß Verbrechen sich nicht auszahlt.»

Dann verkündete Richter Boharic Lees Urteil: dreißig Jahre Haft, die Höchststrafe. «Wenn das Gesetz mir die Möglichkeit gäbe, ihn für länger hinter Gitter zu bringen, würde ich das tun», erklärte der Richter den Anwälten.

Die Nachricht von Lees außergewöhnlich hoher Freiheitsstrafe verbreitete sich schnell. Vor dem Gericht standen immer Bandenmitglieder Posten, die sich nach den Ergebnissen verschiedener

Verfahren erkundigten und die Nachrichten dann wie geschäftige Börsenmakler per Telefon weitergaben. Bevor Cronin noch die sechs Kilometer nach Horner zurückgelegt hatte, war man dort schon über Lees Verurteilung informiert.

Eine Nachbarin erzählte LaJoe die Neuigkeit. «Was?» fragte Lafeyette, der die leise geführte Unterhaltung mitgekriegt hatte.

«Halt den Mund», gebot LaJoe ihm. «Ich will nichts davon hören. Über solche Leute redet man nicht. Die haben noch immer ihre Leute hier draußen.»

«Wieso?» fragte Pharoah.

«Er selbst ist vielleicht weg, aber hier draußen ist immer irgend jemand von denen. Die können unserer Familie was antun.»

Einige Tage später veröffentlichte *The Chicago Tribune* auf der ersten Seite des Lokalteils einen Artikel über Lees Verurteilung. Auf dem Bild daneben sah man einen dreizehn- oder vierzehnjährigen Jungen mit erhobenen Armen. Er hatte die Frage des Reporters nicht beantworten wollen und deshalb mit den Schultern gezuckt und die Arme hochgeworfen. Die Vice Lords aber dachten, er freue sich über Lees Urteil. Am nächsten Tag schlugen sie ihn so übel zusammen, daß der Vater des Jungen zur Polizei ging. Auch ohne ihren Chef herrschte Disziplin in ihren Reihen – und es stand schon jemand bereit, um für Lee nachzurücken. Es war klar, daß man Jimmie Lee nicht lange vermissen würde.

FÜNFZEHN

Das weiße, nicht konzessionierte Privattaxi hielt vor dem Hintereingang von West Washington Boulevard Nr. 1920. Auf dem Rücksitz und im Kofferraum stapelten sich die Einkaufstüten. LaJoe und Rochelle saßen eng zusammengedrängt auf dem Beifahrersitz. Einmal monatlich, wenn LaJoe ihren Sozialhilfescheck bekam, nahm sie ein Taxi und ging auf Großeinkaufsfahrt; ein normaler Taxifahrer mit Konzession war allerdings kaum dazu zu bewegen, ins Schwarzenviertel zu kommen. Oft fuhr Rochelle mit, damit LaJoe etwas Hilfe hatte. LaJoe ließ das Taxi drei verschiedene Geschäfte ansteuern – Jewel, Aldi und eine Discount-Schlachterei; sie waren allesamt billiger als die Geschäfte in der Nähe mit ihren gesalzenen Preisen. Einige Supermärkte im Viertel verlangten 30 Prozent mehr für Lebensmittel als andere Läden. Inzwischen war es Juli; LaJoe war ihre Sozialhilfe wieder zuerkannt worden, und so nahm sie ihren Einkaufsturnus wieder auf, als sei er nie unterbrochen worden.

LaJoe kaufte Lebensmittel für sich, Lafeyette, Pharoah, die Drillinge und LaShawn, LaShawns Freund und dessen Bruder, LaShawns beide Kinder und für Terence und Weasel, der wieder zu Hause eingezogen war. LaShawn steuerte ihre Lebensmittelmarken zu diesem allmonatlichen Unternehmen bei. LaJoe brauchte nie eine Einkaufsliste und bewegte sich immer bis auf wenige Dollar im Rahmen der $ 542, auf die sich die verschiedenen Lebensmittelkarten insgesamt beliefen. Sie kaufte fast immer dasselbe, und da es so viel war, brachte sie einen Teil des Fleisches in den Kühltruhen zweier Nachbarinnen unter.

15 Packungen Schinkenspeck
8 Pakete Bratwürstchen
12 Dutzend Eier
6 Brotlaibe
8 Packungen Würstchen im Schlafrock
10 Packungen Hamburger im Schlafrock
10 Liter Milch
20 Liter Orangensaft
6 Liter Apfelsaft
4 Sechserpacks Fruchtsaft
6 Packungen amerikanischen Käse in Scheiben
12 Pakete Getreideflocken einschließlich Hafergrütze und groben Maismehls
je 24 Dosen Ravioli, Campbell-Suppen, Erbsen, Karotten, Mischgemüse, Apfelbrei, Maisgemüse mit und ohne Sauce, gebackene Bohnen, Spaghetti, Pfirsiche, Fruchtcocktail, Tomatenmark und Tomatensoße
24 Pakete Maisbrot-Backmischung
4 Pakete tiefgefrorene Hamburger
14 Hacksteaks
2 Büchsenschinken
7 Pakete Hühnerfleisch
4 Pakete Schweinekoteletts
4 kg Rindergehacktes
20 Pakete Würstchen
4 Schmorbraten
1 kg Kalbfleisch
4 Pakete Rinderleber
je 10 Packungen Salami und Mortadella
4 Packungen gekochter Schinken
8 Pakete tiefgefrorenen Barsch
2 Pakete Fischstäbchen
4 Packungen Kekse
je 4 Packungen Doughnuts und Butterkekse
6 Kartons Spaghetti

12 Kartons Makkaroni und Käse
6 Dosen Spam-Würzfleisch
14 Dosen Sardinen
– außerdem verschiedenes frisches Gemüse wie Zwiebeln, Karotten, Salat, verschiedene Kohlsorten, Tomaten und Kartoffeln sowie Zucker und Gewürze.

Um Lafeyette eine besondere Freude zu machen, hatte sie ein paar Dosen Austern gekauft, die er am liebsten mit einem kleinen Spritzer scharfer Soße aß. Pharoah brachte sie reife Birnen mit. Für alle Kinder kaufte sie zur Feier der wiedererlangten Sozialhilfe Äpfel, Trauben, Pflaumen, Pfirsiche und Eis am Stiel. All diese Herrlichkeiten würden binnen weniger Tage verschwunden sein.

Lafeyette und die Drillinge stürzten aus dem Haus, um ihrer Mutter die Lebensmitteltüten tragen zu helfen. Timothy griff sich zwei große Milchkartons. Tiffany und Tammie durchwühlten die Tüten nach Süßigkeiten. Lafeyette, der allmählich größer und kräftiger wurde, hob zwei schwere Tragtaschen auf, schwankte einen Moment und schleppte sie dann ins Haus. Und wo war Pharoah? fragte sich LaJoe. Er kam doch sonst immer zum Helfen angesprungen. Sie hatte ihm gesagt, daß sie zum Einkaufen fahre. Ob er es vergessen hatte? Das sah ihm ähnlich – dem kleinen Träumer. Oh, dieser Pharoah. Dennoch wunderte sie sich, wo er blieb.

Drei Blocks südlich von Horner steht ein Komplex von Eigentumswohnungen, Damen Courts. Neben Horners Schäbigkeit wirken die manikürten Rasenflächen und die graffitilosen Wände makellos, und die dreistöckigen roten Ziegelbauten sehen im Vergleich zu Horners verkommenen, finsteren Hochhäusern elegant und proper aus.

Pharoah kann sich nicht erinnern, wann er dieses Paradies eigentlich entdeckt hat, doch seither zog er sich regelmäßig hierher zurück und genoß die üppigen Rasenflächen rings um die Häuser. Dort war er auch, als seine Mutter vom Einkaufen zurückkam.

Der Rasenteppich war eine friedliche Oase; es war so schön dort wie am Meeresufer. Pharoah fand ein schattiges Plätzchen im Gras und spielte mit Murmeln oder las einen *Captain America*- oder *Superman*-Comic. Oder er saß einfach da und träumte vor sich hin. Er dachte an die Schule und den Buchstabierwettbewerb nächstes Jahr, feuerte im Geiste die Chicago Cubs an und sah sich selbst als Profi-Ringer. In Damen Courts war ihm auch der Name für den spindeldürren grauen Kater eingefallen, der jetzt bei ihnen in der Wohnung hauste: «Nutzlos». «Er fängt doch fast beinah keine Mäuse. Der will bloß was von unserer Wärme schnorren», erklärte er.

Lange hatte Pharoah nach einem solchen Refugium gesucht. Ein paar Monate lang hatte er im Frühjahr dieses Jahres den Bibelunterricht an der First Congregational Baptist Church besucht. Den ganzen Washington Boulevard entlang gab es viele Kirchen, doch die meisten dienten jetzt Leuten, die schon aus Horner weggezogen waren. In Gegenden wie Horner hatte die Kirche ihre Autorität eingebüßt. Pharoah begann sich beim Unterricht zu langweilen und zu fragen, ob es tatsächlich einen Gott gebe. Er betete oft zu ihm und bat, er solle sie aus den *projects* wegziehen lassen. Aber, sagte Pharoah, «ich bete dauernd, und er macht gar nichts. Vielleicht gibt's gar keinen Gott.» Das war so gut eine Frage wie eine Feststellung.

In Damen Courts fand Pharoah ein wenig Erholung. Niemand wußte von seiner Entdeckung, weder seine Mutter noch sein Vetter Porkchop, weder sein Freund Rickey noch Lafeyette. Er wollte es so. Er wollte einen Ort haben, wohin er ganz allein flüchten konnte, wo nichts seine Träumereien unterbrach, wo niemand sich mit ihm prügeln wollte, wo er keine Angst vor Schüssen und Molotow-Cocktails haben mußte. Wenn seine Mutter ihn fragte, wohin er denn wolle, sagte er, zur Ecke zum Videospielen. Niemand sollte von seinem Versteck erfahren.

In den Wochen unmittelbar nach Jimmie Lees Verurteilung senkte sich eine ungewöhnliche Ruhe über Horner. Mehrere andere Bandenchefs waren im Gefängnis. Das Dealen und die Schlägereien hörten nicht auf, doch im Vergleich zu den unaufhörlichen Kämpfen des vorhergehenden Sommers war doch eindeutig ein Nachlassen zu spüren.

Als die Schießereien seltener wurden und die Familiensituation sich entspannte, wurde auch Pharoahs Stottern schwächer. Monate später kam es wieder, doch wurde es nie wieder so schlimm, daß es ihn außer Gefecht setzte und verstummen ließ wie im Jahr zuvor. LaJoe war mit Pharoah zum Miles Square Health Center gegangen; der Berater dort mahnte Pharoah, sich beim Sprechen Zeit zu lassen. Denk darüber nach, was du sagen willst, bevor du sprichst, riet er Pharoah. Das Stottern sei zum Teil eine nervöse Reaktion, erklärte er. Pharoah war verwirrt. «Was hat das denn mit Nerven zu tun?» fragte er hinterher seine Mutter, die ihr Bestes tat, um ihm zu erklären, daß er immer dann nervös wurde und Angst bekam und zu stottern anfing, wenn in der Nähe Kämpfe oder Schießereien ausbrachen. Das sei wie eine Art Warnmechanismus in ihm, daß er wachsam und vorsichtig sein solle. Pharoah verstand. Er schien immer zu verstehen – wenn er wollte.

Während dieser Scheinruhe fand Pharoah auch noch andere Ablenkungen neben Damen Courts. Er und Lafeyette gingen oft ins Freiluft-Schwimmbad im Union Park, vier Blocks weiter östlich, und in diesem großen Becken voller wild herumfuchtelnder Kinder lernten beide Jungen schwimmen. Sie gingen auch regelmäßig zum Jungenclub, um dort Basketball und Poolbillard zu spielen oder sich kostenlose Sandwiches zu holen, die von den Kindern liebevoll «Würger» genannt wurden. Oder sie hingen nur vor ihrem Haus herum, spielten Basketball am Klettergerüst oder wateten durch die große Wasserlache, die sich ständig am Feuerhydranten bildete. Manchmal kurvte ihr Hausnachbar Red, ein kleiner Mann in den Fünfzigern, auf seinem Erwachsenen-Dreirad mit einem Fahrradkorb voller Geschenke für die Nachbarskinder um das Hochhaus herum. Seine nicht mehr ganz neuen Geschenke fand er in Abfallkörben oder hinter den Geschäften. Den kleinen Mädchen schenkte er Plastikhalsketten oder Blechanhänger, die kleinen Jungen bekamen Tennisbälle. LaJoe und den anderen Müttern verehrte er halbverwelkte Gladiolen oder Bellis, die

die Blumenhändler schon weggeworfen hatten. Im Laufe der Jahre war Red für die Kinder des Wohnblocks zu einer Art Ganzjahrs-Weihnachtsmann geworden. Vor allem die Drillinge liebten ihn heiß, und wenn er auf seinem Dreirad auftauchte, hörte man sie schon schreien: «Red, oh, Red! Was hast du heute mitgebracht?», während sie auf ihn zustürzten und ihn umringten und für die Geschenke umarmten.

Pharoah pestete auch weiterhin Lafeyette und Rickey und jeden älteren Freund, den er erwischte, sie sollten ihn noch einmal zu den Hochbahngleisen mitnehmen, wo es so schön still und friedlich gewesen war. Doch keiner wollte mit ihm dort hingehen. Die Erzählungen von abgerissenen Beinen waren ihnen noch frisch in Erinnerung, und neuerdings kursierten auch noch übertriebene kindliche Horrorgeschichten von «Vergewaltigern» und anderen Verrückten, die sich in den Gebäuden an der Überführung versteckten. Da die älteren Jungen sich weigerten und er selbst Angst vor all dem hatte, was ihm an den Gleisen zustoßen könnte, verbrachte Pharoah mehr Zeit als sonst an seinem geheimen Zufluchtsort.

Er blieb immer so lange in den Grünanlagen von Damen Courts, bis irgendein Wachmann oder Hausmeister ihn vertrieb; doch jedesmal ging er glücklich und befriedigt nach Hause. Auch wenn er nur eine Stunde blieb, war das eine Gelegenheit, Atem zu schöpfen und die Stille zu finden, die er so liebte.

An diesem Nachmittag nun hatte seine Mutter bereits alle Einkäufe verstaut, als Pharoah mit leicht geneigtem Kopf zur Haustür hereinspaziert kam. «Wo warst du denn?» fragte seine Mutter.

«Nirgends», sagte er und wandte sich ab. Er konnte nicht gut lügen, seiner Mutter gegenüber schon gar nicht.

«Pharoah?»

Pharoah überlegte, ob er es ihr erzählen sollte, ließ es aber bleiben. «Ich hab Videospiele mit Porkchop gespielt», sagte er und entschwand nach hinten in sein Zimmer. Einige Wochen später vertraute er seiner Mutter schließlich seine Entdeckung an. «Da geht alles wieder aus meinem Kopf raus», sagte er zu ihr.

HERBST 1988 – WINTER 1989

SECHZEHN In den letzten Monaten waren Lafeyette und Rickey Freunde oder, wie Lafeyette es nannte, «Kollegen» geworden. Die beiden waren sich altersmäßig näher und schienen eher zusammenzupassen als Pharoah und Rickey. LaJoe vermutete, daß Lafeyette sich anfangs draußen in Rickeys Nähe aufgehalten hatte, um ein Auge auf Pharoah zu haben. Doch mit der Zeit begannen Rickey und Lafeyette sich zu mögen.

Rickey machte Lafeyette mit verschiedenen Freunden bekannt, von denen viele bereits mit dem Gesetz in Konflikt geraten waren. Eine Gruppe von ihnen, darunter auch Rickey, war regelmäßig wegen sogenannter *«smash and grabs»* festgenommen worden: Sie schlugen die Seitenscheiben von Autos ein, die bei Rotlicht an der Ecke Damen Avenue und Lake Street hielten, und rissen den Fahrern Schmuck ab oder griffen sich blitzschnell eine Handtasche oder ein Gepäckstück vom Beifahrersitz. Dies hatte sich in Horner zu einem solchen Ärgernis ausgewachsen, daß die Polizei zwei junge Beamte in Zivil abgestellt hatte, um solche Diebstähle zu beobachten. Rickey hatte man auch schon wegen Autodiebstahls mitgenommen. Die Polizei erwischte ihn und einen Freund, als sie mit dem gestohlenen Wagen ihre Runden auf Horners Parkplätzen drehten; Rickey konnte kaum über das Steuer des Cadillac hinwegsehen.

Rickey war mindestens ein halbes dutzendmal festgenommen worden und allen dreißig Beamten der taktischen Einheit des Dreizehnten Distrikts wohlbekannt. «Mit achtzehn ist der tot oder im Knast», prophezeite ein Polizist. Einmal fanden sie zwei

Kugeln in seinem Schlafzimmer, das sie mit Erlaubnis von Rikkeys Mutter durchsuchten. Und Rickeys enger Freund Terrell war verhaftet worden wegen Besitzes einer aus einer Spielzeug-Plastikpistole gebastelten scharfen Waffe.

Weil er in der Suder-Schule zu viel Ärger verursacht hatte, war Rickey auf die Moses- Montefiore-Schule gekommen, eine Schule für schwererziehbare Jungen. Auf diese Schule gingen 152 Jungen aus der ganzen Stadt; die Schule bot ihnen individuelle Beratung und Spezialunterricht. In keiner Klasse waren mehr als acht Schüler, in Suder dagegen bis zu dreißig. Die meisten Jungen waren verhaltensgestört und leistungsmäßig zwei bis sechs Jahre hinter ihrem Altersdurchschnitt zurück.

Pharoah war auch weiterhin mit Rickey befreundet, wenn sie sich jetzt auch, seit Rickey zur Montefiore-Schule ging, seltener sahen. Rickey schenkte Pharoah immer noch Geld oder Süßigkeiten und paßte immer noch auf den Jüngeren auf. Doch er zog mit einer Clique herum, die zu alt und zu dreist für Pharoah war. Lafeyette war hin- und hergerissen. Er mochte Rickey gern und konnte im Gegensatz zu Pharoah sehr wohl in Rickeys Freundesgruppe mithalten.

An einem Sonnabend zwei Wochen vor Weihnachten gingen Pharoah, Rickey, Lafeyette und mehrere andere Freunde Geschäfte angucken. Sie gingen die sechs Blocks weit zur Chicago Avenue, an der sich auf diesem Abschnitt billige Discount-Läden aneinanderreihten. Die Jungen hatten alle nicht viel Geld bei sich, wohl gerade genug, um sich ein paar Pommes frites und Limo zu kaufen, und so spazierten sie durch die verschiedenen Geschäfte, bewunderten die großen Stereoanlagen bei JB Electronics, die Schuhe im Chicago Avenue Discount und die Kleidung bei Goldblatt. Normalerweise kam Lafeyette nicht gern mit anderen Jungs von Horner hierher. «Das ist mir peinlich mit so'm Haufen schmutzigen Jungs», sagte er immer. «Dann wissen die doch gleich, daß wir aus den *projects* kommen, und denken, wir wollen was aufreißen.»

Deshalb schlug er vor, sie sollten eine halbe Meile weiter zu einem Videogeschäft an der Milwaukee Avenue gehen, einem noch größeren, sehr belebten Boulevard mit kleinen Geschäften und Fast-Food-Restaurants. Lafeyette wünschte sich glühend einen Videorecorder zum Geburtstag, aber er wußte, daß seine Mutter keinen kaufen konnte. Doch man konnte wenigstens so tun als ob, dachte er.

«Laßt uns gucken, was wir kaufen könnten, wenn wir mal Geld haben», sagte Lafeyette zu seinen Freunden. Die sechs zockelten zu Erol's Video Club. Es war ein großräumiger, gutbeleuchteter Laden mit langen Reihen von Videofilmen. Pharoah wanderte an den Regalen entlang, bis er zu den «Wrestle Mania»-Filmen kam, und betrachtete dort die Bilder der breitbrüstigen Ringertypen. Pharoah, ein echter Sportfan, fühlte sich vom professionellen Ringkampf besonders angezogen; er sah sich regelmäßig die Fernsehübertragungen an. Er, Porkchop und ein paar Freunde rangen manchmal zum Spaß im Korridor im ersten Stock ihres Hauses. Das laute, wilde Spektakel professioneller Ringkämpfe schien für Pharoah eine merkwürdige Vorliebe, doch er begeisterte sich dafür und verfolgte genau die zweifelhaften Karrieren von Typen wie Iron Sheik, Hulk Hogan und Jake (the Snake) Roberts. Auf den ersten Blick war das schwer zu verstehen, doch Ringen bot dem sanften Pharoah einen unschuldigen Zugang zu der brutalen Welt um ihn herum. Diese Art zu kämpfen – wenn auch nur ersatzweise – stand auch ihm offen.

Während Pharoah die *Wrestler*-Filme bewunderte, sahen Lafeyette und Rickey sich die Neueingänge an, darunter zahlreiche Karate- und Horrorfilme. «He, Lafie», flüsterte Rickey, «laß uns 'n paar mitnehmen.» Pharoah, der in der Nähe stand, hörte das. Bevor Lafeyette noch antworten konnte, schob Pharoah sich schon neben seinen Bruder.

«Lafie, komm, laß uns schon mal gehen», bat er. Lafeyette zögerte. «Komm mit nach Hause, Lafie.»

«Ich seh mich gerade noch um, Mann. Wenn du gehen willst, dann geh doch!» erwiderte Lafeyette in lautem Flüsterton.

Pharoah und die anderen verließen den Laden. Pharoah war enttäuscht von Rickey und mehr noch von Lafeyette, der sich dem Druck seines Freundes zu beugen schien. Er hoffte, man würde sie nicht erwischen. «Ich gehe nie ins Gefängnis», hatte er mehr als einmal erklärt.

Rickey griff sich einen Karate-Film und ließ ihn unter seine Jacke gleiten. Er schubste Lafeyette, und der schob sich eine Kassette unter seine weite Chicago-Blackhawks-Trainingsjacke. Rasch gingen die beiden Jungen in Richtung Ausgang.

Mario Vera, der stellvertretende Geschäftsführer, hatte sie in einem Hinterzimmer über eine Videokamera beobachtet. Als er sah, wie die Kinder sich flüsternd zusammenscharten, war ihm aus Erfahrung klar, daß sie etwas mitgehen lassen wollten, und so hielt er sie fest, bevor sie den Laden verlassen konnten. Er hatte schon öfter gesehen, wie Jungen das machten – sie wirkten immer ganz unschuldig.

«Was wollen Sie eigentlich?» fragte Rickey kühn.

Vera lächelte. «Also los, gib uns die Kassette.»

«Was für 'ne Kassette?» fragte Rickey. Lafeyette schwieg.

«Die Kassette, die du da hast.» Mario zeigte auf den Buckel unter seiner Jacke.

«Mensch, wenn Sie mich nicht in Ruhe lassen, zündet mein großer Bruder den Laden hier an!» Rickey hatte gar keinen großen Bruder.

Ein anderer Angestellter, der Rickey von hinten festhielt, begann ihn abzuklopfen. Die Karate-Kassette rutschte unter der Jacke hervor. Darauf rückte Lafeyette auch seine heraus.

«Rickey...» begann Lafeyette.

«Halt's Maul, Blödmann», fauchte Rickey erbost, weil Vera nun seinen Namen kannte.

«Die wissen nicht, wovon wir reden», beruhigte Lafeyette ihn.

«Wie heißt du?» fragte Vera Rickey.

«Joe Styro.» Der Einfall war Rickey offensichtlich beim Anblick eines Styroporbecher-Ständers neben ihm gekommen.

Während Rickey keineswegs verwirrt, sondern eher frech und patzig auftrat, wirkte Lafeyette beunruhigt. «Wenn Sie jetzt doch den Film haben, Mister, warum lassen Sie mich nicht gehen?» fragte er Vera. «Es tut mir leid. Ich komm bestimmt nicht wieder.»

«Wie bitte?» erwiderte Vera. «So geht das nicht.» Dennoch hatte Vera Mitgefühl mit Lafeyette, der offensichtlich bereute. Persönlich hätte er die beiden Jungen gern laufenlassen. Doch er konnte nicht; ihre Geschäftspolitik verlangte, daß alle von der versteckten Kamera registrierten Zwischenfälle der Polizei gemeldet wurden.

Während sie auf die Polizei warteten, nahm Vera die beiden Jungen in die rückwärtigen Räume des Geschäfts mit und setzte sie auf Metallklappstühle. «Habt ihr so was hier zum erstenmal gemacht?» fragte er Lafeyette.

«Nnn-hm ...», antwortete Lafeyette.

«Was war's denn vorher?»

«Kleine Kuchen, Kartoffelchips ...»

Beide Jungen waren aufgeregt. Lafeyette saß mit fest über der Brust gekreuzten Armen; sein Gesicht verriet nichts. Rickey hing auf seinem Stuhl, die Arme über die Rücklehne gelegt, als habe er an diesem Nachmittag nichts Besseres zu tun, als seine Zeit mit Vera zu verbringen. Doch Vera spürte, daß Rickey unter seinem scheinbar hartgesottenen Getue Angst hatte.

«Wollt ihr Jungs was zu Trinken?» fragte Vera.

Lafeyette nickte. Rickey sah Vera nur trotzig an. Vera brachte Lafeyette eine Kräuterlimonade. «Danke», sagte der. Er war erstaunt über die Freundlichkeit des Mannes, der ihn geschnappt hatte. Einige Wochen danach drückte er den Wunsch aus, Vera wiederzusehen, um sich für das, was er getan hatte, zu entschuldigen.

Vera winkte die beiden Jungen zu einem nur von dieser Seite her durchsichtigen Fenster und zeigte ihnen, wie er von seinem Hinterzimmer den ganzen Laden überblicken konnte. «Warum lassen Sie mich nicht gehen?» fragte Lafeyette nochmals.

«Die brauchen sich doch nur umzudrehen, und wir sind schon weg ...», sagte Rickey zu Lafeyette.

«Wir geben euch einen Vorsprung, und wenn ihr es bis zur Tür schafft, seid ihr weg», unterbrach Vera.

«Echt?» fragte Rickey. Mario lachte über die unschuldig-ernste Antwort des Jungen.

Als die Polizei schließlich eintraf, bestand Vera nicht auf einer Anklage. Statt dessen erteilte der Beamte den beiden Jungen eine kurze Lektion über Ladendiebstahl und ließ sie an der Chicago Avenue aussteigen. Den Rest des Heimwegs gingen sie zu Fuß.

LaJoe hätte vielleicht gar nichts von dem Vorfall erfahren, hätte eine Nachbarstochter ihr nicht davon erzählt. Sie mußte an Terence denken und wie schnell sie ihn an die *neighborhood* verloren hatte. Sie machte sich Sorgen, daß sie auch Lafeyette verlieren könnte, hoffte aber, die Sache könne auch ihr Gutes haben. Immerhin war es nur ein kleines Vergehen, verglichen mit den Verbrechen ringsum; und es hatte Lafeyette gezeigt, daß er erwischt werden konnte. Sie wußte auch, daß Lafeyette, der im Juni vierzehn wurde, in den kommenden Monaten und Jahren in verschiedener Hinsicht vor die Wahl gestellt würde. Er konnte ganz leicht an Jungen geraten, die mehr riskierten als er. Sie verdonnerte Lafeyette zu anderthalb Wochen Hausarrest. Er nahm die Strafe wortlos hin – er wußte, daß das, was er getan hatte, unrecht war.

LaJoe hatte begonnen, Lafeyette mehr Verantwortung zu übertragen – teils in der Hoffnung, daß ihr Sohn an den neuen Pflichten wachsen würde, teils weil es niemanden sonst gab, an den sie sich hätte wenden können. Sie benannte ihn als Begünstigten ihrer Lebensversicherung in Höhe von 4000 Dollar. Sie erklärte ihm, es sei ihr Wunsch, daß er sich um Pharoah und die Drillinge kümmere, wenn ihr etwas zustoßen sollte. Sie sagte auch, sie wolle verbrannt werden, um ihm die Kosten einer Beerdigung zu ersparen. Lafeyette protestierte: Seine Mutter sollte nicht verbrannt werden. LaJoe versprach, mit ihm zu einer Leichenhalle zu gehen, damit er sich die Urnen ansehen konnte. Auf keinen Fall wollte sie, daß ihre Asche in einen See gestreut würde, denn Wasser mochte sie nicht. Lafeyette oder eines seiner Geschwister könne die Asche behalten.

Solche Reden über das Sterben beunruhigten Pharoah. Er hatte Angst, Lafeyette würde nicht für ihn sorgen, wenn ihre Mutter stürbe. «Doch, bestimmt», versicherte Lafeyette ihm. «Ich werd immer für dich sorgen, aber so will ich nicht zu Geld kommen.» Ich auch nicht, dachte Pharoah, der begonnen hatte, sich selbst mit der Möglichkeit eines frühen Todes abzufinden. «Ich hab keine Angst, weil wenn es Zeit ist, einen gehen zu lassen, dann läßt Gott einen auch gehen», sagte er zu seiner Mutter. Freunden berichtete Pharoah, Lafeyette sei jetzt der «Nachruf» seiner Mutter – er meinte ihr Begünstigter.

Der Vorfall mit dem Ladendiebstahl beunruhigte Pharoah ebenfalls. Er begann zu Rickey auf Distanz zu gehen – nicht, weil er ihn nicht mehr leiden mochte (in Wirklichkeit war er seinem älteren Freund immer noch sehr zugetan), sondern weil er Angst hatte, Rickey könnte ihn in etwas hineinziehen. Und sein älterer Bruder war «einfach blöd, daß er auf andere hörte».

Pharoah wurde umsichtiger und wachsamer. Er hatte noch nie etwas gestohlen und war auch noch nie in Schwierigkeiten geraten, wenn man einmal vom Schwatzen in der Klasse absah. Und so, fand er, sollte es auch bleiben. Am besten war, sich draußen mehr für sich zu halten. Pharoah beschloß, daß er keine Freunde mehr hatte – nur noch Kollegen, wie sein Bruder.

«Hier in den *projects* hat man keine Freunde», sagte er. «Die lassen dich doch für jede Kleinigkeit im Stich.»

«Ich wollte zurücklaufen und helfen», erklärte Pharoah.
«Wie hättste denn helfen können?» schalt Lafeyette.
«Ach, sei doch still.»
«Gegen den konntest du nicht kämpfen», sagte Lafeyette.

SIEBZEHN Was an jenem Abend passierte, ist nicht klar – und wird wahrscheinlich auch nie geklärt. Doch hinterher war Lafeyette durchnäßt und hatte Schmerzen und eine Stinkwut auf die Polizei. Und Pharoah war verwirrt und von sich selbst enttäuscht, weil er nicht mehr getan hatte, um seinem Bruder zu helfen.

Der Spätnachmittagsregen hatte die Dezemberluft um eine Spur erwärmt, so daß Lafeyette und Pharoah beschlossen, am Abend beim Spiel der Chicago Blackhawks zu jobben. Lafeyette trug seine Blackhawks-Trainingsjacke aus Nylon. Pharoah mochte keine *starter jackets* tragen, wie die Jungen die Nylonjacken mit dem Symbol der verschiedenen Mannschaften nannten. Sie waren mittlerweile so beliebt, daß die Teenager sie sich gegenseitig vom Leibe rissen. Im folgenden Jahr kamen mindestens zwei Jungen in Chicago zu Tode, als andere versuchten, ihnen ihre Jacken zu stehlen.

Statt dessen trug Pharoah eine schwarze Polyesterjacke, die auf den ersten Blick wie Leder wirkte. Das weiße Baumwollfutter lugte durch drei Schlitze in den Ärmeln hervor. Pharoah weigerte sich, die Kapuze überzuziehen, denn sie hätte ihm seine frischen Locken ruinieren können. Die neue Frisur ließ ihn älter aussehen. Er hatte schon viele Komplimente dafür eingestrichen; eine Frau erkundigte sich sogar, wer ihn frisiert habe.

Jahrzehntelang betrachteten die Kinder der Westside «Stadionabende» als eine Gelegenheit, sich ein paar Dollar Taschengeld zu verdienen. Wenn die Chicago Bulls oder Blackhawks spielten, strömten Tausende gutgekleideter, größtenteils weißer Sportfans ins Viertel. Die Kinder boten ihnen an, auf ihre Autos aufzupassen, wenn sie sie in den Seitenstraßen und nicht auf einem der zahlreichen Parkplätze abstellten. Weigerte der Fahrer sich, ein paar Dollar Bewachungsgebühr zu zahlen, konnte es schon passieren, daß die Jungen ein Fenster mit einer Handvoll Kugellager-Kugeln einschlugen und das Radio oder eine Jacke oder sonst etwas aus dem Auto stahlen. Doch die meisten Kinder hatten nicht die Absicht, Autos aufzubrechen, sie wollten nur ein paar Dollar zum Ausgeben verdienen.

Pharoah nahm seinen Job ernst. Er und Porkchop waren Partner. Wenn jemand ihnen Geld gab, damit sie sein Auto bewachten, blieben sie bis mindestens eine Viertelstunde nach Spielbeginn dort und gingen dann erst zu Pharoah nach Hause, um sich das Spiel im Fernsehen anzusehen. Drei- oder viermal während des Abends liefen sie zum Auto hin, um nach dem Rechten zu sehen. Einmal gingen sie nach Spielende hinaus und fanden das Auto, für dessen Bewachung sie bezahlt worden waren, mit zertrümmerter Windschutzscheibe vor. Pharoah entschuldigte sich umständlich beim Fahrer und war noch den ganzen Tag danach bedrückt. Wie früher schon sagte er: «Ich hatte Gewissensbisse.» Er möchte niemanden enttäuschen, auch nicht sich selbst.

Fragten Stadionbesucher ihn nach seinem Namen, sagte Pharoah immer «Jimmy». Porkchop sagte «Michael». Lafeyette benutzte einmal den Namen Todd, das war die Herstellerfirma seines neuen Jogging-Anzugs. Jeder hatte ein Pseudonym, selbst die Jüngsten. Selten gaben sie der Polizei oder Fremden ihren wirklichen Namen preis; der Glaube, daß sie sich hinter einer falschen Identität verstecken konnten, vermittelte ihnen ein Gefühl der Anonymität und womöglich auch der Unverletzlichkeit.

Pharoah, der so klein und gar nicht bedrohlich wirkte, hatte ein besonderes Talent, sich Eintrittskarten von Stadionbesuchern schenken zu lassen. «Ham Sie 'ne Karte übrig?» fragte er mit sehnsüchtigem Blick die Vorübergehenden. Wie konnte man dieses Gesicht einfach wegschieben? Es war so lieb und offen. Manchmal gab Pharoah die Karten an LaShawns Freund Brian weiter, der sie zu Schwarzmarktpreisen verhökerte und Pharoah ein paar Dollar für seine Hilfe abgab. Meist jedoch benutzten Pharoah und die anderen die Karten, um sich selbst das Spiel anzusehen. Am liebsten sahen sie Michael Jordan und die Chicago Bulls. Aber manchmal wollten die Wächter die Kinder nicht einlassen, selbst wenn sie gültige Karten hatten. Dann fluchten die Jungen laut über das Stadion und die Kartenabreißer. Wer waren die denn, daß die sie nicht reinlassen wollten? Schließlich wohnten sie doch direkt nebenan. Und wenn sie wollten, konnten sie den Besuchern das Leben zur Hölle machen. Manche – die Dummen, hieß es – parkten ihre Autos sogar in Horner. Da war der Ärger praktisch vorprogrammiert. Einmal demütigte ein Platzanweiser James, indem er seine Karte vor der Schlange der Wartenden zerriß. Ein andermal sagte ein Wächter ungerührt zu Pharoah, als er ihm sein Stehplatz-Ticket zeigte: «Für Kinder aus der Nachbarschaft verboten.» Pharoah schlüpfte durch einen anderen Eingang.

Die Beziehung zwischen dem Stadion und der Nachbarschaft war schon seit langem gespannt. In dem gewaltigen, 1929 errichteten Betonmonolithen haben neben zahlreichen Sportveranstaltungen schon vier Bundesparteitage der Demokraten stattgefunden, alle während der Zeit Roosevelts und Trumans. Obwohl zwischen der Bauzeit des Stadions und Horners fast dreißig Jahre liegen, ist die Architektur des einen Spiegelbild des anderen: trist und von gewaltiger Häßlichkeit.

Im Laufe der vergangenen zwanzig Jahre hat die Familie Wirtz, die Stadionbesitzer, dazu beigetragen, den Charakter des Viertels zu verändern. Der Name Arthur Wirtz', des inzwischen verstorbenen Patriarchen der Familie, gilt für so manchen Bewohner des Viertels als Schimpfwort; glaubt man doch allgemein, daß er als privates Abrißunternehmen fungierte. Er planierte ganze Häuserblocks, um Platz für seine gepflasterten Parkplätze zu schaffen – insgesamt fast zwanzig Hektar. Doch Mr. Wirtz allein konnte die Landschaft nicht verändern. Die Krawalle im Gefolge der Ermordung Martin Luther Kings Jr. legten 1968 die geschäftige, hellerleuchtete drei Kilometer lange Einkaufszone an der Madison Street in Schutt und Asche, die nur gute zwei Kilometer südlich von Horner direkt am Stadion entlang verläuft. Von den Aufrührern gelegte Brände zerstörten Eigentum im Schätzwert von zehn Millionen Dollar; Dutzende anderer Geschäfte schlossen, da ihre Eigentümer um ihre Sicherheit bangten. Das war kein stolzer Augenblick für die Westside – noch für Bürgermeister Richard J. Daley, der die Polizei anwies, scharf zu schießen. Elf Menschen starben während der Unruhen, davon zwei durch Polizeikugeln. Fünfhundert wurden verletzt, und dreitausend wurden festgenommen. Die Madison Street und ihre Umgebung erholten sich nie wieder richtig von diesen zwei Tagen des Aufruhrs. Heute findet man dort Schnapsgeschäfte, Wechselstuben und Schaufenster, in denen sich gebrauchte Kühlschränke, Herde, Sofas und andere Haushaltsgegenstände türmen.

Mitte der achtziger Jahre fürchteten die verärgerten Anwohner, die für ihr Viertel geplanten Verbesserungen beschränkten sich auf den Neubau zweier Sportstadien – eins für die Basketball- und Hockey-Teams der Stadt, das andere für Chicagos Football-Mannschaften. Als zum erstenmal Gerüchte über solche Pläne auftauchten, begannen Grundstücksspekulanten in Erwartung der steigenden Preise Grund und Boden in der Gegend aufzukaufen. Manche klapperten die ganze Lake Street unter den Hochbahngleisen ab und boten den Geschäftsinhabern an, ihnen ihre Ladenfront abzukaufen.

Da sich der *Loop*, das Geschäftszentrum der Stadt, wegen des Michigan-Sees nicht nach Osten ausdehnen kann, ist die Stadt nach Westen vorgedrungen, vorbei am Chicago-Fluß und durch das einst berüchtigte Vergnügungsviertel der Stadt, und wird voraussichtlich irgendwann an die Henry-Horner-Siedlung stoßen. Viele glauben, daß die Gegend mit einem neuen Stadion einen sozialen Aufschwung nehmen wird. Der Eigentümer eines ausgebrannten Graystone-Hauses direkt gegenüber von Horner verlangte in Abwesenheit 150 000 Dollar für das Anwesen. Und schon ziehen Künstler und Freischaffende in die Gegend unmittelbar nördlich von Horner und verwandeln alte Fabriken in Lofts. Auch einige kleinere Firmen haben dort Geschäfte eröffnet. Die Stadt hat ihrerseits Teile der Lake Street neu gepflastert und eine Auffahrt zur Schnellstraße gebaut, um den erwarteten Ansturm der Fans zu kanalisieren. Dies waren, wie Anwohner betonen, die ersten Maßnahmen zur Verbesserung der Infrastruktur seit Jahren.

Als es mit den Grundstücksspekulationen losging, gerieten die Bewohner von Henry Horner in Panik; Anwohner, Geschäftsleute und Politiker redeten flüsternd von einer Verschwörung. Die Überlegungen liefen folgendermaßen: Die Wohnungsbehörde zielte darauf ab, daß sich Horner durch Vernachlässigung und Abnutzung allmählich entleerte; dann konnte man die heruntergekommenen Häuser abreißen und Platz schaffen für noch mehr Parkplätze und bessere Wohnungen. Der Geldmangel der Wohnungsbehörde, die nicht in der Lage war, leerstehende Wohnungen für neue Mieter instandzusetzen, gab der Verschwörungstheorie Nahrung, zumal die Zahl der leerstehenden Wohnungen binnen Jahresfrist von 501 auf 699 hochgeschnellt war.

Selbst Vorüberfahrende, die über die Stadion-Pläne informiert waren, fragten sich unwillkürlich, was die Stadtväter wohl mit Horner im Sinn hatten, das plötzlich auf vierzehn Hektar äußerst wertvoller Grundstücke saß. In vielen Häusern gibt es mehr leere als belegte Wohnungen, und die Fensterhöhlen sind mit dünnem Sperrholz vernagelt. Hier und da umgeben schwarze Brandspuren älteren und jüngeren Datums die leeren, verbretterten Fensterrahmen, die wie die blutunterlaufenen Augen eines geschlagenen Boxers aussehen.

Die Stadtverwaltung versicherte den Anwohnern, es gebe keine Pläne, Horner abzureißen. Man zitierte ein 1987 vom Kongreß verabschiedetes Gesetz, das den Abriß von Sozialwohnungen verbietet, wenn kein Ersatz gestellt wird. Außerdem beschlossen die Bears, die Football-Mannschaft der Stadt, weiterhin auf ihrem alten Gelände am See zu spielen, so daß nur ein neues Stadion geplant wurde. Dennoch war die allgemeine Skepsis groß.

Das Stadion hat auch aus anderen Gründen ungute Gefühle bei

den Anrainern ausgelöst. An den Abenden, an denen Spiele stattfinden, ist das Viertel schwarz von Polizisten. Dann sind plötzlich so viele da, daß laut Polizeibericht Jimmie Lee vor einigen Jahren seinen Drogenhandel während der Spiele dichtmachen mußte. Wieso können wir dann nicht mehr Schutz für uns bekommen? fragten die Anwohner. Warum müssen erst all diese Weißen von außerhalb kommen, damit die Gegend vor Polizisten wimmelt? Wieso ist unser Viertel nur an Spielabenden ordentlich beleuchtet? Solche Fragen werden selten direkt im Stadion oder bei der Stadt gestellt, sie tauchen in Unterhaltungen in Horner auf. Das *Interfaith Organizing Project,* eine Organisation örtlicher Kirchengemeinden, protestierte gegen den Bau der beiden Stadien, doch ihre Klage war nur ein Flüstern im Vergleich zu den lauten und wohlartikulierten Stimmen, die man vor zwei Jahrzehnten hören konnte. Ende der sechziger und Anfang der siebziger Jahre kämpften zahlreiche Gemeindeorganisationen, am spektakulärsten die *Miles Square Federation,* mit Nachdruck und Erfolg für Verbesserungen in den Schwarzenvierteln, unter anderem für bessere Schulen und Gesundheitsfürsorge. Demonstrationen waren nichts Ungewöhnliches. Heute schwelen die Spannungen unter der Oberfläche.

Auf dem Weg zum Washington Boulevard, der am Südrand von Horner verläuft, kamen Lafeyette, Pharoah und Porkchop ein paar Freunde entgegen. «Die Polizei hat gesagt, wir sollen abhauen und keine Autos bewachen», erzählte ein Junge den anderen. Eine wirre Diskussion folgte. Sollten sie umkehren? Es gab Abende, an denen die Polizei die Jungen mit mehr Nachdruck als sonst vom Stadion fernhielt. Manchmal respektierten die Kinder die Warnungen der Cops. An anderen Abenden versuchten sie trotzdem, ihren Parkwächterjob nachzugehen und die Polizei dabei sorgsam zu meiden. An diesem Abend kehrten Pharoah und Porkchop um und spielten statt dessen lieber Basketball am Klettergerüst. Porkchop, den Kopf immer voller Schabernack, rief einem der jugendlichen Wachposten einer Bande zu: «Polizei!» Das junge Bandenmitglied riß den Kopf herum: «Wo? Wo?» Porkchop und Pharoah platzten vor

Lachen über ihren Witz. Lafeyette war mit seinen Freunden zum Stadion weitergegangen.

Lafeyette half einem Parkwächter beim Einwinken der Autos. Die Jungen konnten fünf bis zehn Dollar damit verdienen. Ein Polizist kam heran und befahl Lafeyette und einigen seiner Kumpel, die darauf warteten, daß Autos in den Nebenstraßen parkten, sie sollten nach Hause gehen. Vielleicht gab Lafeyette ihm eine aufmüpfige Antwort oder reagierte etwas zu langsam, jedenfalls erzählten später zwei andere Jungen unabhängig voneinander, was dann geschah. Der Polizist packte Lafeyette am Kragen und warf ihn in eine Pfütze. Dann versetzte er ihm einen Tritt ins Hinterteil. «Was willst du hier überhaupt?» fragte der Beamte den Jungen. «Du kleiner Ganove, hier gibt's keine Arbeit für dich. Diese weißen Leute haben kein Geld für Nigger übrig.»

Einer von Lafeyettes Freunden flüchtete sich nach Horner, wo er Pharoah ganz außer Atem von dem Vorfall erzählte. Pharoah geriet in Panik. Er stand ganz allein mitten auf dem Spielplatz und zitterte weniger vor Kälte denn vor Angst. Er wollte nicht zu Lafeyette hingehen, weil er fürchtete, der Polizist würde auch ihn treten. Ihre Mutter wollte er auch nicht rufen, denn er fürchtete, daß sie «wahrscheinlich in die Sache reingeraten wär, und dann hätten sie sie ins Gefängnis gebracht, weil sie ihre Kinder so lange draußen läßt». Er war vor Angst wie gelähmt.

Inzwischen waren zwei Jungen losgelaufen, um LaJoe zu holen; sie stürzte ohne Mantel aus der Wohnung. Als sie am Washington Boulevard ankam, saß Lafeyette auf dem Rücksitz eines Streifenwagens. Sie begann mit dem Polizisten zu streiten, der Lafeyette zu Boden geworfen hatte. Darauf erschienen zwei weitere Beamte. Sie ließen Lafeyette frei. Er wurde nicht verhaftet, und es wurde kein Protokoll aufgenommen.

Später erinnerte Lafeyette sich noch, daß einer der Polizisten ihn gewarnt hatte, es könne ihm so spät abends da draußen etwas zustoßen. «Ich hab mein ganzes Leben lang hier in der Gegend gewohnt, und mir ist bis jetzt noch nie was passiert», sagte er zu dem Beamten. «Nur die Polizei hat mir was getan.»

Niemand hatte sich den Namen oder Dienstnummer des Polizisten gemerkt, und so gab es keine Möglichkeit, den Fall beim Polizeipräsidium zu verfolgen. Außerdem würde sein Wort gegen das des Jungen stehen. Diese Nacht war der Auftakt zu einer Zeit der Verwirrung für Lafeyette, in der er seine Beziehung zur Polizei kritisch zu sehen begann.

Mehrere Wochen lang betätigten sich weder Lafeyette noch Pharoah am Stadion. LaJoe verbot den beiden, überhaupt wieder dorthin zu gehen, aber schließlich taten sie es doch. Manchmal wußte LaJoe über ihre Ausflüge Bescheid, manchmal auch nicht. Sie konnte sich einfach nicht durchsetzen, das war auch schon bei den älteren Kindern ihr Problem gewesen. Außerdem war der Aufpasserdienst am Stadion die einzige Gelegenheit für die Kinder, sich etwas Taschengeld zu verdienen.

Pharoah war der erste, der wieder hinging. Es wurde Frühling, bevor auch Lafeyette versuchsweise wieder einmal beim Stadion auftauchte. Inzwischen hatte Pharoah eine neue Verdienstquelle aufgetan. Er und seine Freunde führten den sogenannten «*Chicken Wing*» für Stadionbesucher vor. Die weißen Besucher amüsierten sich über den verrückten Tanz, bei dem die Kinder ein piepsendes Kücken nachahmten, und schenkten ihnen ein paar Dollar. Pharoah muß gespürt haben, daß etwas Erniedrigendes an dieser Zurschaustellung war, denn wenn er anderen davon erzählte, schämte er sich und blickte nervös kichernd zur Seite.

Zum erstenmal begann der jetzt zehnjährige Pharoah sich laut Gedanken zu machen, daß er ein Schwarzer war. «Wohnen alle Leute in *projects*?» fragte er seine Mutter. «Sind alle schwarzen Leute arm?» Er regte sich darüber auf, daß Michael Dukakis Jesse Jackson nicht als Kandidaten für die Vizepräsidentschaft genommen hatte. «Dann hätt er doch gewinnen können», dachte er laut. «Warum wählen die Leute keine Schwarzen?» Der Vorfall beim Stadion hatte ihn verunsichert. Er hatte das Gefühl, daß «die Polizei wahrscheinlich keine schwarzen Kinder mag oder so was. Die weißen Polizeis mögen die schwarzen Kinder nicht. Das glaub ich nämlich.» Das war das erste Mal, daß Pharoah irgend jemandem gegenüber Verbitterung zu erkennen gab.

Der Zwischenfall mit Lafeyette und dem Polizisten ließ bei LaJoe unangenehme Erinnerungen aufsteigen. Wie auch andere langjährige Bewohner von Henry Horner hegte sie gemischte Gefühle gegenüber der Polizei, und ihre Kinder übernahmen diese Einstellung von ihr.

Einerseits empfanden LaJoe und andere Sympathie für die Polizisten. Welcher junge Cop wollte schon in einer Gegend wie Horner nach Einbruch der Dunkelheit allein festsitzen? Die Anwohner wußten und verstanden das. Es war ja für sie selbst gefährlich. Wie konnte es dann ungefährlich für jemanden von außerhalb sein? In einem nicht weit entfernten Stadtviertel hatte sich kürzlich ein Jugendlicher auf ein Knie niedergelassen, ein Gewehr hochgerissen, den Namen seiner Gang gebrüllt und das Feuer auf einen Streifenwagen eröffnet. Die meisten Beamten wagten sich selbst tagsüber nicht allein nach Horner. Wer konnte ihnen einen Vorwurf machen?

Doch die Anwohner hatten kein echtes Vertrauen zu den Cops. Zum einen lebten die Bewohner von Horner zwangsläufig im Spannungsfeld zwischen Rauschgiftbanden und Polizei. Die Polizisten kamen und gingen, doch die Bandenmitglieder waren vierundzwanzig Stunden täglich vor Ort. Da ging es nicht mehr um Zugehörigkeitsgefühle, sondern um gesunden Menschenverstand. Und nur wenige Nachbarn wagten, den Notruf 911 zu wählen – aus Angst, daß die Banden entdecken könnten, wer sie verpfiffen hatte.

Doch vieles von ihren Bedenken hatte seine Wurzeln in der Vergangenheit. Erinnerungen sind zäh. Und wie viele großstädtische Schwarzenviertel war auch Horner schon Opfer des Übereifers oder der Brutalität der Polizei geworden – je nachdem, aus welchem Blickwinkel man es sah. Die Kerner-Kommission, von Präsident Johnson zur Unterstützung der massiven Probleme der *inner cities* Amerikas eingesetzt, charakterisierte bereits 1968 die Beziehung zwischen bewaffneten Beamten und schwarzen Gemeinden landesweit als «explosiv». Die latente Antipathie der Menschen in Horner gegenüber der Polizei fand ein Jahr später, 1969, Bestätigung, als vier junge Männer durch Polizisten den Tod fanden. Diese Todesfälle veränderten für immer die Einstellung der Leute hier zur amtlichen Gewalt.

Ende der sechziger Jahre brodelten die Schwarzenghettos der Nation vor Zorn und Wut – davon war in der Resignation und den individuellen Ausschreitungen Ende der achtziger Jahre nichts mehr zu spüren. Vor zwanzig Jahren hatten die Menschen noch das Gefühl, daß sie etwas bewegen konnten, daß sie Verbündete im «System» finden konnten, die dafür sorgen würden, daß etwas für sie getan wurde. Und als das fehlschlug, erstarben auch Hoffnung und Gerechtigkeitsgefühl.

Erst erstickte der «Krieg gegen die Armut» trotz seiner großartigen Ziele an seinen Mißerfolgen, und dann wurden seine Anführer, Malcolm X und Martin Luther King, niedergeschossen. Das weiße Amerika schien entschlossen, die dringenden Bitten um Gleichstellung in Schulen, Wohnverhältnissen und medizinischer Versorgung zu ignorieren. Nur wenige Monate vor Dr. Kings Tod veröffentlichte die Kerner-Kommission ihren Bericht, in dem sie hellsichtig warnte: «Unsere Nation bewegt sich auf eine gespaltene Gesellschaft zu – eine schwarze und eine weiße, getrennt und ungleich.»

Wie viele andere organisierten sich auch die Bewohner von Henry Horner in diesen Jahren. Die, wie sie es sahen, Vernachlässigung und regelrechte Ausbeutung ihrer Gemeinde brachte sie auf die Beine. Durch Druck auf die Bundesregierung erkämpften sie sich Gelder für die Einrichtung einer Poliklinik für das Viertel, das Miles Square Health Center. Sie übten Druck auf Schulen wie die Crane-Schule aus, damit verständnisvollere Schulleiter eingestellt wurden. Sie halfen beim Bau eines Schwimmbeckens für den Jungenclub. Und dann verlangten die Anwohner im Herbst 1969 eine Fußgängerampel.

Angesichts all des Aufruhrs dieser Jahre schien das damals keine besonders extravagante Forderung. Der Washington Boulevard war zur regelrechten Rennstrecke für Berufstätige geworden, die vom *Loop* aus in die westlichen Vororte hinausströmten, und da es auf den anderthalb Kilometern von Horner nicht eine Ampel gab, fuhren hier alle mit Höchstgeschwindigkeit. Seit Schulbeginn waren zwei Kinder von Autos erfaßt worden. So erschien es den Eltern des Viertels als eine Forderung der Vernunft, daß die Stadt eine Ampelanlage installierte: Die Stadt mußte etwas tun, um den Verkehr abzubremsen. Doch die lehnte ab. Das würde den Verkehrsfluß der Pendler behindern, war das Argument der Stadtspitze.

Kinder und Eltern, verstärkt durch rotbemützte Vice Lords, die damals gerade bemüht waren, sich als konstruktiver Teil der Gemeinschaft zu profilieren, gingen protestierend auf die Straße. Die Idee, den Washington Boulevard mit einer Menschenkette einfach zu sperren, wurde verworfen, da man sie wegen Verkehrsbehinderung hätte festnehmen können. Statt dessen bildeten sie eine endlose Streikpostenkette, die sich unaufhörlich von einer Seite des Boulevards zur anderen und zurück bewegte. Sie seien nur Fußgänger, behaupteten sie, und wollten die Straße überqueren. Sie konnten doch nichts dafür, wenn gerade Hauptverkehrszeit war. Sie nannten ihre Aktion «Das wilde Viereck».

Die Spannung wuchs mit der Ankunft einiger Busse mit Polizisten in voller Kampfausrüstung; drohend bauten sie sich auf der anderen Straßenseite auf, bereit zu Massenverhaftungen. Es kam dann nicht zum großen Zusammenstoß, obwohl die Polizei tatsächlich einige Demonstranten festnahm. Bei einem Zwischenfall geriet der einundzwanzigjährige Michael Soto, der nach einem Jahr Militärdienst in Vietnam einen dreißigtägigen Heimaturlaub verbrachte, in eine Rangelei um einen Polizisten und wurde festgenommen wegen Verkehrsbehinderung und Widerstand gegen Festnahme, doch die Klage wurde später aufgehoben.

Am 5. Oktober, neunzehn Tage später, beschimpfte der sechzehnjährige John Soto, Michaels jüngerer Bruder, zwei weiße Polizisten, als sie zwei seiner Freunde verhafteten. Einer der Beamten schoß auf John und tötete ihn. Die Polizisten sagten, es sei passiert, als der Junge handgreiflich wurde gegen den Beamten; Zeugen sagten aus, der Polizist habe John Soto ohne Provokation erschossen.

Am 10. Oktober, fünf Tage danach, wenige Stunden nach der Beerdigung seines jüngeren Bruders, wurde auch Michael Soto getötet, als er auf dem Treppenabsatz zwischen Erdgeschoß und erstem Stock des Hauses in Horner stand, wo seine Familie wohnte. Auch er starb durch einen Polizisten. Die Polizei sagte, er hätte gerade jemanden bestohlen. Als die Bewohner von Horner hörten, daß noch ein Soto-Bruder ums Leben gekommen sei, brach binnen Minuten ein zorniger Aufruhr aus. Eine Stunde lang lieferten sie sich einen erbitterten Kampf mit der Polizei. Heckenschützen schossen aus den Fenstern des Hochhauses. Anwohner stürzten aus den Geschäften und fuchtelten drohend mit Revolvern und Schrotflinten. Die Polizisten gingen hinter ihren Einsatzwagen und unter den Hochbahngleisen in Deckung. Über allem kreiste ein Hubschrauber. Als die Schießerei nach zwanzig Minuten verstummte, waren zehn Polizisten und ein zwölfjähriges Mädchen durch Schüsse verletzt.

Die Stadt stellte eine Ampel auf. Doch schon zwei Monate später gab es erneut Grund zur Empörung. Wieder wurden zwei Schwarze von der Polizei getötet.

Am 4. Dezember stürmten nur zwei Blocks von Horner entfernt dreizehn Polizisten die Wohnung mehrerer Black Panther und erschossen den einundzwanzigjährigen Fred Hampton, den Anführer der Gruppe in Illinois, und den zweiundzwanzigjährigen Mark Clark. Anfangs behaupteten die Beamten, die Panther hätten das Feuer auf sie eröffnet, als sie versuchten, einen Hausdurchsuchungsbefehl durchzusetzen. Eine spätere FBI-Untersuchung ergab jedoch, daß die Panther einen Schuß abgegeben hatten, die Polizisten hingegen zwischen dreiundachtzig und neunundneunzig Schüssen. Die Panther wohnten nur ein paar Blocks von Horner entfernt. Man betrachtete sie mit einer Mischung aus Ehrfurcht und Respekt. Sie hatten ein Frühstücksprogramm für Kinder organisiert, hielten spannende Rallyes in der Nähe ihrer Zentrale Ecke

Western und Madison Street ab und hatten scheinbar so unbedeutende Dinge wie die Ampelaktion unterstützt.

Ihr Tod wurde zur *cause célèbre* nicht nur in Chicago, sondern für die gesamte Nation. Fünftausend Trauergäste kamen zu einer Gedenkfeier für Hampton. Bücher wurden geschrieben über den Vorfall sowie über das darauffolgende Verfahren gegen den Staatsanwalt, der die Razzia angeordnet hatte, und die Polizeibeamten. Sie wurden alle freigesprochen.

Die vier Todesfälle – die Soto-Brüder und die beiden Panther – hinterließen eine schwärende Wunde bei den Menschen in Henry Horner. Noch zwanzig Jahre danach waren diese der Polizei angelasteten Todesfälle bei den Erwachsenen von Horner unvergessen. «Plötzlich erkannte man, daß man denen, die man für Beschützer gehalten hatte, nicht trauen konnte», sagte LaJoe, die damals siebzehn war. «Wie können Menschen jemanden einfach so töten? Und lügen? Und es vertuschen? Dabei hätten sie nur zu sagen brauchen, daß es ein Versehen war, und alles wäre danach anders gekommen.»

LaJoe wußte, daß die meisten Polizisten keine schlechten Menschen waren. Einer ihrer Spielkameraden aus der Kindheit war Kriminalbeamter geworden und arbeitete in Cabrini Green. Er kam öfter zu Besuch. Ein anderer Polizist hatte persönlich einen Bandenchef gewarnt, die Rivers in Ruhe zu lassen, nachdem dieser LaShawn bedroht hatte. LaJoe wußte, welche Angst manche von ihnen haben mußten, wenn sie Streifendienst im Viertel hatten. 1975 war der Wachtmeister Joseph Cali von einem Heckenschützen erschossen worden, als er in Horner einen Strafzettel für einen Falschparker ausfüllte. Wenn Polizisten ihren Streifenwagen unbeaufsichtigt ließen, warfen Anwohner manchmal schwere Gegenstände aus oberen Stockwerken auf die Autos. Einmal zielte jemand mit einer Bowling-Kugel auf einen Einsatzwagen. Ein anderes Mal warf jemand einen Kühlschrank aus einer der oberen Etagen und verfehlte nur knapp eine Polizistin. Das nahm solche Ausmaße an, daß die Polizei Schwierigkeiten hatte, Freiwillige für Streifengänge in Gegenden wie Horner zu finden.

Mehr noch, manche Polizisten, die LaJoe persönlich kannte, sorgten sich wirklich um die Kinder. Einen, Bill Spencer, der täglich in Horner arbeitete, mochten die Jungen besonders gern. Er hatte Verständnis für sie und gab ihnen auch ein zweites und drittes Mal noch eine Chance. Er war so beliebt, daß die Bewohner seine Rückkehr forderten und erreichten, als er versetzt werden sollte. Ein anderer Beamter von der Zivilstreife des Polizeidistrikts, Lieutenant William Guswiler, hatte Lafeyette kürzlich im Auto zu einem Restaurant mitgenommen und ihn auf freundliche Weise davor gewarnt, sich mit den falschen Leuten einzulassen.

Die Polizisten waren nicht alle schlecht. Nur konnte LaJoe bei einem so tragischen Vorfall wie dem Tod der beiden Soto-Brüder nicht verstehen, warum die Polizei sich nicht entschuldigte und einfach zugab, daß Fehler gemacht worden waren. Und jetzt war Lafeyette von einem Polizisten mißhandelt worden. Die Sache selbst war nicht so schlimm, meinte sie. Ein paar Tage lang tat ihm der Rücken weh, und er konnte nicht zur Schule gehen, doch er war nicht ernstlich verletzt. Doch beunruhigte LaJoe, daß Lafeyette allmählich zum Zyniker wurde. Als das Sozialamt der Familie die Zuwendungen strich, hatte Lafeyette sofort vermutet, ein Nachbar habe sie verpfiffen. Er war zu oft enttäuscht worden, und wenn ihn jetzt jemand aufsitzen ließ, war seine Reaktion prompt und simpel: Man hatte ihn hereingelegt. Warum sonst sollte jemand unzuverlässig sein? Und jetzt verlor er auch noch sein Vertrauen zur Polizei. Diese innere Distanz wurde in den folgenden Monaten noch größer.

In diesem Winter platzte die Wohnung fast aus den Nähten. Weasels Freundin zog ein und außerdem LaJoes Mutter, Lelia Mae, die unter Depressionen wegen einer durch einen Schlaganfall ausgelösten halbseitigen Lähmung litt. Sie war von einem Kinder- oder Enkelhaushalt zum anderen weitergereicht worden.

Anfangs schien der Umzug in LaJoes Wohnung Lelia Mae aufzumuntern. Sie schlief auf dem Sofa und erzählte den Kindern

Geschichten aus Horners Frühzeit; sie mußten genau hinhören, denn ihre Aussprache war undeutlich geworden. Die alten Zeiten, von denen sie sprach, erschienen ihnen hell und fröhlich. Sie erzählte den ungläubig staunenden Kindern, damals hätten die Familien ihre Wohnungstüren nachts nicht abgeschlossen. Im Sommer habe man sogar manchmal die Nächte draußen verbracht und im Gras geschlafen.

Besonders Lafeyette freute sich, daß sie da war. Er kümmerte sich gern um alte Leute. Dann fühlte er, daß er gebraucht wurde. Bei McDonald's half er älteren Leuten mit ihren Tabletts. Für seine Großmutter machte er Einkaufs- und Botengänge. Sie hatten sich immer nahegestanden. Als Lafeyette jünger und Lelia Mae noch bei Kräften war, fuhr Lafeyette oft mit seinem Fahrrad zu ihr in die Wohnung hinüber. Jetzt half er seiner Mutter, sie zu baden, und rieb ihr die Füße mit Alkohol ab. Und oft lief er zum Restaurant an der Ecke und holte ihr Lieblingsessen: ein Würstchen mit rohen Zwiebelringen.

Außerdem brachte Lelia Mae ihren kleinen Schwarzweißfernseher mit. Lafeyette und Pharoah durften ihn mit in ihr Zimmer nehmen und konnten dort ungestört vom Gezappel der kleinen Geschwister in aller Ruhe fernsehen.

Vor lauter Menschen schien die Wohnung zu bersten. Der Herd gab den Geist auf, und fast acht Monate lang konnte LaJoe nichts mehr backen. Lafeyettes und Pharoahs hölzerne Zimmertür konnte man nur noch mit größter Vorsicht öffnen und schließen, sonst löste sich die obere Hälfte aus der Angel, und die Tür lehnte sich gefährlich ins Zimmer hinein, als hätte man sie eingeschlagen. Eine billige, von der Wohnungsbehörde nur halb befestigte Lampe hing lose von der Wand; ein Freund von Lafeyette steckte einen Schraubenzieher hinein und holte sich einen kräftigen elektrischen Schlag.

Auch die Abwasserrohre am Spülbecken in der Küche waren leck geworden. LaJoe wickelte Lumpen darum, damit das Wasser nicht dauernd auf den Boden tropfte, und wusch in den zwei Wochen, in denen sie auf den Klempner wartete, das Geschirr in der Badewanne ab, in die nach wie vor Tag und Nacht das heiße Wasser rauschte.

Bei all diesem Trubel beunruhigten sich Lafeyette und Pharoah doch am meisten über die Depressionen ihres Vaters. Es sah nicht so aus, als würde Paul seine Stellung wiederbekommen. Er trank immer noch und nahm gelegentlich auch Heroin. Ihm war klar, daß es mit einem weiteren Urin-Test schlecht aussah. Er brauchte so dringend Geld, daß er den Fernsehapparat stahl, den LaJoes Mutter den Jungen geschenkt hatte, und ihn für 15 Dollar versetzte. Lafeyette und Pharoah dachten, einer der Freunde ihrer Geschwister hätte ihn mitgenommen. Sie beschafften sich ein Schloß für ihr Zimmer. Paul drückte sein Gewissen so sehr, daß er irgendwie das Geld zusammenbrachte, den Fernseher aus dem Pfandhaus holte und zurückstellte, ohne daß die Jungen erfuhren, wer ihn gestohlen hatte.

Lafeyette war voller Groll auf seinen Vater. Er fand, er habe seine Versprechen gegenüber seiner Familie nicht gehalten. Als er kleiner war, hatte Paul zu Lafeyette gesagt, er würde mit der Familie in ein ruhigeres Viertel ziehen. «Ganz bald, Junge», hatte er versprochen, «wirst du einen eigenen Garten zum Spielen haben und Platz genug, um einen Hund zu halten.» Das Haus würde so groß sein, fuhr er fort, daß er und Pharoah jeder ein eigenes Zimmer bekämen. Und einen Hobbyraum würde es auch geben, damit sie Freunde einladen könnten. Wie einst LaJoe träumte Paul laut von der Zukunft. Nichts schien unmöglich. Damals arbeiteten er und LaJoe beide, und wenn die beiden auch Probleme hatten, Geld gehörte nicht dazu. Bis Pauls Sucht ihn nicht mehr losließ. «Wenn ich zurückblicke, haben wirklich die Drogen mein Leben ruiniert und meine Familie da hingebracht, wo sie jetzt ist», sagte Paul nachdenklich. «Ich bin sicher, die Kinder wissen das. Sie sagen nichts zu mir deswegen, entweder weil sie Respekt vor ihrem Vater haben oder weil sie noch nicht alt genug sind, um deswegen böse auf mich zu werden. Das ist meine Familie teuer zu stehen gekommen. Ich habe den Drogentrip gewählt, statt meiner Familie das Notwendige zu geben.»

Paul, der trotz der Sucht noch immer seine Athletenfigur bewahrt hatte, drückte sich nicht nur um die Erfüllung seiner Versprechen, er war auch viel zu niedergeschlagen, um den Kindern irgendeinen Halt zu bieten. «Ich erinnere mich, daß ich oft genug betrunken oder high nach Hause kam und die Kinder es zu merken schienen», sagte er. «Alle saßen im Wohnzimmer, waren noch auf, und wenn ich reinkam und mich hinsetzte, stand einer nach dem anderen auf und verschwand in seinem Zimmer. Als wollten sie sagen: Paßt auf, Leute, vorsichtig, Daddy ist wieder voll. Manchmal tun sie überhaupt, als wär ich Luft. Ich darf nicht ins Zimmer meiner Söhne. Ich darf nicht ins Zimmer meiner Tochter. Und wenn ich in irgendein Zimmer reinwill, muß ich vorher anklopfen. Das ist hart.»

Auch LaJoe redete nicht viel mit Paul. Sie hatte ihm nie verziehen, daß er Rauschgift nahm. Doch sie übte Zurückhaltung in der Art, wie sie über ihn sprach: «Er kann tun, was er will. Ich kann nicht böse mit ihm sein, denn er versteht sich ja selber nicht. Ich kann nicht böse auf jemanden sein, der sich nicht beherrschen kann. Wenn er sich nicht selbst helfen kann, wie soll er dann mir helfen?»

Respektvoll nannte Paul LaJoe eine «Gegnerin aus Gewissensgründen», da sie selbst weder trank noch Rauschgift nahm. Sie war nur zigarettensüchtig, wie er im Scherz sagte. Und obwohl LaJoe Paul praktisch ignorierte, empfand er noch viel für sie. «Ich liebe diese Frau», sagte er oft. «Ich hab sie wirklich gern, aber ich kann nicht zeigen, wie sehr.» Paul tauchte auch weiterhin bei ihnen auf, weil er wollte, daß seine Kinder ihren Vater kannten. Mit Verbitterung erinnerte er sich seiner eigenen Kindheit. Sein Vater ging weg, als er zwei Jahre alt war. «Lange Zeit hat mich das bedrückt», sagte er. «Wenn ich meine Mutter danach fragte, wurde sie wütend, und das machte mich noch bitterer. Sie will nicht darüber sprechen. Das macht mich stinksauer. Das ist einer der Gründe, warum ich zu meinen Kindern geh, trotz meiner Eheprobleme mit LaJoe. Wenn ich jetzt ganz wegbleibe, verzeihen die mir das nie. Wenigstens haben sie einen Daddy.»

Und wenigstens hatte Paul Pharoah. Pharoah hatte Mitleid mit seinem Vater und bemühte sich oft, ihn aufzuheitern. Wenn ein Basketball-Spiel lief, versuchte Pharoah seinen Vater dafür zu interessieren. Sie wetteten, wer gewinnen würde, Pharoah setzte auf eine Mannschaft, sein Vater auf die andere. Er tat alles, damit der Vater nicht ins Brüten versank. Dann würde er nur wieder depressiv, das wußte Pharoah.

An einem milden Dezembernachmittag saß Paul auf dem Rand des Doppelbetts im vorderen Schlafzimmer und starrte auf den braunen Fußboden. Pharoah lag auf dem Bauch, das Kinn in die Hand gestützt.

«Laß uns nach draußen gehen», drängte Pharoah.

Paul schüttelte den Kopf. «Ich bleib lieber hier. Warum gehst du nicht allein raus?»

«Fängst du wieder an zu arbeiten?» fragte Pharoah.

«Ich mach Pause. Das ist 'ne Arbeitsunterbrechung», erklärte Paul mürrisch.

«Was ist der Unterschied zwischen dem und gefeuert werden?»

«Dies ist nur für einige Zeit.»

«Wenn du nicht arbeitest, wie kannst du dann das halten, was du uns versprochen hast?» Paul hatte den Kindern Fahrräder und Schneeanzüge in Aussicht gestellt. «Daddy, du kannst sie doch nicht kaufen, wenn du nicht arbeitest, oder?»

«Mach dir keine Sorgen deswegen. Früher oder später hab ich wieder Arbeit, und ich werd mich bemühen, die Versprechen zu halten. Ich werd sie bestimmt einlösen.» Einige Minuten saßen die beiden und schwiegen. Pharoah sah seinen Vater an, der den Fußboden anstarrte.

«Warum trinkst du? Was hast du davon?»

Die Frage verblüffte Paul. Pharoah hatte bisher kaum den Mut gehabt, seinen Vater wegen des Trinkens zu fragen, obwohl es ihn sehr bedrückte, wenn sein Vater mit einer Fahne nach Hause kam und aufgedreht herumquasselte. Pharoah sagte immer, was sein Vater tue, sei seine Angelegenheit. Doch es störte alle: ihn,

Lafeyette und besonders LaJoe, die dann böse wurde mit Paul und verlangte, er solle die Wohnung verlassen.

«Wieso soll ich nicht trinken? Wenn ich mit dir spiele oder so, riechst du das dann an meinem Atem?»

«Es stinkt und du siehst nicht richtig aus. Du benimmst dich komisch», sagte Pharoah.

Paul rührte sich nicht. Er sagte kein Wort. Er wußte, daß Pharoah recht hatte. Er sollte mit dem Trinken aufhören. Er nahm schon viel seltener Drogen, aber er sollte ganz aufhören. Er wollte furchtbar gern wieder arbeiten gehen, aber bei den Verkehrswerken hatte er keine Chance gehabt. Vor allem bedrückte ihn, daß er seine Kinder enttäuscht hatte.

Pharoah stand auf, setzte sich hinter seinen Vater und legte ihm sanft eine Hand auf die Schulter. Er bemühte sich, fröhlich auszusehen.

«Du wirst deinen Job schon wiederkriegen, Daddy. Wenn nicht den, dann was anderes. Weißt du noch, wie du die großen alten Mülltonnen geleert hast? Willst du den Job wiederhaben?»

Porkchops vergnügtes Gesicht guckte durch den Türspalt. Pharoah sah seinen Vater an und stand auf. «Tschüs, Daddy, ich geh jetzt.» Er hüpfte aus dem Zimmer. Paul mußte wider Willen grinsen.

ACHTZEHN Wie jeden Winter stieg die Wohnungstemperatur auf trockene, knisternde 30 Grad Celsius. Auch wenn sie sich bis auf die Unterwäsche auszogen, brachte das für Lafeyette und Pharoah nicht viel Erleichterung; sie fühlten sich wie in einem Backofen. Man konnte höchstens ein Fenster öffnen, selbst bei tiefstem Frost, aber dann mußte man sich mit dem eisigen Zugwind abfinden. Pharoah hatte heftigen Husten; seine Kehle war trocken und wund. Die Gluthitze machte die Jungen müde und entnervte sie alle.

LaJoe suchte nach einem Vorwand, um sie aus der Wohnung zu treiben. Die Wochenenden waren das Schlimmste. Außer zum Jungenclub konnten die Kinder nirgends hin, also hingen sie den ganzen Tag zu Hause herum. Als Weihnachten nahte, wollte LaJoe irgend etwas Besonderes für sich und die Kinder tun. Sie hatte ihnen zwar schon für die Ferien Etagenbetten versprochen, doch das schien nicht im Bereich des Möglichen. Nachdem sie für alle Kinder Weihnachtsgeschenke gekauft hatte, war kein Geld mehr übrig für die Betten. Sie würden bis zum Frühjahr warten müssen.

LaJoe beschloß, mit den Kleineren ins Stadtzentrum zu fahren, um die Weihnachtsdekorationen in den Schaufenstern anzusehen, so wie ihre Mutter es mit ihr als Kind gemacht hatte. Die Drillinge waren noch nie im *Loop* gewesen, Pharoah nur ein paarmal. Lafeyette wollte LaJoe nicht mitnehmen, er fühlte sich wahrscheinlich schon zu groß für solch ein Unternehmen.

An einem Donnerstag nach der Schule, zwei Wochen vor Weihnachten und einige Tage, nachdem sie 38 Dollar beim Kartenspielen gewonnen hatte, scharte sie ihre Kinder um sich. Außer Pharoah und den Drillingen lud sie ihre drei Enkelkinder Tyisha, Baldheaded und Snuggles ein und eine Freundin der Drillinge, die von allen Esther B. genannt wurde.

Sie marschierte mit der kleinen Truppe zur Madison Street, wo sie in den Bus stiegen; alle Kinder schlüpften umsonst durch, auch der zehnjährige Pharoah. Als LaJoe und die acht Kleinen durchgingen, witzelte der Fahrer: «Wenn Sie das nächste Mal einsteigen, bezahlen Sie neun Dollar.» LaJoe, schon müde, quälte sich ein Lächeln ab. Der Ausflug würde hoffentlich ihre Lebensgeister beflügeln.

«Warum ist das Fenster so sauber?»

«Wo kommen die Lichter da her?»

«Oooh, guck mal, die hohen Häuser da!»

«Die sind aus Glas!»

«Nee, sind sie nicht!»

«Sind sie doch!»

«Bei einem Hurrikan sterben alle Leute da drin in den Glasscherben. Das Glas macht sie tot.»

«Kommt ja gar kein Hurrikan.»

«Hör auf zu spinnen!»

Und so ging das Geplapper weiter, während der Bus in den dichten Verkehr von Chicagos Downtown eintauchte. Die Wolkenkratzer schienen endlos hoch in den dunkelnden Himmel zu wachsen. Die Kinder versuchten, ihr oberes Ende auszumachen, doch während sie die Köpfe so weit wie möglich zurückbogen und die Gesichter an die Busfenster preßten, beschlug das Glas von ihrem warmen Atem. Schleunigst rieben sie die Scheiben wieder klar und lugten nach den Wolkenkratzern, die so kühn über ihrer Stadt aufragten.

LaJoe ließ sich von ihrer Begeisterung anstecken. «Wenn wir da sind», versprach sie der aufgeregten Bande, «kauf ich das tollste Popcorn, das ihr je gegessen habt.» Sie erinnerte sich an das Popcorn, das ihre Mutter ihr kaufte, wenn sie sie als kleines Mädchen bei ihrer Arbeitsstelle im County Building im Zentrum besuchte.

Allmählich fühlte LaJoe sich als Teil einer normalen Familie – einer Familie ohne Probleme.

«Sie sind da, Ma'am», sagte der Busfahrer zu LaJoe, als er die Haltestelle State Street erreichte, an der die größten Kaufhäuser der Stadt mit ihren prächtig dekorierten Weihnachtsschaufenstern liegen. Schubsend purzelten die Kinder aus dem Bus.

«Hiergeblieben! Keiner läuft weg!» rief LaJoe. Alle außer Pharoah, der meinte, er sei groß genug, um allein zu laufen, wollten unbedingt an LaJoes Hand gehen. «Ich kann euch nicht allen die Hand geben. Pharoah! Pharoah!» rief sie. Doch Pharoah war wie hypnotisiert von dem dichten Nachmittagsverkehr. Männer in Anzügen und Krawatten gingen an ihm vorbei, den Blick streng geradeaus gerichtet, die Gesichter voller Entschlossenheit. Und die Frauen – wie hübsch sie aussahen in ihren langen Wollmänteln und den um die rosigen Gesichter drapierten bunten Schals! Er wirbelte auf dem Absatz herum und folgte den Vorbeigehenden mit den Blicken.

«Pharoah!» rief LaJoe wieder. «PHAROAH!» Beim Klang seines Namens, der in den letzten Minuten wie das Rush-Hour-Publikum an ihm vorbeigeflimmert war, fuhr er zusammen. «Pharoah, nimm Tammie und Tiffany an die Hand!» Er faßte die beiden Fünfjährigen fest bei ihren bloßen Händen. Tyisha faßte Timothy und Snuggles an. LaJoe nahm Baldheaded auf einen Arm und Esther B. an die andere Hand. Wie eine Papiergirlande zogen die neun mitten im Strom der hastenden Berufstätigen die State Street entlang, hin zu den von Menschentrauben umringten Schaufenstern.

Die Kinder kreischten vor Begeisterung beim Anblick der sechzig Zentimeter großen mechanischen Puppen in den Schaufenstern; einige der Puppenkinder sangen Weihnachtslieder, zwei feierten Weihnachten in einem Raumschiff. «Sind das echte Kinder?» fragte Timothy.

«Nein», erklärte LaJoe ihm. «Das sind Puppen, die bewegen sich mit einer Batterie.»

«Ach, ich möchte da rein und bei ihnen wohnen», sagte Timothy.

Die Kinder stritten. War das richtiger oder nachgemachter Schnee? Was waren das alles für Weihnachtsmänner, die da an den Straßenecken ihre Glöckchen bimmeln ließen. Wieso waren es so viele? «Die Weihnachtsmänner sammeln einfach Geld, um den Menschen Geschenke zu kaufen», erklärte Pharoah den Kleineren. Er selbst hatte begonnen, die Existenz des Weihnachtsmannes zu bezweifeln. «Ich glaub nicht dran, daß es einen Weihnachtsmann gibt», flüsterte er seiner Mutter zu. «Ich glaub nicht, daß er das in allen Staaten an einem Tag schaffen könnte. Er könnte es doch an einem Tag nicht mal bis Detroit schaffen.»

Pharoah führte LaJoe und die anderen von Schaufenster zu Schaufenster, von einem Block zum nächsten. Mit Tammie und Tiffany als Flügel flatterte er der Schar voraus. «Mama, guck mal hier! Mama, guck mal hier!» schrie er dauernd. An einem Fenster las er den Kleinen vor: «Angesichts der Kurrende-Sänger auf der Treppe zur Kunstschule sieht selbst Scrooge freundlich aus ... Da sind auch Tiny Tim und Bob Cratchit aus seiner Vergangenheit. Doch wer spielt da mit den Hunden?»

«Bravo», sagte ein junges Paar, das stehengeblieben war und zuhörte. Pharoah lächelte stolz.

LaJoe führte die Kinder zu McDonald's, wo sie etwas aßen und aufgeregt durcheinanderplapperten. «Wohin gehen wir jetzt?» fragten sie. «Wohin jetzt, Mama?»

«Noch eine Haltestelle. Zum großen Weihnachtsbaum», sagte sie.

Sie fuhren noch einen Block weiter, ohne zu bezahlen, und bestaunten dann unter großen Ohs und Ahs den riesigen Christbaum der Stadt, der in Wirklichkeit aus zig sauber zusammengesetzten kleineren Bäumen bestand. «Ist das der Baum vom lieben Gott?» fragte Tiffany. «Er reicht fast bis zum Himmel.»

«Nein, der gehört allen. Aber Gott ist hier wahrscheinlich auch ganz nahe», erzählte LaJoe ihnen, während ihre kleinen Körper sich sacht im Rhythmus der Weihnachtslieder wiegten, die auf wunderbare Weise dem Inneren des Baums entströmten. Zum Schluß ging LaJoe mit ihnen noch zu Garrett's, einem Popcorn-

Haus in der City; Pharoahs Einwände, sie solle den Rest des Geldes für sich behalten, nützten nichts – sie kaufte ihnen zwei große Tüten Popcorn, eine mit Käse und eine mit Karamel. Jedem der kichernden, kauenden, um mehr bettelnden Kinder ließ sie einen Brocken in den Mund fallen. Das sei das beste Popcorn, das sie je gegessen hätten, erklärten sie ihr.

Auf der Rückfahrt im Bus marschierten Tiffany und Tammie im Gang auf und ab und versicherten sich gegenseitig und den anderen Kindern in klarer, überdeutlicher Sprechweise, die das Reden der Erwachsenen nachahmen sollte: «Oh, wir hatten einen wunderschönen Tag. Hatten Sie nicht auch einen wunderschönen Tag?» Im Handumdrehen beteiligten sich alle acht an dem Spiel. «Oh, wir hatten einen tollen Tag, Mama», sagte einer, und alle anderen brachen in Gelächter aus. LaJoe lehnte sich in den Sitz zurück und legte den Kopf an die kalte Fensterscheibe. Körperlich war sie erschöpft, doch merkwürdigerweise verspürte sie eine ganz neue Energie. Es war so schön, die Kinder außer sich vor Glück zu sehen. Sie wirkten so unbeschwert. Sie nahm sich fest vor, öfter einmal einen Ausflug mit ihnen zu machen. Es machte sie alle – sie selbst eingeschlossen – so glücklich und zufrieden. «Oh, was für ein wunderschöner Tag», ahmte sie lautlos ihre Töchter nach und lachte leise.

Auch Pharoah saß ganz erledigt im Bus. Es war ein besonderer Tag für ihn gewesen. Er hatte seiner Mutter geholfen, auf die Kleinen aufzupassen, und ihnen die Texte aus dem Schaufenster vorgelesen. Und außerdem war er einfach gern mit seiner Mutter zusammen. Es wäre toll, wenn sie ihn öfter mitnehmen würde. «Ich möchte noch mal dahin, Mama», sagte er zu LaJoe.

«Ich auch», lächelte sie und streichelte ihm über den Kopf.

LaJoe bedauerte nur, daß Lafeyette nicht mit dabeigewesen war. Sie hatte angenommen, er hätte gar keine Lust mitzukommen und fände sich schon zu alt für so ein Unternehmen. Doch als sie nach Hause kamen, saß Lafeyette auf dem Sofa.

«Warum habt ihr mich nicht mitgenommen?» fragte er.

«Ich dachte, du interessierst dich nicht für den Weihnachtsmann und den Tannenbaum und die Schaufenster mit all den Puppen», sagte sie.

«Doch, ich wollte mit.»

Nächstes Mal, nahm LaJoe sich vor. Sie durfte nicht vergessen, daß Lafeyette trotz seiner Erwachsenenprobleme erst ein dreizehnjähriger Junge war.

Lafeyette wurde zornig, als er die Nachricht hörte. Ihr Bruder durfte einfach nicht zehn Jahre ins Gefängnis. Er durfte nicht. So schlecht war er nicht. Als LaJoe Lafeyette davon erzählt hatte, war alles, was er herausbringen konnte: «Ich hoffe, Terence kriegt weniger als zehn Jahre.» Dann verschwand er im Badezimmer und tauchte fast eine halbe Stunde lang nicht wieder auf. Wie sein Vater fühlte er, wie sein Bauch sich verkrampfte, wenn er sich aufregte. Dann bekam er schrecklichen Durchfall.

Als Pharoah erfuhr, daß sein Bruder vielleicht für zehn Jahre wegkäme, verzog sich sein Gesicht. «Ich überleg», sagte er zu seiner Mutter, «warum sie Leute einsperren und von ihren Eltern wegnehmen?» LaJoe versuchte zu erklären, warum das so war; es sei eine Form von Strafe, weil Terence etwas Böses getan hatte.

«Wenn er zehn Jahre kriegt, kommt er nach Hause, wenn er achtundzwanzig ist. Dann bin ich zwanzig», sagte Pharoah, indem er die Jahre an den Fingern abzählte.

«Du wirst dich erst mal ein bißchen auf den Hosenboden setzen», sagte LaJoe. «Das ist im Moment das Wichtigste.» LaJoe machte sich Sorgen wegen Pharoah, denn seine Lehrerin hatte sie eines Nachmittags nach der Schule aufgesucht und gesagt, Pharoah sei im Unterricht oft geistesabwesend. War vielleicht etwas nicht in Ordnung? LaJoe vermutete, daß die Sache mit Terence ihn bedrückte. Weder Pharoah noch Lafeyette erzählten ihrer Mutter von ihren Sorgen, sie wollten sie nicht zusätzlich belasten. Also wurde über vieles nicht gesprochen.

«Terence wird sein Urteil wie ein Mann hinnehmen», versicherte LaJoe Pharoah. «Und du mußt seinetwegen auch ein Mann sein, egal, wieviel sie ihm geben. Du mußt Pharoah sein und darfst dich nicht wegen Terence aufregen, denn dann kannst du in der Schule nicht mehr aufpassen, weil du immerzu an ihn denken mußt. Dein Bruder wird schon zurechtkommen, also mach dir keine Sorgen seinetwegen.»

«Mama», unterbrach Pharoah sie, «ich bin einfach noch zu jung, um zu verstehen, wie das Leben wirklich ist.»

Die Staatsanwaltschaft hatte Terence zehn Jahre angeboten, wenn er sich schuldig bekennen würde. Das mochte unerhört erscheinen, zumal er hartnäckig seine Unschuld beteuerte. Doch Terence war erneut festgenommen worden, wieder wegen bewaffneten Raubüberfalls. Und diesmal verfügte die Polizei über belastendes Beweismaterial.

Während des Sommers hatte der auf Kaution freigelassene Terence sich große Mühe gegeben, sich aus allem Ärger herauszuhalten. Einige Nachmittage und Abende arbeitete er als Schuhputzer am Flughafen, doch meistens hing er im Zimmer herum, das er mit Weasel teilte. Dort besuchten ihn auch seine Freunde. Er ging nicht oft aus der Wohnung. Was seine Verteidigerin Audrey Natcone betraf, hatte er ein gutes Gefühl: Sie kümmerte sich um ihn und glaubte ihm. Doch ihren Optimismus, daß er straffrei ausgehen würde, teilte er nicht. Hatte er nicht schon einmal fünf Monate unschuldig gesessen? Und da war niemand gekommen, um ihn herauszuholen. Nur das Glück rettete ihn. Hätte das Mädchen, das er angeblich angeschossen hatte, nicht den Mund aufgemacht und seine Aussage zurückgenommen, wäre er seinetwegen ins Gefängnis gewandert. Wegen der Schwere der ihm angelasteten Straftat, schwere Körperverletzung mit Schußwaffe, wäre er wie ein Erwachsener verurteilt worden. Der Richter hätte ihm zehn Jahre geben können. Er traute dem System einfach nicht. *Sie* hörten gar nicht zu. *Sie* verstanden nichts. Also wenn *sie* meinten, er sei ein schlechter Kerl, wenn sie ihn so haben wollten, dann würde er auch einer sein. Wenn *sie* ihn wegen etwas einlochen wollten, das er gar nicht getan hatte, dann würde er ihnen auch einen Grund dafür liefern. Das war eine verworrene, verhängnisvolle Art zu argumentieren, doch es war auch ein verworrenes, verhängnisvolles Leben, das ihn in diese Lage gebracht hatte. Dies war seine eigene wirre Art, Gerechtigkeit zu suchen. Und so sagte er im Sommer zu einem Freund, möglicherweise hellsichtig: «Ich laß mich doch nicht einbuchten wegen was, das ich gar nicht gemacht hab, Mensch. Ich werd ihnen schon was liefern, wofür sie mich verknacken können.»

Am 5. September überfielen Terence und ein Bekannter Mazury Tavern, eine Arbeiterkneipe in der Northside der Stadt. Die Berichte stimmen nicht ganz überein. Terence sagt, er stieg zu ein paar Freunden zu einer Spritztour ins Auto und erfuhr erst dann, daß sie einen bewaffneten Überfall planten. Sie gaben Terence ein paar hundert Dollar, damit er Schmiere stand.

Im Polizeibericht las es sich anders. Zwei Männer, Terence und sein Freund, drangen in die Mazury Tavern ein, wo sein Freund den Wirt mit einer Pistole in Schach hielt, während Terence ein Videospiel und die Kasse aufbrach und schätzungsweise 1000 Dollar Bargeld herausholte. Die Polizei sagte, man habe unanfechtbare Beweise gefunden: Terences Fingerabdrücke. Außerdem habe Terence ein mündliches Geständnis abgelegt, wenn er sich auch weigerte, es zu unterschreiben. In seiner Aussage hieß es, er habe zugestimmt, seinen Bekannten zu einer Gaststätte in der Northside zu begleiten, und habe für seinen Part bei dem Raubüberfall zwei Heroinbriefchen erhalten.

Wie die Wahrheit auch aussehen mochte, Terence wußte, daß die Staatsanwaltschaft wirklich etwas in der Hand hatte. Die Polizei hatte Grund, ihn gerichtlich zu belangen. Wenn er jetzt eine Zeit absaß, dann wenigstens für etwas, was er getan hatte, nicht für irgendeinen juristischen «Schwindel». Nach seiner Festnahme gestand er Audrey nichts. Aber sie konnte es sich denken – sie wußte auch so Bescheid.

Seine Festnahme bekümmerte Audrey, überraschte sie aber nicht sehr. Viele ihrer Klienten wurden straffällig, während sie auf Kaution freigelassen waren. Sie hatte gehofft, mit Terence würde das anders sein. Sie war der festen Überzeugung, daß Terence an dem ersten Überfall nicht beteiligt war. Die Polizei hatte ihr die

Fotos von der Gegenüberstellung noch immer nicht herausgegeben, was den Verdacht bei ihr erweckte, da könne etwas nicht stimmen. Aber das war jetzt ohnehin egal. Der Anklage stand es frei, den zweiten Fall zuerst zu behandeln, und da hatte Terence offensichtlich keine Chance.

Doch die Anklage war völlig überlastet. Sie wollte es nicht zum Termin kommen lassen. Die drei Staatsanwälte in dem Gerichtssaal, wo Terences Fall verhandelt werden sollte, bearbeiteten 450 Fälle gleichzeitig – im Jahr davor waren es noch 250 gewesen. Sie vermuteten, daß die sprunghafte Zunahme zum Teil politische Gründe hatte. Ihr Vorgesetzter, Richard P. Daley, kandidierte als Bürgermeister; je mehr Fälle sie also strafrechtlich verfolgten, vor allem solche, die mit Drogen zu tun hatten, um so überzeugender mußte es auf die Wählerschaft wirken, daß Daley ein drakonischer Verfechter von Gesetz und Ordnung wäre. Tatsächlich wurden einer Studie zufolge bei den 25 000 im Vorjahr wegen Drogendelikten Angeklagten im Kreis in über der Hälfte der Fälle das Verfahren eingestellt oder die Anklage fallengelassen. Infolgedessen wickelten die Staatsanwälte fast neunzig Prozent ihrer Fälle auf dem Vergleichsweg ab. Sie hatten einfach nicht die Zeit, ein Gerichtsverfahren zu eröffnen.

Zu Audrey hatte der Staatsanwalt gesagt, man werde Terence zehn Jahre im Austausch gegen ein Schuldbekenntnis anbieten. Sie fand, das sei zu hoch, zumal sie ihm glaubte, daß er den ersten Überfall nicht begangen hatte. Außerdem war es seine erste Straftat als Erwachsener. Ihr schienen sechs Jahre angemessen. Jetzt mußte sie über die bloße Übermittlung des Angebots hinaus mit ihm darüber reden; sie meinte, sie könne die Anklage auf eine kürzere Strafe herunterhandeln.

NEUNZEHN Die Ferien kamen und vergingen ohne Zwischenfall. Allerdings bestand Pharoah am 30. Dezember darauf, die ganze Nacht aufzubleiben, um am nächsten Abend todmüde zu sein: Er wollte die traditionelle Silvesterschießerei zur Begrüßung des neuen Jahres einfach überschlafen. Beide Jungen hatten schöne Weihnachten gehabt. LaJoe hatte schon im September begonnen, Weihnachtsgeschenke auf Abzahlung zurücklegen zu lassen. Das war ihre Art des Sparens; sie hatte kein Konto. Lafeyette bekam ein Radio, Pharoah ein Atari-Computerspiel. Beide Jungen erhielten außerdem Zehn-Dollar-Uhren und Kleidung, hauptsächlich Hosen und Hemden für die Schule. Die Familie hatte einen kleinen, von LaJoe mit Zuckerstangen und Lametta geschmückten Weihnachtsbaum. Sie hängte auch Lichter in die Fenster. Weihnachten sei die einzige Zeit im Jahr, in der das Viertel gut beleuchtet sei, scherzte sie.

Anfang Februar kam Pharoah vom Autobewachen während eines Blackhawk-Spiels nach Hause. Lafeyette öffnete ihm die Tür.

«Wieviel haste gekriegt?» fragte er.

«Zwei Dollar», antwortete Pharoah.

«Bist doch blöd – arbeitest den ganzen Abend für zwei Dollar. Ich mach sieben Dollar, wenn ich arbeite.»

Pharoah ließ sich auf keinen Streit ein. Er zuckte nur mit den Schultern und trottete in sein Zimmer, wo er die beiden Dollarnoten zusammenfaltete und in eine Jackentasche steckte. Er sparte sein Geld immer. LaJoe zog ihn deswegen auf: «Was willst du bloß mit all dem Geld anfangen?» fragte sie manchmal. Pharoah kicherte bloß. Meistens gab er schließlich doch alles für Videospiele und Süßigkeiten aus. Diesmal aber hatte er ein Ziel. Er sparte für den jährlichen «Talentschuppen» des Boys Club. Er und Lafeyette verpaßten ihn nie.

Das einstöckige Gebäude des Boys Club war so alt wie der Henry-Horner-Komplex. Im Spieleraum des Clubs spielte Pharoah Poolbillard und entwickelte sich zum Eight-Ball-Profi, obwohl die Queues alle ohne Spitzen waren. Lafeyette spielte Basketball in der Turnhalle. Der überdachte Swimmingpool des Clubs war neun Jahre lang geschlossen gewesen und sollte in ein paar Wochen wieder geöffnet werden. Der Club war eine Oase für die Kinder der Nachbarschaft; allerdings stand er hauptsächlich denen zur Verfügung, die auf der Ostseite der Damen Avenue wohnten. Die Kinder von der anderen Seite, die die Grenze aus Angst vor Angriffen gegnerischer Bandenmitglieder nicht überqueren konnten, gingen eher zum Chicago-Commons-Zentrum, das stolz war auf seine Turnhalle und seine neuen Bibliotheksräume. Dort konnte man ein ruhiges Plätzchen zum Lesen oder Schularbeitenmachen finden. Chicago Commons betrieb auch ein Tagesheim und organisierte Ausflüge und Besichtigungen für die Kinder. Für den Talentschuppen jedoch wurden die Grenzen der Bandenreviere vorübergehend durchlässig. Dort mischten sich Freund und Feind. Auch die Polizei schwärmte in großer Zahl aus. Es war einer der wenigen großen Anlässe in der Gemeinde.

Die Show war so alt wie der Boys Club. Kinder, junge Männer und Frauen boten ein Programm aus Gesang, Tanz und lustigen Sketchen. In den sechziger und siebziger Jahren hatten die Lokalsender Talentsucher hingeschickt. Die Mitglieder der Rock-Gruppe Earth, Wind and Fire, die allesamt in Horner aufgewachsen waren, traten hier zum erstenmal auf. Lafeyette und Pharoah freuten sich jedes Jahr auf die Show; um keinen Preis hätten sie darauf verzichtet.

An diesem Freitagabend füllte sich die Turnhalle des Clubs

rasch. Pharoah und Lafeyette fanden einen Platz auf der obersten Reihe der Tribüne, wo sie stehen und die Bühne gut überblicken konnten. Kinder, Teenager und junge Mütter besetzten die Klappstühle. Die Vice Lords drehten ihre Mützenschilde nach links, die Disciples ihre nach rechts.

Lafeyette, der seine «Starterjacke» mit dem Emblem der Chicago Blackhawks trug, hielt in der Halle Ausschau nach seinen «Kollegen». Pharoah trug ein graues Sweatshirt mit der Skyline von San Francisco auf der Brust; er stand neben Porkchop, der strahlend vor Aufregung rastlos von einem Fuß auf den anderen hüpfte. Porkchop sprach kaum, er stieß Pharoah nur ab und zu in die Rippen, um ihn auf etwas Lustiges oder Merkwürdiges aufmerksam zu machen. Ein Teenager bot regenbogenfarbene Fächer an, obwohl es nicht sehr heiß war in der Halle, ein anderer verkaufte Stirnbänder mit SUBARU vorne drauf. «Die kauft bestimmt keiner», meinte Pharoah zu Porkchop, der zustimmend nickte.

«Na, wie geht's euch denn allen?» rief der Showmaster des abends, ein Mitarbeiter des Clubs, ins Mikrophon. Durch das altertümliche Verstärkersystem klang das so, als brüllte er durch eine Blechdose. «Guuut», johlten Pharoah und Lafeyette zusammen mit der ganzen Menge zurück.

Als Übergang zur Nationalhymne rief der Zeremonienmeister: «Und liebt ihr dieses Land?»

«Neeeiin», brüllte die Menge über Pharoahs braves «Ja» hinweg. Nur wenige legten wie Pharoah beim Singen der Nationalhymne die Hand aufs Herz.

Als erstes kam ein Lieblingsstück der Jugendlichen. Fünf Halbwüchsige aus Rockwell Gardens führten eine kunstvoll choreographierte Nummer vor. Sie nannten sich Awesome Force und stellten sich jeweils mit ihrem Sternzeichen vor: «Hi, ich bin Donnell, mein Zeichen ist Pisces, das heißt ‹Fische›.» Die Mädchen in der Halle schrien und kreischten und wurden fast ohnmächtig beim Anblick dieser jungen Stars. Pharoah hüpfte zur Musik und mußte sich gleichzeitig dagegen wehren, von der Tribüne geschubst zu werden. In der Halle wurde es immer enger.

Lafeyette schlenderte mit einem Kumpel herum. Sie stibitzten ein paar Strohhalme vom Verkaufsstand, schlängelten sich durch die Menge und spuckten gekaute Kügelchen auf die Mädchen. *Zssssch!* Eine traf ein Mädchen hinten in den Nacken. Sie fuhr herum. «Haltet eure Hormone in Schach, ja!» fauchte sie ihre Angreifer an. Lafeyette und der andere Junge prusteten los und wiederholten mit offensichtlicher Befriedigung: «Haltet eure Hormone in Schach. Meeensch, halt deine Hormone in Schach!»

Alle waren in bester Stimmung. Selbst ein dickes junges Mädchen, das nicht ganz stimmfest Keith Sweats Song «Make it last forever» vortrug und unter Buhrufen die Bühne verließ, brachte noch ein Lächeln für die Reaktion des Publikums auf. Doch Pharoah war es peinlich, er meinte zu Porkchop: «Die buhen sie aus! Das sollten sie nicht machen.»

Über die nächste Nummer glucksten die beiden vor Lachen. Ein etwa zwölfjähriger Junge imitierte überzeugend Pee-wee Herman und Popeye. Dann sang ein Teenager im hautengen Kleid den Song «Superwoman», den die Pop-Sängerin Karyn White so berühmt gemacht hatte. Für die Frauen des Viertels war er zu einer Art Kennmelodie geworden, daher sangen alle jungen Mädchen im Publikum, die meisten von ihnen schon junge Mütter, hingebungsvoll den Text mit. Dabei sah sich manche übermütig zu ihrem Freund um.

I'm not your superwoman
I'm not the kind of girl that you can let down
And think that everything's okay
Boy, I am only human
This girl needs more than occasional hugs as a token of love
from you to me...

«He, Pharoah!» Rickey hatte seinen kleinen Freund auf der Tribüne gesichtet. «He, Pharoah!» Pharoah kletterte hinunter und begrüßte ihn.

«Willst du 'n Würstchen?» fragte Rickey.

«Klar», antwortete Pharoah. Er folgte Rickey, der ihm ein Hot Dog und eine Limo kaufte und ihm außerdem noch zwei Dollar schenkte.

«Danke, Rickey!»

«Schon in Ordnung, Pharoah.» Pharoah stieg wieder zu Porkchop hinauf und teilte das Essen mit ihm. Rickey ging wieder zu seinen Freunden.

Spät am Abend betrat ein junger Rap-Künstler die Bühne. Er ließ seinen Blick über das Publikum schweifen. «Alle Travelers hier drin rufen jetzt: ‹Travelers›.» Die Menge röhrte: «TRAVELERS!»

«Alle Fours sagen: ‹Solid›.» – «SOLID!»

«Alle Stones sagen: ‹Stone Love›.» – «STONE LOVE!»

«Alle Cs im Haus sagen: ‹Conservatives›.» – «CONSERVATIVES!»

Die Banden hatten einen Waffenstillstand zugunsten der Talent-Show vereinbart.

Während die Show sich bis gegen Mitternacht hinzog, breitete sich ein Gerücht in der Menge aus, das Lafeyette und Pharoah noch wochenlang verfolgen sollte. Ein junges Mädchen namens Alice war ein paar Straßen weiter westlich viermal in den Kopf geschossen worden. Manche sagten, sie sei schon tot, andere behaupteten, sie kämpfe noch um ihr Leben. Lafeyette und Pharoah spitzten nur die Ohren. Sie kannten sie beide, wenn auch nicht näher. Beide beteten für sie und erkundigten sich noch wochenlang nach ihrem Zustand.

Lafeyette hatte während der Show nach Craig Davis Ausschau gehalten, ihn aber nirgends entdeckt. Craig, der so vielen von ihnen den Sommer mit seinen Tanzpartys unter dem Vordach verschönerte, hatte auch Lafeyette für Musik interessiert. Lafeyette hörte sich jetzt oft Musikkassetten an und brachte dem Älteren neue Rap-Bänder mit.

Einige Tage nach der Show hörte Lafeyette abends, daß Craig bei ihnen im Haus bei seiner Freundin sei, und stieg nach oben, um ihn zu sehen. Craig saß auf der Couch und schrieb ein Gedicht. Ein von ihm selbst aufgenommenes Band mit Musik dröhnte laut im Hintergrund.

«Was gibt's, Laf?» sagte Craig.

«Hallo, Craig.» Lafeyette setzte sich neben den älteren Jungen und sah zu, wie er auf ein Blatt eines Notizblocks kritzelte. Lafeyette stichelte ihn ein bißchen wegen seiner Freundin.

«Sie wird meine Freundin», verkündete er Craig.

«Kannst sie haben.»

«Ach ja? Ich kann sie haben?» Lafeyette gluckste vergnügt vor sich hin.

Craig hörte nicht auf zu schreiben.

«Was hältst du davon?» fragte Craig und hielt Lafeyette das Gedicht unter die Nase. Sein Titel war «Kinder der Zukunft», und trotz der eigenwilligen Grammatik und Rechtschreibung verstand Lafeyette es genau. Es war eine Ode ans Lernen. Craig erklärte Lafeyette immer wieder, wie wichtig die Schule sei.

I can't blame the teacher for teachen
I shoulden criticize the speaken
Because the less I knew the more I weaken
The teacher gave a lesson.
If I was there I learned.
What's the use of letting it go to waste
  win I can show what I earned.
I took advanedge of the education
Not advanedge of it being free
If I took advanedge of both
It wouldn't mean much to me.

(Ich kann den Lehrer nicht fürs Unterrichten tadeln, / Ich sollte seine Reden nicht kritisieren, / Denn je weniger ich weiß, desto schwächer bin ich. / Der Lehrer gab 'ne Stunde, / Wär ich dagewesen, hätt ich was gelernt. / Was macht's für Sinn, sie ungenutzt zu lassen, / Wenn ich zeigen kann, was ich dabei gewinn? / Die Bildung hab ich wohl genutzt, / Daß sie umsonst war, hab ich nicht gedankt. / Mich für beides dankbar zu zeigen, / das wär nicht meine Art.)

«Genau – super», sagte Lafeyette, geschmeichelt, daß ein Älterer ihn nach seiner Meinung fragte. Lafeyette bewunderte Craig maßlos. Trotz seiner rastlosen Motorik lag schon etwas Beruhigendes darin, einfach nur mit ihm zusammenzusein. Craig erzählte Lafeyette, daß er bei einer Party im Jungenclub in ein paar Wochen, am 3. März, den Diskjockey machen würde. Er forderte ihn auf, ebenfalls hinzukommen.

Es war ein Donnerstag gegen Ende Februar; an diesem tristen, kalten Chicagoer Winternachmittag hatte Pharoah sich in seinem Zimmer eingeschlossen. Heute war, wie er es neuerdings zu nennen pflegte, sein «brain day».

Inmitten kopierter Listen von Wörtern, Hunderten von Wörtern, lag er bäuchlings auf dem Bett. Er lernte für den bevorstehenden Buchstabierwettbewerb.

«Dodgery», fragte er sich laut selber ab. Ohne auf das Blatt zu sehen, buchstabierte er das Wort. Langsam. Wenn er zu stottern begann, hielt er inne und holte Atem. Schön langsam, sagte er zu sich selbst. Schön langsam. Er übte – sowohl die Wörter als auch, das Stottern zu überwinden.

Einer der Drillinge, Timothy, hämmerte gegen die Tür. «Wer ist da?» fragte Pharoah.

«Ich», sagte Timothy. Neugierig wie Pharoah selbst, wollllte er wissen, woher die komischen Geräusche auf der anderen Seite der Tür kamen. Warum führte sein Bruder Selbstgespräche?

«Was willst du?» rief Pharoah.

«Laß mich rein», bettelte Timothy.

Pharoah öffnete die Tür einen Spalt. «Ich lerne, Timothy. Jetzt bleib draußen!» Als Timothy doch einen Schritt ins Zimmer machte, gab ihm sein größerer Bruder einen kräftigen Klaps auf den Hinterkopf, so daß Timothy zu heulen begann. Das war sonst gar nicht Pharoahs Art, aber hier verstand er keinen Spaß. Er war entschlossen, im Buchstabierwettbewerb gut abzuschneiden. Nichts würde ihn davon abbringen. Fast täglich ging er gleich nach der Schule zielstrebig in sein Zimmer und absolvierte sein Übungspensum. Manchmal bat er seine Mutter, ihm sein Mittagessen zu bringen, damit er das Lernen nicht unterbrechen mußte. Manchmal hockte Lafeyette sich zu seinem Bruder aufs Bett und schleuderte ihm wie ein *Drill-Sergeant* bei den Marines Wörter an den Kopf, bemüht, ihn mit besonders schwierigen hereinzulegen. *Obedient. Soybean. Hazardous.* Nie fragte er Pharoah dasselbe Wort mehr als zweimal. Wenn er es bei der ersten Wiederholungsrunde nicht kapierte, würde er es ohnehin nicht schaffen.

Auch in der Schule strengte Pharoah sich gewaltig an. Dieses Jahr war Clarise, eine der besten Schülerinnen der ganzen Schule, als zweite Vertreterin ihrer Klasse für den Wettbewerb benannt worden. Clarise Gates war die jüngste Suder-Schülerin, die für die Afrikareise ausgewählt worden war. Als Pharoah letztes Jahr verloren hatte, hatte sie ihn zur Seite gezogen und versucht, ihn aufzumuntern: «Ist doch alles in Ordnung, Pharoah. Nächstes Jahr gewinnst du bestimmt!» hatte sie geflüstert.

Sie und Pharoah konnten einander gut leiden. Beide waren neugierig, fleißig und immer fröhlich. Beide hatten ein wunderbares offenes Lächeln. Clarise überragte den 18 Zentimeter kleineren Pharoah aber erheblich. Dienstags und donnerstags kamen die beiden morgens eine halbe Stunde früher zur Schule, um sich gegenseitig abzufragen. Bei einigen Wörtern hatte Pharoah wegen seines Stotterns Schwierigkeiten mit der Aussprache. «Ich kann das nicht richtig sagen!» schimpfte er dann vor Enttäuschung. «Kann ich nicht gibt es nicht», erinnerte ihn Clarise wie eine Mutter, die ihrem Sohn Mut zuspricht. Und die beiden arbeiteten Silbe für Silbe am Klang des Wortes.

Eines Morgens sagte Clarise mit gerunzelter Stirn zu Pharoah: «Ich werd gar nicht mitmachen. Ich laß dich ganz allein gewinnen.»

«Was?» rief Pharoah erschrocken. Sein Gesicht verzog sich. Wie konnte seine Freundin ihn im Stich lassen?

«Aber nein, Pharoah, ich mach schon mit. Ich hab bloß Spaß gemacht», versicherte sie ihm. Die beiden lachten und machten sich ans Lernen. Im Laufe der Wochen, in denen sie sich gemeinsam auf den Wettbewerb vorbereiteten, begannen Pharoah und Clarise, sich gegenseitig «Partner» zu nennen.

Die Woche vor dem Buchstabierwettbewerb war eine strapaziöse Zeit für die Familie. Am Freitag, dem 24. Februar, gerieten zwei fremde Männer in ihrer Wohnung aneinander. Ein Nachbar vom Stockwerk über ihnen, den alle als Tough Luck («Pechvogel») kannten, hatte einen Mann namens Willie beschuldigt, der mit LaShawns Freund zusammen unechten Schmuck verkaufte, er habe einen Reifen von seinem Auto gestohlen. LaJoe hatte den Streit schon tagelang brodeln sehen – die Männer hatten eine heftige Auseinandersetzung auf dem Parkplatz gehabt – und warnte LaShawn, sie dürfe Willie und seine Probleme auf keinen Fall in ihre Wohnung lassen.

An diesem Nachmittag nun saßen Paul und LaJoes Mutter auf dem Sofa, als Tough Luck seinen Kopf durch die unverschlossene Tür streckte. «Mister Paul», sagte er, «ich will bloß mit dem Mann reden, der sich meinen Reifen geholt hat.» Tough Luck stammte aus dem tiefen Süden, redete andere immer noch als «Mister» an und nannte sein Auto seine *«skillet»*. Willie stand am anderen Ende des Flurs und ranzte: «Ich hab deinen Reifen nicht, Mann! Hol dir doch irgendeinen!»

«Mister, ich will kein Ärger, aber ich will verdammt sein, wenn ich mir einfach was klauen lasse», sagte Tough Luck zögernd.

«Willie», drängte Paul, «geh nach draußen mit dieser Sache. Sie auch, Tough Luck.»

Willie hörte nicht auf Paul. Er wurde lauter. «Wenn du ihn haben willst, hol ihn dir doch. Ich hab nichts. Wenn du ihn irgendwo siehst, nimm ihn dir. Wenn du unbedingt willst, daß ich ihn genommen hab, dann hab ich ihn eben genommen.»

Tough Lucks Ruhe beunruhigte Paul. Das war wie die Ruhe vor dem Sturm, dachte er. «Gib den Reifen her, Mensch. An meiner *skillet* fehlt 'n Reifen. Ich laß mir von keinem einfach was klauen.» Dann langte er in seine Tasche, zog eine Pistole heraus und schoß wie nebenbei auf Willie. Paul tauchte hinter der Couch ab. Lelia Mae, deren Beweglichkeit wegen des kürzlich erlittenen Schlaganfalls eingeschränkt war, ließ sich vom Sofa auf den Fußboden rollen. «Die Kleinen!» rief sie. «Die Kleinen!» Pharoah und Lafeyette waren zu der Zeit nicht zu Hause, doch die Drillinge, die dem Streit zugehört hatten, rannten ins vordere Schlafzimmer und flüchteten sich in den türlosen Wandschrank. Als böte der Stoff irgendeinen Schutz, zogen sie Kleider über sich.

Die Kugel schoß zentimeternah an Paul vorbei und blieb in der Wand stecken. Tough Luck, der entweder kein guter Schütze war oder, was wahrscheinlicher ist, nicht wirklich jemanden verwunden wollte, begann sich auf Willie zuzubewegen. Dieser sprang in das Zimmer mit den Drillingen und schob eine Frisierkommode vor die Tür. Mit ruhiger Entschlossenheit drückte Tough Luck die Tür ein paar Zentimeter weit auf und streckte seine Pistole durch den Spalt. Willie knallte die Tür gegen seine Hand. Tough Luck ließ die Pistole fallen – und verließ die Wohnung so ruhig, wie er sie betreten hatte.

Als LaJoe kurz nach der Schießerei und gleichzeitig mit der Polizei zu Hause eintraf, geriet sie in eine geharnischte Wut. Sie nahm den Fahrstuhl zu Tough Lucks Wohnung und hämmerte gegen seine Tür. «Mach die Tür auf!» kreischte sie hysterisch. «Du bist in meine Wohnung gekommen und hast fast meine Kinder totgeschossen. Mach die Tür auf!!» Ihre Freundin Rochelle und der Nachbar Red mußten sie zurückhalten. Die beiden brachten sie in ihre Wohnung.

Einige Tage danach zog Lelia Mae wieder aus. Die ständige Unruhe in der Wohnung war ihr zuviel geworden. Es war ihr unangenehm, daß LaJoe so oft abends zum Kartenspielen wegging oder zu Rochelle. Und all die Gewalt im Haus und außerhalb brachte die Erinnerung an die Ermordung ihrer Tochter vor zehn Jahren zurück. Sie zog zu einer anderen Tochter, die eine eigene Wohnung hatte. «Ich vermiß Grandma schon. Hoffentlich kommt sie wieder», sagte Pharoah zu seiner Mutter. «Ich nicht», sagte Lafeyette. «Hier ist es viel zu gefährlich.» Später deckte LaJoe das Einschußloch mit einer kleinen Flechtarbeit zu: Noch eine böse Erinnerung, die übertapeziert werden mußte.

Fünf Tage danach begannen LaShawns Wehen. Es war ihr drittes Kind. Im siebten Monat der Schwangerschaft hatte sie aufgehört, Karachi zu rauchen, und zwar schlagartig, nachdem man sie aufgrund eines alten Haftbefehls wegen Autodiebstahls festgenommen hatte. In diesen Tagen konnte sie fühlen, wie das Ungeborene sich in ihr zu einem festen Knoten verkrampfte. Es machte die ganze Entziehungskur mit. Sie wollte ein gesundes Baby haben.

Am 1. März fuhr LaShawn ins Rush-Presbyterian-St. Luke's Medical Center, eine private Klinik, wo sie ihre beiden ersten Kinder zur Welt gebracht hatte. Sie fuhr gegen Mitternacht hin, und als am nächsten Morgen bei Dienstbeginn andere Ärzte kamen, befanden diese, sie habe noch keine Wehen, und schickten sie zum Mount Sinai Hospital, denn dort habe sie doch die Schwangerschaftsvorbereitung mitgemacht. Das war nicht das erste Mal, daß die Rush-Presbyterian-Klinik jemanden wegschickte. Kritiker nannten das «Abstoßen». Ein Arzt aus dem Cook County Hospital, das direkt gegenüber auf der anderen Straßenseite liegt und für die Armen Chicagos als letzte Zuflucht gilt, erzählte die Geschichte einer schwangeren Frau, die – wahrscheinlich, weil sie Sozialhilfeempfängerin war – aus Rush hinausgeworfen wurde und bei dem Versuch, das Nachbarkrankenhaus zu erreichen, auf offener Straße ihr Kind zur Welt brachte.

Wenige Tage später wurde im Mount Sinai Hospital LaShawns 2565 Gramm schwerer Sohn DeShaun geboren. Bei Untersuchungen fand man Opiate und Kokain im Blut des Kleinen, deshalb mußte er noch sechs Tage in der Klinik bleiben, während das Fürsorgeamt LaShawn zu Hause einen Besuch abstattete. Schließlich erlaubte man ihr, das Kind nach Hause zu holen. LaJoe und die Jungen halfen es zu versorgen.

Trotz all dieser Unruhe in der Familie blieb Pharoah bemerkenswert auf seinen Buchstabierwettbewerb konzentriert. Er und Lafeyette unterhielten sich über Tough Lucks Ausbruch, als sei das die natürlichste Sache der Welt. Clarise erzählte Pharoah nichts davon. Sogar die Drillinge, von denen einer später die Kugel für die Polizei fand, mußten immer wieder über die Ereignisse jenes Morgens reden. Was DeShaun betrifft, so betrachteten Lafeyette wie Pharoah den neuen Familienzuwachs mit einer Mischung aus Freude und Besorgnis. Sie hatten Bedenken, daß ein weiteres Baby die Finanzen der Familie noch mehr strapazieren würde; man brauchte doch mehr Geld für Windeln und Babysachen. LaJoe hatte insgeheim auch die Befürchtung, das Rauschgift könnte sich auf den Kleinen ausgewirkt haben. Aber LaJoe und beide Jungen, ganz besonders Lafeyette, liebten kleine Kinder und waren ganz aufgeregt, daß es nun wieder ein Baby zum Herumschmusen gab.

In Erwartung des Buchstabierwettbewerbs hatte Pharoah in letzter Zeit angenehme Träume. Einen erzählte er besonders gern. Darin war er ein erwachsener Mann auf Stellungssuche, und Leute weiter unten an ihrer Straße riefen ihn, weil sie meinten, einen Job für ihn zu haben. Pharoah war so beeindruckt von diesem Traumbild, daß er sich an die kleinsten Details erinnern konnte, zum Beispiel an die weißen Rosen vor seinem Bürofenster und seine neuen Kleider: ein gestärktes weißes Hemd mit blauer Krawatte und passender Jacke und Hose und blanken neuen schwarzen Schuhen. Er hatte den Job tatsächlich bekommen, und die Leute nannten ihn jetzt «the brain». Er konnte sich nicht erinnern, worum es bei der Arbeit ging, doch er hatte «einen großen Schreibtisch aus Metall, einen Bleistiftanspitzer und einen Briefbeschwerer, und überall lagen Papiere herum». Er wußte aber noch sehr genau, was für angenehme Gefühle der Traum bei ihm auslöste: «Ich fing an mir auszudenken, wenn ich Jurist werd oder so was, dann verdien ich mehr, und meine Mama kann aus den *projects* raus.»

Kürzlich hatte er auch *Old Yeller* fertiggelesen, ein Buch über einen Jungen und seinen Hund. Das sei eins seiner Lieblingsbücher, erzählte er seiner Mutter, denn «Old Yeller kämpfte für (den Jungen) gegen andere Tiere». Ohne Old Yeller «wär er tot gewesen, glaub ich». Pharoah war auch beeindruckt davon, «wie der Junge so wie auf'm Land redet», und bemüht, dabei nicht zu lachen, ahmte er perfekt die Sprechweise der Südstaatler nach: «Kainer wird hie main'n Hund wegnehm.» LaJoe hatte den Eindruck, Pharoah komme allmählich über sein Stottern hinweg. Vielleicht würde er dieses Jahr besser beim Buchstabierwettbewerb abschneiden. Sie wußte, wie viel es ihm bedeutete.

FRÜHJAHR 1989

ZWANZIG

Am Donnerstag, dem 2. März, schien der Winter noch einmal seine ganze Wut auslassen zu wollen. Früh am Morgen fiel noch weicher, besänftigender Schnee, doch im Laufe des Nachmittags, als das Thermometer gegen Null stieg, verwandelten sich die wirbelnden Schneeflocken in peitschende, gefrorene Regentropfen. Zusammen mit der dünnen Schicht Schnee, die bereits den Boden bedeckte, bildeten sie einen eisigen, rutschigen Belag. Hätte Craig Davis das fatale Zusammenwirken verschiedener Kräfte an diesem Abend vorhersehen können – scheußliches Wetter, amtliche Pflichterfüllung und einsame Angst –, er wäre vielleicht zu Hause geblieben. Doch Craig war einer, der nicht stillsitzen konnte.

An diesem Nachmittag fuhr er nach der Arbeit direkt nach Henry Horner, um seine Freundin zu besuchen. Vor zwei Monaten hatte er die Cregier High School mit Erfolg abgeschlossen und schnell eine Stelle als Lagerist bei «Order from Horder» gefunden, einer Ladenkette für Bürobedarf. Er arbeitete in einer Filiale in der Innenstadt, wo er 4,50 Dollar die Stunde verdiente. Craig machte auf den dortigen Geschäftsführer, Percy Anderson, einen so guten Eindruck, daß dieser schon überlegte, Craig zum Verkäufer auszubilden. «Er hatte eine gute Auffassungsgabe», sagte Anderson.

An diesem Abend blieb Craig nur kurz bei seiner Freundin und nahm dann den Bus nach Hause. Craig wohnte bei seinem Onkel und dessen Freundin in einem zweigeschossigen Reihenhaus in den ABLA Homes. Im Unterschied zu den anderen Siedlungen gab es in ABLA außer den Hochhäusern auch Reihenhäuser. Viele fanden diese sympathischer als die sechzehnstöckigen Festungen, doch sie befanden sich in einem genauso fürchterlichen baulichen Zustand. Außerdem waren sie so verwirrend angeordnet, daß Fremde sich oft hoffnungslos in dem Labyrinth verirrten.

Munter wie immer begrüßte Craig seinen Onkel und dessen Freundin und legte zwei gerade gekaufte Plattenalben auf den Lautsprechern ab, Frankie Knuckles' *You Can't Hide* und Dada Nadas *Haunted House*. Er griff sich einen Tonabnehmer und zwei selbst aufgenommene Kassetten mit Rap- und Pop-Musik und stopfte sich beides in die Taschen. Craig hatte immer Musik dabei. Während der Mittagspause bei der Arbeit saß er gewöhnlich in einem Hinterzimmer des Ladens und hörte Kassetten über Kopfhörer. Morgen abend sollte sein Debüt als Diskjockey im Henry Horner Boys Club steigen.

«Ich geh gleich wieder los. Zu einem Freund. Komm aber bald wieder», rief Craig seinem Onkel zu.

«Kommst du direkt zurück?» fragte sein Onkel.

«Ja», antwortete Craig, als er zur Haustür hinausging.

Craig wollte von einem Freund zwei Plattenspieler und Lautsprecher für die morgige Party abholen. Sein Onkel, der wußte, daß Craig jeden Abend gegen elf Uhr schlafen ging, schloß hinter ihm nicht ab.

Francis Higgins und Richard Marianos kreuzten in ihrem Zivilstreifenwagen durch die Straßen von ABLA. Der vierunddreißigjährige Higgins gehörte zu einer neuen bewaffneten Einsatzgruppe, deren einzige Aufgabe die Aufklärung illegalen Waffenhandels war. In den ersten viereinhalb Monaten ihres Bestehens hatten die Mitglieder der Gruppe, die sich Gunbusters nannten, 334 Schußwaffen beschlagnahmt. Der dreiundzwanzigjährige Marianos war ein Mitarbeiter des dem Bundesfinanzministerium unterstellten Amtes für Alkohol, Tabak und Schußwaffen, kurz ATF genannt, das in den zwanziger Jahren zum Zweck der gewaltsamen Durchsetzung der Prohibition gegründet worden war; der berühmte

Eliot Ness war ATF-Agent gewesen. Doch die letzte illegale Destillieranlage in Chicago war 1980 entdeckt worden. Auch der Tabak nahm beim ATF nicht mehr viel Zeit in Anspruch. Gelegentlich fingen die Beamten illegale Zigarettenschiebereien zwischen zwei Bundesstaaten ab.

So hatte sich in den letzten zehn Jahren die Arbeit des ATF weitgehend auf Schußwaffen konzentriert. Mit zunehmendem Drogenkonsum war die Bewaffnung anspruchsvoller geworden. Das ATF hatte es mehr und mehr mit automatischen Waffen zu tun, darunter Uzi-Maschinenpistolen, 10er Mac und 9er Intertec. Erst vor drei Wochen hatten ATF und Gunbusters in einer gemeinsamen Aktion zwei Wohnungen in einem Vorort durchsucht und dabei dreiundzwanzig scharfe Handgranaten, zehn automatische Maschinenpistolen, einunddreißig Handfeuerwaffen, sieben abgesägte Schrotflinten, eine halbautomatische Waffe, eine Splitterbombe und Tausende von Patronen gefunden. Die Polizei nahm an, diese Waffen gehörten einer Bande von der Westside, der die Vorortswohnungen als sicheres Versteck dienten. Heute nacht jedoch suchten Marianos und Higgins nach jemandem, den sie nur als «Craig» kannten und der angeblich vor ein paar Tagen eine abgesägte Schrotflinte gekauft hatte.

Auf ihrer Fahrt durch das Labyrinth der Straßen von ABLA begegneten die beiden Beamten am 1300er Block der Thirteenth Street auch drei Teenagern; einer davon war Craig. Die Jungen wollten die Stereoausrüstung abholen. Es ist nicht klar, weshalb die Polizisten fanden, daß sie verdächtig aussähen, oder ob sie irgendeinen Grund hatten, sie anzuhalten. Es war erst acht Uhr abends und sicherlich trotz der Dunkelheit noch früh genug für Teenager, um unterwegs zu sein. Als einer der Jungen, Craig Davis, die weißen Polizisten sah, sagte er, zu einem seiner Freunde gewandt: «Ich geh nicht wieder ins Gefängnis.»

Vor fünf Monaten war Craig zusammen mit vier anderen festgenommen worden, weil er angeblich Kekse aus einem Lieferwagen gestohlen hatte. Es war seine erste Festnahme gewesen und offensichtlich so ein erschütterndes Erlebnis, daß er geweint hatte. Er war bei einem Freund gewesen, um Tonbänder aufzunehmen, als die Polizisten wegen einer anderen Sache hereinkamen und im Wohnzimmer Schachteln mit Schokoladenkeksen entdeckten. Die Beamten nahmen alle fünf Jungen in der Wohnung fest. Als Craig am nächsten Morgen wieder entlassen wurde, erzählte er der Freundin seines Onkels, er habe mit dem Keksdiebstahl überhaupt nichts zu tun gehabt. Er sei bloß zufällig bei seinem Freund gewesen, um Bänder zu mischen. Jetzt hatte Craig Angst vor der Polizei, und so rannte er an diesem kalten Abend einfach weg. Craig war immer in Bewegung, das sagten alle. Er nahm also Reißaus, und zwar schleunigst.

Der nur ein paar Jahre ältere Marianos nahm die Verfolgung auf. Inzwischen verhörte Higgins die beiden anderen Jungen. In einem späteren Polizeibericht erklärte Higgins, sie hätten ihm gesagt, der Junge, der weggelaufen sei, heiße Craig. Sie aber sagen, sie hätten den Polizisten Craigs Namen nicht genannt. Higgins ließ die beiden Jungen laufen und sammelte seinen atemlosen Kollegen ein paar Blocks weiter wieder auf. Craig hatte Marianos abgehängt.

Die Jungen sahen Craig noch einmal wieder. Nachdem Craig Marianos ein Schnippchen geschlagen hatte, wollte er unbedingt die Stereoanlage für sein großes Debüt am nächsten Abend abholen. Etwa einen halben Block entfernt sichtete er seine Freunde und rief ihnen zu: «Kommt, wir holen die Plattenspieler!» In diesem Moment kam der Streifenwagen um die Ecke. Marianos sprang aus dem Auto und nahm die Jagd wieder auf.

Sie rannten eine Straße entlang und die nächste wieder zurück, dann durch einen dunklen Torweg. Marianos verlor Craig für «den Bruchteil einer Sekunde» aus den Augen, wie später eine polizeiliche Ermittlung ergab, und zog deshalb seinen Dienstrevolver, eine .357 Smith & Wesson. Craig bog nach links ab, um sich in der Wohnung seines Onkels in Sicherheit zu bringen. Dort holte Marianos ihn ein, packte ihn von hinten und stieß ihn gegen die Hauswand.

Marianos hielt seinen Revolver nahe an Craigs Kopf. Den Detektiven der Mordkommission sagte er später, Craig habe sich gewehrt, habe angefangen, «sich zu drehen und zu winden, und dann langte er über seine Schulter und kam in Kontakt» mit Marianos rechter Hand. Der gerichtsmedizinische Bericht ergab später jedoch, daß «Rußpartikel in der Wunde» gefunden worden seien, was darauf hinwies, daß der Lauf der Pistole möglicherweise an Craigs Schädel gepreßt war, als der Schuß sich löste. Wie auch immer, offensichtlich rutschte Marianos aus und fiel rückwärts auf den frisch vereisten Boden, und dabei entlud sich unbeabsichtigt die Smith & Wesson.

Das Echo des Pistolenschusses brach sich an den Ziegelwänden der Reihenhäuser. Doch wenige schenkten ihm Aufmerksamkeit. Schließlich hatte es in den letzten Wochen praktisch allnächtlich Schießereien gegeben.

Craigs Mutter, Christine Davis, die im vierzehnten Stock eines Hochhauses einen Block weiter wohnte, hörte den Schuß, als sie gerade mit Zigaretten und einem Sechserpack Bier aus einem Laden in der Nähe nach Hause kam. Die Menschen ringsum begannen zu laufen. «Die ham 'n Nigger erschossen», hörte sie jemanden sagen. Sie beeilte sich, in ihre Wohnung zu kommen, um dem zu entgehen, was mit Sicherheit folgen würde.

Selbst Craigs Onkel Daniel Davis dachte sich nichts bei dem Geräusch direkt vor seiner Tür. «Als wir den Schuß hörten, dachten wir nur, jetzt geht das Geschieße wieder los», sagte er später. «Hier in der Gegend hat es viele Schießereien gegeben.» Zehn Minuten später, als ihm durch die Unruhe draußen klar wurde, daß tatsächlich jemand vor seiner Wohnung verletzt worden war, öffnete er die Tür.

Da lag Craig mit dem Gesicht nach unten in einer Blutlache. Auf der dünnen weißen Schicht aus Schnee und Eis wirkte es erschreckend dick und rot.

Die Polizisten hatten gelbes Band von Baum zu Baum gespannt, um die wütenden Zuschauer auf Distanz zu halten.

«Das hättet ihr nicht tun dürfen», rief jemand laut.

«Wenn wir euch hier in der Gegend sehen, Mensch, bringen wir euch um!» Es hagelte anonyme Drohungen aus der anschwellenden Menschenmenge.

«Die Dreckskerle haben ihn kaltblütig abgeknallt», sagte ein Anwohner zum anderen. «Sie ham doch keinen Grund, so was zu tun.»

«Ach was, Mann, wen kümmert das denn? Die doch nicht. Für die ist das bloß ein Nigger mehr.»

Ein Bekannter von Craig hämmerte gegen die Wohnungstür seiner Mutter. Gleichzeitig rief eine Freundin an. Beide erzählten ihr fast gleichzeitig, ihr Sohn sei erschossen worden. Christine raste nach unten zu den Reihenhäusern, wo sie erfuhr, daß Craig auf dem Weg ins Mount Sinai Hospital war, dasselbe Krankenhaus, wo sie ihn zur Welt gebracht hatte. Freunde boten ihr an, sie hinzufahren.

Die Sanitäter im Krankenwagen hatten Craig an einen Tropf gehängt und gaben ihm Sauerstoff. Sie legten ihn an einen Monitor, auf dem keine Herzaktivität mehr zu sehen war. Als sie im Krankenhaus ankamen, hatte Craig weder Blutdruck, Puls noch Atmung. Vier Ärzte versuchten es mit Herzmassage. Sie injizierten ihm Adrenalin und Atropin in der Hoffnung, daß sie das Herz wieder zum Pumpen bringen könnten. Dann versuchten sie es mit Elektroschock. Keine Reaktion. Inzwischen zeigten Röntgenaufnahmen Geschoßsplitter der durch den Hinterkopf eingetretenen Kugel in beiden Gehirnhälften. Um 20.48 Uhr wurde Craig Davis für tot erklärt.

Ein Sprecher des ATF erklärte Reportern gegenüber, Craig sei ein Black Gangster Disciple und des Waffenschmuggels verdächtig gewesen. Zwei Tage später erschien ein Bericht von einem Absatz Länge über den Vorfall in *The Chicago Sun-Times*:

> *Ein bekanntes Mitglied einer Straßenbande wurde am Donnerstag abend erschossen, als sich aus dem Revolver eines Bundeskriminalbeamten während eines Handgemenges ein Schuß löste, wie die Ermittlungsbeamten sagten.*

Craig Davis, 19, wohnhaft S. Throop 1262, wurde einmal in den Kopf getroffen. Im Michael Reese Hospital [sic] wurde sein Tod festgestellt. Ein Sprecher des Bundesamtes für Alkohol, Tabak und Schußwaffen sagte, als ihr Mitarbeiter und ein Beamter des Chicagoer Dezernats für Bandenverbrechen sich Davis genähert hätten, um ihn wegen illegalen Waffenhandels zu verhören, sei Davis tätlich geworden und habe damit ein Handgemenge ausgelöst.

EINUNDZWANZIG Am Freitag, dem 3. März, dem Tag des Buchstabierwettbewerbs, hatte Pharoah sich so schön wie möglich gemacht. Am Abend vorher hatte er seine guten Sachen in der Badewanne gewaschen und sie mit dem Fön getrocknet. Morgens früh bügelte er seinen tannengrünen Pulli und ein Paar neue Bluejeans auf dem provisorischen Bügelbrett der Familie, einem kaputten Mikrowellenherd. Dann putzte er seine Fila-Stiefel mit weißer Schuhcreme. Als er angezogen war, schlich er zu seinem Bruder Weasel ins Zimmer und stibitzte ein bißchen von dessen Eau de Cologne; er tupfte sich den intensiven Duft auf Hals und Wangen. Niemand sollte bei seinem Auftritt vor großem Publikum Anlaß finden, schlecht über ihn zu reden. Er begutachtete sich im Spiegel, drehte sich zur Seite, zupfte am Pullover: Er sah okay aus.

Als Pharoah in die Schule kam, wollte Clarise ihren Augen nicht trauen. Noch nie hatte sie ihn so geschniegelt gesehen. Und wie er roch! Was war das, etwa Eau de Cologne? Clarise kicherte leise. «Ich konnte gar nicht glauben, daß das Pharoah war», erzählte sie später. Auch Clarise hatte sich hübsch gemacht, wenn sie auch nicht ganz so schick aussah wie ihr Freund. Sie trug gelbe Jogginghosen und eine frische weiße Bluse mit einer kleinen aufgestickten Maus. Dem großen Anlaß entsprechend hatte sie sich das Haar gelockt.

Die beiden Wettbewerbskandidaten Clarise und Pharoah führten ihre fünfte Klasse in die Turnhalle, und als sie eintraten, lehnte Clarise sich zu ihm hinüber und flüsterte: «Pharoah, wenn ich durchfalle, mach du weiter für unsere Klasse.»

«Ja, und du genauso», antwortete er.

Pharoah wirkte überraschend ruhig. Weder rang er die Hände, noch begrub er sie unter seinem Pullover wie letztes Mal. Auch hüpfte er nicht von einem Fuß auf den anderen, wie es seine Art war, wenn er nervös wurde. Doch auch wenn niemand es ihm anmerkte, er war aufgeregt. Er wollte nicht stottern und alles wieder verderben. Er war zuversichtlich, daß er gut genug buchstabieren konnte, um zu gewinnen, doch den ganzen Morgen über dachte er fest daran, daß er sich Zeit nehmen und langsam sprechen mußte.

Ihr Lehrer, Mr. Rogers, der nur vorübergehend an der Suder-Schule unterrichtete, versprach ihnen eine Party, wenn einer von ihnen gewinnen sollte. «Viel Glück», sagte er und klopfte den beiden Kindern auf den Rücken. Pharoah und Clarise stiegen auf die hölzerne Bühne.

Die Schiedsrichterin las die Regeln vor; Pharoah und Clarise hörten kaum hin. Pharoah mußte zu sehr daran denken, daß er nicht stottern durfte. Als er an die Reihe kam, stand er ruhig und bereit.

«Acceptable», sagte der Schiedsrichter. *«Acceptable.»* Pharoah holte tief Luft und blieb ganz ruhig.

«Acceptable», wiederholte Pharoah. «A-C-C-E-P» – er zog das Mikrophon zu sich hin, so daß seine Stimme lauter wurde – «T-A-B-L-E. *Acceptable.*» Er ging ans Ende der Schlange.

Clarise, sichtbar zitternd vor Spannung, bekam das Wort *abdicate.*

«Abdicate», wiederholte sie mit kräftiger Stimme, die in der ganzen Turnhalle zu hören war. Fast schrie sie die einzelnen Buchstaben ins Mikrophon. *«Abdicate.»*

Als die dritte Runde begann, hatten vier Schüler Wörter nicht gewußt. Jetzt war Pharoah wieder dran. Je weiter er vorrückte, desto sicherer fühlte er sich. Kein einziges Stottern, und der Wettkampf war schon halb vorbei!

«Aerial», sagte die Schiedsrichterin. *«Aerial.»* Pharoah war nicht sicher, wie das buchstabiert wurde. Er hatte das Wort noch

nie geschrieben gesehen. Er war nicht einmal ganz sicher, was es bedeutete. Er hielt inne und riet drauflos.

«A», sagte er zögernd, fast fragend. Kein Summer. Fünfzehn Sekunden verstrichen. «E-R-I-A-L.» Überzeugt, es falsch gemacht zu haben, strebte er mit gesenktem Kopf zur Treppe, die von der Bühne hinunterführte.

«Komm zurück. Es war richtig!» rief die Schiedsrichterin ihm nach.

«Wirklich?» sagte Pharoah ungläubig. Mr. Rogers machte ihm mit der Hand ein Okay-Zeichen. Einige Schüler kicherten. Vor Verlegenheit schlug Pharoah die Hände vor die Augen.

Runde auf Runde kamen die Wörter, bis nur noch drei Teilnehmer übrig waren: Pharoah, Clarise und ein Junge namens William. William kam zuerst dran.

«*Amendment*», sagte die Schiedsrichterin. «*Amendment.*»

«*Amendment*», wiederholte William. «A-M-E-N-D-M-A-N-T. *Amendment.*» Der Summer ertönte, und William verließ die Bühne. Pharoah grinste übers ganze Gesicht und stieß seine Faust in die Luft, als hätte er soeben den entscheidenden Punkt eines Basketballspiels eingeheimst. Doch gleich fing er sich wieder und ließ den Arm fallen. Aber das Lächeln blieb. Der zweite Platz war ihm schon mal sicher. Jetzt mußte es sich zwischen ihm und Clarise entscheiden. Beide hätten am liebsten an diesem Punkt aufgehört und sich den ersten Platz geteilt, keiner wollte den anderen verlieren sehen.

Clarise bekam das Wort *catbird.*

«*Catbird.*» Präzise und deutlich sprach sie jeden einzelnen Buchstaben aus. Zusammengesetzte Wörter lagen ihr – man konnte sie sich besser vorstellen. «*Catbird.*»

Die Schiedsrichterin gab Pharoah *cellblock.*

«*Cellblock.* S-A-L-E-B-L-O-C-K. *Cellblock.*» Der Summer ertönte. Um zu gewinnen, mußte Clarise das Wort nun richtig buchstabieren. Sie trat zum Mikrophon vor und bog es so zu sich hin, so daß sie sich nicht vorbeugen mußte.

«*Cellblock.* S-A-I-L-B-L-O-C-K. *Cellblock.*» Wieder dröhnte der

Summer. Sie bekämen noch ein Wort, erklärte die Schiedsrichterin. Sonst müßte sie es für unentschieden erklären.

«Darken», sagte die Schiedsrichterin. *«Darken.»* Clarise sah ihren Partner an. Sie wußte, wie das geschrieben wurde. Pharoah war da nicht so sicher. Doch er tat, als wüßte er es. Jetzt konnte oder wollte er nicht aufgeben.

«Darken», wiederholte er. «D-A-R-K» – er zögerte einen Augenblick – «I-N. *Darken.*» Der Summer ertönte. Das war falsch gewesen. Jetzt mußte Clarise es richtig buchstabieren. Zuversichtlich trat sie zum Mikrophon vor.

«Darken», wiederholte sie. «D-A-R-K-E-N. *Darken.*» Ihre Klassenkameraden brachen in wilden Beifall aus. Pharoah hätte traurig sein können, doch er freute sich für seine Freundin und war zufrieden mit dem zweiten Platz. Strahlend fielen die beiden Sieger sich in die Arme.

«Herzliche Glückwünsche», murmelten beide. Pharoah hatte ein gutes Gefühl. Er hatte fertiggebracht, was er sich vorgenommen hatte: Er hatte nicht gestottert. Kein einziges Mal. Nicht einmal andeutungsweise. Ms. Barone, die sie im vierten Schuljahr unterrichtet hatte, saß unter den Zuschauern und fand, daß ihre beiden stolzen Ehemaligen reizend aussahen in ihrer Siegesfreude. Beide strahlten übers ganze Gesicht. Pharoah hob die Faust und schwang sie durch die Luft. Diesmal nahm er sie nicht wieder zurück.

In seinem Glück hüpfte und rannte Pharoah abwechselnd auf dem Nachhauseweg; die eine Hand umklammerte fest einen Schreibblock und ein Schulbuch, in der anderen flatterte sein rotes Band. Er konnte es gar nicht erwarten, seiner Mutter von seinem Triumph zu erzählen und ihr seine Auszeichnung zu zeigen. Er hatte sein Versprechen gehalten. Erster war er zwar nicht geworden, doch er hatte besser abgeschnitten als letztes Jahr.

Pharoah drückte die Wohnungstür auf, die seine Mutter gegen Schulschluß nicht abschloß. Alles war unheimlich still. Das Fernsehen war leise gestellt. Die Drillinge waren in ihrem Zimmer. Pharoah konnte sogar das laufende Wasser durch die geschlossene Badezimmertür hören. Lafeyette hockte mit um die Knie geschlungenen Armen auf der kaputten Mikrowelle alias Bügelbrett am Fenster. Angestrengt lauschte er auf die Unterhaltung zwischen LaJoe, Rochelle und der «Dutt» genannten Nachbarin am Küchentisch; sie redeten im Flüsterton.

Erst blieb Pharoah in der offenen Tür stehen. «Das kleine runde Träumergesicht», erinnerte sich seine Mutter später, «es sah aus, als ob ihm sein Traum gerade in der Wirklichkeit begegnet wäre; er war so glücklich...» Dann ging er zu seiner Mutter hin und warf ihr das rote Band in den Schoß. «I-i-ich bin Z-z-zweiter geworden.» In der Aufregung und wegen der unerklärlichen Stille war sein Stottern plötzlich wieder da.

LaJoe lächelte zurück. «Zweiter – das ist immer noch prima.»

«Mama, w-w-wenn ich das eine Wort nicht verh-h-hauen hätte...» Wieder stolperte er über seine eigenen Worte und verlor, von der Stille verwirrt, einen Moment lang den Faden. «Weißt du, was sie machen?»

«Was denn?»

«W-w-wenn du ein W-w-wort falsch sagst, Mama, schicken sie dich einfach von der Bühne. Da ham die andern sich richtig geschämt. Und a-a-als ich gemerkt hab, daß ich kein Wort falsch hatte...» Er erzählte seiner Mutter, wie er über das Wort *darken* gestrauchelt war, als er *i* statt *e* buchstabierte.

«I-i-ich wußte sofort, daß es falsch war. M-m-mein Herz, weißt du, m-m-mein Herz schlug so schnell», erzählte er ihr. Er sprudelte nur so.

Allmählich dämmerte Pharoah, daß irgend etwas Schlimmes passiert sein mußte. Er mochte nicht fragen. Niemand schien sich für seinen Triumph beim Buchstabierwettbewerb zu interessieren. Niemand wollte hören, was er zu sagen hatte. Dutt weinte. Lafeyette, der mit einem Ohr an der Unterhaltung teilnahm, starrte mit leerem Blick aus dem Fenster; er gratulierte Pharoah nicht einmal. LaJoe legte Pharoahs rotes Band in ihr Notizbuch.

(Später stellte sie es im Wohnzimmer zusammen mit drei Schulauszeichnungen der Drillinge zur Schau.) Erst vor wenigen Minuten hatten sie von Craig Davis' Tod am Abend vorher erfahren.

LaJoe wandte sich von Pharoah zu Dutt; ihre Tochter war Craigs Freundin gewesen, und Dutt gab sich in gewisser Weise die Schuld an Craigs Tod. Als Craig gestern abend zu ihnen gekommen war, um ihre Tochter zu besuchen, hatte sie eine kleine Kabbelei mit dem Jungen angefangen, und deshalb war er so bald wieder gegangen. Hätte sie ihn bleiben lassen, sagte sie zu LaJoe, wäre er vielleicht nicht erschossen worden. LaJoe versuchte, sie zu trösten.

«Du weißt doch, Gott entscheidet, wann du kommst, und er entscheidet, wann die wieder gehen mußt», sagte LaJoe zu ihrer Nachbarin. «Auf welche Weise, das weiß ich auch nicht, aber wenn deine Zeit gekommen ist, mußt du gehen, und das hängt gar nicht mehr von dir ab. Auch wenn er dageblieben wäre und ihr euch nicht gestritten hättet und du ihn nicht weggeschickt hättest, wäre es wohl trotzdem passiert.»

Den größten Teil des Nachmittags über blieben die drei Frauen am Tisch sitzen, redeten oder schwiegen. Lafeyette kauerte reglos wie eine Statue auf der Mikrowelle, weinte nicht und sprach nicht und horchte abwechselnd auf das halblaut geführte Gespräch und das Dröhnen der Hochbahn. Als eine längere Pause in der Unterhaltung eintrat, sagte Lafeyette mit müder, tonloser Stimme:

«Er mußte nicht so sterben.» Sein starrer Blick war auf seine Mutter gerichtet. «Er hätte sterben sollen, wie er gelebt hat, wie Gott es wollte. Man stirbt so, wie man lebt, und Craig war kein schlechter Mensch, warum gerade er?» LaJoe wußte nicht, was sie darauf antworten sollte; sie empfand dasselbe. Sie sagte nichts. Lafeyette richtete seinen Blick wieder nach draußen, sein Gesicht maskenstarr.

Inzwischen hatte Pharoah sich unbemerkt verdrückt. Dies war nicht der Augenblick und der Ort, um seinen Sieg im Buchstabieren zu feiern. Er ging in den ersten Stock hinauf und spielte dort mit Porkchop im Hausflur. «Ich mag keinen traurig sehen», erklärte er später.

Craigs Beerdigung war mit der Bird Legs nicht zu vergleichen. Erst einmal war schon anders, daß sie abends stattfand, und zwar in der A. R. Leak-Trauerhalle, einem der ältesten und würdigsten Bestattungsinstitute der Stadt, das sich erheblich von der kleinen, in eine Geschäftszeile eingezwängten Kirche unterschied, wo man den Gedenkgottesdienst für Bird Leg gehalten hatte. Hier hatte man Abschied genommen von Sam Cooke, dem Rhythm-and-Blues-Sänger, und von Flukey Stokes, einem berüchtigten, des Drogenhandels verdächtigten Glücksspieler. Über fünftausend Menschen waren an Stokes' Leichnam vorbeigezogen; sein Sarg hatte die Form eines Cadillac gehabt.

Von den vier Kapellen des Instituts war der Mahalia-Jackson-Saal der kleinste. Dort wurden die Besucher von einem Schwarzweißfoto Mahalia Jacksons begrüßt: «Die größte Gospel-Sängerin der Welt», lautete die Bildunterschrift. Die Ausstattung war in verschiedenen Grüntönen gehalten; die gemusterten Tapeten in Smaragdgrün, der dicke Teppichboden in üppigem Grasgrün. Der Saal hatte zweihundert Plätze, doch bei Craigs Beerdigung drängten sich weitere fünfzig bis hundert Trauergäste entlang den Wänden bis in die Eingangshalle hinaus.

Craigs Kopfwunde war mit Watte ausgestopft und genäht worden, um sie abzudichten, und er trug einen dunkelblauen Maßanzug mit hellblauem Hemd und ebensolcher Krawatte; das alles hatte seine Mutter für 154 Dollar gekauft. Das Babyblau des Sarges kontrastierte merkwürdig mit dem bedrückenden Anlaß, doch die muntere Farbe schien Craig aufzuheitern, denn selbst im Tod wirkte er fröhlich, und auf seinen Lippen lag ein Anflug von Lächeln.

An der Menge der Anwesenden konnte man sehen, daß Craig viele Bewunderer gehabt hatte. Sechs ehemalige Lehrer waren gekommen; einer hatte einige von Craig verfaßte Texte aufgehoben und wollte sie nun rahmen lassen. Einige Lehrer, die nicht kommen konnten, hatten 100 Dollar für die Angehörigen gespendet. Es waren Kinder aus ABLA und Henry Horner da und Arbeitskollegen – sogar sein Chef Percy Anderson war gekommen. Der Sarg war mit Blumen bekränzt, es schien fast ein ganzer Garten. Einen Strauß hatten seine Lehrer von der Cregier-Schule geschickt, einen anderen seine Arbeitskollegen aus dem Bürohandel. Zwei Gestecke stammten von der Bewohnerschaft zweier Hochhäuser der Siedlung, wo Craig aufgewachsen war. Und der Tradition entsprechend lag da auch ein «blutendes Herz» von Craigs Mutter, ein Gesteck aus rosa und weißen Nelken in Form eines Herzens mit einer Mitte aus roten Rosen.

Lafeyette war in Begleitung LaJoes gekommen, die Beerdigungen ebenso wenig ausstehen konnte wie er. LaJoe kannte Craig nur vom Tanzen unten vor ihrem Haus, aber ihr war klar, wieviel er Lafeyette bedeutet hatte, und deshalb war sie mit ihm zusammen hergekommen. Lafeyette war jetzt schon älter und trug die Cordhosen und die Nylonjacke von Bird Legs Begräbnis nicht mehr; statt dessen hatte er einen leuchtendblauen, hochtaillierten Seidenanzug an, den Terry sich hatte machen lassen, als er im Drogenhandel gut verdiente. Terry paßte er nicht mehr, aber dem wie eine Bohnenstange dürren Lafeyette saß er wie angegossen. Außerdem trug Lafeyette eine wie eine Golfmütze geschnittene, flauschig-weiße Kangol-Mütze, die ihn viel älter aussehen ließ, fast erwachsen. LaJoe trug ein graues Kleid, das einer Freundin zu klein geworden war. Zusammen waren sie ein hübsches Paar.

Pharoah war lieber nicht mitgekommen. Er sagte, er habe nichts Richtiges anzuziehen, doch der wahre Grund war eher, daß er das viele Weinen nicht aushalten konnte. Er mochte nicht mit traurigen Menschen zusammensein, besonders wenn er wußte, daß er sie nicht aufheitern konnte.

Eigentlich hatte auch James kommen wollen; er hatte geweint, als er von Craigs Tod erfuhr. Seine Mutter war da und verlas sogar den Nachruf am Anfang des Gottesdienstes. Aber James wurde an diesem Tag fünfzehn und hatte das Gefühl, es würde ihm Unglück bringen, wenn er an seinem Geburtstag zu einer Beerdigung ginge.

Die im Mahalia-Jackson-Saal versammelten Menschen waren

ungewöhnlich still. Nur wenige weinten. Noch weniger als damals bei Bird Leg wurde laut nach Craig gerufen. Kaum einer sprach davon, wie er umgekommen war, obwohl einmal in der Predigt davon die Rede war, allerdings nur indirekt als von der «Tragödie». Es war gerade so, als trügen Freunde und Verwandte einen älteren Mann zu Grabe, der eines natürlichen Todes gestorben war.

Doch das Schweigen erstreckte sich weit über Craigs Beerdigung hinaus. Weder die Polizei noch das ATF, das Amt für Alkohol, Tabak und Schußwaffen, hatten Kontakt zu Craigs Mutter aufgenommen. Kein Telefonanruf mit einer Entschuldigung oder Erklärung. Kein Brief. Kein Telegramm. Nicht einmal Blumen, dachte Christine. Vier Tage lang hatte sie nach seinem Tod versucht herauszukriegen, was eigentlich passiert war. Sie ging zur Polizei, zu den staatlichen Stellen und schließlich zum ATF. Doch sie erfuhr nichts. Beim ATF erklärte man ihr, man könne nicht mit ihr reden, da noch ein Untersuchungsverfahren wegen des Schußwaffengebrauchs laufe. Wir werden uns dann bei Ihnen melden, hieß es. Sie hörte nie mehr etwas.

Reportern gegenüber erklärte das ATF auch weiterhin, Craig sei ein Black Gangster Disciple gewesen. Einer von Craigs Lehrern meinte verärgert, das solle nur seinen Tod rechtfertigen. Unter achtzehntausend Namen, die die Polizei als Sympathisanten der Westside-Gangs gespeichert hatte, war Craig Davis' Name nicht zu finden. Außerdem wies Craigs Akte keine Jugendstrafe auf, und als junger Erwachsener war er nur einmal wegen des angeblichen Keksdiebstahls festgenommen worden, den er energisch bestritten hatte. Als er starb, wurden bei der Obduktion weder Spuren von Alkohol noch Rauschgift in seinem Blut gefunden. Seine Lehrer und der Rektor der Cregier-Schule, die alle eine sehr hohe Meinung von Craig hatten, wußten von keinen Bandenverbindungen. Auch seine Freunde nicht. Und außerdem, sagten manche, wäre er Mitglied der Black Gangster Disciples gewesen, hätte er nie und nimmer Lafeyettes Haus betreten dürfen, das von den Gangster Stones und Vice Lords kontrolliert wurde, zwei Rivalenbanden. Sogar ein Polizist, der Craig aus Horner kannte, wußte nur Gutes über ihn zu sagen.

Es war nicht gänzlich auszuschließen, daß Craig sich eine abgesägte Schrotflinte gekauft hatte. Alle Erwachsenen wußten, wie schwer es war, den Verlockungen der *neighborhood* zu widerstehen. Doch niemand aus Craigs näherem Bekanntenkreis konnte sagen, er hätte irgend etwas mit Waffen zu tun gehabt. Seinen Freunden zufolge ließ er sich möglichst nicht in Gesellschaft bekannter Drogen-Dealer und Bandenchefs blicken. Die Polizei erbrachte nie irgendeinen Beweis. Seine Mutter wollte einfach nur wissen, was in jener Nacht abgelaufen war, warum man ihren Sohn festgehalten hatte. Lag eine Verwechslung vor? Hatten sie den falschen Craig erwischt? Hatte er vielleicht wirklich ein Gewehr gekauft? Sie konnte es nicht herausfinden. Im Widerspruch zur ersten Presseerklärung verweigerten Polizei und ATF jede weitere Stellungnahme zu dem Fall. Er wurde als Unglücksfall mit Todesfolge behandelt.

Auch von der Chicago Housing Authority, der Wohnungsbehörde, auf deren Grundstück der tödliche Schuß gefallen war, hörte Christine nie ein Wort. Das mindeste wäre doch wohl ein Beileidsbesuch gewesen, dachte sie. Doch die CHA erfuhr erst Wochen später von Craigs Tod. Auch sie erhielt nie einen Anruf vom ATF. Selbst als CHA-Beamte Nachforschungen anstellen wollten, erfuhren sie nichts. Kurz nach dem Ereignis bekam Christine allerdings Besuch von einem im Nachbarschaftsdienst eingesetzten Polizeibeamten und einigen Honoratioren der Gemeinde. Diese waren jedoch eher darauf bedacht, Gerüchte zu zerstreuen – zum Beispiel, daß Craig Handschellen getragen hätte, als er erschossen wurde. Nachbarn und Freunde, neuerdings um die Sicherheit ihrer eigenen Kinder besorgt, hatten Angst, über die Schießerei zu sprechen. Der Rektor der Cregier-Schule, Ray Gerlik, der überzeugt war, Craig sei «Unrecht geschehen», drängte Craigs Freunde, die in jener Nacht dabeigewesen waren, zur Polizei zu gehen. Doch sie waren schwer zu überzeugen, denn sie fürchteten, selbst Gegenstand einer Untersuchung zu werden.

«Die Leute haben Angst», sagte ein Freund, ebenfalls Cregier-Schüler. «Und wer hat wohl keine? Das ist der FBI [sic]. Die würden rausfinden, wo du wohnst. Die würden dich schnappen, bevor du noch deine Aussage gemacht hast.»

Mit Wehmut erinnerten sich die Nachbarn an den Fall der Soto-Brüder vor zwanzig Jahren. Nicht, daß sie wieder so ein schreckliches Blutvergießen gewollt hätten. Auch wollten sie sich nicht wieder bewaffnet gegen die Polizei erheben. Sie sehnten sich nur einfach nach einer Zeit zurück, da ihre Gemeinschaft noch ein kollektives Gewissen gehabt hatte, da Nachbarn einander noch vertrauten und fest genug an die Überzeugungskraft ihrer Argumente glaubten, um ein besseres und friedlicheres Leben zu fordern. Jetzt schien jeder eingeschüchtert und ängstlich. Gewichtslos wie welke Blätter verwehten ihre geflüsterten Verwünschungen gegen Polizei und ATF im Wind.

Die schwarze Gemeinschaft selbst kehrte sich nach innen – Craigs Familie konnte einem leid tun, doch mehr noch beunruhigte jeden die eigene Sicherheit. Die großen Tageszeitungen ignorierten den Vorfall. Polizei und ATF weigerten sich schlicht, darüber zu reden – als würden die Leute schon alles vergessen, wenn man nur Stillschweigen bewahrte. Christine Davis überlegte, ob sie nicht Anzeige erstatten sollte.

Die Stimme des Pfarrers rollte über die Trauernden hinweg, doch angesichts dieser Tragödie wirkten seine Beteuerungen leer. «Craig war kein Bandenmitglied», rief er heiser. Seine Stimme drang kaum bis zur letzten Reihe der Trauergäste durch. «Hier draußen gibt es genug Drogen, reichlich Stoff, doch Craig hatte nichts damit im Sinn. Oh, unter Freunden konnte er schon mal die Geduld verlieren, doch er war klug genug, um Ärger aus dem Weg zu gehen.» Seine Stimme erreichte ein Crescendo. Dies war der einzige Moment ungezügelten Zorns: «ER WAR KLUG GENUG, ÄRGER AUS DEM WEG ZU GEHEN!» wiederholte er. «Amen», murmelten einige leise vor sich hin. «Amen.»

Der Geistliche fuhr fort: «Aber er wußte, daß seine Zeit gekommen war. Er sollte heimkehren.» Seine rauhe Evangelistenstimme verlangte nach Resonanz, nach Ausrufen der Trauer, des Schmerzes, Echos auf die Tragödie – doch der Saal blieb still. Nur ein Baby greinte. Man konnte hören, wie die Leute ihre Programmzettel zusammenfalteten und auf den Stühlen hin- und herrutschten. Durch die dünne Wand drang das Jammern einer trauernden Frau im Nebenraum.

Lafeyette war nicht zum Gottesdienst dageblieben. Als er ankam und an Craigs Leichnam trat, standen ihm plötzlich die Sommerabende vor Augen, als sie draußen vor dem Hauseingang getanzt hatten und ein lachender, sie mit Späßen animierender Craig seine Platten laufen ließ und sich dabei zur Musik wiegte. Er konnte den ihm zuwinkenden Craig nicht aus seinem Kopf verbannen. An einem solchen Abend war die Gegenwart, das Hier und Jetzt, Lafeyette in Ordnung erschienen; dies waren die seltenen Augenblicke gewesen, in denen er nicht von der Vergangenheit heimgesucht wurde und die Zukunft ihn nicht bedrückte. Diese Schnappschüsse der Erinnerung wollten ihm nicht aus dem Sinn. Also faltete er gleich zu Beginn des Gottesdienstes sein Programm säuberlich zusammen, schob es in seine Gesäßtasche und schlurfte aus der Kapelle in die bevölkerte Halle, wo er sich in einen Sessel fallen ließ. In dem vergoldeten Plüschsessel ließ er den Kopf vornüber sinken, bis seine Brust auf den Knien lag. Sein Gesicht wurde starr und ausdruckslos. Er wollte oder konnte nicht weinen. Nur seine rostfarbenen Augen ließen seine Seelenqual ahnen. Darunter waren zwei aufgedunsene dunkle Ringe. Er sprach mit niemandem. Um ihn herum war Schweigen.

Craigs Tod habe Lafeyette gebrochen, glaubte LaJoe. An jenem Tag, sagte sie, habe er begonnen zu denken: «Ich mach nix mehr, ich könnte ja umgelegt werden, oder wenn nicht umgelegt, dann kann ich ins Gefängnis kommen für was, das ich nicht gemacht hab. Ich könnte jeden Augenblick sterben, also laß ich mir jetzt von nichts mehr angst machen.»

Noch Wochen danach spürte LaJoe, wie Lafeyette schwer an Craigs Tod trug – als hätte er etwas tun können, um seinem Freund zu helfen. Lafeyette erwähnte Craig kaum. Er wollte nicht über ihn sprechen. «Ich will meinen Kopf frei haben», sagte er. Erinnerungen begannen Lafeyette gefährlich zu werden. Er erinnerte sich an keine Einzelheiten von Bird Legs Beerdigung mehr. Er wußte von keinem Teilnehmer des «Talentschuppens» mehr den Namen. Manchmal hatte er Schwierigkeiten zusammenzukriegen, was er tags zuvor in der Schule gemacht hatte. Die Vergangenheit auszuschließen, war vielleicht die einzige Möglichkeit weiterzumachen oder wenigstens mit der Gegenwart fertigzuwerden. Außerdem, das wußte er, konnte nichts Craig wiederbringen.

Er verfiel in tiefe Depressionen. Gleich nach der Schule warf er sich aufs Bett und schlief stundenlang. Und während der äußere Schmerz nachließ, wuchs sein Mißtrauen gegenüber anderen – und sein Gedächtnis wurde noch unzuverlässiger. Bald gewöhnte er sich eine weitausschreitende, ruckende Gehweise an, bei der sein Oberkörper sich nach vorn neigte, als würde er an Fäden gezogen, und sein Blick auf den Boden geheftet war, als wollte er alle anderen um sich herum aussperren. Er sah nicht mehr wie ein Dreizehnjähriger aus; sein ruckender, großspuriger Gang ließ ihn älter wirken.

Viele Wochen nach der Beerdigung beharrte Lafeyette in einem der seltenen Augenblicke, in denen er über Craig sprach, mit unterdrückter Wut, die seine Umgebung nervös machte: «Er war kein Bandentyp. Die haben gelogen. Wenn ich Craigs Mutter oder Vater wäre, wär ich zu dem Polizisten hingegangen und hätte ihm in den Kopf geschossen, genau so wie er Craig. Ich hoffe, der Polizist stirbt.»

Nur zwei Tage nach Craigs Beerdigung verlor Lafeyette noch einen weiteren Freund, Damien Russell.

Alle nannten ihn Scooter. Scooter wohnte in dem Haus jenseits des Spielplatzes gegenüber von Rivers. Scooter war ein paar Jahre älter als Lafeyette und trieb sich mit anderen Jungen herum, aber Lafeyette kannte und mochte ihn, und er tat ihm leid, weil er gehört hatte, Scooters Mutter sei kokainsüchtig. Scooter verbrachte viel Zeit auf der Straße.

Am 12. März, zwanzig Minuten nach Mitternacht, vergnügten sich Scooter und vier Freunde mit einem gestohlenen Oldsmobile. Als die schwarze Limousine von Horner aus die Wood Street nach Süden hinunterfuhr, begegnete ihnen ein entgegenkommender Streifenwagen. Der vierzehnjährige Fahrer rutschte auf seinem Sitz zusammen. Die Beamten faßten Verdacht, wendeten und wollten hinter dem Auto mit den fünf Jungen herfahren. Doch bevor sie noch die Verfolgung aufgenommen hatten, wurde die Limousine schneller. Niemand kann mit Sicherheit sagen, wie schnell sie fuhr, doch die Schätzungen liegen bei 90 bis 100 km/h. Der Wagen überfuhr ein Stoppschild und zwei Ampeln und geriet dann plötzlich außer Kontrolle. Er drehte sich wie ein Kreisel, bis er gegen einen Lichtmast prallte. Der Wagen knallte genau mit der Stelle, wo in der Mitte die beiden rechten Seitentüren zusammentreffen, gegen den Mast. Offensichtlich war niemand angeschnallt.

Im Inneren des Autos herrschte ein solches Chaos, daß es unmöglich war zu sagen, wo welcher Junge gesessen hatte. Der erste Polizist, der hinzukam, mußte die hängenden Arme zählen, um die Zahl der Mitfahrer in dem Autowrack festzustellen. Als die Feuerwehrleute sie endlich herausschneiden konnten, waren zwei der Jungen ihren schweren inneren Verletzungen erlegen; einer davon war Scooter. Ein dritter starb später im Krankenhaus. Der älteste der drei war fünfzehn. Der flüchtige Fahrer wurde später der fahrlässigen Tötung in drei Fällen für schuldig befunden.

Als Lafeyette am nächsten Tag davon hörte, verzog er keine Miene. Er bat seine Mutter nur, nicht mehr von Scooter zu sprechen. «Laß ihn ruhen», bat er inständig. «Der Todeszug hat ihn erwischt, und er ist weg. Warum muß man von ihm reden?»

Er erklärte seiner Mutter, er wolle nicht schon wieder zu einer Beerdigung gehen.

ZWEIUNDZWANZIG

Murmelgroße Hagelkörner prasselten unbarmherzig auf das Pflaster. Wie Tischtennisbälle spritzten sie vom Fußweg hoch. An diesem Donnerstag, dem 16. März, rannten die Kinder von der Schule nach Hause und hielten sich zum Schutz ihre abgegriffenen, zerfledderten Schulbücher über die kleinen Köpfe. Sie kreischten vor Vergnügen und Schmerzen unter dem prasselnden Eisregen. Ganz erschöpft von seinem kurzen Kampf mit dem Wetter stolperte Pharoah zur Tür hinein und warf sich auf die Couch, zog seine nassen, schmutzigen Turnschuhstiefel unter sich und schnappte nach Luft. Lafeyette kam hinter ihm her.

«Nimm die Füße vom Sofa!» wies er Pharoah an, der sich aus Verlegenheit über seine Gedankenlosigkeit die Hand vor den Mund schlug.

«Oh», murmelte er und setzte sich kerzengerade hin.

Seit Craigs Beerdigung war eine Woche vergangen, und Lafeyette war immer noch in gereizter Stimmung. Wenn er nach der Schule nicht sofort in Schlaf sank, suchte er sich eine Beschäftigung zur Ablenkung. Heute machte er sauber – genau wie seine Mutter, wenn etwas sie bedrückte. Manchmal stellte er den ganzen Abend lang die Möbel im Wohnzimmer um, so daß Sofa, Stühle und Sofatisch im Laufe des Jahres wohl ein dutzendmal herumgeschoben wurden.

Lafeyette hängte seine Jacke an einen der metallenen Garderobenhaken im Flur, schnappte sich einen Besen und begann in der Küche rund um den Plastikeimer herum zu fegen, der überquoll von Lebensmittelresten – hauptsächlich Cornflakes, die die Kinder zu jeder Tageszeit aßen. Pharoah, die Drillinge und ihre Nichte, die achtjährige Tyisha, hatten es sich auf der Couch gemütlich gemacht und sahen Popeye-Comics an. LaJoe war auf Arbeitssuche – sie bewarb sich in einem Krankenhaus in der Nähe um eine Stelle –, und so sprang Lafeyette für sie ein. Das tat er immer, wenn sie nicht zu Hause war. Dann schlüpfte er in die Elternrolle und war der Hüter des Hauses. Zeitweise wirkte er wie ein dreizehnjähriger Erwachsener.

«Mach den Tisch da sauber, Timothy!» rief er, während er mit kräftigen, raschen Bewegungen fegte. «Wenn du das nicht aufräumst, gibt's auch kein Fernsehn mehr.» Eine zerknüllte Tüte und anderes Papier lagen verstreut auf dem schweren niedrigen Sofatisch aus Holz. Aber Timothy bewegte sich so langsam, als hielte ihn eine unsichtbare Kraft von dem Tisch und der Unordnung darauf fern. Mit dem Daumen im Mund hockte er noch immer auf dem Sofa und wandte die Augen nicht von Popeye; immerhin lehnte er sich ein wenig vor, als könnte die Haltung signalisieren, daß er auf dem Weg zum Aufräumen sei.

Zum Glück für ihn – denn Lafeyette begann schon drohend mit dem Besen zu fuchteln – kam Brians Bruder Larry hereinspaziert, der sich irgendwo in der Wohnung aufgehalten hatte. Lafeyette mochte den gutmütigen, lebhaften Larry, der leicht zum Lachen zu bringen war; aber Larrys «Geschnorre» bei ihnen war ihm ein Dorn im Auge. Larry hatte kaum das Wohnzimmer betreten, als Lafeyette ihn sichtete.

«Wisch die Küche», befahl er. Larry ignorierte ihn und steuerte auf ein Hinterzimmer zu. «Du kannst ruhig was tun. Du wohnst hier nicht gratis, Freundchen!» schimpfte Lafeyette hinter Larry her, während der Gast verschwand.

«He, ihr beiden, tragt das Spielzeug hier raus. Packt die Sachen in euern Schrank. Los, los, macht vorwärts!» Tiffany und Tammie waren seine nächsten Opfer; wie Timothy versuchten sie ihren mißgelaunten Bruder nicht zu beachten.

«Habt ihr mich gehört! Räumt das Spielzeug hier raus! RAUS HIER! BEVOR ICH EUCH EINS GEBE!» Beide Mädchen begannen zu weinen. «MENSCH, JETZT RÄUMT DAS ZEUG DA WEG!»

Lafeyette wandte sich um und begann wie ein wütender Vorarbeiter Befehle zu brüllen, schneller, als jemand reagieren konnte, und drohend, wenn nichts sich rührte.

«Timothy, sag Tyisha, sie soll herkommen und den Müll raustragen. Ich stell den Fernseher ab, bis das hier sauber ist. HABT IHR MICH GEHÖRT? IHR ALLESAMT! ICH STELL DEN FERNSEHER AB, BIS DAS HIER SAUBER IST... VÖLLIG!!»

Tyisha war eine Range, die es mit Lafeyette und Pharoah aufnehmen konnte. Einmal hatte sie ihre Armmuskeln für Pharoah angespannt und gestichelt: «Jungs sollen eigentlich Muskeln haben, aber du hast keine.» Sie kam ins Wohnzimmer geschlurft und warf ihrem Onkel einen herausfordernden Blick zu.

«Trag den Müll raus», befahl Lafeyette.

«Ach, das wüßt ich aber», gab sie aufsässig zurück, während sie widerwillig den vollgestopften gelben Müllsack durchs Wohnzimmer und zur Wohnungstür hinauszerrte.

Pharoah hatte, um sich dem Zorn seines gereizten und immer noch trauernden Bruders zu entziehen, schon von selbst begonnen, die Badezimmer zu fegen, denn dort konnte man ihn weder hören noch sehen.

«Los, mach schon, Pharoah! Wisch die Badezimmer!» brüllte Lafeyette den Flur entlang.

«Bin schon dabei! Bin schon dabei!» kreischte Pharoah. «Mach kein' Terror!»

Lafeyette marschierte den Flur entlang, stieß die Badezimmertür mit dem Fuß auf, die Pharoah wohlweislich hinter sich zugemacht hatte, und blickte kritisch auf den ewig schmuddeligen, staubigen Fußboden.

«Mach das ordentlich sauber, wie es sich gehört», sagte er streng zu Pharoah, der seinen Bruder wütend anfunkelte. «RICHTIG SAUBER!»

Als Lafeyette sich zurückzog, murmelte Pharoah so leise, daß sein Bruder es nicht hörte, doch laut genug, um sein Selbstgefühl zu bewahren: «Halt's Maul.»

Die Wohnung hallte wider von Geschrei und Zank, während sechs Kinder stritten und saubermachten und sich gegenseitig beschimpften. Lafeyette fegte einen Haufen Abfall auf ein Stück Pappe, das als Kehrschaufel diente, und stopfte alles in einen weiteren vollen Müllsack.

«Laßt diesen Dreck verschwinden! Hab ich euch allen das nicht gesagt?» bellte er in die Runde. «Tyisha, trag das raus. Du hast bloß einen rausgetragen.» Unter halblautem Gemotze schleppte Tyisha den zweiten Müllsack aus der Küche und warf ihrem Onkel im Vorbeigehen boshaft zu: «Heulsuse!» Sie rannte zur Wohnungstür hinaus, der Sack rumpelte und hoppelte auf dem Boden hinter ihr her.

«Das sagst du nicht zu mir, hab ich dir gesagt. HAST DU GEHÖRT? Das sagst du nicht zu mir!!» Aber Tyisha war schon zu weit weg, um etwas zu hören oder sich daraus zu machen.

Noch lange, nachdem die anderen schon mit Saubermachen aufgehört hatten, beschäftigte Lafeyette sich damit, die Stühle und den Sofatisch so anzuordnen, daß es nett und ordentlich aussah, fegte den Linoleumboden und bürstete die Teppiche. Er rückte die Wanduhr in der Küche gerade. Sie zeigte unverändert 5.25 Uhr, seit dem Tag, als Lelia Mae sie LaJoe geschenkt hatte: Sie hatte gleich am ersten Tag den Dienst quittiert. Lafeyette schob mit der Sammlung kleiner Nippessachen und Souvenirs auf den beiden rhombenförmigen Metallregalen herum, die wackelten und sich verschoben, wenn man nur daran rührte. Wie beim Bauernfängerspiel vertauschte er die drei gerahmten Farbaufnahmen der Drillinge und die Fotos von sich und Pharoah. Er rückte die zehn Zentimeter hohen Betenden Hände zurecht und setzte einen grünen Keramikfrosch, dem das rechte Vorderbein fehlte, näher an die Kante des Regals. Dann nahm er ein grasendes Pferd in die Hand. Er hielt die kleine Plastik vor sich, betrachtete ihre Anmut und Schönheit und stellte sie zurück – gerade so, als erwarte er von dem Hengst eine Antwort auf seine Fragen.

Die Jüngeren lernten in diesen Tagen und Wochen nach Craigs Tod schnell, daß es am besten war, Lafeyette aus dem Weg zu gehen. Er war neuerdings reizbar und gelegentlich sogar gewalttätig. Einmal hatte er Pharoah aufs Auge geboxt, nur weil der versuchte, im Auto eines Freundes einen Fensterplatz zu ertricksen. «Das sag ich Mama!» hatte Pharoah unter Tränen gedroht. «Wenn wir aussteigen, schmeiß ich 'n Stein auf dich, garantiert!»

Trotz seiner üblen Laune und seines Jähzorns hatte Lafeyette mit den Schultern gezuckt und nervös gelacht; er hatte seinen Bruder nicht absichtlich so heftig getroffen. Das war eine Zeit, in der Lafeyette sich gleichsam selbst verloren zu haben schien. Zorn und Kummer erstickten ihn fast, und jäh verfiel er von einer Stimmung in die andere.

Er schwankte zwischen Ausbrüchen von Wut und Rachlust und Phasen, in denen er tolerant, ja großzügig und reif wirkte. An einem Märznachmittag, als Lafeyette mit einem Freund in einer Wohnung im achten Stock an dessen Atari spielte, hörten sie ein Lachen – es klang, als habe da jemand direkt vor ihrem Fenster gelacht. Die Jungen öffneten das Fenster. Die Stimme kam von oben. Lafeyette verrenkte sich den Hals und sah, wie über ihm ein Junge namens Bubbles seinen Kopf über den Rand des Daches streckte.

«Bubbles», schrie Lafeyette, «das sag ich deiner Mama!» Er hoffte, das könnte den Zehnjährigen zum Rückzug veranlassen. Er hatte Angst, er könnte abstürzen. Doch Bubbles reagierte nicht. Lafeyette sprang zur Wohnungstür hinaus und sah, daß das Gitter, das den Zugang zum Dach versperrte, aufgebrochen war. Lafeyette sprintete die Stufen hinauf.

«Komm her, Mensch!» rief er Bubbles zu. «Komm wieder runter!» Bubbles kam auf Lafeyette zu. Der packte ihn am Schlafittchen und zerrte ihn die Treppe hinunter. «Jemand muß doch auf ihn aufpassen», sagte Lafeyette zu seinem Freund. Er fand auch, daß die Hausverwaltung bessere Sicherheitsmaßnahmen treffen müsse. Er wußte, daß das Vorhängeschloß zum Dachaufgang ganz leicht mit einer Brechstange zu knacken war.

Lafeyette sprach nur sehr selten von Craig, doch manchmal ging er nach oben und saß mit Craigs Freundin zusammen, oft schweigend. Dort las er eines Nachmittags ein Gedicht, das Craig kurz vor seinem Tod geschrieben hatte; es war voller Vorahnung, und wie Bird Legs Tod verfolgte es Lafeyette:

«Liven – Death»
Dear: My BeLord
I neel to pray
A loose consouse leads to death any day.
I fear no death. I fear no liven
I fear my self for not given
A waken hart A helpless soul
Strong on the out but the in ed grows old
It took all I can stand
All that was off'en
Six feet down a Tombstone
Above in the middle lays my couffen
God bless thos I love.
Peace to those of my honor!

(«Leben – Tod» / Mein lieber HerrGott, / Ich knie nieder zum Beten. / Mangelnde Umsicht kann jeden Augenblick tödlich sein. / Ich fürchte keinen Tod. Ich fürchte nicht das Leben. / Ich fürchte mich selbst, weil ich nicht genug gebe, / Ein schwaches Herz, eine hilflose Seele, / Stark nach außen, doch das Innere ermattet. / Ich bin am Ende meiner Kräfte. / All diese Erschlagenen ... / Sechs Fuß unter einem Grabstein / Direkt in der Mitte liegt mein Sarg. / Gott segne, die ich liebe. / Friede den Gleichgesinnten!)

Unter das Ausrufezeichen hatte Craig statt eines Punktes ein Herz gesetzt.

LaJoe wußte nicht, was sie mit Lafeyette anfangen sollte. Er wollte über das, was passiert war, nicht sprechen. Und er sah müde und erschöpft aus. Sein neuer Gang wirkte nicht mehr großspurig oder zornig, er ließ ihn nur alt aussehen, gebeugt wie ein älterer Mann.

Pharoah hatte Craigs Tod nicht so tief getroffen. Er war der Meinung, der Polizist habe nur seine Pflicht getan und dabei den falschen Jungen erwischt. Bei einem tragischen Ereignis stellte Pharoah sich am liebsten unwissend. Auch jetzt erklärte er seiner Mutter, er sei noch zu klein, um das alles zu verstehen, als wolle er damit seine Kindheit verlängern, damit sie ihm nicht so rasch entschlüpfte wie Lafeyette. Doch auch er machte sich Sorgen wegen seines Bruders. «Weil er älter wird, werden die Gangs wohl versuchen, ihn auszunutzen», sagte er öfter.

Eines Abends sagte Lafeyette, der seit der Beerdigung sehr schweigsam geworden war, zu LaJoe: «Mama, ich bin echt müde. Ich könnt rausgehen und komm vielleicht nicht wieder. Wenn ich rausgeh, ist es nie sicher, daß ich auch zurückkomme.»

LaJoe hatte das Gefühl, Lafeyette habe seine eigene Sterblichkeit begriffen, habe begonnen, sich mit dem Tod auseinanderzusetzen. Einmal fragte er einen Freund, ob er je daran gedacht habe, sich umzubringen – einfach so vor ein Auto zu laufen und Schluß zu machen.

«Lafeyette sagt mir immer wieder, wie müde er ist, und ich frag ihn auch immer danach, weil ich einmal den großen Fehler mit Terence gemacht habe», sagte LaJoe. «Terence hat mir öfter gesagt, daß er müde wär, aber ich dachte immer, er wäre eben richtig müde, einfach so, und dann hab ich gesagt: Dann leg dich doch hin. Aber das meinte Terence gar nicht. Terence meinte, er wäre müde wegen allem, was passierte. Darum hab ich mir angewöhnt, wenn jetzt jemand sagt, er ist müde, dann frag ich: Was meinst du damit, müde?»

Einen Monat später scheuchte LaJoe unter dem Geknalle halbautomatischer Feuerwaffen draußen unter ihren Wohnungsfenstern die Drillinge und Pharoah in den Korridor, wo sie sicherer waren. Lafeyette aber konnte sie nicht dazu bringen, ihnen zu folgen. Er blieb ruhig vor dem kleinen Schwarzweißfernseher im Zimmer seiner Schwester sitzen, während der laute Widerhall der Schüsse Pharoah zwang, sich die Ohren zuzuhalten.

DREIUNDZWANZIG Die sechs Jungen posierten für die Kamera. Im Hintergrund röhrte die Kennmelodie des Westside-Nachtclubs. Wie ein King lag Rickey, den man damals mit Lafeyette zusammen beim Diebstahl von Videokassetten erwischt hatte, hingegossen in einem Korbstuhl mit breiter Rückenlehne, die Beine weit von sich gestreckt, als wollte er den anderen zeigen, daß er jede Menge Platz beanspruchen konnte. Sein Fußvolk umrahmte ihn. Zwei knieten seitlich, die anderen drei standen hinter ihm. Alle hoben vier Finger hoch, das Zeichen der Four Corner Hustlers. Einen der Jungen hatte die Kamera mit großer Kaugummiblase vorm Gesicht festgehalten, ein anderer zog eine grinsende Fratze. Sie trugen die Nasen hoch und kniffen drohend die Augen zu. Alle wirkten großspurig und herausfordernd. Nur einer nicht. Er trug wie die anderen Jeans, Baseballjacke und Turnschuhstiefel, doch machte er eher einen verstörten Eindruck. Seine tiefliegenden Augen verhüllten nichts wie bei den anderen – sein starrer Blick sollte nicht abweisend wirken, sollte keine Ängste und Unsicherheiten verbergen. Im Gegenteil, er war wie eine Öffnung, in der seine Verletzung und Einsamkeit sichtbar wurden. Er sah aus wie ein verwundetes Tier, das Hilfe sucht. Er sah aus, als wolle er eigentlich gar nicht dasein. Das war Lafeyette.

Rickey und Lafeyette waren jetzt viel zusammen, und das versprach nicht viel Gutes für Lafeyette. Für fünf Dollar hatten sie in der Factory, einem Nachtclub für Teenager, dieses Foto machen lassen. Die Jungen gingen neuerdings freitags und samstags abends immer in die Factory; da war man unter Freunden, konnte tanzen und Mädchen kennenlernen.

Rickey und seine Spezis nannten sich Four Corner Hustlers. Das war keine echte Gang wie etwa Jimmie Lees Conservative Vice Lords. Sie fungierten nicht als Drogenkuriere; die meisten von ihnen waren dreizehn-, vierzehnjährige Jungen. Aber ihr Revier hatten sie unter Kontrolle. Sie waren eine Art Trainingsbrigade für den Ernstfall.

In riesigen weißen Buchstaben hatten Rickey und seine Freunde ihr Hochhaus zu ihrer Festung erklärt. Sie hatten eine gewaltige 4 gezeichnet, verziert mit einem C und einem H. Daneben stand «SOLID». Die Jungen hatten sich einer leerstehenden Wohnung bemächtigt, die ihnen als Club diente. Die Ausstattung bestand aus Couch, Fernsehapparat und Videorecorder, für die Tür hatten sie sich ein Vorhängeschloß besorgt. Jeder Junge trug einen Ohrring im linken Ohr. Der Schmuck mußte wegen der Four Corners immer irgendwie viereckig sein. Rickey hatte Lafeyette einen silbernen Ohrring in Form eines Kreuzes geschenkt.

LaJoe spürte den immer größer werdenden Abstand zwischen sich und Lafeyette. Zum Beispiel zeigte er neuerdings Interesse an Mädchen. Er ging seit einiger Zeit mit einem Mädchen namens Red und fragte LaJoe, ob sie ihr gefalle. Es spielt keine Rolle, ob ich sie mag, hatte sie gemeint. Wichtig ist, ob du sie magst. LaJoe ermahnte ihn aber, ein Kondom zu benutzen, wenn er so weit sei, daß er Sex wolle. Er wolle doch noch nicht Vater werden, sagte sie zu ihm. Lafeyette erklärte, er wolle noch lange keine Kinder, «nicht, bevor ich achtundzwanzig bin». Das war das einzige Mal, daß Lafeyette mit seiner Mutter offen über Mädchen sprach.

Doch nicht sein Interesse am anderen Geschlecht machte ihr Sorgen. Was konnte schließlich normaler sein für einen Dreizehnjährigen – solange keine von ihm schwanger wurde. Seine Freundschaft mit Rickey aber ließ ihr keine Ruhe.

Sie bat Lafeyette, sich nicht mehr mit Rickey herumzutreiben. Nicht, daß sie seinen Freund jetzt nicht mehr lieb und gutmütig gefunden hätte. Wie Pharoah hatte sie ihn wirklich gern. Er log sie niemals an und hatte sich in ihrer Gegenwart noch nie schlecht benommen. Mit einer Ausnahme. Und damals war ihr aufgegangen, daß er vielleicht nicht den besten Einfluß auf ihren Sohn ausüben könnte. Eines Nachmittags hatte sie von einer Straßenecke aus beobachtet, wie Rickey das Fenster eines haltenden Autos einschlug und der Fahrerin die Halskette abriß. Nicht zu glauben, wie unverfroren er das gemacht hatte – am hellichten Tag, direkt unter den Augen von Nachbarn! Sie ermahnte Lafeyette, er solle sich von ihm fernhalten, aber er wollte nicht hören. Und LaJoe bestand nicht darauf. Als Lafeyette dann wegen des Ohrrings von der Schule nach Hause geschickt wurde und die Schulleitung ihn als Bandenmitglied abstempelte, merkte sie, wie er ihr entglitt. Es ging wieder los, genau wie bei Terence, fürchtete sie.

Rickey war noch schwieriger geworden. Seine Mutter hatte kaum noch Einfluß auf ihn. Sie hatte vorübergehend den Plan gehabt, ihn in ein Heim zu stecken, ein Schritt, dem er sich eisern widersetzte. Rickey und seine Freunde hatten angefangen, billigen Rotwein zu trinken – «die Sorte, die dich kampflustig macht», pflegte er zu sagen – und Marihuana zu rauchen. (Sehr wenige Jugendliche experimentierten mit härteren Drogen wie Kokain und Heroin.) Sie spielten auch mit Waffen herum. Eines Abends zog Rickeys engster Freund Terrell, durch Wein und selbstgedrehte Marihuanazigaretten in Fahrt, plötzlich eine Waffe. Er wandte sich zu einem anderen Jungen, CeeCee: «Jetzt erschieß ich dich.»

Terrell schoß zweimal auf CeeCees Füße, traf aber nur das Gras. Beim drittenmal schoß er zentimeternah an CeeCees Hals vorbei. Beim viertenmal traf er CeeCee in den linken Arm. Terrell zielte zum fünftenmal auf CeeCee, aber es klickte nur. Das Magazin war leer. Jemand rief einen Krankenwagen, und CeeCee verweigerte der Polizei gegenüber jede Aussage, wer auf ihn geschossen habe.

Rickey benutzte Schußwaffen meist nur gegen Disciples, die sich erfrechten, in das Revier der Four Corners vorzudringen. «Ich kann jederzeit 'ne Knarre kriegen, wenn ich will», brüstete er sich einmal. «Aber», fügte er hinzu, «ich versuch nie, sie in den Kopf zu schießen. Bloß in die Füße.»

Doch auch wenn Rickey einer der hartgesottensten Rohlinge der Nachbarschaft zu sein schien, war er verunsichert und zerrissen wegen seiner Zukunft. Während die meisten Dreizehnjährigen sich darauf freuen, älter zu werden, erklärte Rickey Lafeyette, er wäre am liebsten noch jünger, er wolle noch einmal acht Jahre alt sein. «Nur um einiges, was ich getan hab, ungeschehen zu machen», sagte er zu ihm. Um es diesmal anders zu machen. Rickey trauerte um seine verlorene Kindheit. Die beiden Jungen unterhielten sich gern miteinander. Rickey vertraute Lafeyette an, er denke oft übers Sterben nach. «Ich frag mich, was Menschen beim Sterben fühlen», sagte er zu seinem Freund. «So, als wärst du in der einen Minute lebendig, und in der nächsten Minute schläfst du. Manchmal hab ich Angst vorm Einschlafen, weil ich denk, ich könnte sterben.»

Weder Rickey noch Lafeyette hatten eine Vorstellung davon, was sie einmal werden wollten – das Erwachsenwerden schien noch weit entfernt. Es kostete sie schon so viel Energie, über die Gegenwart nachzudenken, wie konnten sie dann noch in die Zukunft sehen? «Darüber kann ich erst reden, wenn ich älter werde», sagte Lafeyette einmal. Rickey konnte nicht einmal richtig lesen. In Restaurants konnte er die Speisekarte nicht entziffern, war aber zu stolz, dieses Manko einzugestehen.

Obwohl Lafeyette den Umgang mit Rickey schätzte, war er draußen nicht gern mit dessen Freunden zusammen. Seinem Geschmack nach ließen die sich zu gern auf Schlägereien ein. Ja, er warnte seine Mutter sogar, sie solle nicht zu Rickeys Haus hinübergehen, sie könnten versuchen, sie auszurauben. Lafeyette meinte, er könnte Rickey vor Schwierigkeiten bewahren, könnte vielleicht einen guten Einfluß auf ihn ausüben.

Einige Wochen nach Craigs Tod ging Lafeyette wieder einmal zum Stadion, um mit Rickey zusammen Parkwächter zu spielen. Während die vielen Menschen zum Stadion fluteten, schlenderten die Jungen an einem neuen Hyundai mit einem tragbaren Autoradio vorbei. «Willst es haben?» fragte Rickey. «Nee», sagte Lafeyette, ohne stehenzubleiben. Rickey folgte. Selbst Rickey erkannte Lafeyettes guten Einfluß an. «Lafie ist der beste Freund, den ich habe. Er hat nicht gern Ärger. Man muß ihn schon mit Tricks dazu bringen. Er sagt zu mir: ‹Das kannst du doch nicht machen, Mensch. Hast doch gar keinen Grund dazu.›»

Lafeyette leugnete, einer Gang anzugehören – und in seinem Leugnen steckte eine gewisse Wahrheit. Oft behaupteten Jungen in Horner, zur Gefolgschaft der einen oder anderen Bande zu gehören. Selbst Vier- oder Fünfjährige kamen morgens in die Vorschulklasse mit nach links verschobenen Mützen, um für die Vice Lords zu demonstrieren, oder nach rechts, wenn sie mit den Disciples sympathisierten. Eine Gruppe wie die Four Corners imitierte ihre älteren Vorbilder. Doch echte Organisation oder Disziplin gab es bei ihnen nicht, und vor allem handelten sie nicht mit Rauschgift. In einer anderen Umgebung wäre die Gang vielleicht nur eine Freundesbande gewesen, die sich manchmal durch Dummheiten in Schwierigkeiten brachte. Aber das hier war Horner. Solche Zugehörigkeiten stellten für Kinder Weichen. «Oh, der ist Bandenmitglied», sagten zum Beispiel die Lehrer von einem Schüler. «Der macht Ärger.» Eine staatliche Grundschule verlangte beispielsweise von ihren Schülern, sich in gewisser Weise zu kleiden, damit sie von farbentragenden Bandenmitgliedern zu unterscheiden waren. Kinder glauben oft, was Erwachsene über sie sagen. Rickey war manchmal der Ansicht, wenn sie erwarteten, daß er schlecht sei, dann müsse er eben schlecht sein. Gemein sein, das alles auch tun. Lafeyette widerstand, teils, weil seine Mutter beharrlich darauf drang. Ja, ja, gab er dann schon zu, er war oft mit den Four Corner Hustlers zusammen, «aber bloß weil ich mit denen rumlauf, heißt das nicht, daß ich in der Gang bin. Die du für nett hältst, genau die sind in 'ner Gang».

Lafeyette war immer zynischer geworden. Und in einem Kind, dem es an Erfahrung mangelt, um eigene Maßstäbe zu entwikkeln, kann eine solche Haltung tiefe Leere erzeugen. Er hatte wenig, woran er glauben konnte. Alles und alle ließen ihn im Stich. Die Schule. Das Sozialamt. Sein Vater. Sein älterer Bruder. Die Polizei. Und jetzt versagte er in gewisser Weise vor sich selbst.

Pharoah hatte eine neue Leidenschaft entdeckt: Politik. Sie faszinierte ihn. Die Mengen, die Reden, die Versprechungen, die Macht. LaJoe meinte, das müsse ihm im Blut liegen. Ihre Mutter war Wahlbezirksvorsitzende für die Demokratische Partei in Horner und zuständig dafür gewesen, die Wahlbeteiligung anzukurbeln. Nach der Stimmabgabe teilte sie Hühnchen, Würstchen und halbe Liter Wein an die Nachbarn aus – zu damaliger Zeit keine ungewöhnliche Praxis in Chicago.

Als Kind hatte LaJoe oft Stadträte, Abgeordnete und sogar Senatoren kennengelernt. Sie kamen zu ihnen in die Wohnung oder hielten Ortsversammlungen unten im Haus ab. Ein Stadtrat, Ed Quigley, schenkte ihr und anderen Kindern Stoffpuppen zu Weihnachten. Quigley, Chef der Abteilung Abwasser und Kanalisation, verhalf Paul Rivers zu seinem Job bei der Stadt. Ihre Mutter fand durch ihn ihre Stelle beim Leiter des Kreisfinanzamts. Quigley war weiß; sein Wahlkreis war weitgehend schwarz. Seine Kritiker nannten das Pflanzerpolitik.

Obwohl LaJoe in einer Familie aufgewachsen war, die der Politik viel verdankte, hatte sie selbst längst mit den Politikern abgeschlossen. Sie wählte nur gelegentlich. Der Nachfolger Quigleys als Stadtrat, Wallace Davis, ein Schwarzer aus dem Viertel, beendete seine politische Karriere 1987, als er wegen Schiebereien, Erpressung, versuchter Erpressung und Falschaussage gegenüber dem FBI verurteilt wurde. Seine Nachfolgerin, die achtundzwanzigjährige Sheneather Butler, eine ehemalige Hilfsbibliothekarin, ließ sich im Viertel kaum blicken. Ihr Vater, Gegnern zufolge angeblich die treibende Kraft hinter seiner Tochter, hatte jahrelang für den Posten kandidiert. Eine Lokalzeitung rügte die Tochter Butler, sie wisse nicht einmal, wer die Familie Wirtz sei. Dieser gehörten die Chicago Bulls, die Blackhawks und natürlich das Stadion, eine nicht unbedeutende Immobilie in ihrem politischen Zuständigkeitsbereich. Die Zeitschrift schrieb: «Soviel Ignoranz ist erschreckend, selbst nach den Maßstäben Chicagoer Stadträte.»

Das einzige Mal in letzter Zeit, daß LaJoe eine Wahl mit Spannung verfolgt hatte, war 1983 gewesen, als Harold Washington zum erstenmal als Bürgermeister kandidierte. Als er gewann, was als Überraschungs- und Durchbruchssieg für die Schwarzen der Stadt gewertet wurde, ging sie mit anderen Bewohnern Horners auf die Straße, um mit Hochrufen und Pfeifen den Triumph zu feiern. Doch selbst Washington enttäuschte sie. Siedlungen wie Horner nahmen während seiner Amtszeit wenig Aufschwung.

Ein Bürgermeister allein jedoch konnte Horners Leiden nicht heilen. Die weiße Opposition im Stadtrat von Chicago blockierte die meisten Anläufe der Verwaltung, etwas zu unternehmen. Dazu kam, daß Washington während der Reagan-Jahre Stadtoberhaupt war, als die Bundesmittel für die Städte und für die Armen der Nation empfindlich gekürzt wurden. Zwischen 1980 und 1988, Reagans letztem Amtsjahr, wurden die Subventionen für Sanierungsvorhaben der Gemeinden im Wohnungsbau um 28 Prozent gekürzt; Zuschüsse zu Stadtentwicklungsprojekten um 68 Prozent und mit Bundesmitteln geförderter Wohnungsbau um 70 Prozent. In diesen Jahren wurde das Leben in Vierteln wie Horner immer nur schlechter, und das war der Grund, weshalb LaJoes Begeisterung und Hoffnung auf Änderungen unter Bürgermeister Washington dahinschwanden.

Aber Pharoah schien dort weitermachen zu wollen, wo LaJoe und ihre Mutter aufgegeben hatten. Zum erstenmal hatte er im vergangenen November Geschmack an Politik gefunden, als Porkchop und er mit dem Blasorchester des Boys Club mit einem Bus zu einer Parade für den Präsidentschaftskandidaten Michael Dukakis in die Innenstadt gefahren waren. Es war eines der letzten Wahlspektakel der Demokraten vor dem Wahltag. Die Menge war zu groß und es goß zu heftig, als daß Pharoah und Porkchop viel hätten sehen können, doch inmitten all des Lärms, Jubels und Regens ließen die beiden die geschenkten Taschenlampen kreisen und hielten ein Plakat hoch, auf dem stand: «WÄHLT DUKAKIS '88». Pharoah zog sich seine schwarze Jacke aus Lederimitat über den Kopf, um sich trockenzuhalten. Dies war Pharoahs erste nähere Begegnung mit der aufregenden Politik, und sein Adrenalin tat einen entsprechenden Schub.

Fünf Monate später, am 30. März, nur fünf Tage vor den Bürgermeisterwahlen in Chicago, stattete Tim Evans der Siedlung einen Besuch ab. Er war ein schwarzer Kandidat, der unter der Flagge der hastig gebildeten Harold-Washington-Partei angetreten war. Die Nachricht von seiner Ankunft verbreitete sich blitzschnell in den Hochhäusern. In Erwartung einer neuen Massenkundgebung rannte Pharoah aus der Wohnung und zum Boys Club hinüber. Eine kleine Menschenmenge hatte sich um Evans angesammelt, während er auf dem Bürgersteig stand, Hände schüttelte und um Stimmen warb. Plötzlich sauste ganz nahe ein Stein von der Größe eines Baseballs nieder. Dann noch einer und noch einer. Evans' Leibwächter schoben den Kandidaten in seinen Wagen. Pharoah hielt sich die Arme über den Kopf und lief weg. Ein Stein traf eine Frau am Knie und ein anderer einen Polizisten an der Schulter. Niemand wurde ernstlich verletzt. Niemand wußte, wer die Steine geworfen hatte und warum. Die Abendnachrichten waren voll von dem Ereignis. Evans versprach wiederzukommen und tat es auch am nächsten Tag.

Dieser unrühmliche Vorfall konnte Pharoahs Begeisterung jedoch keinen Abbruch tun. Am selben Abend fuhr er zur First Congregational Baptist Church, um dort Evans und Jesse Jackson reden zu hören. Insgeheim begann er davon zu träumen, Politiker zu werden.

Die Gewalt ließ niemals nach. Nie. Und was schlimmer war, niemand konnte sich daran gewöhnen.

An einem trüben Aprilnachmittag hörte LaJoe ein paar Leute unter ihren Wohnungsfenstern vom Haus weglaufen. Oft bedeutete eine solche Bewegung, daß die Banden sich zum Kampf rüsteten. Vorsichtig zog sie den Vorhang zurück, damit man sie von draußen nicht sehen konnte, und beobachtete, wie zehn Teenager einen etwa dreißigjährigen Mann jagten. Zwei von ihnen holten den Fremden ein und hielten ihn fest, während die anderen ihn mit Fäusten traktierten. Ein Junge schlug dem Mann mit einem Stock in die Rippen.

Von ihrem Schlafzimmerfenster aus schrie LaShawn hinunter, sie sollten aufhören. LaJoe lief nach draußen. Lafeyette folgte ihr.

«Warum hast du versucht, meinen Vetter zu vergewaltigen?» rief der Junge mit dem Stock bei jedem kräftigen Hieb. «Warum wolltest du meinen Vetter vergewaltigen?»

Der Mann rannte weiter, verfolgt von der Teenagermeute, die ihm ihr eigenes Strafmaß angedeihen lassen wollte. Als LaJoe wieder ins Haus zurückging, merkte sie, daß Lafeyette sich den anderen angeschlossen hatte. Sie befahl Pharoah, Tyisha und die Drillinge zu holen, die im dritten Stock spielten. Sobald sie die Jüngsten in der Wohnung hatte, erklärte sie streng: «Ihr geht hier nicht raus. Ihr geht hier nicht raus, nicht mal, um euch 'ne Limo zu kaufen.»

Offensichtlich hatte der Mann, über den jetzt alle herfielen, in einer leerstehenden Wohnung im fünften Stock an einem achtjährigen Jungen herumgefummelt. Niemandem kam es in den Sinn, die Polizei zu rufen. Sie schritten lieber zur Selbstjustiz.

Zehn Minuten später tauchte Lafeyette schwitzend und atemlos wieder auf. Er und die anderen hatten den Mann bis zur Madison Street gejagt, wo der Angeklagte Zuflucht in einem Schnapsgeschäft suchte. Unterwegs hatten die Teenager ihn mit Steinen und Ziegeln beworfen.

«Die mögen da Vergewaltiger», sagte er lächelnd zu seiner Mutter, denn seine Bemerkung sollte witzig klingen: «Vielleicht ist das 'n Vergewaltiger-Club.» LaJoe lachte nicht.

VIERUNDZWANZIG Der sechs Jahre alte Gerichtssaal der Außenstelle der Cook County Courts in Skokie, in dem Richter Francis Mahan tagt, ist sauber und gut beleuchtet und unterscheidet sich damit erheblich von den muffigen Sälen im neunundfünfzigjährigen Hauptgebäude des Gerichts in Chicago. Ein hübscher dunkelgrüner Teppichboden ist farblich abgestimmt auf die Polsterplätze für die Jury, das Holz der drei Bankreihen glänzt.

Für viele junge Männer in Horner ist der einzige Kontakt mit der Welt außerhalb ihrer unmittelbaren Umgebung das Gericht. Das kann eine kalte, demütigende Erfahrung sein. Niemand hat ausreichend Zeit. Die Gerichte sind so überlastet, daß viele Verfahren aus Chicago nach Skokie überwiesen werden. Richter Mahans Abteilung befaßt sich ausschließlich mit solchen Fällen.

Die Sitzung begann an diesem Morgen des 21. März mit Verspätung. Die Häftlinge, die täglich die 32 Kilometer vom Kreisgefängnis mit Bussen hergebracht werden, waren noch nicht da. Junge Männer und Frauen saßen schweigend auf den harten Bänken und warteten auf die Ankunft ihrer Angehörigen und Liebsten. Sie lauschten dem freundschaftlichen Geplauder zwischen Pflichtanwälten und Anklägern. Einem Außenstehenden mochte es scheinen, als seien alle Anwälte hier – Staatsanwälte wie Verteidiger – wärmstens miteinander befreundet.

Eine junge schwangere Frau trat auf den Protokollführer zu. «Ist der Rechtsanwalt von meinem Freund hier?» fragte sie. «Junge Frau», gab der Protokollführer unfreundlich zurück, «ich weiß weder, wer Ihr Anwalt ist, noch wer Sie sind.» Wie eine gerügte Schülerin zog die Frau sich zurück.

In der Nähe wurde ein schnurrbärtiger Staatsanwalt von einem Kollegen gefragt, welche Fälle er an diesem Morgen habe. In einem Flüsterton, der laut genug war, daß der ganze Raum mithören konnte, antwortete er: «Bobby Rivers und Tony Oliver. Wir werden sie in Grund und Boden stampfen.» (Bobby war Terences Pseudonym.) Ein junger Mann aus dem Publikum im Gerichtssaal meinte seinen Ohren nicht zu trauen; er wandte sich zu einem Freund: «Mensch, die handeln hier mit Scheiß-Menschenleben.»

Richter Mahan betrat mit geraffter Robe den Gerichtssaal. Alle erhoben sich. Mit seinem silbergrauen Haar und der dicken, schwarzgerandeten Brille wirkte er streng und unversöhnlich. Seine Ankunft machte die Anwesenden nervös. Ein junger Mann in der hinteren Reihe begann mit den Fingerknöcheln zu knakken. Ein kleines Stück von ihm entfernt begann ein Baby zu schreien.

«Der Richter mag es nicht, wenn Babys laut werden», teilte der Hilfssheriff der scheinbar gleichgültigen Mutter mit. Sie verließ den Saal mit dem weinenden Kind.

Der Richter begann mit dem Fall eines Hispanic in den Zwanzigern. Er war wegen Besitzes von fünfzig Gramm Kokain festgenommen worden und hatte außerdem das Auto seiner geschiedenen Frau gestohlen. Er war vorbestraft wegen Beeinflussung eines Geschworenen in einem anderem Fall und wegen Besitzes von Marihuana. Sein Anwalt verlangte die Herabsetzung seiner 25 000 Dollar Kaution. Mahan setzte sie auf 50 000 hoch.

Als nächstes erschien der Vater des Babys, das erst vor ein paar Minuten die Sitzung gestört hatte. Der rotwangige Jüngling war hochgewachsen und schlaksig, die Schultern hochgezogen bis zu den Ohren, seine Bluejeans bedeckten kaum die Knöchel. Er war zur Zeit auf Bewährung (was er verbrochen hatte, blieb im dunkeln) und wollte mit seiner Familie nach Kentucky umziehen. «Ich sehe hier, daß Sie sich während der Bewährung gut geführt haben», sagte Mahan. «Die Genehmigung wird erteilt.» Dann zeigte er ein seltenes Lächeln. «Lassen Sie sich nichts wieder zuschulden kommen.»

«Bestimmt nicht, Euer Ehren», versicherte der Junge, den Blick fest auf den grünen Teppich gerichtet.

Ein Angestellter trat auf den Richter zu. Die Häftlinge aus dem Gefängnis waren immer noch nicht da. Mahan kündigte eine kurze Pause an.

Das gab Audrey Natcone Gelegenheit, mit dem Staatsanwalt kurz über Terences Fall zu sprechen. Da sie beide, Verteidigerin wie Staatsanwalt, so viele Fälle gleichzeitig zu bearbeiten hatten, war kaum je Zeit, außerhalb des Gerichtssaals miteinander zu reden oder etwas auszuhandeln. Sie ging zu Casey Bartnik hinüber, dem Ankläger, der Terences Fall bearbeitete. Kaum zwei Meter von den Zuschauerbänken entfernt begannen die beiden die Bedingungen für ein Schuldbekenntnis des Angeklagten auszuhandeln.

«Was haben wir letztes Mal angeboten?» fragte Casey harmlos.

«Zehn», antwortete Audrey.

«Meiner Ansicht nach klingt das vernünftig für zwei bewaffnete Raubüberfälle.»

«Ich mach *nicht* mit bei zehn.»

Der schnurrbärtige Staatsanwalt kriegte ihre Bemerkung mit und lachte. «*Sie* müssen doch die zehn nicht absitzen.» Audrey lächelte mühsam. Sie wußte, daß sie sich zu sehr mit ihren Klienten identifizierte. Sie hatte sich eine Blöße gegeben.

«Sie werden dafür bezahlt, daß Sie das Richtige tun», stichelte Casey.

«Ich tue das Richtige», beharrte Audrey.

«Sie verdienen mehr als ich.»

«Völlig zu Recht.» Audrey machte eine Pause. «Ich habe nicht einmal die Fotos gesehen. Ich möchte sie sehen, bevor wir etwas entscheiden.» Audrey ärgerte sich immer noch, daß die Polizei ihrer Anforderung der Fotos von der Gegenüberstellung nicht nachgekommen war. Ihr Verdacht, daß da etwas faul sei, wuchs.

Der Staatsanwalt zog aus seiner Aktentasche ein paar Polaroid-Bilder, die die Polizei von Terence gemacht hatte, und zwei Fotos von der Gegenüberstellung. Ann Mitchell, die Besitzerin des Longhorn-Saloons, hatte Terence auf diesen Aufnahmen identifiziert, nachdem sie zuerst die Polaroid-Bilder gesehen hatte. Audrey sah sich die Fotos von der Gegenüberstellung an und schüttelte den Kopf. Terence war der letzte in der Reihe der Männer, die ihn alle um fünf bis fünfzehn Zentimeter überragten.

«Sehen Sie sich das an!» sagte Audrey. «Er ist der Winzling am Ende. Wollen Sie sich das mal ansehen? Das ist mein Klient. Der Winzling am Ende. Ist doch klar, daß sie ihn rausgepickt hat.»

«Ich will Ihnen was sagen – ich biete Ihnen acht», gab Casey nach.

«Können Sie mir nicht sechs geben?» fragte Frau Natcone.

«Dann kommt es zur Verhandlung.»

Audrey erinnerte Casey daran, daß dies Terences erste Straftaten als Erwachsener waren und daß er ein intaktes Familienleben hatte, daß seine Mutter sich um ihren Sohn sorgte. Sie war zu allen Gerichtsterminen erschienen. Doch hier endete die Unterhaltung. Casey wollte von acht Jahren nicht herunter. Für drei Straftaten, fand er, sei das wohl angemessen. Außerdem hatten sie Terences Fingerabdrücke beim letzten bewaffneten Raubüberfall gefunden. Audrey fragte sich, wo LaJoe heute wohl blieb.

Terence hatte LaJoe gebeten, nicht zu kommen. Er wollte seiner Mutter weiteren Kummer ersparen. Er sah, wie gequält sie jedesmal wirkte, wenn sie zur Verhandlung kam.

«Ich hab vor meiner Familie versagt», meinte Terence. «Ich hab meinen kleinen Brüdern, Mama, meinem Vater und den anderen allen versprochen, ich würde nie wieder ins Gefängnis kommen. Aber irgendwie ist es anders gelaufen, als ich wollte. Ich bin einfach reingezogen worden. Ich sollte ihnen ein Beispiel geben. Und da hab ich scheint's versagt.»

Bei ihrem letzten Gerichtsbesuch hatte LaJoe Pharoah mitgenommen. Er wollte unbedingt mitkommen. Er war neugierig, denn er war noch nie in einem Gerichtssaal gewesen. Außerdem wollte er sehr gern Terence sehen. Lafeyette hatte ebenfalls mitkommen wollen, aber LaJoe wollte das nicht. Nach jedem Besuch bei Terence im Kreisgefängnis hatte Lafeyette schlaflose Nächte gehabt. In der Schule träumte er am hellichten Tag von Terence. Binnen weniger Tage bekam er tiefe Ringe unter den Augen, ähnlich wie seine Mutter. Es nimmt ihn mehr mit als mich, dachte LaJoe.

Als LaJoe mit Pharoah zusammen das Gerichtsgebäude betreten hatte, hatte er sie mit Fragen überschüttet. «Wieso sind hier keine Geschworenen wie in *Barney Miller*? ... Wer sind die Leute da? ... In welchem Zimmer ist Terence?» Alles war neu für Pharoah. Er wollte alles verstehen, was da vor sich ging.

Die beiden saßen in der ersten Reihe und hörten der Verhandlung zu. «Was meint der alte Junge damit, er gibt ihm zwei Jahre? Wofür denn?» flüsterte er. Seine Mutter brachte ihn zum Schweigen. Der unruhige Pharoah hatte den Plan mit der Tagesordnung draußen neben der Saaltür bemerkt und verschwand, um ihn sich genauer anzusehen. Er zog ihn aus dem Glasrahmen heraus. LaJoe war ihm gefolgt.

«Hör mal, Mama», sagte er und las vor: «Lee Butler, Sexualdelikt. Lee Butler, Sexualdelikt. Lee Butler, Sexualdelikt. Der hat drei Fälle. Der schämt sich bestimmt, wenn er in den Saal kommt.» Später beschrieb er den wegen Vergewaltigung Angeklagten, der an jenem Tag zur Verhandlung erschien: «Ich will nicht sagen, daß er schmutzig war, aber er verstand sich nicht richtig anzuziehen. Er hatte Löcher in seiner Hose.»

An diesem Morgen wurde Terences Fall «fortgesetzt» – das war der Gerichtsjargon für «vertagt» – und ein neuer Termin festgesetzt. Aber LaJoe und Pharoah durften ihn sehen, bevor er mit dem Bus wieder ins Gefängnis zurückgebracht wurde. In einem kleinen Raum hinter dem Gerichtssaal saßen sie zusammen.

Als Terence LaJoe und Pharoah begrüßt hatte, zog er sein Hemd aus, stellte sich in Positur und spannte seine schwellenden neuen Muskeln. Im Gefängnis hatte er drei Stunden täglich mit Gewichten trainiert. Jetzt konnte er 120 Pfund stemmen. Seine Muskeln wölbten sich so, daß er seine graue Levi's kaum zuknöpfen konnte. Später erzählte Pharoah Lafeyette von seinem Besuch bei Terence; in Nachahmung seines Bruders trat er zurück, spannte seine Bizeps an und wölbte den Brustkorb. «Ich bin stark», habe Terence gesagt. «Hier drin kann mir keiner. Hier brauch ich mir keine Sorgen zu machen.»

«Du hättest mal seine Brust sehen sollen», erzählte Pharoah Lafeyette. «Er hatte riesige Muskeln. Es muß ihm da ganz gut gehen, denn zu Hause war er doch so dünn.»

Pharoah hatte vor dem Treffen mit Terence beschlossen, die ganze Zeit über zu lächeln, egal, wie traurig er sich fühlen würde. Um Terence aufzuheitern – genauso, wie er es immer mit seinem Vater machte. Als Terence also seinen neuen Körper zur Schau stellte und mit LaJoe redete, behielt Pharoah seinen fröhlichen Ausdruck bei, um seinen Bruder und seine Mutter aufzumuntern. Als sie sich verabschiedeten, grüßte Terence Pharoah mit erhobenem Daumen. Pharoah grüßte genauso zurück.

Seither waren fast zwei Monate vergangen. Der Besuch hatte LaJoe sehr beunruhigt. Terence hatte ihr gesagt, zehn Jahre würde er nicht akzeptieren, selbst wenn das bedeuten sollte, daß es zur Hauptverhandlung käme. Das waren einfach zu viele Jahre der Trennung von der Familie.

Ein Hilfssheriff führte Terence und zwei andere Angeklagte wieder in den Gerichtssaal. Er sah weder Zuschauer noch Anwälte an, sondern blickte strikt geradeaus. Die drei standen Schulter an Schulter dem Richter gegenüber, die Hände hinter dem Rücken verschränkt, als trügen sie noch immer Handschellen. Terences muskulöser Körper schien aus der Kleidung zu quellen. Sein blauer Pullover mit V-Ausschnitt platzte fast aus den Nähten. Seine Hosen waren so kurz, daß man die rotgelb gestreiften Frotteesocken sehen konnte. Er hob den Kopf, als der Richter flüsternd mit den beiden Verteidigern redete, die vor dem Tisch standen. Auf ihren Antrag hin stimmte Richter Mahan einer Besprechung hinter verschlossenen Türen zu. Bevor ein *plea bargain* begonnen werden konnte – eine inoffizielle Absprache über eine mildere Strafe aufgrund eines Schuldbekenntnisses des Angeklagten –, mußte der Richter seine Zustimmung geben.

Bevor Audrey den Saal verließ und in das Zimmer des Richters ging, nahm sie Terence zur Seite. «Ich kann acht Jahre für dich rausholen», sagte sie. Terence zögerte nicht: «Ich will sechs.» Audrey sagte, sie würden später noch miteinander reden.

In der Besprechung mit dem Richter stimmte Mahan den Details der Absprache zu. Wenn Terence ein Schuldbekenntnis ablegte, würde er ihn zu acht Jahren verurteilen. Die Staatsanwaltschaft ersparte sich so einen Prozeß, und Terence konnte die Gefahr eines höheren Strafmaßes ausschalten. Jetzt lag es an Audrey, ihn zu einem Ja zu bewegen.

Die beiden saßen eine Viertelstunde in einem Hinterzimmer zusammen, wo Audrey ihren Block herausholte und vier Zahlen schrieb: 14, 12, 10, 8. Sie zog einen Kreis um die 14 und erklärte, wenn Terence zweier bewaffneter Raubüberfälle für schuldig befunden würde, bedeutete das aller Wahrscheinlichkeit nach so viele Jahre für ihn. Dann rahmte sie die 12 ein. Wenn er nicht 14 Jahre bekäme, erklärte sie, würde der Richter ihm mindestens 12 geben, wenn er für schuldig erklärt würde. Dann rahmte sie die 10 ein. Soviel hatte der Staatsanwalt zuerst angeboten. Und dann kam die 8. Das war das jetzige Angebot. Sie fand, das sei ziemlich fair. Das sei wohl das Beste, was sie für ihn erreichen könne, erklärte sie ihm.

Die meiste Zeit schwieg Terence während Audreys Erklärungen; sein Blick war auf den gelben Schreibblock geheftet. «Warum versuchen Sie nicht, sieben Jahre für mich rauszuholen?» murmelte er.

«Ich glaube nicht, daß das möglich ist, Terence. Das beste Angebot, das sie machen, sind acht», erklärte Audrey geduldig.

«Ich kann keine acht durchhalten. Meeensch.» Er wandte sich von seiner Verteidigerin ab.

«Was sind denn sechs Monate Unterschied?» fragte sie. Viele

Häftlinge in Illinois sitzen nur die Hälfte ihrer Strafe ab, da ihnen für jeden Tag guter Führung einer abgezogen wird. «Richter Mahan bestraft Angeklagte, die Absprachen ablehnen. Er ist so ein Richter.» Audrey merkte, daß Terences Augen gerötet waren. Sie hatte das Gefühl, gleich würde er anfangen zu weinen.

Audrey konnte sich auch nicht überwinden, ihn zur Annahme der acht Jahre zu drängen. «Ich kann auch nicht auf ihn einreden», sagte sie, kurz nachdem man Terence wieder ins Gefängnis zurückgebracht hatte. «Wenn die Anklage auf Mord lautete und sie bewaffneten Raubüberfall daraus machen würden, wäre das etwas anderes.» Audrey wirkte niedergeschlagen. In dem Jahr, seit sie Terence kennengelernt hatte, hatte er sich verändert. Er hatte sich verhärtet. Das Gewichtheben ließ ihn älter und drohender erscheinen, herausfordernd. «Als ich ihn kennenlernte, war er ein kleiner Junge. Er wirkte sanft und sprach sanft», sagte sie. Sie glaubte nicht, daß ein langer Gefängnisaufenthalt ihm guttun werde. Doch sie wünschte, er wäre älter und ein wenig ausgeglichener, so daß er sehen könnte, daß es in seinem ureigensten Interesse war, die acht Jahre zu akzeptieren. Sie hegte den Verdacht, ein Zellengenosse im Kreisgefängnis habe ihm eingeredet, er wäre verrückt, wenn er sich auf mehr als sieben einließe.

Sie hatte den Eindruck, Terence glaubte, sie wolle ihn zu irgend etwas überreden. Generell waren ihre Klienten voller Mißtrauen gegen «das System», selbst gegen die, die ihnen doch so gern helfen wollten. Audrey riet Terence, er solle mit LaJoe über das Angebot sprechen. Seine Mutter werde ihn gut beraten. Er stimmte zu.

Der Richter gestand Terence zwei Wochen Aussetzung des Verfahrens zu, damit er mit seiner Mutter über das Angebot von acht Jahren sprechen konnte.

An diesem Tag wartete LaJoe vergeblich auf einen Anruf von Terence. Sie vermutete, er habe zehn Jahre bekommen. Die Vorstellung, daß ihr Sohn so lange eingesperrt sein sollte, bedrückte sie zutiefst. So war es nicht verwunderlich, daß sie an diesem Tag kurz durchdrehte.

Da war ein Mann, etwa Anfang vierzig, der ihr in den letzten Wochen Avancen gemacht hatte. Sie mochte ihn nicht. Sie hatte ihm gesagt, er solle aufhören, sie wolle ihn nicht in ihrer Nähe haben. Der Mann, den sie nur als Keith kannte, machte ihr angst. Er war oft high durch PCP oder «Happy Stick», ein starkes Halluzinogen, das zu Desorientierung, Schizophrenie und psychotischer Gewalttätigkeit führte.

Später an diesem Tag winkte Keith LaJoe zu sich ans Auto heran. «Ich werd dir den Kopf zerknacken», sagte er zu ihr, eindeutig unter dem Einfluß von PCP und frustriert durch LaJoes Weigerung, mit ihm zu reden.

«Steig doch aus und zerknack mir den Kopf gleich», höhnte LaJoe. «Los, komm, steig doch aus. Laß knacken!» In ihrem Jackenärmel verbarg LaJoe eine Nagelfeile. «Ich hätte ihm direkt ins Auge gestochen», sagte sie später. Keith wollte sein sicheres Auto nicht verlassen, aber er stichelte weiter und drohte LaJoe, wenn er sie mal allein erwischte, würde er ihr den Kopf zermalmen.

LaJoe hatte niemandem von Keiths Einschüchterungsversuchen erzählt, doch als sie nach Hause kam, konnte sie sich nicht mehr beherrschen. Sie vertraute sich Rochelle an, die zu Besuch gekommen war. Ihr Sohn Weasel kriegte alles mit.

In Horner kann man alles mögliche tun, ohne daß es Folgen hat, denn die Leute haben große Angst, daß Vergeltungsmaßnahmen außer Kontrolle geraten und eine Spirale der Gewalt auslösen könnten, und schlucken deshalb ihren Zorn und ihre Wut hinunter. Doch wenn es um die Familie geht, vor allem um Mütter, ist niemand und nichts von Rache ausgenommen. Pharoah sagte oft: «Wenn ich sterbe, wenn jemand mich erschießt, dann sind sie auch dran. Dann bringt jemand aus meiner Familie sie um.» Und so ging es auch mit den Drohungen gegen LaJoe.

Weasel, der demnächst zweiundzwanzig werden sollte, machte sich auf die Suche nach Keith. Etwa zehn Minuten später zerrte er einen kläglich aussehenden Kerl in den Hauseingang: hängende Schultern, wirres Haar, blutunterlaufene Augen, leerer Blick. Er war so zu, daß er nicht einmal mehr Angst haben konnte. «Ist er das?» fragte er LaJoe. Sie nickte. Weasel begann, ihm mit kurzen, kräftigen Schlägen Gesicht und Körper zu bearbeiten. Das Klatschen von Fleisch auf Fleisch echote in dem engen Hausflur und ließ den Kampf viel wilder erscheinen, als er in Wirklichkeit war.

«Nein, nein! Hör auf!» winselte Keith mit hoher, fast kindlicher Stimme. Weasel hörte auf, und der etwa 1,80 Meter große Keith schleppte sich auf Händen und Knien zur Haustür. Aus der Nase lief ihm das Blut. Er richtete sich auf und schwankte über den zertretenen Rasen.

Selber zitternd und ganz benommen zog LaJoe sich in die Wohnung zurück. Mit verzerrtem Gesicht lief sie zwischen Küche und Wohnzimmer auf und ab. «Er hat zu mir gesagt, er würde mir den Kopf zerknacken. Na, soll er doch! Ich laß mir das alles nicht mehr gefallen.» Ihre Stimme wurde immer lauter, während sie ziellos wütete: «HÖRT IHR MICH? ICH LASS MIR DAS ALLES HIER NICHT MEHR GEFALLEN!!»

Eins nach dem anderen kamen die Kinder aus der Schule. Sie bemühten sich, unbemerkt an ihrer Mutter vorbeizuschlüpfen und ihr aus dem Weg zu gehen. Tyisha und Pharoah breiteten ihr Monopoly-Spiel auf dem Küchentisch aus und taten, als spielten sie. Lafeyette ließ sich traurig und wortlos in den roten Sessel fallen und starrte seine Mutter an.

LaJoe marschierte weiter auf und ab und murmelte vor sich hin. «Mama», fragte Lafeyette bescheiden, «dürfen wir unsere Ostersachen rausholen?» LaJoe drehte sich heftig zu ihrem Sohn um. «Kannst du nicht sehen, daß ich nervös bin?» fauchte sie. Lafeyette rutschte noch tiefer in den Sessel.

In LaJoe brodelte es immer noch. «Was will er mir eigentlich antun?» murmelte sie. «Und wenn jetzt Weasel nicht dagewesen wäre? Was dann? Ich hätte ihn selbst geschlagen. Ich brauche eine Waffe. Ich hab schon zwei Finger verloren, als ich mich wehren wollte. Zwei Finger hab ich schon verloren!» Die Tränen liefen ihr über die glatten Wangen. *«Ich brauche nicht noch einen Mann, um mein Leben kaputtzumachen! Ich hab schon einen Mann! Er hat alles ruiniert!!»*

Jetzt war LaJoes Schluchzen nicht mehr zu halten. Weasel hielt sie im Arm. «Ist doch alles wieder gut», versicherte er ihr. «Ist doch alles gut.» Er strich ihr über den gebeugten Rücken, während sie ihren Kopf an seiner Schulter vergrub. «Niemand hat ein Recht, so was zu dir zu sagen. Niemand.»

LaJoe riß sich los. Ihre Stimme stieg. «ICH MUSS RAUS AUS DIESEM GHETTO-DASEIN! WAS MEINT ER DENN, WER ER IST? DIE LEUTE HIER SIND DOCH VERRÜCKT!» Sie holte Luft. Ihre Verkrampfung löste sich. «Und wenn Weasel nicht dagewesen wäre? Ich hätte ihn treten sollen.» Und als sie wieder zu schluchzen anfing, liefen alle in der Wohnung zusammen und umarmten und streichelten sie – erst Rochelle, dann eine Freundin von Weasel, dann LaShawn und dann wieder Weasel.

Pharoah blieb wie angeklebt sitzen; das Monopoly war unberührt. Seine großen Schneidezähne schienen seinen Mund offenzuhalten, während sein erschrockener Blick durch den Raum schoß. Er wollte seine Mutter nicht umarmen, denn, wie er später erklärte: «Wenn meine Mama weint, muß ich manchmal auch weinen. Ich mußte gleich weinen.» Doch er tat es nicht – auch Lafeyette nicht, der wortlos zum Besen griff und zu fegen begann.

Allmählich ebbte die Aufregung ab. LaJoe saß am Küchentisch. Während ihr noch vereinzelte Tränen über die Wangen liefen, entschuldigte sie sich bei Freunden und Familie für ihren Ausbruch. Larry, Brians Bruder, kam zur Tür herein. «Mach den Küchenfußboden sauber», befahl Lafeyette. «Halt's Maul, Mann», gab Larry zurück. Lafeyette wandte sich zu seiner Mutter: «Pharoah und ich sind nämlich nicht die einzigen, die hier wohnen», erklärte er ihr.

Insgeheim begann LaJoe mit dem Gedanken zu spielen wegzugehen, mit ihren fünf Jüngsten einschließlich Lafeyette einfach wegzulaufen. Aber sie wußte nicht, wohin. Die Miete für etwas anderes als eine Sozialwohnung konnte sie nicht aufbringen. Einmal hatte LaJoe ihre drei Ältesten als rote Rosen beschrieben, deren Blütenblätter verwelkt und abgefallen seien. Sie wünschte, sie könnte diesen Blüten neues Leben einhauchen. Doch die Versuche hatten sie müde gemacht. Und nun fürchtete sie, daß ihre jüngeren Knospen nie aufblühen würden.

Doch auch LaJoe welkte dahin wie eine unterernährte Rose. Auf der Suche nach Erholung von ihrem übervölkerten Haushalt verbrachte sie immer mehr Abende außerhalb des Hauses; manchmal spielte sie Karten mit ihren Freundinnen, manchmal redete sie nächtelang mit Rochelle und deren Mutter, trank dabei Limonade und rauchte Zigaretten. LaJoe holte sich oft Unterstützung bei Rochelle und ihrer Mutter, vor allem, wenn die Probleme ihrer Familie sie wieder einmal überwältigten. Das Kartenspielen half, ihr schmales Einkommen aufzubessern, argumentierte sie. Und anderswo erholte sie sich und kam wieder zur Besinnung. Das war ihre Zuflucht, die einzige Art, die sie kannte, um wieder aufzutanken. Wenigstens war sie dann wieder ausgeruht für ihre Kinder, meinte sie.

Die Kinder verstanden sie, zumindest behaupteten sie das. Morgens, wenn LaJoe noch nicht wieder zu Hause war, kamen sie ohne sie zurecht. Weasels Freundin machte Haferflockenbrei für die Kleinen. Lafeyette bügelte seine Kleidung und auch die der Drillinge, die er dann zur Schule begleitete. Nach der Schule würde LaJoe wieder dasein, das wußten sie. Doch die Kinder spürten ihre Abwesenheit in den Nächten, wenn sie unterwegs war. Sie erinnerten sich noch, wie man sie ausgeraubt und ihr die Finger zerfetzt hatte. Sie hatten Angst, es könnte ihr noch Schlimmeres zustoßen. Schließlich war ihre Mutter das einzige, was sie hatten.

Am Donnerstag, dem 4. April, wurde Terence verurteilt, und Richard M. Daley, der Sohn des berüchtigten Richard J. Daley, wurde zum Bürgermeister gewählt. Nicht, daß die beiden Ereignisse etwas miteinander zu tun gehabt hätten. Aber LaJoe konnte das Datum gut behalten: Tag des Urteils und Wahltag. Es gab nicht den geringsten Zusammenhang, und gerade das beunruhigte LaJoe. Wenn die Politiker sich mehr um sie gekümmert hätten, wären einige der verlorenen Kinder der Nachbarschaft vielleicht zu retten gewesen. Das Schweigen der Politiker machte ihr sehr zu schaffen.

Vor einigen Wochen war LaJoe zum Kreisgefängnis gegangen, um mit Terence zu reden. Sie hatte ihm Mut gemacht, die acht Jahre anzunehmen, um es hinter sich zu bringen. So wäre es leichter für alle Beteiligten, meinte sie. Sie konnte den Gedanken an eine Gerichtsverhandlung und eine möglicherweise viel höhere Freiheitsstrafe nicht ertragen. Außerdem, erklärte sie Terence, mit acht Jahren konnte er in vier Jahren schon wieder draußen sein, vielleicht sogar in dreieinhalb, wenn man die schon abgesessene Zeit mitrechnete. Terence hörte immer auf seine Mutter. Er nahm die acht Jahre an.

Drei Tage vor der Urteilsverkündung besuchten Lafeyette und Pharoah zusammen mit Tammie, Tiffany, Snuggles, Sir Baldheaded und ihrem Vater Terence, um ihm auf Wiedersehen zu sagen. LaJoe fuhr später am selben Tag hin. Lafeyette hatte Terences Anzug angezogen, denselben, den er auf Craigs Beerdigung getragen hatte. Er wollte Terence zeigen, daß er schon älter war, daß er auf sich und die Familie aufpassen konnte, besonders auf ihre Mutter.

Es machte Terence Spaß, seinen großgewordenen Bruder zu sehen. In dem Anzug wirkte er wie ein junger Mann. Er bat Lafeyette, sich ganz hinten an die Wand zu stellen, damit er ihn von Kopf bis Fuß betrachten konnte. «Sieht scharf aus, Laf», artikulierte er durch das dicke Glas. Alles, wozu Lafeyette sich Terence gegenüber überwinden konnte, war: «Ich bleib clean.» Die übrige Zeit saß er still und hörte Terence zu und wandte die Augen nicht von seinem Bruder hinter der Glaswand. Pharoah erklärte Terence: «Ich liebe dich.» Der Besuch zog sich mit unbehaglichen Pausen etwa eine halbe Stunde hin.

Terence bestand darauf, keiner von ihnen solle zu seiner Urteilsverkündung kommen; sie sollten nicht sehen, wie er abgeführt wurde. Ursprünglich hatte er den Richter gebeten, ihm noch zwei weitere Wochen im Gefängnis zu erlauben, damit seine Familie ihn noch einmal besuchen konnte, doch dann änderte er seine Meinung und bat darum, gleich abtransportiert zu werden. Andere Insassen hatten ihm gesagt, wenn er noch dabliebe, müßte er dafür zwei Wochen länger im Gefängnis bleiben.

LaJoe mußte ständig an Terence denken. Sie versuchte, seine Verurteilung rational zu verarbeiten. Es war doch gut für ihn, daß er von der Straße wegkam, weg von den Drogen und den Schießereien. Wenn er hier draußen wäre, würde er nur in Schlimmeres hineingeraten. Er könnte verletzt, womöglich sogar getötet werden. Doch in ihrem Innersten wußte sie, daß Gefängnis nicht viel Hoffnung ließ. Es würde Terence verändern. Er würde seine Weichheit und Sanftheit verlieren. In ihrem Bemühen, Terence nicht abzuschreiben, verglich sie ihn mit Lafeyette und Pharoah. Sie hatte so hohe Erwartungen in ihn gesetzt, und er hatte sie enttäuscht. Pharoah und Lafeyette nicht, versicherte sie sich selbst. Sie konnte den Unterschied sehen.

«Terence war ein ruhiger Junge, fast wie Pharoah», sagte sie öfter. «Aber der Unterschied zwischen Terence und Pharoah ist, daß Pharoah offener ist. Wenn Pharoah etwas anstellt, erinnert er dich immer wieder dran, auch wenn du ihm schon verziehen hast.» Oder sie bemerkte: «Lafie wird nicht so wie er, der wird nicht so. Wenn Lafie irgendwas macht, dann, daß er von hier aus der Siedlung wegzieht, auch ganz allein. Ich mach mir keine Sorgen deshalb. Das einzige, wovor ich bei Lafie Angst hab, ist, daß er verletzt werden könnte.»

LaJoe verbarg ihren Kummer vor den anderen. Außer Rochelle hatte sie niemanden, mit dem sie darüber sprechen konnte. Mit ihrem Mann redete sie nicht, und Lafeyette wollte sie nicht länger mit ihren Sorgen belasten. Ihr Inneres, sagte sie, «ist nichts als Fetzen».

«Meine Kinder sind meine Stärke. Sie sind meine Liebe. Sie sind das, was ich nicht hatte, und ich hab sie gekriegt, um das zu bekommen. Und wenn sie weggehen, ist es, als würde ein Teil von mir weggenommen. Ich werd jetzt wirklich schwach. Wissen Sie, ich fühl mich nicht wohl. Mein Herz ist gebrochen wegen der Sache mit Terence. Viel mehr kann ich nicht ertragen.»

Drei Tage später schrieb Terence nach seiner Ankunft im Joliet Correctional Center, einem Hochsicherheitsgefängnis eine Autostunde südlich von Chicago, an seine Mutter. Sie zeigte Lafeyette und Pharoah den Brief.

7. April 1989

Liebe Mom,

wie geht es dir und der Familie? Gut, hoff ich. Also ich bin grad in Joliet angekommen und du mußt wissen, daß ich dich liebe und das Gute, das du für mich getan hast. Und noch was. Mach dir keine Sorgen wegen mir. Mir wird's schon gut gehen... Wenn du mir Geld schickst, bitte eine Geldanweisung über 50 Dollar, damit ich TV und Radio krieg... Bleib stark. Ich hätte gern ein paar Bilder von der Familie und paar Bilder von meinen Kindern...

Mach dir nie Sorgen wegen mir. Du hast noch 7 andere Kinder über die du dir Sorgen machen mußt. Ich werd schon o. k. sein.

Dein treuer Sohn Terence. Ich liebe dich. Schreib bald wieder.

Lafeyette und Pharoah vermißten Terence sehr. Aber ihnen beiden wurde klar, daß er nun eine Zeitlang weg war. Sie hörten auf zu fragen, wann er denn wieder nach Hause käme, obwohl Pharoah einen Traum hatte.

«Ich hab geträumt, jedesmal, wenn ich etwas tat, zum Beispiel als ich geheiratet hab, hat Terence auch geheiratet. Dann wurde ich von einem Ungeheuer gejagt. Mein Bruder war der einzige, der das Ungeheuer in Schach halten konnte, und da hat er dem Ungeheuer gesagt, es sollte sich hinlegen. Ich bin aufgewacht und hab nach meinem Bruder gerufen, aber da fiel mir ein, daß er im Gefängnis ist, und ich hab wieder Angst gekriegt.»

FÜNFUNDZWANZIG Pharoah warnte seine Freunde vor den Katzen mit Menschenköpfen im Keller seines Hochhauses. Bei all dem, was dort gefunden wurde, brauchte es zu diesem Schritt nicht mehr viel Phantasie.

Als Gwen Anderson – die frisch berufene Verwalterin von Horner, von der man hoffte, sie werde die problemgeladene Siedlung auf Vordermann bringen helfen – sich in die Kellergeschosse von Horners Hochhäusern hinunterwagte, mußte sie sich übergeben. Am 20. April schickte Frau Anderson ihren Vorgesetzten von der CHA folgende Aufstellung:

Während der Inspektion der Kellergeschosse der Gebäude (6) in der Henry-Horner-Siedlung durch die Verwalterin, den stellvertretenden Verwalter und den für die Instandhaltung zuständigen Inspektor wurde folgendes gefunden:
Schätzungsweise zweitausend (2000) Haushaltsgeräte:
Kühlschränke – einige davon neu – mit herausgerissener Isolierung, fehlenden Motoren, fehlendem Aluminium-Kühlfach, herausgerissenen Elektrokabeln, teils rostend in Pfützen stehend.
Küchenherde – manchmal von Wand zu Wand, vom Boden bis zur Decke aufgestapelt und den Zugang zu den Kellern versperrend –, denen Teile fehlten (Türen, Herdplatten, Bratroste, Backbleche, Griffe, Frontplatten etc.), rostend in Pfützen stehend.
Es muß auch erwähnt werden, daß diese Geräte dick voller

Wanzen und Flöhe saßen. Katzen warfen dort Junge und liefen auf Streben und Rohren herum, tote Nagetiere und andere Tierleichen lagen in den Vorratskellern, überall stank es nach Fäulnis und Verwesung. (Die Verwalterin wurde von solcher Übelkeit befallen, daß sie heftig erbrechen mußte, um sich zu erleichtern, und die Inspektion erst nach einiger Zeit der Erholung fortsetzen konnte.) Übelriechende, verschmutzte weibliche Unterwäsche und entsprechendes Zubehör lag herum. Keine gewöhnlich von Mitarbeitern benutzte Ausrüstung war dazu geeignet, diesen Gestank länger als eine Minute erträglich zu machen! In den meisten Vorratskellern waren die elektrischen Leitungen herausgerissen worden, und alle Sicherheitsvorrichtungen (Schlösser, Ketten, Gitter etc.) waren verschwunden oder stark beschädigt.
Kühlschränke – neue Geräte, manche noch in den Originalkartons – standen in Wasserlachen und waren bis zur Unbrauchbarkeit verrostet. Zwischen diesen Schränken lagen Tierleichen aller Art, menschliche und tierische Exkremente, Müll und Gerümpel, der Gestank war unerträglich.
Nach Aussage eines dort seit langen Jahren diensttuenden Hausmeisters befindet sich das meiste des Obenerwähnten seit mindestens 15 Jahren in den Kellern der Henry-Horner-Siedlung.
Ferner ist zu erwähnen, daß einer der Räume als Atombunker ausgewiesen ist und neben den vorgenannten Haushaltsgeräten und dem Müll Hunderte von Fässern mit Überlebensausrüstung enthielt. Weiter sollte festgehalten werden, daß wegen der Sicherheitsmängel in dieser Siedlung, wegen des ständigen Vandalismus und krimineller Handlungen, trotz unserer intensiven Bemühungen um Abschottung, diese Lagerräume weiterhin jedermann zugänglich sind ...

Das war ihr aller schlimmster Alptraum: ein Keller voller herumhuschender Ratten und Katzen- und Hundekadaver. Fünfzehn Jahre lang hatten die Menschen über diesem Gestank gewohnt, und erst jetzt hatte die CHA das alles entdeckt. Das waren die Kellerräume, wo LaJoe und ihre Schwestern bei den Pfadfinderinnen Nähen gelernt hatten. Als Kinder waren sie hier Tanzen und Rollschuhlaufen gegangen. Politiker hatten in diesen Räumen mit Bewohnern zusammengesessen und sich ihre Sorgen und Nöte angehört und um ihre Stimmen geworben. Jetzt war das der letzte Ort auf Erden, wohin jemand freiwillig den Fuß gesetzt hätte.

Die verwesenden Tierleichen erklärten auch den aus der Toilette der Rivers aufsteigenden Fäulnisgeruch. Was LaJoe für abgetriebene Feten gehalten hatte, waren tote Tiere, und der Pesthauch verwesenden Fleisches stieg durch die Rohre nach oben.

Die Wasserlachen im Keller erklärten LaJoes überlaufendes Küchenbecken. Durch die Rohre war rückgestautes Abwasser bis in das Abwaschbecken hochgestiegen. Ein Handwerker installierte LaJoe einen provisorischen Stopper. Er verkeilte eine meterlange Holzplanke zwischen einem Topf, mit dem er den Abfluß verschloß, und dem darüberhängenden Schrank. Der so festgekeilte Topf verhinderte, daß das schmutzige Abwasser in das Spülbekken überlief. Zwei Wochen lang blieb diese häßliche Skulptur stehen; das Geschirr spülte LaJoe in der Badewanne.

Die größte Wut hatte LaJoe aber wegen der nagelneuen Küchenherde, die ein Stockwerk unter ihr dahinrotteten. Seit fast einem Jahr funktionierten Herd und Backofen bei ihr kaum noch. Da sie keinen Toaster besaßen, toasteten die Kinder, wenn der Herd nicht zu benutzen war, ihr Brot in einer Pfanne. Schon lange hatte sie keine Maisbrote oder Kuchen mehr gebacken, weil der Backofen unzuverlässig war. Und wenn man sich dann vorstellte, daß direkt unter ihr möglicherweise Ersatz stand! Doch der war jetzt auch nicht mehr zu retten. Die CHA würde alles auf den Müll werfen müssen.

Nicht nur ihre Wohnung – die ganze Siedlung verkam. Insgesamt war dies alles ein genaues Abbild dessen, was mit ihrem Geist geschah, dachte LaJoe.

In Henry Horner gab es jetzt 699 leerstehende Wohnungen, 188 mehr als letztes Jahr; das gab den Gerüchten weitere Nahrung, die Stadt plane, den ganzen Komplex abzureißen, um Platz für ein neues Stadion zu schaffen. In den Hochhäusern westlich der Damen Avenue entdeckte die CHA, daß in allen Gebäuden Heizschlangen fehlten. Ohne diese kleinen Metallteile konnte keine der Wohnungen geheizt werden, wenn die kalte Jahreszeit kam. Und was zu Beginn des Frühjahrs wegen des offenen Hydranten vor LaJoes Haus eine Lache gewesen war, durch die alle hindurchplatschten, wurde zum bodenlosen Abgrund. Ein Junge, der daneben gespielt hatte, watete ein paar Schritte hinein, um seinen Ball wiederzuholen. Sekunden später war er verschwunden. Er war in einen ungesicherten Abwasserschacht gefallen, der unter dem morastigen Wasser nicht zu sehen war. Glücklicherweise zogen ein paar kleine Freunde ihn heraus. Nachdem nun fast jemand ertrunken wäre, beantragte die CHA bei der Stadt einen neuen Kanaldeckel. Das dauerte drei Monate. In der Zwischenzeit rollten die Hausmeister einen Abfallcontainer über die Öffnung.

Im letzten Juli erklärte das Miles Square Health Center, 1967 in der Folge organisierter Bürgerproteste mit Bundesmitteln gegründet, seinen Bankrott. Jetzt sah es so aus, als würde es endgültig dichtmachen. Ein Zusammenwirken verschiedener Faktoren hatte ihm den Garaus gemacht. Anfang der achtziger Jahre kürzte Illinois die «Medicaid»-Mittel – das Gesundheitsfürsorgeprogramm für Bedürftige –, so daß Einrichtungen wie das Miles Square, das eine große «Medicaid»-Bevölkerung versorgte, sich mit ständigen Finanzierungslücken herumschlagen mußten. Außerdem waren Vorwürfe wegen Mißwirtschaft laut geworden. Da nun das Miles Square und das Mary Thompson Hospital geschlossen waren, mußten die Anwohner das Cook County Hospital aufsuchen, wo die Wartezeiten für Arztbesuche so lang waren, daß viele Leute sich Lunchpäckchen mitnahmen.

Auch Hull House erwog, seinen Notarztdienst in Horner einzustellen. Sie finanzierten rund um die Uhr zwei Unfallsanitäter in Horner, um für Notfälle bereit zu sein. Doch allmählich wurde es gefährlich; es gab zu viele Schießereien und Raubüberfälle. Auch Ralph Garcia, der elf Jahre lang ein «Little Joe's» genanntes kleines Eckgeschäft betrieben hatte, packte zusammen und verschwand. Niemand wußte warum, allerdings hatte er seinen Laden in den letzten Monaten vergeblich gegen Überfälle zu verteidigen gesucht. Die Polizei hatte zwei Handfeuerwaffen konfisziert – einen .38er Revolver und eine .380er Selbstladepistole, die er zu seinem Schutz angeschafft hatte. Obwohl er seinen kleinen Laden mit den zwei Regalreihen mit einer Kamera und Mikrophon überwachte, erlitt er, wie er schätzte, täglich zwischen 25 und 50 Dollar Verlust durch Ladendiebstahl. Zu LaJoe war Ralph immer besonders nett gewesen. Als sie die Drillinge bekam, gab er ihr oft Pampers-Packungen gratis mit.

Und auch das Schwimmbad im Boys Club, das neun Jahre lang geschlossen und erst am 27. Februar wiedereröffnet und neu übergeben worden war, hatte Sorgen. Am Abend des Tages, an dem Bürgermeister Eugene Sawyer das Band zur Übergabe des renovierten Bades zerschnitten hatte, wurden die Ventilatoren auf dem Dach gestohlen. Vermutlich verkauften die Diebe das Aluminium an einen Altmetallhändler. Im Sommer mußten die Unterwasser- und Deckenbeleuchtung sowie die Türschlösser zum Bad erneuert werden. Im August mußte der Club den Pool wieder schließen, weil das Geld für die notwendigen Reparaturen fehlte. Während der warmen Sommermonate blieb den Kindern wenigstens noch das Freibad im nahen Union Park.

Der einzige augenfällige neue Wohlstand in der Gegend waren zwei Gebäude drei Straßen südlich von Horner. Die Bauten sprangen einem ins Auge wie Rosensträucher auf einem Unkrautacker. West Adams Street Nr. 1759 war ein modernes vierstöckiges Wohnhaus aus roten Ziegeln mit einer Garage für drei Autos. Aber genau gegenüber auf der anderen Straßenseite lag der eigentliche Blickfang: ein zweistöckiges, kürzlich renoviertes Einfamilienhaus mit einer Garage, die für acht Autos ausreichte; außerdem verfügte es über ein Solarium und eine 20000 Dollar teure Satellitenschüssel auf dem Dach. Es hatte viel Gerede gegeben, wie es wohl drinnen aussah, doch auch die ausschweifendste Phantasie konnte ihm nicht gerecht werden. Das Haus war üppig möbliert:

goldene Armaturen in den Bädern, eine Marmortreppe und persische Teppiche, ein Kamin mit Holzumrahmung, ein Steinway-Flügel und ein vollausgebautes Souterrain mit versenkter Badewanne und Whirlpool. Die Besitzer, Jonathan und Clara Penney, betrieben angeblich einen weitverzweigten Drogenhandel in Illinois, Michigan und Iowa. Es hieß, sie verkauften Kokain und Heroin. Am 5. April beschlagnahmte die Polizei den Besitz der Penneys, zu dem noch sieben weitere Immobilien und zehn Autos gehörten. Die Grundlage dafür bot ein Gesetz, welches solche Beschlagnahmungen rechtfertigt, wenn Beweise vorliegen, daß der Besitz oder die Waren für kriminelle Tätigkeiten benutzt oder durch solche erworben wurden. Nur wenige Menschen in Horner kannten die Penneys, wenn man ihnen ihr großartiges Anwesen auch aus der Ferne geneidet hatte. Gerade hier hatte sich LaJoe vor einem Jahr, Lafeyettes Drängen nachgebend, nach einer der Penneyschen neuen Wohnungen erkundigt. Als sie erfuhr, wie hoch die Miete war, hatte sie gleich auf die Besichtigung verzichtet. Sie kostete mehr, als ihre monatliche Sozialhilfe betrug.

Pharoah und Porkchop sprangen die drei Treppen hinauf. Atemlos hämmerten sie an Dawns Tür.

«Wer ist da?» rief Dawn.

«Pharoah und Porkchop», rief Pharoah zurück.

Sie ließ ihren Vetter und ihren Bruder ein. Die beiden Jungen besuchten Dawn öfter. Seit sie die Schule beendet hatte, wohnte sie weiter illegal in diesem Haus. In den letzten Wochen litt sie allerdings unter solchen Depressionen, daß sie manchmal so tat, als sei sie nicht zu Hause. Daher freuten die Jungen sich, als sie an die Tür kam.

«Hast du vielleicht 'n paar Vierteldollar, D'won?» fragte Pharoah in der vagen Hoffnung, Dawn könnte ihm und Porkchop ein paar Münzen für Videospiele spendieren. Dawn schüttelte den Kopf. Pharoah und Porkchop blieben unschlüssig stehen.

Pharoah bewunderte und respektierte Dawn, doch er konnte nicht verstehen, wieso sie noch immer in Horner wohnte. Warum war sie nicht weggezogen? Immerhin war es fast ein Jahr her, daß sie ihren High-School-Abschluß gemacht hatte, und jetzt besuchte sie einen zweijährigen College-Kurs. Wieso hing sie noch immer in der Siedlung herum? «Das kann man nicht verstehen», sagte Pharoah zu seiner Mutter. «Wann ziehst du aus?» fragte er seine Cousine. Auch Lafeyette war irritiert. «Sie sollte wegziehen», drängte er. Dawn hatte ihren Namen auf die endlos lange Warteliste der Wohnungsbehörde setzen lassen. Mit ihren vier Kindern konnte sie sich nur eine Sozialwohnung leisten. Lafeyette und Pharoah waren beunruhigt. Das war nun die einzige Erfolgsstory ihrer Familie – ach, wie hatten sie gegenüber Freunden mit ihr angegeben! –, und nun wohnte sie noch immer in der Siedlung. Dawn spürte allmählich, daß sie die Erwartungen ihrer Familie enttäuschte.

Seit ihrem Schulabschluß an der Crane-Schule und der Party bei LaJoe war alles ein ständiger Kampf gewesen. Sie lebte noch immer mit ihrem Freund Demetrius zusammen, doch das Heiraten hatten sie erst einmal verschoben. Keiner der beiden hatte einen Job, also konnten sie sich das Geld für Ringe oder für eine Hochzeit nicht leisten. Dawn fand keine Arbeit. Sie hatte gehofft, eine Stelle als Verkäuferin zu bekommen, und hatte in zahlreichen Textilgeschäften Bewerbungen ausgefüllt – im Gap, im Limited, im Foot Locker, im Marshall Field und anderen. Auch bei der Kreisverwaltung hatte sie sich beworben. Aber nichts kam dabei heraus. So lebte sie weiterhin von Sozialhilfe; jeden Monat erhielt sie 452 Dollar bar und Lebensmittelmarken im Wert von 277 Dollar.

Dawns Wohnung war spärlich möbliert. Das Wohnzimmer war leer, abgesehen von einer ziemlich mitgenommenen Stereoanlage. Sie und Demetrius schliefen auf einer Matratze auf dem Fußboden mit einem Farbfernseher an einem Ende. Sie sparten auf den Sprungfederrahmen. Ihre vier Kinder teilten sich zwei Betten.

Trotz dieser schwierigen Verhältnisse sorgte Dawn für einen engen Familienzusammenhalt. Für Patricia Johnson, selbst früher Bewohnerin von Horner und jetzt Beraterin einer vom YMCA geförderten Gruppe namens West Side Future, die jungen Müttern Rat und Hilfe bot, war Dawn eine ungewöhnlich verantwortungsbewußte Mutter. Patricia hatte Dawn vor zwei Jahren kennengelernt, als diese zu Hause Probleme hatte und in der Schule alles hinwerfen wollte. Wie LaJoe hatte Patricia sie zum Weitermachen ermutigt. Dawn holte sich oft Rat bei Patricia. Mehr als die Hälfte der jungen Mütter, um die Patricia sich kümmerte, waren drogenabhängig. Sie hatten sich aufgegeben, pflegte Patricia zu sagen. Die Väter ihrer Kinder hatten sie im Stich gelassen. Einige dieser Frauen suchten sogar Unterstützung und Liebe bei anderen Frauen. Sie konnte das gut verstehen. An wen sollten sie sich denn sonst wenden?

Demetrius aber war ein aufmerksamer und treuer Vater. Patricia sah ihn oft auf dem Spielplatz, ein Kind an jeder Hand, eins auf den Schultern. Er achtete auf die Kinder, wenn Dawn zu ihrem Kurs in Betriebsführung im benachbarten Malcolm X Community College ging. Seine Freunde hänselten ihn, weil er so ein hingebungsvoller Vater war, und nannten ihn spottend «die Kinderfrau». Dies war für ihn eine große Wende. Als Teenager war er Mitglied der Disciples gewesen und hatte sogar kurze Zeit im Kreisgefängnis eingesessen. Er hatte Autos gestohlen, in Geschäften Kleidung mitgehen lassen und auch gelegentlich eine Pistole auf Mitglieder einer Rivalen-Gang gerichtet. Das Kennzeichen seiner Gang, eine Mistgabel, ist noch immer auf seinem linken Bizeps eintätowiert. Jetzt aber kümmerte er sich um seine Kinder und reparierte Autos, um etwas zu Dawns Etat beizusteuern. Seine Kinder hatten ihn zur Besinnung gebracht. Er trieb sich nicht mehr mit den Banden herum.

Dawn und Demetrius ließen ihre Kinder nie aus den Augen. Abends las Dawn ihnen vor oder kaufte ihnen, wenn Geld übrig war, Kassetten mit Kinderreimen und -gedichten. Patricia kaufte ihr Bücher, wann immer sie konnte. Zur Zeit versuchte sie Dawn zu helfen, eine Wohnung außerhalb von Horner zu finden. Wie Pharoah und die anderen wünschte Patricia sich sehnlich, Dawn möge es schaffen.

Pharoah und Porkchop sahen sich die Comics im Fernsehen an. Dawns vier Kinder, fasziniert von den bunten Bildern, hockten am Ende der Matratze.

«Was machst du eigentlich im College?» fragte Pharoah seine Cousine.

«Du suchst dir selbst aus, an welchen Tagen du gehen willst, und wählst deine Stunden, die dir angerechnet werden.»

«Was heißt das, angerechnet werden?»

«Jede Stunde zählt drei Punkte.»

«Was ist, wenn du dir vier Stunden aussuchst?»

«Dann kriegst du zwölf Punkte», erklärte Dawn geduldig.

Pharoah dachte einen Augenblick darüber nach und machte dann Porkchop ein Zeichen. «Laß uns gehen», sagte er. Die beiden winkten Dawn zu und gingen zur Wohnungstür. Es machte Pharoah traurig, daß Dawn nicht weitergekommen war. Ihn beunruhigte der Gedanke, daß er, selbst wenn er die High School bis zum Abschluß schaffte, immer noch in den *projects* festsitzen würde. Es beunruhigte ihn sogar sehr.

«Und wann kriegst du 'n Job?» fragte Pharoah.

«Ich versuch's dauernd», erwiderte Dawn.

Als Pharoah zur Tür hinaus war und den langen dunklen Flur entlangging, drehte er sich um, als hätte er vergessen, Dawn etwas mitzuteilen. «Hab einen schönen Tag!» rief er ihr zu. Das war einer seiner Lieblingssprüche geworden. «Hab einen schönen Tag!»

SOMMER 1989

SECHSUNDZWANZIG Es war Freitag, der 19. Mai, und LaJoe und Rochelle befestigten gerade die letzten Papiergirlanden mit Klebeband an den Wänden. Wie verflochtene Ranken zogen sich die schmalen Kreppbänder kreuz und quer durch das Zimmer. Von der Decke hingen Luftballons, andere tanzten frei auf dem Fußboden herum. Partyhütchen und kleine Geschenke schmückten den mit einem Papiertischtuch mit Disneyfiguren bedeckten Tisch. Für das Geburtstagskind lag eine goldene Papierkrone bereit. Elf Kerzen zierten die Erdbeertorte mit der Aufschrift: ICH LIEBE DICH. VON MAMA UND ROCHELLE.

«Hierher, LaJoe, mach es hier fest», drängte Rochelle. LaJoe zog die letzte Girlande aus der Packung. Sie lasen den Aufdruck: «Es ist ein Junge!» LaJoe und Rochelle lachten; hoffentlich übersah Pharoah es.

Vor ein paar Wochen war Pharoah von der Geburtstagsparty eines Freundes nach Hause gekommen und hatte bemerkt, daß er noch nie eine Party gehabt habe. Also beschloß seine Mutter, ihm eine auszurichten und ihn damit zu überraschen. Rochelle war beim Einkauf der Dekoration und des Kuchens behilflich gewesen. Sie schien fast genauso aufgeregt wie LaJoe.

Seit dem Vorfall vor einem Monat, als LaJoe völlig ausgerastet war, war sie ruhiger geworden und hatte sich bemüht, sich zusammenzureißen und die Familienharmonie wiederherzustellen. Der Sommer nahte mit Riesenschritten, und sie wollte gewappnet sein. Sie tat alles, was in ihren Kräften stand, um ihre und die Stimmung der Kinder zu heben. Endlich hatte sie die letzten

Raten für die fünf Etagenbetten zusammengespart, so daß Lafeyette, Pharoah und die Drillinge nun jeder ein neues Bett hatten. Die Etagenbetten aus Holz waren zwar gebraucht, aber in gutem Zustand. LaJoe hatte 479 Dollar für sie bezahlt. Lafeyette und Pharoah ließen die Plastikhülle auf ihren Matratzen. «Dann bleiben sie sauber», erklärte Pharoah. Jetzt träumten sie davon, wie sie ihr Zimmer verschönern könnten. Lafeyette wollte es schwarz streichen, «dann wird es nicht so schnell schmutzig». Aus einer leerstehenden Wohnung hatte er eine Stahltür geholt, um ihre beschädigte Holztür zu ersetzen, und hatte ein neues Schloß angebracht, so daß nur er und Pharoah das Zimmer betreten konnten. Vor den Fenstern hatten sie kaputte Jalousien angebracht; sie machten das Zimmer zwar dunkel, schützten aber vor fremden Blicken.

Bei demselben Gebrauchtmöbelhändler, der ihr die Betten verkauft hatte, erstand LaJoe auch einen hübschen Tisch und Stühle. Der Ladenbesitzer mochte LaJoe und machte ihr einen fairen Preis – 80 Dollar für Stühle und Tisch. Er fuhr ihr die Möbel sogar bis vors Haus, weigerte sich aber, das Gebäude zu betreten, weil er um seine Sicherheit fürchtete. Einige Nachbarn halfen, die Möbel vom Lastwagen in die Wohnung zu schaffen. Pharoah gefiel der Holztisch ganz besonders; er erzählte seiner Mutter, solche Tische hätte man in herrschaftlichen Häusern.

Die Drillinge kamen naß vom Frühlingsschauer in die Wohnung gestiefelt. Bald erschienen weitere Kinder, die meisten im Alter der Drillinge. Sie warteten auf das Geburtstagskind. Jemand klopfte an die Tür. Kichernd hielten sich die Kinder den Finger vor den Mund: «Pst, pst!» Das Klopfen wurde lauter und stärker. Lafeyette stellte sich seitlich neben die Tür und schloß auf.

«ÜBERRASCHUNG!» Mit der flachen Hand gab Lafeyette Pharoah eins über den Hinterkopf. In all der Aufregung wußte er nicht so recht, wie er seinen Bruder begrüßen sollte. Pharoah trat zögernd ins Wohnzimmer, überrascht und verlegen wegen so viel Aufmerksamkeit. Wie beim ersten Buchstabierwettbewerb schob er seine Fäuste vorne unter seinen glänzenden grünen Regenmantel und spielte nervös mit dem Plastikstoff. Die Kinder, insgesamt etwa zehn, zerstreuten sich schnell, viele liefen in die Küche, wo es Würstchen gab. Pharoah stand an der Tür und strahlte mit seinen Riesenzähnen übers ganze Gesicht. Er sagte kein Wort. Stattdessen ging er nach hinten in sein Zimmer und setzte sich auf die plastikbezogene Matratze, um sich erst einmal zu besinnen. Lafeyette setzte sich neben ihn.

«Und ich dachte, du hättest es vergessen», sagte er zu seiner Mutter, als sie den Kopf zur Tür hereinstreckte. Sie kraulte ihm den Hinterkopf und überreichte ihm sein Geschenk, grüne Shorts mit dazu passenden Hosenträgern. Pharoah zog sie an. Mit den knielangen Shorts sah er sehr hübsch aus. Schweigend machte er sich für die Party fertig: Er holte frische weiße Socken heraus, schrubbte sich Gesicht und Hände, rieb sich Gel ins lange, gelockte Haar und setzte sich die goldene Papierkrone auf den Kopf. Wie es seine Art war, ging er auch hier langsam und mit größter Überlegung vor. Das Anziehen und Schönmachen dauerte eine halbe Stunde – und dann war er immer noch nicht ganz zufrieden. «Ich hätte meine Beine eincremen sollen», sagte er zu seinem Bruder.

«Du siehst ordentlich aus», fand Lafeyette. Rickey, den Lafeyette zur Party eingeladen hatte, kam in ihr Schlafzimmer geschlendert. Er hatte die Hände in den Hosentaschen und wirkte, als sei ihm unbehaglich zumute. Das war öfter der Fall. «Siehst prima aus, Pharoah», versicherte er ihm. «Herzlichen Glückwunsch!»

«Danke», sagte Pharoah. Er redete nicht viel an diesem Nachmittag. Die meiste Zeit strahlte und kicherte er bloß. Auf den Polaroid-Fotos von diesem Tag scheint sein ganzes Gesicht ein Lächeln zu sein; sein Strahlen läßt seine Backen rund und kugelig aussehen und die Augen wie Schlitze. Auf dem einen Bild steht er hinter seiner Großmutter, die auch zur Party herübergekommen war, und hat ihr liebevoll den Arm um den Hals gelegt. Auf einem anderen sitzt er auf einem der neuen Stühle hinter dem Kuchen, die Papierkrone rutscht ihm fast vom Kopf, und freut sich sichtlich über das festliche Geschehen. Auf einem weiteren führt LaJoe ihm die kleinen Hände, während er mit einem großen Küchenmesser den Kuchen aufschneidet.

Sobald Pharoah endlich fertig angezogen war und sich unter die laut schnatternden, quietschenden Kinder gemischt hatte, verzogen sich Lafeyette und Rickey still aus der Wohnung. Lafeyette erklärte seiner Mutter, er habe keine Lust, «auf einem Kinderfest rumzuhängen». Das war LaJoes einzige Enttäuschung. Alle Gäste waren sehr viel jünger als Pharoah; von seinen Altersgenossen kam niemand. Er hatte nicht viele enge Freunde, von seinem Vetter Porkchop einmal abgesehen. Doch selbst der war nicht da. Während der ganzen Feier fragte Pharoah immer wieder: «Wo ist denn Porkchop?» oder murmelte hörbar: «Hoffentlich kommt Porkchop noch.» Porkchop erschien zwei Stunden nach Beginn der Party – er hatte sie völlig vergessen. Wie üblich umarmten sich die beiden. «Herzliche Glückwünsche», kicherte Porkchop leise.

Mit halbaufgegessenen Würstchen in den Händen tanzten die Kinder zu Rap-Musik von L. L. Cool J. Pharoah saß bei seiner Mutter und Großmutter und Tante LaVerne, ließ seine neuen Hosen bewundern und sprach lautlos den Text eines seiner Lieblingssongs mit:

When I'm alone in my room sometimes I stare at the walls
And in the back of my mind I hear my conscience call
Telling me I need a girl that's as sweet as a dove
For the first time in my life – I see I need love
I need love.

«Laß die Kinder nicht raus», rief eine aufgeregte Stimme LaJoe zu und riß Pharoah aus der Rap-Musik heraus. «Halt sie drinnen. In Dreiundvierzig soll jemand umgebracht werden!» Dawn war mit ihren vier Kindern gekommen. Dreiundvierzig nannte jeder das Nachbarhaus, dessen Adresse West Lake Street 1943 war. LaJoe versperrte die Wohnungstür.

«Ihr bleibt alle hier drin, hört ihr?» befahl sie den Kindern, die sofort mit dem Tanzen aufgehört hatten und merkten, daß etwas nicht in Ordnung war. Offensichtlich hatte es im Haus nebenan eine heftige Auseinandersetzung zwischen Dealern gegeben, und Dawn befürchtete, es könnte sich zu Schlimmerem ausweiten. Doch nichts passierte. Die Kinder fingen wieder an zu tanzen. Dawn umarmte Pharoah.

Gerade in dem Moment, als Pharoah nach einem schrägen, halb gegrölten «Happy Birthday»-Ständchen die Kerzen ausblies, tat es mitten im Wohnzimmer einen schweren Schlag. Der Krach schreckte alle auf. Ein Verwandter von LaJoe, der umgekippt war und während der ganzen geräuschvollen Feier auf der Couch geschlafen hatte, hatte aufstehen wollen, um zur Toilette zu gehen, hatte es aber nicht geschafft. Nun lag er mit dem Gesicht nach unten auf dem Boden, und aus seinen Bluejeans sickerte der Urin übers Linoleum.

Pharoah faßte Porkchops Hand, und die beiden gingen nach draußen, um von ihrem betrunkenen Verwandten und den krakeelenden Kindern wegzukommen. Als sie zum Hintereingang des Hauses hinaustraten, hielten sie kurz inne. Da stand ein Mädchen, ein Teenager, und übergab sich gerade. Stumm machten die beiden Jungen einen Bogen um sie. Pharoah hatte nicht aufgehört zu lächeln.

Für Pharoah waren dies gute Wochen. Er hatte nicht nur seinen Geburtstag gefeiert, sondern war auch ausgewählt worden, auf der Abschlußfeier der Suder-Schule zum Ende des Schuljahres ein kurzes Gedicht vorzutragen. Pharoah hatte sein Stottern jetzt unter Kontrolle. Es war nicht ganz überwunden, aber er konnte besser damit umgehen, denn er hatte gelernt, sich vor dem Sprechen, wenn nötig, erst einmal zu beruhigen. Dies war also eine große Ehre für ihn – gleichsam die Anerkennung seiner Lehrer dafür, daß Pharoah sein Stottern besiegt hatte.

Sobald Pharoah das Blatt mit dem Gedicht bekommen hatte, das er rezitieren sollte, lernte er es auswendig. Er fühlte sich so sicher, daß er das zerknüllte Blatt Papier schließlich wegwarf, nachdem er es wochenlang in der Gesäßtasche mit sich herumgetragen hatte. Er würde es nicht vergessen.

Er wollte ordentlich aussehen bei seinem Auftritt, deshalb ließ er sich die Haare schneiden. Er reinigte und bügelte auch sein schwarzgestreiftes Sportjackett, das seine Mutter ihm im vorigen Jahr zu Ostern gekauft hatte. Er hatte nicht oft Gelegenheit, es zu tragen. Mit seinen ordentlich gebügelten weißen Hosen und dem olivgrünen Hemd mit geknöpftem Kragen sah er sehr nett aus, fand LaJoe.

LaJoe ging schon sehr rechtzeitig zur Turnhalle der Schule. Sie war genauso aufgeregt wie Pharoah. Als sie ihn auf der Bühne sah, mußte sie unwillkürlich denken: «Das ist der Richtige. Ja, das ist der Richtige. Ich krieg alles wieder zurück ...»

Lafeyette saß bei seiner Klasse. Auch er war «froh für meinen kleinen Bruder». Ms. Barone war so stolz auf ihren ehemaligen Schüler, daß sie ihn in seiner neuen Aufmachung und mit dem neuen Haarschnitt fotografierte.

Pharoah hatte schon früher anläßlich des Buchstabierwettbewerbs auf dieser Bühne gestanden und wußte daher, was ihn erwartete. Er wußte, daß er laut und deutlich sprechen und sorgfältig artikulieren mußte, um nicht zu stolpern. Doch in seiner Aufregung merkte er genau in dem Moment, als er nach dem Mikrophon griff, daß er dringend zur Toilette mußte. Seine Blase war kurz vor dem Platzen. Nicht hier, sagte er zu sich. Er preßte seine Knie zusammen und spannte seine Blasenmuskulatur an. Er würde sich nicht in die Hosen machen, nicht vor all diesen Leuten hier. Er versuchte, ganz locker zu wirken.

Er entdeckte seine Mutter mit ihrem breiten, offenen Lächeln in der Menge. Doch er versuchte, sie nicht anzusehen, und heftete seinen Blick auf die Rückwand des Saales. So würde es aussehen, als spräche er zu allen, hatte man ihm erklärt.

«Ä-ä-äh ...» Pharoah machte eine Pause. Er wollte nicht stottern. Nicht hier. Nicht jetzt. Langsam, ganz langsam, sagte er sich. Laß dir Zeit.

«Immer wieder Mühe geben, das bedeutet: *besondere Leistung.*» Seine weiche, durch den Lautsprecher verstärkte Stimme klang durchs Auditorium. Sobald er die erste Zeile hinter sich hatte, kehrte sein Selbstvertrauen zurück. Er war mit dem Herzen dabei. Er glaubte wirklich, daß man durch hartes Arbeiten alles erreichen konnte.

Try, try, try, that's what special effort means.
And when you put your best foot forward, it really
isn't hard as it seems.
Success comes to those who when given a chance
Do their very best and work hard to advance.
The special effort award is what they've earned.
Though it can't begin to match the things they've learned.

(Und wenn du dich richtig anstrengst, ist es gar nicht so schwer, wie es scheint. Erfolg kommt zu denen, die ihre Chance nutzen, ihr Allerbestes geben und hart arbeiten, um voranzukommen. Ja, sie verdienen die ‹Auszeichnung für besondere Leistung› – wenn sie auch bei weitem nicht so wertvoll ist wie das Gelernte.)

Rauschender Applaus. Pharoah sah zu seiner Mutter hinüber. Sie winkte. Lafeyette klatschte so laut und lange, daß sein Lehrer ihn schließlich bremsen mußte. «Gut gemacht», flüsterte Frau Daigre, die Rektorin, Pharoah zu. Er dankte ihr, kletterte von der Bühne hinunter und stürzte zur Toilette.

An diesem Morgen erhielt Pharoah zwei Auszeichnungen: eine für den zweiten Platz beim Buchstabierwettbewerb der Schule, die andere für besondere Leistungen in Rechnen und Lesen. Sein Bruder Timothy bekam drei, außer für gutes Lernen und ausgezeichnetes Benehmen das begehrte «Band der Schulleitung». Tammie erhielt eine Auszeichnung als hervorragende Schülerin, eine weitere für besonders gutes Benehmen; Tiffany bekam eine für besonders schöne Handschrift. «Der einzige, der kein Band gekriegt hat, ist Lafie», sagte Pharoah später. «Darüber war ich traurig.» Mit den Zeugnissen zusammen wurden ihnen die Bänder ausgehändigt. LaJoe war so stolz auf die Leistungen ihrer Kinder, daß sie alle acht Bänder an ihr weißes Sweatshirt steckte. Den ganzen Tag stolzierte sie mit einem Regenbogen aus grünen, lila, weißen und roten Bändern an der Brust durch die Nachbarschaft; sie sah aus wie ein hochdekorierter Kriegsheld.

Nach der Versammlung gingen Pharoah und seine Mutter noch zu einer Besprechung, wo ihnen mitgeteilt wurde, daß Pharoah einer von fünfundzwanzig Schülern der Suder-Schule war, die für «Project Upward Bound» ausgewählt worden waren, einen Sommerkurs, der Schüler der Minderheitengruppen in Mathematik und Lesen fördern sollte. Dieses Upward-Bound-Projekt, ursprünglich ein Förderprogramm für Oberschüler an der Universität von Illinois, hatte in den letzten Jahren begonnen, einen Teil seiner Bemühungen auf Sechst-, Siebt- und Achtkläßler zu konzentrieren mit dem Ziel, sie durch ihre vier High-School-Jahre hindurch zu begleiten und an Samstagen und während der Sommerferien mit ihnen zu arbeiten.

Die Mitarbeiter stellten das Sommerschulprogramm vor und fragten dann die versammelten Kinder, was sie einmal werden wollten. Pharoah wußte es schon: Kongreßabgeordneter.

«Ich will viele Gesetze ändern», erzählte er den anderen. «Ich will sie ändern und alle aus den *projects* rausholen. Ich werd Leute bezahlen, damit sie Wohnungen bauen. Die Leute aus den *projects* sollen in anderen Häusern leben. Jedes Bandenmitglied, das seine Mütze schräg aufhat, kommt direkt ins Gefängnis. Stehlen und so stopp ich auch. Kleine Jungs dürfen nur mit Eltern oder einem Aufpasser in ein Geschäft rein oder gar nicht. Sonst stehlen sie wahrscheinlich.»

Nach einer kurzen Pause fügte er noch hinzu: «Wenn man Kongreßabgeordneter ist, wird man von Leuten beschützt, damit niemand einem was tut. Das find ich gut.»

LaJoe und die Kinder gaben sich der Schönheit und Wärme dieser ersten paar Sommertage hin. Die Kinder spielten Basketball am

Klettergerüst. Abends wanderten sie hinüber zum Stadion, um Autos zu bewachen und sich ein paar Dollar zu verdienen. Die Schulauszeichnungen von Pharoah und den Drillingen ließ die Zukunft der Familie heller erscheinen. LaJoe drapierte sie im Wohnzimmer auf den wackligen Regalen. Es war, als versprächen sie ein besseres Morgen. Und alle waren begeistert, daß Pharoah für das Förderprogramm ausgewählt worden war. Er kam zurück mit Berichten über den Campus der University of Illinois, die LaJoe begeisterten. Er erzählte von Fußgängerüberwegen und großen Glasgebäuden und Studenten überall, die immer Bücher trugen. Pharoah erklärte LaJoe, er wolle dort aufs College gehen. Doch schon bald wurde LaJoe brutal an den wahren Charakter des Sommers in Horner erinnert.

Eines Nachmittags gingen sie und Rochelle den Washington Boulevard zu einem Tante-Emma-Laden hinunter. Sie winkte zwei bekannten Halbwüchsigen zu, die auf der anderen Straßenseite gingen. Beide trugen Rot, die Farbe der Vice Lords, auf dem Gebiet der Disciples. LaJoe bemerkte, daß zwei Kinder, beide nicht älter als Pharoah, und ein junger Mann den beiden Teenagern folgten. Sie drückten sich in Durchgänge und in die Hauseingänge der Zweifamilienhäuser am Washington Boulevard. LaJoe rief den beiden Jugendlichen zu, sie würden verfolgt. Dann beobachtete sie voll Entsetzen, wie der Mann dem kleinen Jungen, der sie wegen seiner Größe und seines hüpfenden Gangs an Pharoah erinnerte, eine Pistole in die Hand drückte.

«Los, bring das Arschloch um», hörte LaJoe ihn sagen. Der Junge zielte mit der Pistole – er mußte den ganzen Körper anspannen, nur um sie gerade zu halten – und eröffnete das Feuer auf die beiden Teenager. Peng, peng. LaJoe und Rochelle flohen in den Schutz des Ladens. Die beiden Teenager rannten weg. Sie entkamen unverletzt.

Der Vorfall löste bei LaJoe Wut und Angst aus. Wie konnte dieser kleine Junge überhaupt wissen, auf wen er da schoß? Alles, was er sehen konnte, waren zwei Personen in Rot, die ihre Mützen nach links verschoben hatten. Von hinten gesehen hätte man sie sogar für Mädchen halten können. Später an diesem Tag riß LaJoe Lafeyette seine rote Baseballmütze vom Kopf und erklärte ihm, er dürfe keine Mützen tragen. Auch keine Ohrringe, sagte sie. So, das war's. Sie hatte ein Machtwort gesprochen. Der Jugendliche, auf den der Junge geschossen hatte, hätte Lafeyette sein können.

SIEBENUNDZWANZIG

Hätte LaJoe rechtzeitig von der für den 13. Juli anberaumten Versammlung erfahren, wäre sie bestimmt hingegangen. Doch Vincent Lane, der neue Vorsitzende der Wohnungsbaubehörde von Chicago, wollte die Sache klein halten. Eine große Versammlung würde nur zu Geschrei und Beschwerden führen, befürchtete er. Er wollte mit den Sprechern der Hochhaussiedlung reden und ihnen zu ihrer Beruhigung versichern, daß die CHA die Kellergeschosse säubern lassen würde.

Im Erdgeschoß von West Washington Boulevard 1900 hatte man eine Wohnung zum Büro des Mieterbundes von Horner gemacht. Dort drängten sich zwanzig Anwohner, vorwiegend Frauen. Es war schon viele Jahre her, daß die Gruppe wirklichen Einfluß in der Siedlung hatte, doch war dies die einzige organisierte Mietergruppe im ganzen Komplex, und ihre Vorsitzende, Mamie Bone, konnte, wenn sie wollte, ordentlich Krach schlagen und rasches Reagieren erzwingen.

Die Frauen ließen sich auf den metallenen Klappstühlen nieder und fächelten sich mit den Händen, um die lastende Hitze zu vertreiben. Die Atmosphäre knisterte vor Wut. Es hatte sie Wochen gekostet, einen vollständigen und genauen Bericht über die Schweinerei in den Untergeschossen zu erhalten. Ja, man hatte Gerüchte gehört. Als das Gerede sich ausbreitete, erzählten die Mieter sich flüsternd von radioaktivem Material in den Kellern ihrer Häuser. Dann kam ihnen zu Ohren, unter ihnen ständen Tausende ungebrauchter, nagelneuer Herde und Küchenschränke herum. Doch schließlich, als immer noch keine Antwort von den

Bürokraten der Wohnungsbaubehörde kam, fuhr Frau Bone hin, um selbst mit Lane zu sprechen. Sie berichtete ihm, was sie gehört hatte, und er begann nachzuforschen. Er hatte von der Sache mit den Kellern überhaupt noch nichts erfahren.

Gwen Andersons Bericht vom 20. April war gar nicht bis zu ihm vorgedrungen. Diejenigen, die den Bericht erhalten hatten, saßen darauf – aus Angst, man würde sie hinauswerfen, wenn Lane die Sache mit den zweitausend verrosteten Herden und Kühlschränken erführe. Als Lane von all dem hörte, war er außer sich. Und als er schließlich mit sechs Wochen Verspätung den Bericht in die Hände bekam, wurde ihm übel. Niemand hatte auch nur einen Gedanken an die Mieter verschwendet, schäumte er. In dem Jahr, das er nun Direktor war, hatte er begriffen, daß viele seiner Angestellten nur eins im Kopf hatten: ihre Jobs zu behalten. Und wenn das hieß, Mißwirtschaft zu vertuschen, selbst wenn man unmittelbar nichts damit zu tun hatte, bitte schön, dann auch das. Jetzt mußte er den Bewohnern von Horner erklären, wieso alles mit Schweigen zugedeckt worden und nichts geschehen war.

Vincent Lane gab LaJoe und den anderen in Horner ein wenig Hoffnung, obwohl er eher ein atypischer Kandidat für die Leitung der problembeladenen Wohnungsbaubehörde war. Er war der achte Chef binnen fünf Jahren und politisch ein unbeschriebenes Blatt. Als er im Frühjahr 1988 zum erstenmal als möglicher Direktor genannt wurde, rissen sich die Lokalreporter ein Bein aus, um alles, was sie konnten, über den designierten Neuen herauszufinden. Was sie da erfuhren, war einigermaßen verwirrend. Er hatte nie mehr als sechsunddreißig Untergebene gehabt; die CHA beschäftigte dreitausendzweihundert. Mehr noch, Lane, der mit fünfundvierzig nun einer der wichtigsten schwarzen Wohnungsbauunternehmer der Stadt war, hatte nur flüchtiges Interesse an sozialen Problemen gezeigt. Er hielt nichts von New-Deal-Politik, betrachtete sich selbst eher als Republikaner denn als Demokraten und erklärte Robert Moses, den verstorbenen New Yorker Erbauer öffentlicher Einrichtungen, zu seinem Vorbild.

Der breitschultrige Lane mit dem kindlich-runden Gesicht wurde gelegentlich für Jesse Jackson gehalten. Außer einer oberflächlichen Ähnlichkeit verfügte er über ein gleichartiges persönliches Charisma. Die Menschen scharten sich um ihn und hingen an ihm mit Loyalität und Verehrung. Seine Freunde brüsteten sich mit ihren guten Beziehungen zu ihm.

Trotz eines Temperaments, das sich manchmal in unduldsamen Explosionen Luft machte, konnte Lane liebenswürdig und herzlich sein. Und wenn er mit Leuten sprach, die er für sich gewinnen wollte – Mieter, Angestellte, Bundesbeamte, die Presse –, legte er ihnen den Arm um die Schultern oder ließ die Hand auf ihrem Rükken liegen, zog sie physisch näher an sich heran, als seien sie uralte Freunde. Frauen fanden ihn ungewöhnlich gutaussehend, und ein paar Monate später, als er für die Bewohner der Sozialsiedlungen bereits zu einer Art Volksheld geworden war, begrüßten ihn manche Frauen mit Küssen und Umarmungen und träumten dann mit ihren Freundinnen davon, wie toll es wäre, wenn man es hinkriegen könnte, einmal mit ihm auszugehen.

Lane hatte diesen Posten ohne große Illusionen angetreten. Bereits 1965 brachte *The Chicago Daily News* eine ausführliche Artikelserie über «das Elend, den Pfusch und das Höllenleben» in der Robert-Taylor-Siedlung, dem größten Sozialghetto der Stadt. Detailliert wurde über regelmäßige Schießereien und Vergewaltigungen berichtet, über kaputte Fahrstühle und dermaßen überheizte Wohnungen, daß die dort lebenden Kinder Nasenbluten bekamen. Eine ununterbrochene Folge von Reportagen und Untersuchungen schloß sich an. In den fünf Jahren von 1978 bis 1982 war die CHA Gegenstand eines halben Dutzends hochgradig kritischer Studien.

1968 schrieb eine Präsidialkommission für Stadtprobleme über Chicagos sozialen Wohnungsbau, daß «allein schon die Größe dieser Siedlungen ... den menschlichen Geist abtötet. Ein Kind, das in einer solchen sozialen Umwelt gefangen ist, lebt fast wie in einem Konzentrationslager, aus dem es so gut wie kein Entkommen gibt.»

Eine 1975 in der *Chicago Sun-Times* erschienene Serie deckte zweifelhafte und möglicherweise korrupte Praktiken Charles

Swibels auf, des damaligen Chefs der CHA. Dort wurde behauptet, Swibels private Management-Firma habe Gebühren in Höhe von 79000 Dollar jährlich von einer Bank kassiert, die lukrative CHA-Konten verwaltete; außerdem vergebe Swibel CHA-Aufträge an ihm politisch nahestehende Firmen und schleuse unter Umgehung der Wartelisten Verwandte bestimmter Personen in die begehrten Altbauwohnungen. Swibel, der neunzehn Jahre lang Chef der CHA gewesen war, wurde zum Symbol für alle Versäumnisse der Behörde. Während seiner Amtszeit war Chicagos sozialer Wohnungsbau vom Regen in die Traufe gekommen.

Und dann, als wäre das alles noch nicht genug, deckte 1982 eine Wirtschaftsprüfung des Amtes für Wohnungsbau und Stadtentwicklung ein ganzes Bündel von Problemen auf, die schließlich zu Swibels Entlassung führten. Der 227 Seiten starke Bericht, ungewöhnlich offen und deutlich in seinen Beobachtungen, schloß, daß nur fünf der neunzehn Abteilungsleiter «Kompetenz oder Kenntnisse genug besaßen, um eine Abteilung zu leiten.» Dort wurde festgestellt, die CHA habe aufgrund von Ämterpatronage noch nie einen einzigen ihrer 2288 Angestellten zeitweilig oder endgültig entlassen, und zu jedem Zeitpunkt seien über ein Drittel der CHA-Fahrstühle außer Betrieb gewesen.

«Die CHA», schloß der Bericht, «befindet sich in einem Zustand heilloser Planlosigkeit und Unordnung. Niemand scheint sich tatsächlich zuständig zu fühlen; schlimmer noch, keinen scheint das weiter zu beunruhigen.»

All das war Lane bekannt. Die Artikel waren alle weit verbreitet. Trotzdem erwarteten ihn einige Überraschungen, die ihm den Atem verschlugen. Es war noch schlimmer, als die Berichte hatten vermuten lassen.

Was in den wenigen Monaten seiner Tätigkeit auf diesem Posten vorgefallen war, hatte seinen Optimismus gehörig angenagt. Als er antrat, war ihm klar, daß er erst einmal das Vertrauen der Mieter und Angestellten zurückgewinnen mußte. Er hatte sich vorgestellt, das nach und nach mit Gesten guten Willens schaffen zu können. Er organisierte Bürgerversammlungen in jedem der großen Wohnkomplexe der Stadt. Er beraumte regelmäßige Besprechungen mit seinen Mitarbeitern an. Er schlug eine neue Brücke zum Amt für Wohnungsbau und Stadtentwicklung, von dem die CHA den größten Teil ihrer Geldmittel bezog und das noch vor einem Jahr mit der Übernahme gedroht hatte.

Doch bald erkannte Lane das wahre Ausmaß der Misere. Die CHA hatte dermaßen schlampig gearbeitet, daß die Angestellten nicht einmal über genaue Unterlagen über die Zahl der Mieter in ihren Sozialsiedlungen verfügten, ja es war nicht einmal die Gesamtzahl der Wohnungen bekannt. Bei Mieterversammlungen hörte Lane Sachen, daß ihm vor Ärger die Luft wegblieb. Eine Frau berichtete, ihr Kühlschrank sei seit zwei Monaten kaputt – sie müsse ihre Lebensmittel bei ihrer Tochter aufbewahren. Andere erzählten von einer Wohnungstür, die in der Hitze aufgequollen war und nicht mehr schloß, von einer Badewanne und einem Waschbecken, aus denen periodisch Abwasser und menschliche Exkremente aufstiegen, und von lecken Rohren, die wochenlang nicht repariert wurden.

Das schrecklichste aber waren die Geschichten über die Gangs und wie sie buchstäblich die Hochhäuser unter ihrer Kontrolle hatten. In einer, wie er später zugab, von Frust und Groll motivierten Anwandlung beschloß Lane, einige Häuser zurückzuerobern. Das erste, das er mit einer Blitzaktion durchkämmte, stand in Rockwell Gardens, einige Straßen westlich von Henry Horner. Mit Hilfe von sechzig Chicagoer Polizisten durchsuchten Angestellte der Wohnungsbaubehörde Wohnung auf Wohnung nach Drogen und Waffen. Sie sicherten das Gebäude durch eine provisorische Lobby, indem sie die Eingänge zur offenen Eingangshalle mit Türen versahen, und stellten rund um die Uhr Wachleute auf. Sehr enttäuschend war allerdings, daß die Polizei nur eine einzige Schußwaffe konfiszierte und niemanden festnahm. Später erfuhr Lane, daß jemand aus der CHA den Gangs am Abend vorher einen Tip gegeben hatte. Das Problem, erkannte Lane, war hartnäckiger, als man ihn hatte glauben machen.

Ein paar Monate später erreichte Lane die Botschaft eines

Rauschgifthändlers: Wenn er die Hochhäuser von Rockwell Gardens wiederhaben wolle, könne er sie haben. Dann würden die Dealer ihre Tätigkeit einfach in die kleineren Häuser von ABLA und in andere Komplexe verlegen. Die niedrigeren Gebäude waren für die Wohnungsbehörde viel schwieriger abzusichern, da sie nicht wie die Hochhäuser einen einzigen Haupteingang hatten, den man abschotten und bewachen lassen konnte. Lane hörte auch von Morddrohungen gegen ihn. Man gab ihm zwei Leibwächter. Die CHA erhielt eine Bombendrohung. Während einer der Hausdurchsuchungen, die als «Aufräumen» bekannt wurden, fand die Polizei ein knappes Kilo C-4-Sprengstoff und zwei elektrische Zünder, genug, um einen beträchtlichen Teil des Hochhauses in die Luft zu jagen. In diesem Sommer 1989 schwor Lane, er würde alle acht Häuser von Rockwell aufräumen und den Banden den ganzen Komplex wieder abjagen. Dann kam Henry Horner.

Lane erschien mit zwanzig Minuten Verspätung bei der Versammlung. Die Frauen hätten ungehalten sein können, doch sie wollten unbedingt erfahren, was mit ihren Häusern los war, also harrten sie aus. Sie waren schon früher von anderen CHA-Vertretern versetzt worden.

Lane, im makellosen grauen Anzug, verlor keine Zeit und kam gleich zu ihren Sorgen. Er sprach sofort über die Keller und die leerstehenden Wohnungen.

«Mamie Bone ist es zu verdanken, daß ich überhaupt davon erfahren habe», berichtete er der Versammlung. «Als ich das wahre Ausmaß dessen begriff, um was es da geht – plombierte Wohnungen mit toten Hunden und Katzen drin –, konnte ich es kaum glauben. Leider haben unser Angestellten versucht, die Sache unter den Tisch zu kehren, aber das funktionierte nicht.»

Lane rechnete den Frauen vor, das Reinigen der Keller und leeren Wohnungen würde wohl 500 000 Dollar kosten. Doch das war noch nicht die gesamte Summe, die Horner brauchte. Über 400 000 Dollar würde es kosten, die gestohlenen Heizschlangen zu ersetzen. Zudem war die Zahl der leerstehenden Wohnungen in Horner gestiegen, weil die CHA kein Geld hatte, um die Räume zu renovieren, wenn jemand auszog; in einigen Gebäuden standen 85 Prozent des Wohnraums leer. Waschbecken und Toiletten waren gestohlen, ebenso die Fensterrahmen, insgesamt 249, von Rauschgiftsüchtigen an Altwarenhändler verkauft.

«So wie jetzt ist es noch nie gewesen», schrie James Mayes, ein Hausbewohner, Lane an.

«Es ist dreißig Jahre lang immer schlechter geworden», konterte Lane.

«Vince, ich sag Ihnen, so schlimm war es noch nie.»

Lane sprang vom Stuhl auf, und wie immer, wenn er sich aufregte, stieg seine Stimme um eine Oktave: «Jetzt will ich Ihnen mal was sagen. Ich kann auch keinen Zauberstab schwenken oder ähnliches, aber wir werden etwas ändern. Egal, was Mayes sagt. Doch so etwas geht nicht über Nacht. Wir haben Probleme bei der CHA. Mich beunruhigt die Situation in Horner genauso wie jeden anderen auch. Doch über Nacht ändert es sich nicht. Wir haben nicht die entsprechenden Mittel.»

«Amen», sagten einige der sitzenden Frauen.

«Die Schlägerbanden und Dealer verschlingen diese Siedlung bei lebendigem Leibe. Wir müssen diese Gebäude wieder in die Hand kriegen ... Ich bin der festen Überzeugung, daß Menschen in Sozialwohnungen kein bißchen anders sind als andere.»

Lane erklärte den versammelten Mietern, er müsse weiter, zu einer anderen Versammlung. Sie kamen zu ihm, um ihm die Hand zu schütteln. Eine Frau gab ihm einen Kuß auf die Wange. Er werde die Keller saubermachen lassen, versicherte er ihnen. Er werde die Heizungen in Ordnung bringen lassen. Er werde das Geld beschaffen. Was er den Mietern aber nicht sagen konnte: Ihm war durchaus nicht klar, was er gegen die Banden und Drogen unternehmen konnte.

Jimmie Lee mochte verschwunden sein, doch wie die Anwohner nur allzugut wußten, es warteten genügend Nachfolger darauf, die Lücke auszufüllen. Niemand trat mit derselben Macht und Autorität auf wie früher Lee, doch der Rauschgifthandel ging weiter, und die Gangs prügelten sich um ihre Einflußgebiete. Die neue, zum Handeln entschlossene CHA unter Lanes Führung stand ihnen dabei im Weg, und so ließen die Banden ihm eine Botschaft zukommen.

Binnen einer Woche wurden die Angestellten der Verwaltung von Horner massiv angegriffen. Der stellvertretende Verwalter mußte zwei aggressive Teenager mit einem Fotoapparat in die Flucht schlagen. Drei Tage später wurde der vor ihrem Büro geparkte nagelneue Hyundai der Verwalterin verwüstet; die Fenster waren eingeschlagen und die Sitzpolster aufgeschlitzt. Die Schlüssel-Schneidemaschine der Hausverwaltung wurde gestohlen. Einem Handwerker, der einen Fahrstuhl reparierte, wurde seine 800 Dollar teure Goldkette vom Hals gerissen. Dann wurde in die Büroräume der Verwaltung eingebrochen; dabei wurden ausschließlich Akten mitgenommen. Einige Wochen später wurden zwei Frauen des Reinigungstrupps von einer Gruppe halbwüchsiger Mädchen böse geschlagen, und einem Maurer wurde eine Pistole an die Schläfe gesetzt, weil er ahnungslos ein Koksbriefchen eingemauert hatte.

Schlimmer noch, auf Gwen Anderson, die Verwalterin von Horner, wurde geschossen, als sie einige Angestellte des Statistischen Bundesamtes durch die Siedlung führte. Auf ihrem Rundgang entdeckte sie im zehnten Stockwerk des Hauses North Wood 111 ein klaffendes Loch in der Wand, das zum Nachbargebäude North Hermitage 120 führte. Der Durchschlupf war 180 cm hoch und genauso breit, groß genug, daß Menschen hindurchgehen konnten. Die Banden hatten ihn durchgebrochen, damit sie der Polizei leichter entwischen konnten, und die Mieter hatten ihn nicht gemeldet, weil sie damit einen Zugang zu den Fahrstühlen des Nachbarhauses hatten, wenn ihre wieder einmal außer Betrieb waren. Beim Anblick dieses Durchbruches kamen Frau Anderson die Tränen. Niemand hatte der Verwaltung ein Wort davon gesagt.

Der Schwerpunkt des Drogenhandels hatte sich jetzt zu einem Gebäude direkt westlich von Lafeyettes und Pharoahs Haus hin verlagert, West Lake Street 1943. Die CHA hatte die Fenster einer leerstehenden Erdgeschoßwohnung dort mit Brettern vernagelt, aber die Gangs rissen die Holzplanken wieder herunter, um einen Fluchtweg zu haben. In einem anhaltenden Nervenkrieg rissen die Banden die Bretter heraus, und die CHA verbarrikadierte die Fenster bis zu viermal wöchentlich neu.

In einer Aktennotiz an ihren Chef schrieb Gwen Anderson, «diese Vorfälle sind gezielte Botschaften an uns, uns zurückzuziehen. Wir können nicht genug betonen, daß dies eine sehr prekäre Situation im Hinblick auf unsere Sicherheit und das Ausmaß an Stress, Angst und Druck ist, dem wir unterworfen sind, nicht zu erwähnen das Krachen der Schüsse, die den ganzen Tag über im Büro der Verwaltung zu hören sind.»

Frau Anderson trug jetzt im Dienst nur noch Turnschuhe, um jederzeit weglaufen zu können. Außerdem hatte sie eine Schußwaffe in ihrer Handtasche, und obwohl sie weiter nicht darüber sprach, leugnete sie dies auch nicht. Hätten die Anrainer davon gewußt, sie hätten sicher Verständnis dafür gehabt.

Das Schießen ging weiter. Pharoah erklärte seiner Mutter, er hoffe, Lane werde ihr Haus «aufräumen». Es wäre gut, meinte er, wenn die Leute Ausweise haben müßten, um das Haus zu betreten. Auch LaJoe dachte, das würde das Leben etwas sicherer machen, doch Lane hatte Dutzende von Mieteranträgen erhalten, er solle ihre Häuser absichern. Er hatte nicht genug Geld, um alle aufzuräumen. LaJoes Haus war eines von 125, die Lanes Meinung nach zurückgewonnen werden mußten. Aber um sie alle zu sichern, hätte er 30 Millionen Dollar gebraucht, und die hatte die CHA nicht.

Eines Nachts im Juli hörte LaJoe inmitten des Ratatatat einer halbautomatischen Waffe ein Geräusch im Flur. Sie wandte sich danach um und sah, wie Pharoah im Schlaf den Flur entlangkroch, um sich vor den Schüssen in Sicherheit zu bringen.

Ein paar Tage später sagte der nun elfjährige Pharoah zu einem

Freund: «Ich mach mir Sorgen wegen dem Sterben, jung sterben, wenn man noch klein ist. Ich denk dauernd drüber nach, daß ich hier raus will aus der Siedlung. Ich will hier raus. Es ist doch kein Spaß, wenn man stirbt.»

ACHTUNDZWANZIG

Lafeyette saß auf der Bettkante, faltete stumm seine Hemden und Hosen zusammen und packte sie in einen Karton. Seine gesamte Garderobe paßte mühelos hinein. Pharoah lag im Bett und sah zu. Das einzige Geräusch war das ewige Geplätscher im Bad und das gelegentliche Dröhnen der Hochbahn draußen. LaJoe steckte ihren Kopf zur Tür herein.

«Mach zu, Laf, wir müssen los!» sagte sie. Sie blickte auf den Karton neben Lafeyette und erkannte, wie groß seine Angst sein mußte.

Vor vier Wochen, am 2. Juni, war Lafeyette mit vier anderen Jungen zusammen festgenommen worden, weil er angeblich in einen am Stadion geparkten kleinen Toyota-Lieferwagen eingebrochen war. Aus dem Lieferwagen waren zwei Lautsprecher, ein Radardetektor, zwanzig Musikkassetten und eine Schachtel Schrotpatronen gestohlen worden. Seiner Mutter gegenüber war Lafeyette beharrlich dabei geblieben, daß er es nicht getan habe, daß er zufällig vorbeigekommen sei, als ein Junge, den er flüchtig kannte, das Fenster des Autos einwarf. Lafeyette erzählte seiner Mutter, er sei weggelaufen aus Angst, für den Täter gehalten zu werden. Die Polizei erwischte ihn und vier andere, als sie nach Horner rannten, um sich in Sicherheit zu bringen. Heute war ihr erster Gerichtstermin. Es war Lafeyettes erste Festnahme gewesen.

«Sie werden dich nicht einsperren», beruhigte sie Lafeyette. «Heute wird nur die Anklage verlesen.»

«Nein, Terence ham sie dabehalten. Ich komm nicht wieder

nach Haus. Erinnerst du dich an den Tag, wo du Terence gesagt hast, er soll mitkommen zum Gericht, und er kam nicht wieder?» Lafeyette meinte damals, als man Terence zu Unrecht beschuldigt hatte, auf Maggie Atlas geschossen zu haben.

«Jaa, ich erinnere mich an den Tag.» LaJoe wußte nicht, was sie sonst sagen sollte. Aller Vernunft zum Trotz begann sie nun auch, unruhig zu werden. Und wenn sie Lafeyette doch dabehielten? Ihn einsperrten? Was würde sie dann tun? Könnte sie es ertragen, wenn noch eins ihrer Kinder ins Gefängnis wanderte? LaJoe nahm sich zusammen, bevor ihre Ängste die Oberhand gewannen.

«Nimm den Kram aus der Schachtel raus, Laf. Du gehst nirgends hin. Jetzt komm, los. Ich warte draußen auf dich.» LaJoe verließ das Zimmer.

Lafeyette nahm seine Kleider nicht aus dem Karton, sondern stellte ihn auf das oberste Regal in dem offenen Wandschrank. «Daß du mir nichts davon anziehst!» vergatterte er Pharoah, der bis zum Kinn unter der Decke steckte. «Hast du gehört?»

«Mach's gut», sagte Pharoah leise. «Viel Glück.» Auch er war nicht so sicher, daß Lafeyette zurückkommen würde.

Seit dem Vorfall mit dem Ladendiebstahl und der heftigen Auseinandersetzung am Stadion im letzten Dezember hatte Lafeyette nichts mehr mit der Polizei zu tun gehabt. LaJoe hatte ein scharfes Auge auf ihn gehalten. Wie sie verlangt hatte, trug er keine Baseballmütze mehr, auch seinen Ohrring nicht. Er ging auch nicht mehr auf die andere Seite der Damen Avenue zur Hochburg der Four Corner Hustlers hinüber. Lafeyette hatte sich mit ein paar rüden Kerlen herumgetrieben, doch er zog sich zurück, sobald es brenzlig zu werden drohte. Erst vor vierzehn Tagen hatte Rickey Lafeyette gefragt, ob er mit rauskommen wolle, aber Lafeyette hatte ein ungutes Gefühl gehabt. Rickey schien nervös und kribbelig und durchaus imstande, etwas anzustellen. Lafeyette sagte, er solle ohne ihn gehen. Am selben Tag noch wurde Rickey verhaftet, weil er einer Autofahrerin bei Rot an der Ampel die Halskette abgerissen hatte.

Überhaupt schien Lafeyette mehr Zeit zu Hause zu verbringen. Er hatte Bedenken, nach draußen zu gehen. Da läuft zuviel, sagte er. Zu viele verdrehte Typen. Doch sich in der stickigen, lauten Wohnung einzusperren, ging auch nicht ohne Spannungen ab. LaShawn ging oft morgens weg und kam erst wieder, wenn es dunkel wurde. «Ich geh kurz was einkaufen», teilte sie Lafeyette oder ihrer Mutter mit. «Bin in fünf Minuten wieder da.» – «Shawnie, komm lieber wieder nach Hause. Ich werd nicht auf deinen Baldheaded und DeShaun aufpassen», warnten Lafeyette oder LaJoe sie. LaShawn kam erst abends zurück. Diese Szene wiederholte sich mit schöner Regelmäßigkeit: Wann immer LaShawn das Haus verließ, konnte man davon ausgehen, daß LaJoe oder Lafeyette oder Tyisha auf ihre Kinder aufpassen mußten. Lafeyette hielt mit seinen Gefühlen nicht hinter dem Berg. Er schrie sie an, weil sie ihre Kinder im Stich ließ. Wenn Freunde von ihr vorbeikamen, behauptete er, sie sei nicht zu Hause, selbst wenn sie da war. Er äußerte sich drastisch, wenn das Gespräch auf Familie und Rauschgift kam. Obwohl LaShawn bestritt, seit ihrer Entziehungskur kurz vor DeShauns Geburt vor vier Monaten irgend etwas genommen zu haben, verdächtigte Lafeyette sie, gelegentlich immer noch damit herumzuspielen, und wie seine Mutter lehnte er es strikt ab.

Am Spätnachmittag des 2. Juni war Lafeyette zum Stadion gegangen, um beim frühen Einzug der Chicago Bulls zu einem Entscheidungsspiel zuzusehen. Die Jungen standen oft am Eingang, um einen Blick auf ihre Helden zu erhaschen, besonders auf Michael Jordan. Lafeyette war mit einem Jungen namens Curtis zusammen. Sie reckten die Hälse, um die Spieler Scottie Pippen und Horace Grant zu sehen. Michael Jordan ließ sich nicht blicken.

Zur selben Zeit fuhr Michael Berger, der für einen Party-Service arbeitete, mit seinem weißen Toyota-Lieferwagen mit Vierradantrieb am Stadion vor. Seine Firma hatte den Auftrag erhalten, eine Party für die Bulls und CBS auszurichten. Als er ankam, fragte ein Junge, nicht älter als vierzehn, ob er sein Auto bewachen solle. Berger sagte nein. «Das fänd ich aber blöd, wenn was mit Ihrem

Wagen passieren würde, Mister», sagte der Junge. Das war keine ungewöhnliche Tour: Jemandem soviel Angst einjagen, daß er dir Geld gibt, damit du sein Auto bewachst. Aber Berger lehnte ab. Er verschloß die Türen und tat, als schalte er die Diebstahlsicherung ein.

Fünfundvierzig Minuten später kam Berger aus dem Stadion und sah an seinem Auto Polizisten stehen; die Fenster auf der Beifahrerseite waren eingeschlagen. Das Armaturenbrett war schwer beschädigt. Der Einbrecher hatte das Radio nicht herausreißen können und es beim fruchtlosen Versuch kaputtgemacht. Einige Minuten später entdeckte ein Polizist fünf Teenager, die in Richtung Horner rannten. Sie begannen, Gegenstände aus ihren Hosentaschen wegzuwerfen: Schraubenzieher, eine Zange und fünf von Bergers Tonbändern. Obwohl er nicht wußte, wer was fallengelassen hatte, nahm der Beamte alle fünf Jungen fest, darunter auch Lafeyette.

Das fünfstöckige Arrestgebäude für jugendliche Untersuchungsgefangene erstreckt sich über einen ganzen Block. Es liegt nur vier Kilometer südlich von Horner und wurde 1973 gebaut, sieht aber viel neuer aus. Jeder nennt es Audy Home, so hieß das Gebäude, das früher dort stand. Jedes straffällig gewordene Kind bis zu siebzehn Jahren hat hier seine Verhandlung, außer bei heimtückischen oder gewalttätigen Vergehen wie Mord oder Vergewaltigung; diese können vor dem regulären Strafgericht verhandelt werden.

Das Jugendstrafsystem des Staates Illinois, begründet 1899, ist das älteste des Landes. Früher arbeiteten dort fast ausschließlich Sozialarbeiter. Im Laufe der Zeit sind die Richter in den Vordergrund getreten. 250 Bewährungshelfer und 137 Staatsanwälte, vom Gericht bestellte Prozeßvertreter und Verteidiger arbeiten hier am Jugendgericht. Für viele Anwälte und Richter ist das hier der Probelauf – ein Ort, wo sie Gelegenheit haben zu zeigen, was sie können, um dann zum «richtigen» Gericht aufzurücken. Manche Anwälte bezeichnen dieses herablassend als das «Kindergericht».

Es ist kein freundlicher Ort. Anwälte und Richter sind überarbeitet. Den Pflichtverteidigern stehen häufig nur wenige Minuten zur Verfügung, um sich auf einen Fall vorzubereiten. Die Richter verhandeln fünfundsiebzig bis achtzig Fälle pro Tag, die doppelte Last eines Richters am Amtsgericht. Jeder Sozialarbeiter betreut achtunddreißig bis vierzig Kinder.

Die Zahl der Fälle ist in den drei Jahren seit 1986 um 40 Prozent angestiegen. Niemand weiß recht, weshalb; die Vermutungen gehen auseinander. Es könnte der weitverbreitete Drogenmißbrauch sein oder die mangelnde Bereitschaft der Polizei, Jugendliche mit einer Verwarnung laufen zu lassen – oder das politisch motivierte verstärkte Bemühen, auch das kleinste Vergehen vor Gericht zu bringen.

Die vierzehn Verhandlungsräume liegen zu beiden Seiten des Erdgeschosses. Das Jugendgefängnis nimmt die übrigen vier Stockwerke ein. Das Gefängnis – oder Arrestzentrum, wie es genannt wird – beherbergt bis zu fünfhundert Kinder gleichzeitig. Manche Kinder sind schon vierzehn-, fünfzehnmal hergeschickt worden. Viele Kinder sind gern hier. Sie erhalten drei ordentliche Mahlzeiten am Tag, und die Schule gilt wegen des günstigen Lehrer-Schüler-Schlüssels als eine der besten der Stadt. Dennoch, das Eingesperrtsein kann Kinder verrückt machen. Da die Mitarbeiter des Zentrums keine körperliche Züchtigung anwenden, werden Kinder wegen schlechten Benehmens in ihre Zellen eingesperrt; sie sind eng, 1,80 mal knapp 4 Meter groß, mit nackten Wänden. Manchmal kratzen eingesperrte Kinder mangels anderer Beschäftigung mit den Fingern den Mörtel zwischen den Ziegelsteinen heraus. Manche haben sogar so tief gegraben, daß sie einen Stein herausnehmen konnten, und dann in die Nachbarzelle uriniert. An dem Tag, als Lafeyette seinen Verhandlungstermin hatte, beendete Rickey hier gerade einen zweiwöchigen Aufenthalt wegen des «*smash and grab*»-Überfalls auf das Auto an der Damen Avenue.

LaJoe schob sich durch die Drehtür. Still und niedergeschlagen folgte Lafeyette. Alles, woran LaJoe denken konnte, war Terence. Wie oft war sie mit Terence im Schlepptau durch diese Tür gegangen. Oft wußte sie nicht, ob sie auch wieder gemeinsam nach Hause gehen würden. Manchmal sperrten sie ihn ein. Diebstahl. Ladendiebstahl. Die Schießerei, von der er schließlich entlastet wurde. All das erschöpfte LaJoe. Doch immer wieder begleitete sie ihren Sohn. Nie ließ sie ihn allein hingehen wie andere Mütter. Zusammen mit Terence wartete sie auf den Bänken mit den harten Rükkenlehnen, bis ihr Fall aufgerufen wurde. Manchmal dauerte es Stunden. Sie kannte das Gebäude jetzt schon gut. Alle Fälle, an denen Kinder aus Horner beteiligt waren, wurden im selben Saal verhandelt, Calendar 14. Sie konnte sich Tee aus den Automaten im Keller holen oder, wenn sie ungewöhnlich lange warten mußten, auf der anderen Straßenseite bei Lu-Lu einen Hamburger oder ein Kotelett-Sandwich. Alles war wohlvertraut. Doch jetzt war sie schon länger nicht mehr hiergewesen. Das letzte Mal, daß Terence vors Jugendgericht bestellt wurde, war schon über zwei Jahre her. So, jetzt geht also alles wieder von vorne los, dachte sie.

Die Vernehmung war für 13.30 Uhr angesetzt. Sie waren eine Viertelstunde zu früh gekommen. Es sollte ein langer Tag voller Angst und Unruhe werden.

Nachdem sie die Metalldetektoren passiert hatten, gingen LaJoe und Lafeyette zum Informationstresen.

«Mein Sohn hat heute einen Termin. Können Sie mir sagen, in welchem Saal?» fragte LaJoe die grauhaarige Dame hinter dem Tresen.

«Wie heißt er?» fragte die Frau.

«Lafeyette Rivers.»

Die Frau blätterte träge einen Packen Papiere auf ihrem Tisch bis zu den «R» durch. «Heißt er Derrick?» fragte sie.

«Nein, Lafeyette», sagte LaJoe geduldig.

Sie blätterte einen anderen Stapel auf ihrem Tisch durch. «Da ist kein Lafeyette.»

«Man hat uns gesagt, wir sollten heute zur Verhandlung kommen», beharrte LaJoe. Die grauhaarige Dame riet ihr, zum Büro des Protokollführers zu gehen. Auch dort hatten sie nichts. Deshalb schickten sie LaJoe und Lafeyette zu einer dritten Person, die wie die anderen einen Stapel durchsuchte. Nichts. LaJoe ging zu der grauhaarigen Dame zurück.

«Ich weiß bestimmt, daß wir heute einen Termin haben.» LaJoe blieb dabei. «Ganz bestimmt.»

Die Frau ging nochmals ihre Stapel durch. «Lafeyette Rivers?» fragte sie; ihr Finger lag auf Lafeyettes Namen. «Tut mir leid», murmelte sie. «Das war meine Schuld. Setzen sie sich solange da drüben hin, bis Mr. Smith von der Mittagspause zurückkommt.»

LaJoe und Lafeyette setzten sich zu den vier anderen beschuldigten Jungen und ihren Müttern auf eine Marmorbank in der Halle. Lafeyette mußte sich einigen Spott gefallen lassen wegen seines T-Shirts, das die Detroit Pistons als Champions der National Basketball Association feierte. Er hatte sein Haar wachsen lassen und kämmte es glatt nach hinten, so daß es ihm jetzt fast bis zur Schulter reichte. Gewöhnlich hielt er auf sich, aber heute wirkte er ein bißchen abgerissen, obwohl er seine schwarze Levi's und das T-Shirt für diesen Anlaß extra gebügelt hatte. LaJoe wünschte, sie hätte ihn zum Haarschneiden geschickt.

Zwei der Jungen wurden in ein Büro in der Nähe gerufen. Ein paar Minuten später sah die Frau, die sie vernahm, zur Tür heraus. «Waren die beiden Jungen mit euch zusammen?» fragte sie die anderen drei, die nervös auf der Marmorbank hockten. Niemand antwortete. LaJoe war drauf und dran, Lafeyette und den anderen zu sagen, sie sollten nicht antworten. Dadurch konnten sie sich selbst belasten, meinte sie. Doch bevor sie noch den Mund aufmachte, sagte der eine Junge schon: «Ja.» Es war Curtis. Etwas beschämt, weil er damit zugegeben hatte, seine Freunde seien am Schauplatz des Verbrechens gewesen, senkte Curtis den Kopf. «Es sind doch noch Kinder», murmelte LaJoe einer anderen Mutter zu. «Sie sollte so was nicht mit ihnen machen.» Zwar durften Aussagen dieser Art gar nicht vor Gericht verwendet werden, doch niemand klärte die Eltern darüber auf.

Als nächster wurde Lafeyette aufgerufen. Jedes Kind, das zu einem Termin vor dem Jugendgericht einbestellt wird, durchläuft eine Voruntersuchung, in der ein Beamter das Kind vernimmt, um festzustellen, ob es sich wirklich um ein strafwürdiges Vergehen handelt. Aussagen aus diesem Gespräch dürfen bei der Verhandlung selbst nicht verwendet werden. Es ist ein Verfahren, um Fälle auszusortieren, die gar nicht erst vor Gericht kommen. Kinder zum Beispiel, die Süßigkeiten oder Toilettenpapier gestohlen haben, werden nur streng verwarnt und nach Hause geschickt.

Lafeyette saß neben LaJoe vor dem Schreibtisch von Mr. Smith, einem Untersuchungsbeamten. Lafeyettes Blick war fest auf die Wand hinter seinem Inquisitor gerichtet. Unmittelbar vor Betreten des Raumes hatte er LaJoe gestanden, daß er Angst hatte.

«Wie heißt du?» fragte Mr. Smith.

«Lafeyette.» Seine Stimme war kaum zu hören.

«Wo wohnst du?»

«West Washington 1920.»

«Wie heißt deine Mutter?»

«LaJoe Rivers.»

«Und dein Vater?»

«Paul Rivers.»

«Wo gehst du zur Schule?»

«Suder-Schule.»

Die Fragen waren kurz und unpersönlich. Lafeyette reagierte entsprechend. Seine leere Stimme trug nicht. Er weigerte sich, Mr. Smith anzusehen.

Mr. Smith glättete ein Blatt Papier vor sich und überflog es rasch, bevor er es Lafeyette und LaJoe vorlas. Es enthielt die Aussage, daß er zusammen mit vier anderen in ein Auto eingebrochen wäre und Waren im Werte von über 300 Dollar gestohlen hätte. «Hast du das getan?» fragte Mr. Smith.

«Nein», antwortete Lafeyette und begann dann, seine Version der Geschichte zu erzählen – dasselbe, was er seiner Mutter gesagt hatte. Er und Curtis waren am Stadion gewesen, um die Spieler zu sehen, nachdem sie sich an einer Bude in der Nähe etwas zu essen gekauft hatten. Im Weggehen sahen sie, wie ein Junge das Fenster eines Toyota einschlug. Aus Angst, die Polizei könnte erscheinen und ihnen die Schuld anhängen, rannten sie nach Hause. Lafeyette erzählte dies ohne jede Spur von Anteilnahme. Von Anfang an hatte er darauf beharrt, er sei unschuldig.

Mr. Smith war einen Augenblick still. Es war deutlich, daß er Lafeyette nicht glaubte. Er schien dessen Erklärungen nicht einmal angehört zu haben. «Du weißt doch genau», sagte er, «wenn einer von deinen Kumpels in ein Auto einbricht, dann mach, daß du wegkommst.»

«Ham wir ja», beharrte Lafeyette, seinen Blick immer noch auf die Wand gerichtet. Mr. Smith fuhr fort, wobei er sowohl zu sich selbst als zu LaJoe und Lafeyette zu sprechen schien:

«Das nennt man Erpressung. Die fragen einen, ob sie das Auto bewachen können. Wenn man sie nicht läßt, brechen sie es auf. Das ist Erpressung. Ich bin nicht so dumm. Wenn ich zum Stadion fahre, geb ich den Jungs ein paar Dollar. Dann passiert dem Auto nichts. Wenn man ihnen kein Geld gibt, weiß man, daß man lieber aufpassen sollte. Dann kann einem schon mal das Seitenfenster eingedrückt werden. So dumm bin ich nicht.» Und er fuhr fort, LaJoe und Lafeyette über all das zu belehren, was er in Betracht zog, wenn er in der Nähe des Stadions parkte. LaJoe rutschte unruhig auf ihrem Stuhl hin und her. Lafeyette starrte weiterhin geradeaus, seine Gedanken waren weit von Mr. Smiths Vorhaltungen entfernt.

Als er fertig war, überreichte Mr. Smith LaJoe eine Kopie der Anklageschrift. Er erzählte ihr, daß der Mann, in dessen Auto die Jungen eingebrochen waren, einige von ihnen wiedererkannt habe. «Das könnte ein Problem sein», sagte er. Er schickte sie nach Calendar 7. Calendar 14, wo die Fälle von Horner normalerweise verhandelt wurden, war an diesem Nachmittag geschlossen.

Die Warteräume haben die Größe eines Rakettspielfelds. Auf jeder Seite stehen fünf Reihen Holzbänke. Der Gerichtssaal ist abgeriegelt. Im Gegensatz zu anderen Gerichten dürfen Außenstehende den Verhandlungen hier nicht beiwohnen. Manchmal warten Leute stundenlang, bis ihr Fall aufgerufen wird. In diesen Wartesälen haben schon Frauen entbunden und Banden getobt.

LaJoe nannte dem für diesen Gerichtssaal zuständigen Hilfssheriff ihren Namen. Er sagte, er werde sie rufen, wenn ihr Name an der Reihe sei. Das war um halb drei. Lafeyette und LaJoe saßen und warteten. Gelegentlich ging LaJoe hinaus in den Korridor, um zu rauchen, oder wechselte ein paar Worte mit einer anderen Mutter. Lafeyette blieb schweigsam. Er hing auf einer Bank neben Curtis. Curtis' Name wurde gegen halb vier aufgerufen, und er ging mit seiner Mutter hinein. Lafeyette saß und wartete. Er ließ seine Finger über die Schnitzereien in der Bank gleiten. Ein Dollar-Zeichen. Ein sechszackiger Stern. Die Zahl 4 mit einem C und einem H für die Four Corner Hustlers. Er fragte sich, womit sie eingekerbt waren. Mit einem Schraubenzieher? Einem Messer? Einem Schlüssel? Wie hatte jemand ein Werkzeug am Metalldetektor vorbeigeschmuggelt? Seine Gedanken wanderten. Er wollte nach Hause.

Eine neben LaJoe sitzende Frau war den Tränen nahe. Sie war am Morgen zu spät zum Verhandlungstermin gekommen, und deshalb hatte man ihren Sohn in Verwahrung genommen. Wenn ein Kind nicht rechtzeitig da war, wenn sein Fall aufgerufen wurde, wurde ein Arrestbefehl ausgestellt, und wenn der Betroffene erschien, wurde er für den Rest des Tages in eine Zelle gesperrt. Sie machte sich Sorgen, man könnte ihn über Nacht dabehalten. LaJoe bekam einen Schreck. Sie wollte nicht, daß sie Lafeyette einsperrten. Sie überlegte, ob sie wegen der anderen Saalnummer vielleicht Lafeyettes Aufruf verpaßt hätte. Sie winkte Lafeyette und rannte fast zur Empfangstheke, um nachzufragen. Alles war in Ordnung. Ihr Fall war noch nicht aufgerufen worden. Sie gingen in den Wartesaal zurück.

Um halb sechs standen noch vier Fälle aus. Der Hilfssheriff fragte LaJoe erneut nach ihrem Namen. «Rivers», antwortete sie mit unterdrückter Wut. Er blätterte seine Unterlagen durch.

«Wie war noch mal der Name?» fragte er.

Ohne eine Antwort abzuwarten, sagte er: «Ich kümmere mich darum.» Es war LaJoe klar, daß man Lafeyettes Namen irgendwo unterwegs verlegt hatte. Sie beide waren nun schon über vier Stunden hier.

Zwanzig Minuten später rief der Hilfssheriff den letzten Namen auf. «Walter Helgo. Walter Helgo.» LaJoe und Lafeyette waren die einzigen, die noch auf den Bänken saßen. Ein Walter Helgo war nicht da. «Wie heißt du?» fragte der Hilfssheriff Lafeyette zum viertenmal an diesem Nachmittag. «Rivers. Lafeyette Rivers.» Der Hilfssheriff verschwand im Gerichtssaal.

Um sechs wurde Lafeyettes Fall schließlich aufgerufen.

Im Gerichtssaal waren nur der Richter, der Protokollführer, der Staatsanwalt, der Pflichtverteidiger und der Hilfssheriff. Der Richter Robert E. Woolridge, ein grauhaariger Mann, hatte den Kopf in seinen Papieren vergraben. Er blickte nicht einmal auf. Er sah Lafeyette nicht ein einziges Mal an. Die Fragen begannen schneller zu prasseln, als Lafeyette denken konnte, schneller noch, als Mr. Smith fragen konnte. «Wie heißt du? Wann bist du geboren? Deine Adresse? Wo wohnt dein Vater? Wann hast du ihn das letzte Mal gesehen?» Von der letzten Frage war Lafeyette so verwirrt, daß LaJoe antworten mußte. «Vor drei Tagen», sagte sie. Der Richter übergab ihnen das Datum für die Verhandlung: 8. September.

Als LaJoe und Lafeyette den Saal verließen, wurde LaJoe bewußt, daß der Richter ihnen einen anderen Verhandlungstermin gegeben hatte als den anderen vier Jungen, die schon nach Hause gegangen waren. Hatte er sich geirrt? Sollte sie etwas sagen? Sie fragte den Hilfssheriff. Er sagte, sie sollten in den Gerichtssaal zurückgehen. Das taten sie. LaJoe erklärte dem Richter, worum es ging. Sie wollte keine Schwierigkeiten machen, aber sie fürchtete, er könnte ihnen einen falschen Verhandlungstermin gegeben haben. Richter Woolridge blickte von seinen Papieren auf. «Wie hieß er noch mal?» fragte er und meinte Lafeyette, der erst vor wenigen Minuten vor ihm gestanden hatte. «Lafeyette Rivers.»

Der Richter wirkte irritiert. «Hatten wir einen Fall mit diesem

Namen?» Jemand im Saal unterdrückte ein Lachen. Drei Minuten waren vergangen, und er konnte sich nicht einmal an Lafeyette erinnern. LaJoe hatte das Gefühl, es kümmere sich überhaupt niemand um sie. Es war, als wären sie unsichtbar. Niemand sah sie oder hörte sie oder nahm genug Anteil, um sie wie menschliche Wesen zu behandeln.

Lafeyette hingegen war erleichtert. Wenigstens konnte er nach Hause gehen, dachte er. Er konnte seine Sachen aus der Pappschachtel nehmen. Sein Fall kam erst im Herbst zur Verhandlung.

9. August

Liebe Mom,

wie geht es dir und der Familie? Gut, hoffe ich. Also mir gehts gut könnte aber besser sein wenn ich zu Haus wär und für euch sorgen könnte, aber jetzt ist es erstmal so. Du weist was ich mein aber ich weis es ist nur für eine zeitlang darum las ich das nicht so an mich ran weil nur die Starken überleben. Ich weis dies ist für mich ne schwierige Sache aber ich komm zurecht weil ich blos mit mir allein bin. Du verstehst. Das dus blos weist, Mom, dein Sohn beruhigt sich allmelich. Also Mom wie gets meiner grosmutter. Gets ihr besser oder was. Schreib mir ihre Adresse damit ich ihr schreiben kann weil ich 11 Monate nichts von ihr gehört hab und ich mach mir sorgen wegen ihr. Also mom wenn du mir schreibst schick mir die Adresse okay. Mom sag cameo [Weasels anderer Spitzname] und lashawn schönen grus und dad auch okay. Mom ich hab wirklich nicht viel zu sagen aber sag allen sie solln auf sich aufpassen …

Also mom ich glaub jetzt mach ich schlus mit diesem kurzen Schreiben aber niemals mit meiner liebe für dich. von deinem Sohn Terence R. Rivers natürlich!!

P.S. Wann kommt ihr raus und besucht mich hier. Schreibt bald wieder.

LaJoe las Lafeyette und Pharoah den Brief vor. Beide Jungen hörten die Briefe ihres Bruders gern. Doch sie fragten nicht wie sonst nach ihm. Sie wußten, daß er eine Zeitlang weg sein würde. Ihre Besuche bei ihm im Kreisgefängnis hatten sie beruhigt: Es ging ihm gut. Er schien dort immer fröhlich zu sein. «Ich weiß Bescheid», sagte Pharoah zu LaJoe. «Ich weiß, daß er okay ist. Ich kann es an seinem Gesicht sehen.»

«Ich mag ihn nicht in der Lage sehen», sagte Lafeyette. «Aber jetzt kann er seine Zeit rumkriegen. Und dann kommt er wieder zu uns nach Hause.» LaJoe hatte beiden Jungen gesagt, daß sie versuchen wollte umzuziehen, damit Terence nicht nach Horner zurückkommen müßte.

NEUNUNDZWANZIG Im Frühsommer hatte Weasel für Pharoah und Lafeyette zwei junge Hunde mit nach Hause gebracht, kleine Pitbulls. Die Jungen hielten sie in einem der Badezimmer eingesperrt. Pharoah verlor das Interesse an seinem und verschenkte ihn schließlich. Aber Lafeyette entwickelte eine enge Beziehung zu seinem Tier. Seit seiner Zeit mit Bird Leg hatte er davon geträumt, einen eigenen Hund zu besitzen. Er nannte ihn Blondie.

An einem Julinachmittag kam Lafeyette in die Wohnung zurück, nachdem er sich mit einigen Freunden auf der Vortreppe die Zeit vertrieben hatte. Er ging sofort ins Badezimmer, um Blondie zu begrüßen und sie zu einem Spaziergang abzuholen. Das Hündchen war nicht da. «Hat jemand meinen Hund gesehen? Wo ist sie??» rief er durch die Wohnung. Er ging den langen, schmalen Flur entlang, guckte in jedes der vier Schlafzimmer und rief: «Blondie, Blondie, Blondie!» Er pfiff nach ihr, doch ohne Erfolg. «Wenn ich meinen Hund nicht wiederfinde, raste ich aus», brummelte er vor sich hin, doch so laut, daß seine Eltern es hören konnten. Sein Vater saß auf dem Sofa und sah sich eine Fernsehshow an. Seine Mutter saß am Küchentisch. «Jemand hat meinen Hund weggenommen!»

«Laf, es ist gar keiner zu Hause außer mir und deinem Vater. Mit wem redest du eigentlich?»

«Mama, ich mein dich gar nicht», sagte Lafeyette höflich.

Paul war klar, was seinem Sohn durch den Kopf ging. Lafeyette, nahm er an, verdächtigte ihn, den Hund verkauft zu haben, weil er Geld für Rauschgift brauchte. Er erhob sich vom Sofa.

«Sohn, wenn du so weiterredest und mich verdächtigst, werde ich dir den Kopf waschen.» Lafeyette setzte sich an den Küchentisch und kippte ein Glas Milch hinunter. Er tat, als hörte er den Protest seines Vaters gar nicht. Es war eine vertraute Szene: Lafeyette behandelte seinen Vater wie Luft.

«Gegen wen willst du denn ausrasten, Junge?» fragte Paul.

«Gegen jeden, der meinen Hund verkauft.»

«Dein Hund ist hier irgendwo in der Wohnung. Du mußt nur mal suchen.»

«Du hast ihn dir wahrscheinlich geholt und verkauft», warf Lafeyette ihm vor.

«Wenn ich ihn geholt und verkauft hätte, könntest du auch nichts dagegen tun», erwiderte Paul herausfordernd.

«Am besten würdest du überhaupt nicht mehr in unsere Wohnung kommen. Ich weiß nicht, wieso du immer noch herkommst. Du hängst mit all diesen Junkie-Typen an der Ecke rum, das ist doch peinlich für uns.»

«Wie hast du mich genannt?» Paul trat auf Lafeyette zu, packte ihn fest an der Schulter und schüttelte ihn. «Was hast du gesagt?»

Lafeyette sprang vom Stuhl auf, und als Paul ihn festhalten wollte, wich er langsam zum Wohnzimmerfenster zurück. Paul versuchte wieder, ihn zu fassen. «Wie hast du mich genannt?»

Lafeyettes rechte Faust traf krachend die Schläfe seines Vaters. Paul, der ehemalige Amateurboxer, torkelte erst vor Überraschung und Schmerz zurück und ging dann in Kampfstellung; seine Fäuste spielten und kreisten um seinen Sohn.

«Du bist vierzehn, bist alt genug. Du willst ein Mann sein – okay, ich geb dir Gelegenheit, ein Mann zu sein», sagte Paul. Lafeyette konnte sich ganz gut verteidigen, doch sicher nicht gegen seinen Vater. Die Treffer kamen scharf. In die Schulter. In die Brust, in die Achselhöhle. Die Schläge mit der flachen Hand klatschten auf Lafeyettes Kopf. Er versuchte nicht zu kämpfen. Er bemühte sich nur, die Schläge abzufangen. Drohend starrte er seinen Vater an, keine Sekunde ließ er ihn aus den Augen. Er schwankte unter den schmerzhaften Hieben.

«Wollt ihr wohl damit aufhören!» schrie LaJoe und sprang vom Sofa auf, um den Tumult zu beenden. «Hört sofort auf!» Sie hielt Paul einen Augenblick lang fest, gerade lange genug, daß Lafeyette sich seine Jacke schnappen und zur Tür springen konnte. LaJoe und Paul sagten kein Wort zueinander. LaJoe empfand genau solche Wut wie ihr Sohn. Paul fühlte sich verletzt durch die beleidigenden Worte seines Jungen. Wenige Minuten später erschien Lafeyette an der Wohnungstür. In der rechten Hand hielt er eine Stahlkette.

«Komm raus! Los, komm raus!» schrie er seinem Vater zu. «Ich tret dir in 'n Arsch!»

Paul, mit dem in solchen angespannten Situationen leicht die Nerven durchgingen, sprang vom Sofa auf und stürzte sich auf seinen Sohn.

«Nein, Paul!» kreischte LaJoe. «Geh nicht raus! Hört sofort auf damit!»

Paul zögerte. Lafeyette ebenfalls. «Junge, du weißt nicht, was du da herausforderst.» Paul zeigte mit dem Finger auf Lafeyette, dem die Angst im Gesicht stand. Das letzte, was er will, ist, daß ich wirklich rauskomme, dachte Paul. Er erkannte plötzlich, daß er einen großen Fehler gemacht hatte. Er schämte sich wegen seines Ausfalls und dafür, daß er Lafeyette so in die Enge getrieben hatte. Natürlich hatte sein Sohn keinen Respekt vor ihm – aus gutem Grund. Manchmal fehlte ihm ja jede Selbstachtung.

«LaJoe, red du mit deinem Sohn, ich hab Probleme, was rüberzubringen. Er will einfach nicht, er ist jetzt an dem Punkt, wo er nicht mehr auf mich hören will.» Paul zuckte die Schultern und setzte sich wieder. Lafeyette machte einen Schritt in die Wohnung.

«Junkie», murmelte Lafeyette. «Das ist doch der Grund, warum du nicht mehr arbeitest – weil du 'n Junkie bist.» Paul ließ die Schultern hängen. Ihm war klar, daß kein Sohn wegen eines verlorenen Hundes auf seinen Vater losging. Es war das Rauschgift. Es hatte seine Beziehung zu LaJoe zerstört und nun die zu seinem Sohn. Noch nie hatte er Lafeyette geschlagen, einmal abgesehen von gelegentlichen Klapsen, als er noch kleiner war. Das war nicht seine Art. Jetzt wandten sich seine eigenen Kinder gegen ihn. Der einzige Grund, weshalb er überhaupt herkam, waren doch die Kinder. Er liebte sie und wußte dabei, daß er ihnen gegenüber versagte. Lafeyettes letzte Bemerkungen vernichteten, was noch an Leben und Kampfgeist in ihm war. Er sank auf dem Sofa in sich zusammen und sagte kein Wort mehr. Auch Lafeyette verstummte und nahm die Suche nach Blondie wieder auf. Er fand sie schließlich unter dem Herd versteckt.

Jeden Morgen ging Pharoah jetzt zum Sommerkurs an der University of Illinois. Jeden Morgen erwachte er energiegeladen und erwartungsvoll. Er freute sich, daß er aus Horner wegkam, und fand es toll auf dem College-Campus. Er gefiel sich auch als Stipendiat. Doch sein Bruder war müde. Die langen Sommertage zogen sich hin, und Lafeyette sprach oft davon, daß man aus Horner weg müßte. LaJoe versicherte ihm wieder, sie würden umziehen, wenn Terence aus dem Gefängnis käme. Er und sein Vater, der jetzt noch seltener vorbeikam, ignorierten einander. Er hielt sich für sich. Seiner Mutter gegenüber ließ er verlauten, er wolle sich nicht mehr «mit den falschen Leuten» treffen. Doch er wirkte nervös. Seit Craigs Tod im März war er zunehmend in sich gekehrt. Er vertraute sich seiner Mutter nicht mehr an. Er zog überhaupt niemanden mehr ins Vertrauen.

An einem Abend Anfang Juli bei kühlem Nieselregen umringte eine Gruppe Teenager auf der Damen Avenue einen vierzehnjährigen Jungen. LaJoe kam zufällig vorbei und konnte die höhnischen Zurufe und das Geräusch von Faustschlägen hören. Dann ertönte eine vertraute Stimme: «Hört auf! Schlagt ihn nicht! Aufhören!» Lafeyette klang aufgeregt. Er steckte mitten drin in dem Tumult und versuchte, die anderen davon abzuhalten, seinen Freund zu verprügeln.

LaJoe lief zu der Gruppe hin und drängte sich hindurch. «Mama, sag ihnen, daß sie aufhören sollen!» flehte Lafeyette. Sein Freund krümmte sich und preßte sich die Hände auf den Magen.

LaJoe war wütend. Sie wandte sich an die Jungen: «Was macht ihr da eigentlich? Was tut ihr da? Laßt ihn zufrieden! Was wollt ihr damit denn erreichen? Reicht es euch noch nicht? Wieso haut ihr auf ihn ein?» Einer sagte, der eingekesselte Junge habe sie angegriffen. «Was, er hat euch alle geschlagen?» schrie LaJoe. Die Teenager schienen höchstens einen Moment lang aufzuhorchen. Schon griff einer nach einer Holzlatte und schlug dem Jungen krachend auf den Rücken. Der krümmte sich wieder. Es sah aus, als würden sich gleich alle auf sie und Lafeyette stürzen.

Da ertönte eine bekannte Stimme: «Schlagt meine Mama nicht! Hört ihr, ihr sollt meine Mama nicht schlagen!» Es war ein Freund von Weasel, ein Junge, den LaJoe wie so viele andere als Kind bemuttert hatte. «Laßt sie gehen. Hört ihr mich! Die sind in Ordnung.» Die anderen Jungen gehorchten. Sie zerstreuten sich. LaJoe schickte den verprügelten Jungen nach Hause und ging mit Lafeyette auf ihr Gebäude zu.

Sie tupfte ihm die Stirn ab; er hatte etwas mit einer zerbrochenen Flasche abgekriegt. Sein Gesicht war ausdruckslos: Die Augen starrten geradeaus, der Kopf bewegte sich nicht nach rechts, nicht nach links. Er weinte nicht. LaJoe sagte immer: «Wenn du ihn lachen siehst, hast du ihn in einem unbewachten Moment erwischt.» Sein Gesicht schien unfähig jeden Ausdrucks.

An diesem Abend fiel Lafeyette kurz vor ihrem Hauseingang plötzlich auf die Knie. LaJoe war nicht sicher, ob er ausgerutscht war oder ob ihm einfach die Beine versagt hatten. «Ich bin müde, Mama», sagte er. Sie half ihm wieder auf die Füße. Was er wohl meinte mit «müde»? Ihr fiel ein, was Terence einmal zu ihr gesagt hatte. Wahrscheinlich war er einfach daseinsmüde.

Dawn öffnete auf wiederholtes Klopfen hin ihre Wohnungstür. Draußen standen zwei Wachleute der Wohnungsbehörde. Sie erklärten, ihre Wohnung würde zwangsgeräumt. Die CHA hatte entdeckt, daß sie dort unter dem Mietvertrag von jemand anders wohnte. Dawn war klar, daß dies irgendwann passieren mußte, trotzdem traf es sie unerwartet. Die nächsten beiden Tage verbrachte sie damit, ihr spärliches Mobiliar in die Wohnung ihrer Mutter gegenüber auf der anderen Straßenseite zurückzutragen. Dort drängten sie und die vier Kinder sich in einem Raum zusammen. Demetrius schlief, wo er unterkam, gelegentlich auch auf dem Rücksitz seines Autos.

Pharoah machte sich Sorgen über das Erwachsenwerden. «Vielleicht verstehe ich was davon, wenn ich ein bißchen älter werde», sagte er zu einem Freund. «Aber», fügte er nach einer kurzen Pause hinzu, «ich fühl mich besser, wenn ich nichts versteh ...»

LaJoe hatte es eines Tages plötzlich bemerkt. Lafeyette hatte nichts davon erwähnt. An der Wand über seinem Bett hatte er das Programm von Craigs Beerdigung aufgehängt. Die Vorderseite zeigte ein Bild von Craig als Schulabgänger mit der typischen Kopfbedeckung *(mortarboard)* und Talar. LaJoe hielt das für ein gutes Zeichen. Abgesehen von wenigen kurzen Bemerkungen hatte Lafeyette überhaupt nicht mehr von Craig gesprochen. Dies war der erste Hinweis, daß er immer noch um ihn trauerte, vier Monate nach seinem Tod. Vielleicht, dachte sie, würde es ihm helfen, den plötzlichen Verlust seines Freundes zu verwinden.

Doch zwei Wochen später nahm LaJoe das Bild wieder ab. Es hatte Lafeyette Alpträume verursacht. Besonders einer kehrte mehrmals wieder und jagte ihn vor Entsetzen aus dem Schlaf; manchmal war er schweißgebadet. Es regte ihn schon auf, wenn er nur darüber sprach. Im Traum wurde er von jemandem gejagt – von wem, wußte er nicht. Aber gegen den starken Wind konnte er nicht weglaufen, und wenn er nach Hilfe rufen wollte, brachte er keinen Laut heraus.

DREISSIG

Die Regentropfen funkelten in der Nachmittagssonne wie Kristalle, die von einem Lüster herunterfallen. Sie sahen aus, als würden sie beim Aufprall auf den Boden zerspringen. Pharoah stand am Fenster seines Zimmers und sah gebannt zu.

«Komm mit, Pharoah, wir holen uns 'n paar Fritten», sagte Lafeyette. Pharoah hörte nichts. Wie so oft träumte er vor sich hin und war ganz in seine Gedanken versunken. «Pharoah!» rief Lafeyette laut mit umkippender Jünglingsstimme. «Meeensch, Pharoah. Hörst du mich nicht? Laß uns 'n paar Fritten holen.»

Um Pharoahs Aufmerksamkeit zu erlangen, reckte sich Lafeyette über das Bett hinüber und wollte ihm einen Klaps geben. Aber Pharoah merkte, daß sein Bruder anrückte, und drehte sich um, bevor der Schlag fiel.

«Es regnet», sagte er.

Lafeyette streckte seine Hand zum offenen Fenster hinaus. «Es regnet nicht. Du lügst, Mensch!» Pharoah sah wieder hinaus. Tatsächlich, der Regen hatte aufgehört. Wie starke Scheinwerfer drangen helle Sonnenstrahlen durch die Wolken. Die Wirkung war unheimlich: Selbst die trübste Pfütze schien zu glitzern.

«Also kommst du jetzt?»

«Jaa», antwortete Pharoah.

Die beiden Jungen sagten LaJoe, sie wollten sich etwas zu essen holen und würden gleich wiederkommen. Sie liefen los zu einer zwei Blocks entfernten Würstchenbude an der Ecke Damen Avenue und der «Hauptstraße» genannten Madison Street. Unterwegs kam ihnen Rickey entgegen und fragte, ob er mitkommen könne. Sie hatten Rickey in den letzten Wochen nicht oft gesehen, besonders, nachdem er seinen Arrest verbüßt hatte. Es waren ihnen Gerüchte zu Ohren gekommen, Rickey arbeite als Drogenkurier für ältere Jungen und verdiene damit bis zu 600 Dollar die Woche. Dennoch empfanden Lafeyette und Pharoah große Sympathie für Rickey – wie auch er für die beiden Brüder. Sie nahmen ihn mit.

An der Hauptstraße kaufte Rickey Pharoah eine Tüte Käse-Pommes-frites. Lafeyette bezahlte für sich selbst. Sie standen auf dem Parkplatz vor der Würstchenbude und genossen die kühle, frische Sommerluft. Plötzlich wurde Pharoah ganz aufgeregt. Die Worte blieben ihm im Hals stecken. Die Halsmuskeln spannten sich an, sein Mund arbeitete mühsam. Schließlich zeigte er nur in eine Richtung. Über den Wolkenkratzern der Innenstadt wölbte sich ein Regenbogen. Seine Farben leuchteten so, als habe jemand sie frisch auf die Himmelsleinwand gemalt: Gelb, Grün, Blau, Violett, Rot. Er schien aus dem Michigan-See aufzusteigen, sich über den Sears Tower zu spannen und dann nur ungefähr eine Meile von Horner entfernt aufzusetzen. Es war der erste Regenbogen, den die Jungen in ihrem Leben sahen.

Alle drei, Pharoah, Rickey und Lafeyette, standen mitten auf dem Parkplatz, kauten ihre Pommes frites und bewunderten das Farbenspiel.

«Maaann», murmelte Lafeyette. «Ich dachte, Regenbogen gäb's gar nicht wirklich.»

«L-l-l...» Pharoah versuchte es noch einmal. «La-la-laßt uns...» Rickey und Lafeyette waren viel zu überwältigt von den Farben des Himmels, um auf Pharoahs Stottern zu achten. Das machte es ihm leichter, innezuhalten und ruhig zu werden. Wenn sie ihn weder sahen noch hörten und von seiner Anwesenheit gar keine Notiz nahmen, würden sie sich auch nicht über sein Stottern lustig machen.

«Laßihnunseinholen!» Er spuckte die Worte ganz schnell aus, damit sie sich nicht wieder im Mund verhedderten. «Laßunsden-Regenbogeneinholen.»

«Meeensch, ich jag doch keinem Regenbogen nach», wehrte Lafeyette spöttisch den verrückten Plan seines Bruder ab. «Das ist doch Kinderkram.»

«Da-da-da-da… ist wahrscheinlich Gold drunter», sagte Pharoah. Er wurde wieder ganz aufgeregt. Er versuchte, langsam zu reden. Vielleicht konnten sie es anfassen? «Vielleicht», erklärte er Lafeyette und Rickey, «sind da Kobolde!»

«Klappe, Pharoah», sagte Lafeyette. «Da ist nichts.» Rickey lachte herzlich über Pharoahs Phantasie. Auch er dachte, es könnte etwas dort sein, doch wagte er das nicht laut zu sagen. Lafeyette könnte ihn albern finden. Er hatte gehört, wenn man das Ende eines Regenbogens fände, könnte man graben und einen Schatz entdekken. Das hatte man ihm als Kind einmal erzählt. Selbst mit dreizehn hegte er immer noch eine schwache Hoffnung.

«Ich komm mit, Pharoah. Los, gehen wir», sagte Rickey entschlossen. Lafeyette schüttelte den Kopf.

«Geht ruhig, wenn ihr wollt. Ist doch sinnlos», frotzelte er.

Pharoah und Rickey trabten die Damen Avenue nach Süden entlang, die Augen immer auf den Regenbogen gerichtet. Es sah aus, als müßte er direkt beim Cook County Hospital herunterkommen, nicht einmal einen Kilometer entfernt. Sie liefen an Damen Courts vorbei, wo Pharoah manchmal hinging, weil es dort so schön friedlich war. In letzter Zeit war die Anlage von Banden heimgesucht worden, und es zog ihn nicht mehr zu den gepflegten Rasenflächen hin. Abwechselnd rannten und gingen sie immer weiter nach Süden; ihre Köpfe nickten vor Müdigkeit. Als sie in der Höhe der Crane High School waren, wo Dawn im letzten Sommer ihren Abschluß gemacht hatte, merkte Pharoah, daß dicke, milchige Wolken sich vor den Regenbogen zu schieben begannen. Dann fiel ihm auf, daß er immer blasser wurde.

«Der Regenbogen geht weg», sagte er zu Rickey, der ein paar Meter hinter ihm lief und ein Auge auf seinen jüngeren Freund hatte.

«Is doch klar», sagte Rickey. Pharoah lief schneller. Er hoffte, es noch zu schaffen, bevor der Regenbogen ganz verschwunden war.

«La-la-laß uns uns beeilen», drängte Pharoah.

«Ich jag nicht mehr hinterher, Pharoah, der ist weg», sagte Rickey. Pharoah rannte weiter, zehn, zwanzig, dann dreißig Meter vor Rickey her; der lächelte kopfschüttelnd über Pharoahs Eifer, ließ seinen Schützling aber nicht aus den Augen. Der Regenbogen verschwand, seine Farben wurden immer verwaschener und verloren sich am Himmel. Pharoah reckte den Hals. Nichts mehr. Erschöpft und niedergeschlagen kehrte er langsam zu Rickey zurück.

«Mann, wir hätten doch sehen können, was da war. Wir hätten sehen können, was da war», beharrte er. Rickey war zu atemlos zum Streiten. Stumm trotteten sie die drei Blocks zur Würstchenbude an der Hauptstraße zurück.

Lafeyette stand immer noch auf dem Parkplatz und kaute seine Fritten; die Abendsonne wärmte ihm den Rücken. Auch er hatte gesehen, wie ihr Schatz verblaßte. «Seid drauf reingefallen», stichelte er. «Hab's euch ja gleich gesagt. Ist doch blöd, Regenbogen jagen.» Rickey lachte.

Der elfjährige Pharoah sagte nichts. Er konnte kaum glauben, wie nahe sie drangewesen waren. Ihm war klar, daß womöglich am Ende des Regenbogens gar nichts war, doch er wollte es lieber selbst herausfinden. Und wenn sie hingekommen wären und da das ganze Gold gefunden hätten? Da hätte Lafeyette aber geguckt. Wenigstens hätte er sich doch etwas wünschen können. Das hatte er sich beim Laufen überlegt. Mehrere Wochen später erst verriet er, welche Bitte er an den Himmel gehabt hätte.

«Ich wollte mir was wünschen», sagte er. «Hoffnung für unsere Familie, also daß Terence aus dem Gefängnis kommt und daß wir eine neue Wohnung kriegen und aus der Siedlung rauskommen.» Als er diesen dringenden Wunsch gestand, mußte er einen Moment im Reden innehalten, um seine Tränen hinunterzuschlucken. Es tat weh, sich vorzustellen, was hätte eintreten können.

Auch Lafeyette gab zu, er hätte gern gewußt, was sie am Fuß des Regenbogens hätten finden können. Er hatte die Jagd als Kinderei verulkt. Doch am Ende hatte Pharoah recht? Vielleicht war da wirklich etwas? Der vierzehnjährige Lafeyette, der ständig mit Enttäuschungen fertig werden mußte, hätte nur zu gern an etwas geglaubt. Auch er wollte träumen dürfen, etwas erstreben, sich etwas ausdenken. Wenn er doch noch einmal die Chance bekäme, einen Regenbogen zu jagen!

«Vielleicht», sagte er später, «sind da kleine Leute, bloß zwei, drei Zentimeter groß, ungefähr so», und hielt seine mageren Zeigefinger und Daumen auseinander. «Ich hätte gern richtige ganz kleine Menschen gefunden, die wären meine Freunde geworden und mit zu mir nach Hause gekommen. Und niemandem hätte ich was davon erzählt.»

29. SEPTEMBER 1989

EINUNDDREISSIG Vor der Drehtür des Jugendarrestzentrums ergriff LaJoe Lafeyettes Hand. Sie konnte die Angst in seinem verkrampften Gesicht sehen. Am Abend vorher hatte Lafeyette sie gefragt: «Mama, was meinst du, wie läuft das morgen?» – «Sie werden dich nach Hause schicken», hatte sie gesagt, auch wenn sie es nur halb glaubte. Als sie an diesem Morgen die magere Hand ihres Sohnes streichelte, versicherte sie ihm: «Alles wird in Ordnung kommen. Hörst du? Alles wird in Ordnung kommen.» Lafeyette blickte zur Seite.

Die beiden schoben sich langsam durch die Drehtür. Lafeyette, in grauer Cordhose und grauem T-Shirt, humpelte an Krücken. In der vorigen Woche war er im Treppenhaus eines Freundes gestürzt. An einer der Stufen hatte sich die Metallkante gelöst, und Lafeyette war darüber gestolpert, war eine ganze Treppenlänge hinuntergeflogen und hatte sich dabei einen Bänderriß zugezogen.

Im Wartesaal von Calendar 14 trafen LaJoe und Lafeyette auf die vier anderen angeklagten Jungen. Zwei wurden von ihren Müttern begleitet, einer von seinem Vater; der vierte stand neben seinem Onkel, der kaum älter als siebzehn schien.

Pharoah hatte gesagt, er wolle nicht mitkommen und habe außerdem Schule. Im August war er bereit gewesen, mit zu einem Verhandlungstermin zu kommen, doch damals war der Fall vertagt worden. Pharoah hatte während der ganzen Zeit dort kaum ein Wort gesagt. Er machte sich große Sorgen wegen seines Bruders. Bevor er heute morgen zur Schule ging, hatte er seiner Mutter erzählt, er habe gestern abend für Lafeyette gebetet. Er fürchtete, der Richter könne seinen Bruder ins Arrestzentrum stecken. Von den Drillingen zeigte nur Tammie Bereitschaft, mitzukommen: «Sein Bein tut ihm weh, und wenn sie ihn dabehalten, kümmern sie sich vielleicht nicht richtig um ihn», erklärte sie ihrer Mutter. LaJoe versicherte ihr, es würde schon alles gutgehen, und schickte sie mit den anderen zur Schule.

Im Wartesaal sprachen die fünf Jungen kaum ein Wort miteinander. Abgesehen von zweien, die Vettern waren, kannten sie einander wenig. Lafeyette war nur gelegentlich mit Curtis zusammengewesen, und auch das nur selten. Die Jungen wohnten alle im selben Viertel, gehörten aber zu verschiedenen Cliquen. Lafeyette saß auf der Holzbank neben Curtis. Die Vettern hockten auf einer anderen Bank. Der fünfte Junge, Derrick, von dem Lafeyette behauptete, er habe das Auto geknackt, saß allein.

Nach kurzer Wartezeit rief ihre Pflichtverteidigerin, Anne Rhodes, die fünf Jungen, die drei Mütter, den Vater und den Onkel in ein kleines Büro neben dem Gerichtssaal. Sie wollte ihnen das Vorgehen erklären. Anne Rhodes wirkte im ersten Moment nüchtern und unpersönlich, fast gleichgültig. Sie war eine hochgewachsene, fast 1,80 Meter große Frau und vergaß leicht, daß ihre Größe die Jugendlichen einschüchterte, die ihr meistens nur bis zur Schulter reichten. Sie sprach schnell und mit Nachdruck und verstand keinen Spaß. Und wegen ihrer gewaltigen Arbeitslast – über vierhundert laufende Verfahren gleichzeitig – blieb ihr wenig Zeit, ihren Klienten näherzukommen oder ihnen etwa Mut zuzusprechen. LaJoe fand sie unfreundlich. Lafeyette war sie so unsympathisch, daß er meinte, sie habe ein Vorurteil gegen Schwarze. Er hatte das Gefühl, sie habe schon im voraus für sich entschieden, daß sie alle schuldig seien.

Aber Anne Rhodes' Erscheinung und Auftreten täuschten. Im Gegensatz zu vielen, die an das Jugendgericht versetzt wurden und ihre Zeit dort als eine Art Fingerübung betrachteten, arbeitete die zweiunddreißigjährige Anne Rhodes ganz bewußt hier. Wohl suchte sie die Gerichtserfahrung, doch wichtiger noch war ihr das

Gefühl, etwas Nützliches zu tun. Was konnte wohl befriedigender sein, dachte sie, als Slum-Kindern in Not beizustehen? Sie war jetzt zwei Jahre hier, und es war eine schwierige, anstrengende Zeit gewesen. Sie hatte in der Abteilung für Kindesmißhandlung gearbeitet und gesehen, wie in fünfminütigen Verfahren Kinder ihren Eltern weggenommen wurden. Noch vor Ablauf des ersten Jahres wurde sie nach Calendar 14 versetzt, wo sie die Kinder verschiedener Sozialsiedlungen vertrat, auch die von Henry Horner. In der Hälfte der Fälle traten die Eltern der Kinder gar nicht in Erscheinung. Und kamen sie doch, verursachten sie oft genug selbst Probleme. Einmal hatte sie gesehen, wie eine betrunkene Mutter einem Hilfssheriff mit den Fingernägeln das Gesicht zerkratzte. Die Jugendlichen konnten unverfroren und nervtötend sein. In einem Fall hatte ein Teenager im Verhandlungssaal dem Bruder des Klägers Bandenzeichen zugeblinkt. Dies alles war schrecklich für sie: die übergroße Bürde an Fällen, das Fernbleiben der Eltern, die hastige, wenig sorgfältige Abwicklung der Fälle und schließlich der Mangel an Aufmerksamkeit gegenüber den Kindern. «Wir sollen ihnen eigentlich helfen und haben doch einfach keine Zeit dazu», klagte sie. «Es ist schaurig!» Und doch blieb sie da. Es gab Augenblicke – wie kürzlich, als ein fünfzehnjähriger Junge, der mit einer Spielzeugwaffe Leuten Geld abgepreßt hatte, in den Armen seiner Mutter in Tränen ausbrach –, in denen Anne daran erinnert wurde, daß dies ungeachtet ihrer Untaten doch alles noch Kinder waren.

Die Erwachsenen standen an den weißen Wänden des Büros aufgereiht, während die Jungen sich um den runden Tisch drängten. Wegen seiner Beinverletzung durfte Lafeyette auf einem der beiden Stühle im Raum Platz nehmen. Anne begann mit ihren üblichen Erläuterungen. «Es wird eine Verhandlung geben», erklärte sie den Jungen und den Erwachsenen. «Der Mann, der gegen euch klagt, wird eine Aussage machen. Dann kommt ihr dran. Sagt einfach wahrheitsgemäß, wie es war. Wenn ihr euch nicht erinnern könnt, habt keine Angst zu sagen, daß ihr euch nicht erinnert.»

Curtis, der größte und älteste der Angeklagten, meldete sich.

«Wenn ich es nicht getan hab, wieso muß ich dann mit denen hier zusammensitzen?» fragte er indigniert und wies mit dem Kopf auf seine Mitangeklagten.

«Halt den Mund», blaffte Anne ihn an. Gleich hatte sie ein schlechtes Gewissen wegen ihrer Unduldsamkeit. In der ewigen Eile, um alles zu schaffen, konnte sie kurz angebunden und schroff sein. Nie reichte die Zeit. Sie wußte, daß die Kinder selten das Gefühl hatten, die nötige Aufmerksamkeit zu erhalten. Aber was konnte sie denn tun, dachte sie, wenn sie bis zu fünfzehn Fälle täglich zu bearbeiten hatte? Und die Ironie in diesem Fall war, daß sie die meisten der fünf Jungen für unschuldig hielt.

Die Besprechung dauerte noch weitere zehn Minuten, in denen Anne den Ablauf der Verhandlung erklärte. Auf dem Weg nach draußen drehte Curtis sich zu Lafeyette um. «Ich hasse sie.» Lafeyette nickte zustimmend. Sie kehrten zu den Holzbänken im Wartesaal zurück.

Etwa eine halbe Stunde später kam Anne Rhodes wieder zu den Jungen und ihren Verwandten. Sie erklärte, der Mann, in dessen Auto eingebrochen worden war, sei bereit zu einem Vergleich. Wenn die Familie jedes Jungen bereit wäre, ihm 100 Dollar Wiedergutmachung zu zahlen, sagte sie zu ihnen, würde es keine Verhandlung geben. Statt dessen würden die Jungen unter Aufsicht eines Sozialarbeiters gestellt, was praktisch Bewährung ohne Schuldspruch bedeute. Die Jungen und die Erwachsenen hörten schon nicht mehr zu. Als sie die Summe von 100 Dollar hörten, begannen sie die Köpfe zu schütteln. Für LaJoe war das ein Fünftel ihres Monatsetats. «Wir gehen in die Verhandlung», sagte die eine Mutter. Die anderen stimmten zu. «Wo soll ich so viel Geld herkriegen?» war die rhetorische Frage der anderen Mutter. Die Jungen blieben stumm. Anne hatte diese Antwort erwartet. Das passierte dauernd: Das Opfer kommt zum Gericht und stellt sich vor, es könnte Entschädigung für seinen Verlust erhalten, aber die Familien können es sich nicht leisten. Sie lehnten fast alle Vergleiche ab, in denen es um Wiedergutmachung ging. Die Verhandlung sollte später am Vormittag stattfinden, und Anne mußte sich noch darauf vorbereiten. Sie hatte noch gar nicht mit den Jungen darüber gesprochen, was an jenem Tag eigentlich vorgefallen war. Sie hatte keine Zeit dafür gehabt. Im Idealfall, dachte sie, hätte jeder dieser Jungen seinen eigenen Verteidiger, und sie hätte sich schon vor Tagen auf den Termin vorbereiten können. Und wenn nun einer der Jungen gesehen hatte, wer es getan hatte, und bereit war, auszusagen? Sie konnte gar nichts tun. Die Mittel und Kapazitäten des Büros für Pflichtverteidiger reichten nur, den fünf Jungen einen einzigen Verteidiger zuzugestehen.

Lafeyette kauerte auf der Bank; seine Krücken lagen neben ihm. Er redete kein Wort. Er mochte Anne Rhodes nicht, ihre brüske Art war ihm zuwider. Lafeyette hatte seiner Mutter nochmals versichert, daß es Derrick war, der in den Lieferwagen eingebrochen war. Für sich hatte Lafeyette zwar beschlossen, ihn nicht zu verpfeifen, doch er fürchtete, der Richter könnte ihn mit Tricks dazu bringen, ihn zu verraten. Er wollte dem Richter nur sagen, daß er selbst es nicht getan hatte, daß er nicht in den Lieferwagen eingebrochen war.

Anne sagte, sie wolle etwas mit den fünf Jungen besprechen – ohne die Erwachsenen. Sie hatte fünf Minuten, um sich auf die Verhandlung vorzubereiten. Sie mußte ganz schnell ihre Version anhören. Sie fragte sie, was abgelaufen war. Sie mußte sich vorstellen können, wer aussagen sollte, wer sich am besten artikulieren konnte. Nach dem, was sie gehört und gesehen hatte, als sie sie zusammen sah, war ihr klar, daß sie nicht alle miteinander befreundet waren. Das machte es unwahrscheinlich, daß sie alle miteinander als organisierte Jugendbande den Wagen geknackt und ausgeraubt hatten. Hinzu kam, daß alle glaubwürdige Alibis zu haben schienen – ausgenommen Derrick, der zugab, daß er den Mann gefragt hatte, ob er auf sein Auto aufpassen solle. Die beiden Vettern sagten, sie seien auf dem Weg zum Stadion gewesen, wo sie anläßlich des abendlichen Spiels auf einem der Parkplätze Autos bewachen wollten. Curtis und Lafeyette erklärten, sie seien auf dem Rückweg von einem Laden an der Madison Street gewesen.

Selbst mit ausreichend Zeit waren Verhandlungsvorbereitungen mit Kindern schwierig, dachte Anne. Sie konnten sich selten daran erinnern, wo sie an einem bestimmten Tag gewesen waren. Ein Tag schien ihnen wie der andere. Und dann kannten sie die Himmelsrichtungen nicht, und wenn der Staatsanwalt sie fragte, in welche Richtung sie gelaufen seien, gerieten sie häufig in Verwirrung. Letzten Endes wollten Kinder immer den Erwartungen der Erwachsenen entsprechen, dachte sie, und taten deshalb alles, um das zu erreichen.

Während Anne sich Notizen in ihren Akten machte, erschien ihr die Unschuld zumindest der meisten Jungen immer glaubwürdiger. Sie glaubte, sie hätten eine gute Chance, von Julia Dempsey, der Richterin in Calendar 14, freigesprochen zu werden. Richterin Dempsey war mittleren Alters und früher Anwältin der Schulbehörde von Illinois gewesen: sie war für alle Fälle aus Horner zuständig. Sie war bekannt für ihr Mitgefühl mit Kindern und setzte sich persönlich dafür ein, daß Kinder einen guten Rechtsbeistand oder die nötige Aufmerksamkeit von ihrem Bewährungshelfer oder im Arrestzentrum bekamen. Die meisten Pflichtverteidiger mochten sie gern, weil sie fanden, daß sie faire Urteile fälle. Die Polizei fand sie zu weich. In einer Polizeistation hatte man ihr Bild an die Wand gehängt und mit Darts-Pfeilen gespickt. Anne wählte für die Aussage die drei Jungen aus, die sich am besten ausdrücken konnten. Lafeyette war nicht dabei. Er hatte während der kurzen Besprechung kaum ein Wort gesagt. Das tat er ohnehin selten.

Kurz nach Annes Unterredung mit den Jungen rief der Hilfssheriff den Fall auf. Die fünf Jungen und die Erwachsenen betraten den geräumigen Verhandlungssaal. Die hohe Decke und spärliche Möblierung ließen ihn noch imposanter erscheinen. Auf der linken Seite hing die amerikanische Fahne. Richterin Dempsey saß hinter einem erhöhten Schreibtisch. Der Pflichtverteidiger und der Vertreter der Anklage hatten je einen Metalltisch auf gegenüberliegenden Seiten rechts und links davon. An der vierten Seite standen zwei Reihen Holzbänke, auf denen die Erwachsenen Platz nahmen.

Die fünf Jungen stellten sich aufgeregt vor der Richterin auf. Lafeyette lehnte nachlässig auf seinen Krücken. «Lafie, Lafie», flüsterte LaJoe hörbar durch den Saal, «stell dich gerade hin!» Er stemmte seinen dünnen Körper an den Krücken hoch und stützte sich auf das eine Bein. Anne reichte einem der Jungen ein Stückchen Papier und deutete auf seinen Mund. Er spuckte ein Kaugummi darauf, wickelte es ein und versenkte es in der Hosentasche. Ein anderer konnte vor Spannung die Hände nicht stillhalten. Als die Richterin die Personalien jedes Kindes verlas, standen die Jungen gerade und legten fast automatisch die Hände auf den Rücken. Als trügen sie Handschellen, mußte LaJoe unwillkürlich denken. Ihr Magen krampfte sich vor Aufregung zusammen. Die Richterin befahl den Jungen, die rechte Hand zu heben, während ein Gerichtsbeamter sie fragte, ob sie schwörten, die Wahrheit zu sagen. «Ja», antworteten alle gleichzeitig.

Die Verhandlung dauerte etwa zwanzig Minuten. Michael Berger sagte aus, was passiert war und was er eingebüßt hatte. Er identifizierte Derrick als den Jungen, der ihn gefragt hatte, ob er seinen Truck bewachen könne.

«Er kam zum Fahrzeug», sagte Berger auf Befragen von Andrea Muchin, der Staatsanwältin. «Ich konnte nicht aussteigen. Er stand auf dem freien Platz, wo die Tür war, und fragte, ob er auf den Wagen aufpassen sollte, und ich sagte nein. Und er sagte zu mir, er fände es sehr blöd, wenn meinem Truck was passieren würde.»

Andrea sah hilfesuchend zu einem anderen Staatsanwalt hinüber. Es war ihre erste Verhandlung. Sie war nervös und unsicher, wie sie die Zeugen befragen sollte. Sie identifizierte sich mit dem Opfer, dessen Party-Service-Firma in dem Viertel ansässig war, in dem sie aufgewachsen war. Sie glaubte an seine Version der Sache. Doch war sie keineswegs überzeugt, daß alle fünf Jungen in den Lieferwagen eingebrochen waren. Sie dachte, wenn alles gut liefe, würde die Richterin nur Derrick schuldig sprechen. Ihr Partner beruhigte sie, daß sie die richtigen Fragen gestellt hatte.

Nach Berger sagten zwei Polizisten aus. Der erste, Bill Freeman, tat beim Boys Club Dienst und kannte die Kinder des Viertels gut.

«Was geschah, als Sie am Schauplatz eintrafen?» fragte Andrea.

«Ich beobachtete fünf schwarze männliche Teenager, die nach Norden rannten», antwortete Freeman.

«Sind das die fünf schwarzen Teenager, die Sie heute hier vor Gericht sehen?»

Freeman wandte sich um, zeigte auf die fünf Jungen und beschrieb für den Gerichtsstenographen, was sie an dem Tag angehabt hatten.

«Und was passierte, als Sie die minderjährigen Angeklagten weglaufen sahen?» fuhr Andrea fort.

«Ich befahl ihnen stehenzubleiben, und da begannen sie Sachen aus ihren Taschen wegzuwerfen.»

«Wenn Sie sagen, sie warfen Sachen weg, können Sie beschreiben, was für Sachen das waren?»

«Schraubenzieher, Zangen. Ich kann Ihnen nicht genau sagen, wer was wegwarf, aber sie warfen es weg.»

«Haben Sie etwas davon aufgehoben?»

«Ja.» Freeman sagte, er habe auch fünf Musikkassetten gefunden.

Der nächste Polizeibeamte, der aufgerufen wurde, war am Schauplatz erschienen, nachdem Freeman die fünf Jungen gestellt hatte. Er sagte aus, daß er einen Teil des Radios aus dem Lieferwagen bei Derrick fand und, was Freemans Aussage widersprach, daß er einen Schraubenzieher und eine Zange bei Curtis sichergestellt habe. Im Kreuzverhör versuchte Anne Rhodes nachzuweisen, daß der Beamte sich nicht erinnern konnte, ob Curtis lange Hosen oder Shorts trug. Bei einer späteren Aussage erklärte Curtis, er habe Shorts ohne Taschen getragen.

Anne rief Derrick, Curtis und einen der Vettern zur Aussage auf. Ihre Alibis, unterbrochen von Lücken und Pausen, wirkten vor Gericht nicht überzeugend. Als die Staatsanwältin Curtis fragte, von welchem Laden er denn gekommen sei, antwortete der, er kenne dessen Namen nicht.

«Was hast du in dem Laden denn gekauft?» fragte Andrea ihn.

«Das weiß ich auch nicht mehr. Wir waren einfach nur so hingegangen», antwortete Curtis.

«Du erinnerst dich also nicht daran, was du da gekauft hast?» schoß sie zurück.

«Nein», murmelte er.

Anne war klar, daß es ihnen immer schwerfiel, sich an solche Details zu erinnern. Seit dem Vorfall waren vier Monate vergangen. Welcher Junge wußte wohl noch, was er sich vor so langer Zeit an irgendeiner Bude zu essen gekauft hatte? Anne argumentierte, es sei ein «reiner Indizienbeweis», und bemühte sich auch, auf offensichtliche Widersprüche in den Aussagen der Polizisten hinzuweisen.

«Einer der Minderjährigen hat vor Gericht ausgesagt, er habe zwei Bänder gehabt», sagte Anne in ihrer Schlußbemerkung zur Richterin. «Der Beamte sagte aus, er habe drei Bänder bei ihm gefunden, und der andere Beamte will fünf gefunden haben. Auf der Inventarliste heißt es fünf Bänder, und keines davon wurde registriert.» Sie wies außerdem darauf hin, daß der angeblich bei Derrick gefundene Teil des Radios von der Polizei nicht in die Inventarliste aufgenommen worden sei.

«Außerdem, Euer Ehren», fuhr Anne fort, «gibt es keine Zeugenaussage von jemandem, der tatsächlich gesehen hat, wie diese Minderjährigen in den Lieferwagen eingebrochen sind. Es hat eine Unterhaltung zwischen einem der Minderjährigen und dem Kläger gegeben. Der Kläger hat nicht ausgesagt, daß er einen der anderen vier Jungen in der Nähe des Autos gesehen hat. Wir sind der Meinung, daß die Beweise, die heute vorgetragen wurden, in keiner Weise dazu angetan sind, begründete Zweifel auszuräumen. Wir beantragen deshalb Freispruch der Angeklagten.»

Richterin Dempsey allerdings war anderer Ansicht. Sie hatte viele Fälle wie diesen gesehen. Ständig wurden am Stadion geparkte Autos aufgebrochen. Die Jugendlichen stritten immer alles ab.

«Ich hege keinerlei Zweifel daran, daß diese Minderjährigen in das Auto eingebrochen sind und alle diese Sachen gestohlen haben», sagte sie zu den beiden Anwälten. Die Gesichter der fünf Jungen auf der vorderen Bank blieben ausdruckslos. Kein Lächeln, keine Fratze. Keine Wut, keine Tränen. Leere. Richterin Dempsey fuhr fort: «Und nur, weil einige dieser Dinge nicht gefunden wurden, begründet das noch keinen Zweifel an der Schuld dieser Minderjährigen ... In meinen Augen haben sich alle fünf Angeklagten einer Straftat schuldig gemacht, und ich werde ein entsprechendes Urteil fällen. Ist jemand von ihnen vorbestraft?»

«Nein», antwortete Andrea.

«Keine Vorstrafen? Dies ist das erste Mal?»

«Ja.»

«Wenn sie vorbestraft wären, würde ich sie zu Arrest verurteilen», sagte die Richterin. «Ich bin der Ansicht, sie stellen wirklich eine große Gefahr für die Öffentlichkeit dar... wenn sie da draußen geparkte Autos aufbrechen. Die Urteilsverkündung für alle fünf wird auf den 18. Oktober angesetzt.»

Anne Rhodes und Andrea Muchin waren beide überrascht über das Urteil. Anne glaubte wirklich, daß zumindest vier von ihnen unschuldig seien. Sie hatte getan, was in ihren Kräften stand – doch das, räumte sie ein, war wenig genug. Fünf Minuten Vorbereitungszeit für die Verhandlung. Ein Anwalt für alle fünf Jungen. «Wir haben hier [in diesen Kindern] unsere Zukunft vor Augen», sagte sie bei späterer Gelegenheit, «und wir versagen vor ihnen.» Die junge Anklagevertreterin, Andrea, hatte nicht geglaubt, daß sie ihren ersten Fall gleich gewinnen würde. Sie war überzeugt, die Richterin würde einen von ihnen verurteilen – aber nicht alle fünf. Im Laufe der Monate fühlte sie sich wie Anne beunruhigt und bedrückt durch das riesige Volumen an Fällen und den eklatanten Mangel an Vorbereitungszeit. Ihr und Anne kam es widersinnig vor, daß man den Angeklagten so wenig Aufmerksamkeit schenkte, obwohl sie doch alle Kinder waren, die es überaus nötig hatten.

Lafeyette dachte, die Richterin würde ihn einsperren lassen, und als sie es nicht tat, war seine erste Reaktion Erleichterung.

Man sah sie ihm allerdings nicht an: Er wirkte böse. Böse, daß Derrick seine Tat nicht gestanden hatte. Böse, daß er keine Gelegenheit erhalten hatte zu sagen, daß er nicht in den Lieferwagen eingebrochen war. Böse, daß die Richterin sagte, er habe etwas getan, das er eisern zurückwies. Böse, daß nicht einmal seine Verteidigerin ihm zu glauben schien. Die fünf Jungen verließen den Saal, ohne ein Wort zu wechseln. Trotz seiner Krücken war Lafeyette der erste an der Tür. Er wartete nicht, er humpelte drei Meter vor seiner Mutter her, bis sie durch die Drehtür und draußen vor dem Gebäude waren. Dort blieb er stehen, bis LaJoe neben ihm war, und murmelte leise etwas Unverständliches.

«Was hast du gesagt?» fragte sie.

«Mama, jetzt bin ich ein Angeklagter, oder?» wiederholte er.

«Du bist kein Angeklagter, du bist jetzt vorbestraft», erklärte sie ihm.

«Wegen was?»

«Wegen Einbruch in einen Lieferwagen.»

«Aber ich hab's doch nicht getan», beharrte er.

«Sie haben alle für schuldig erklärt.»

«Kannst du denn gar nichts tun?» flehte er.

«Nein.»

Lafeyette stürmte auf seinen Krücken voran.

Zu Hause verschwand Lafeyette sofort in seinem Zimmer. Seit der kurzen Unterhaltung vor dem Gericht hatte er kein Wort mehr gesprochen. Eine Stunde später kam Pharoah mit seiner schweren Büchertasche über der Schulter aus der Schule.

«Wo ist Lafie?» fragte er seine Mutter unruhig.

«Er ist hinten», sagte LaJoe.

Pharoah lief nach hinten in ihr Schlafzimmer. LaJoe konnte sehen, wie erleichtert er war, daß man seinen Bruder nicht hinter Gitter gebracht hatte. Die beiden Brüder kümmerten sich umeinander, und zur Zeit machte sich vor allem Pharoah Gedanken wegen Lafeyette.

Während LaJoe auf dem Sofa saß und einem der Mädchen die

Zöpfe flocht, hörte sie aus dem Hintergrund der Wohnung Geschrei: Lafeyette und Pharoah stritten sich um ein Hemd. Lafeyette hatte Tyisha Pharoahs Bulls-T-Shirt geliehen, ohne ihn zu fragen.

«Hol's sofort zurück!» kreischte Pharoah.

«Ich hol überhaupt nichts zurück», pöbelte Lafeyette.

«Ja, machst du doch!»

«Nein, mach ich nicht!»

Lächelnd ging LaJoe nach hinten, um das Gezanke zu beenden. Wenigstens habe ich sie noch beide, dachte sie. Wenigstens gehören sie mir noch. Sie hatte nie gedacht, daß es so tröstlich sein könnte, ihre Söhne streiten zu hören.

EPILOG

Es ist jetzt fast ein Jahr her, daß Lafeyette wegen Einbruchs in einen Lieferwagen verurteilt wurde. Er erhielt ein Jahr auf Bewährung und mußte hundert Stunden gemeinnützige Arbeit im Boys Club ableisten. Nach der Schule kümmerte er sich um die Kleinen. Er übte mit ihnen einen Ball fangen und spielte mit ihnen. Er sagte, er bemühe sich, nicht zu grob zu den Kleineren zu sein, und wenn sie Schimpfwörter benutzten, befahl er ihnen aufzuhören, statt sie aus dem Club zu werfen, wie er es eigentlich hätte tun müssen. Lafeyette war gern der große Bruder für Jüngere. Doch seine Probleme endeten nicht mit der Bewährungsfrist.

Ich sorgte mit dafür, daß beide Jungen auf eine Privatschule einige Kilometer westlich von Horner kamen. Providence-St. Mel war bis 1978 eine kirchliche Privatschule; damals drohte die Erzdiözese der Stadt mit der Schließung. Der Rektor der Schule, Paul Adams, betrieb sie dann als Privatschule weiter. Alle fünfhundert Schüler dort sind schwarz; drei Viertel von ihnen kommen aus den Schwarzenvierteln der Umgebung. Bei Paul Adams gelten strenge Prinzipien: keine Banden, keine Drogen, kein zu häufiges Fehlen oder zu viele Verspätungen. Bei Abschluß mit Auszeichnung winkt den Kindern eine Geldprämie. Über neunzig Prozent jeder Abschlußklasse gehen weiter aufs College. Das Auftreiben von Finanzmitteln jedoch ist ein ständiger Kampf. Die Hälfte des Jahresbudgets der Schule in Höhe von zwei Millionen Dollar stammt aus nichtöffentlichen Quellen, meist von Privatpersonen, von Stiftungen und Vereinen.

Pharoah blüht dort auf. Er liebt die Herausforderung und die zwei Stunden Hausarbeit täglich. Doch es war nicht alles ganz einfach für ihn. Seinen Rückstand in Lesen und Mathematik hat er noch nicht ganz aufgeholt. Sein bestes Fach ist, wen sollte es wundern, Rechtschreibung; da bekommt er meistens Einsen. Manchmal wirkten sich auch seine Verträumtheit und Vergeßlichkeit hinderlich in der Schule aus. Dann vergaß er zum Beispiel einfach manche Aufgaben. Jetzt schreibt er alles Wichtige in ein kleines Notizheft, das er sein «Memo» nennt. Er hatte morgens auch Probleme mit der Pünktlichkeit. Seine Lehrer empfahlen, er solle die sechste Klasse wiederholen, um sich zu stabilisieren, doch Pharoah bestand darauf, in die siebte zu kommen. Die Schule ließ sich auf die Versetzung ein unter der Bedingung, er dürfe im ersten Monat des neuen Schuljahrs nicht mehr so oft zu spät kommen, müsse seine Aufgaben machen und gute Noten vorweisen. Sollte er diese Abmachung nicht einhalten, würde man ihn zurückversetzen. Pharoah unterschrieb bereitwillig. Außerdem erhielt er durch die Schule einen kostenlosen Platz in einem sechswöchigen Sommerlager in Indiana.

Für Lafeyette war Providence-St. Mel eher ein Kampf. Er konnte nicht mit dem Unterricht Schritt halten und ging zwei Monate vor Ende des Schuljahrs an die staatliche Schule zurück. Doch dieses Jahr war alles andere als vergeudete Zeit. Lafeyette entdeckte, was ernsthaftes Lernen bedeutet. Manchmal ging er sonntags fünf oder sechs Stunden zur Schule, um seine Aufgaben nachzuholen. Und trotz seiner schlechten Noten lernte er viel. Er sprach mit großer Begeisterung über die Azteken und über Madeleine L'Engles Buch *A Wrinkle in Time.* Er lernte auch, um Hilfe zu bitten, was ihm ganz und gar nicht leichtfällt.

Doch nach nur zwei Monaten in der staatlichen Schule kämpfte Lafeyette erneut mit den Verlockungen der *neighborhood.* Eines Morgens vor der Schule wurde er erwischt, wie er mit erheblich älteren Jungen zusammen Marihuana rauchte. Gelegentlich schwänzte er auch. Als schließlich seine Mutter von der Schule einbestellt wurde, gab er zu, Fehler gemacht zu haben, und versprach ihr, er würde sich bessern. LaJoe weiß, daß sie in einer Nachbarschaft leben, die Heranwachsenden nicht viel Raum für Ausrutscher läßt, drum hat sie seither ein scharfes Auge auf ihren Sohn.

Am 19. Juni 1989 beendete Lafeyette kurz nach seinem fünfzehnten Geburtstag die achte Klasse. Das war einer der seltenen Augenblicke, in denen er wirklich glücklich und ausgeglichen schien. Er lachte und strahlte und umarmte seine Mutter und Freunde mit solcher Herzlichkeit und Lebhaftigkeit, daß jeder um ihn herum von Stolz und Hoffnung für ihn erfüllt war. Dies war ein kleiner, aber bedeutender Sieg für Lafeyette.

Er hat vor, nächstes Jahr auf eine kirchliche Privatschule zu gehen, die nicht ganz so hohe Ansprüche stellt wie Providence-St. Mel und Kinder mit Lernproblemen besonders fördert.

Jetzt ist es schon über ein Jahr her, daß Craig Davis von einem Beamten des Amtes für Alkohol, Tabak und Schußwaffen erschossen wurde, und noch immer will Lafeyette nicht über seinen Freund sprechen. Das ATF und die Polizei haben immer noch nichts verlauten lassen und sich geweigert, sich zu dem Fall zu äußern. Ein Polizeibeamter äußerte zwar, er könne nichts über den Fall sagen, wies aber das Argument zurück, Craig sei gar kein Bandenmitglied gewesen, obwohl so vieles gegen seine Mitgliedschaft spricht. «Auch Al Capone hatte kein Vorstrafenregister», war sein Kommentar in unserem kurzen Telefongespräch.

Craigs Mutter Christine will das ATF verklagen. Zweimal jährlich besucht sie das Grab ihres Sohnes auf dem Restvale-Friedhof und legt einen Rosenkranz und eine kleine amerikanische Flagge darauf nieder. Die Stelle ist unmarkiert, man kann sie unter Sektion A 3, Parzelle 7, Grab 140 finden. Christine konnte sich bis jetzt keinen Grabstein leisten.

Rickey fing an, für eine der Banden des Viertels als Drogenverteiler zu arbeiten, behauptet aber, er habe inzwischen wieder aufgehört. Die Four Corner Hustlers haben sich langsam zu einer mit Rauschgift handelnden Gang entwickelt und rivalisieren mit den Conservative Vice Lords und den Disciples. Ein junger Mann Anfang zwanzig, frisch aus dem Gefängnis entlassen, wurde ihr Anführer. Rickey und seine Freunde gehören weiterhin dazu.

Im Februar dieses Jahres erwischte die Polizei Rickey mit einem langen Schlachtermesser. Da er wegen eines Autoaufbruchs auf Bewährung war, steckte man ihn für sechs Wochen wieder ins Jugendarrestzentrum. Er ist schon bei verschiedenen Gerichtspsychiatern gewesen; sie haben seiner Mutter übereinstimmend erklärt, Rickey habe eine Wut auf die Welt und das Gefühl, sie schulde ihm etwas. Seine Mutter kontrolliert alle paar Tage sein Zimmer, um sich zu vergewissern, daß er dort keine Waffen versteckt. Rickey geht nur selten zur Schule und treibt sich oft nächtelang herum. «Ich habe das Gefühl, wenn er nicht bald hier rauskommt, wird ihm etwas passieren – oder er wird jemandem etwas antun», sagt seine Mutter.

Lafeyette ist draußen nicht mehr mit Rickey zusammen, obwohl die beiden sich ständig über den Weg laufen. Lafeyette mag seinen Freund immer noch und macht sich seinetwegen Sorgen. Rickey ist im Dezember 1989 vierzehn geworden.

Wenn es in Horner eine Konstante gibt, dann ist es die Gewalt. Gwen Anderson, die Verwalterin der CHA in Horner, wurde auf einen weniger aufreibenden Posten versetzt. Im Zeitraum von zwei Wochen wurden im Frühling sechs Personen angeschossen, darunter ein Kriminalbeamter in Zivil, der auf dem Rückweg von einem Hockeyspiel im Stadion war. Er wurde beraubt und mit seinem eigenen Revolver verwundet. Glücklicherweise streifte die Kugel seinen Kopf nur. Auch der Inhaber des Schnellrestaurants an der Hauptstraße, wo die Jungen damals ihren ersten Regenbogen sahen, wurde angeschossen. Pharoah und Lafeyette waren beide auf dem Weg dorthin, um ihrer Mutter ein Sandwich zu kaufen, als er gerade auf einer Trage herausgebracht wurde. Sie dachten, er sei tot. Am nächsten Morgen kam ich zufällig zu den Rivers in die Wohnung, um mit LaJoe etwas zu besprechen. Pharoah war schon überfällig mit der Zeit. Er behauptete, er finde keine sauberen Socken – und plötzlich fing er an zu weinen. Er erzählte mir, sein Freund vom Restaurant sei erschossen worden, und erinnerte sich daran, wie Porkchop und er immer hingegangen waren, um sich Pommes frites oder einen Hamburger zu holen, und wie der

Mann mit ihnen herumgejuxt hatte. «Was, einen Hamburger wollt ihr?» fragte er immer. «Macht siebenunddreißig Dollar. Habt ihr gehört? Siebenunddreißig Dollar!» Immer hätten Porkchop und er so über seine Späße gelacht. Ein paar Tage darauf erfuhr Pharoah zu seiner größten Erleichterung, sein Freund habe überlebt.

Einige Wochen danach sah Lafeyette, wie ein Freund aus einem Haus stürzte, sich die Hände auf den Magen preßte und schrie: «Ich bin getroffen! Ich bin getroffen!» Lafeyette dachte, er machte Quatsch, bis der Freund seine Hand von der Stelle wegnahm; da zeichnete sich ein runder Blutfleck ab. Lafeyette rannte zum nächsten kleinen Laden und rief einen Krankenwagen. Keine dieser Schießereien war der Presse eine Erwähnung wert.

Lafeyette und Pharoah möchten beide in ein ungefährlicheres und ruhigeres Viertel ziehen. Lafeyette spricht gelegentlich davon. Pharoah auch – eines Tages saß er auf seinem Bett und weinte, weil er Angst hatte, er käme vielleicht nie aus Horner weg.

Im Frühling, kurz nach der Serie von Schießereien, versuchte LaJoe umzuziehen – und zwei Monate lang schien es, als habe sie einen Weg gefunden. Durch Freunde nahm sie Kontakt zu einem Mann namens Robert Curry auf, der ihr weismachte, für 80 Dollar könne er ihren Namen ganz oben auf die Warteliste für eine staatlich subventionierte Wohnung setzen. Sie gab ihm das Geld und traf sich acht Wochen lang regelmäßig mit ihm in einem nahen McDonald's-Restaurant. Lafeyette und Pharoah erzählten allen ihren Freunden davon. Lafeyette begann schon seine Sachen zu packen. Zwei Wochen lang putzte LaJoe in Erwartung der Wohnungsinspektion durch die Hausverwaltung wie besessen. Curry nahm sie einen Samstag in den Norden Chicagos mit, um dort Wohnungen anzusehen, und gab ihr die Adresse eines Hauses, dessen Wohnungen vielleicht groß genug für ihre Bedürfnisse wären. Sie hatte vor, Lafeyette, Pharoah, die Drillinge und möglicherweise auch LaShawns drei Kinder mitzunehmen. Doch es sollte nicht sein. Als die Versprechen sich häuften und die Zeit verfloß, schöpfte LaJoe Verdacht. Schließlich ging sie hin, um die Adresse des Hauses zu überprüfen, wo man ihr eine Wohnung versprochen hatte. Es existierte gar nicht. Am selben Tag wurde Curry wegen Trickbetrugs festgenommen; angeblich hatte er einigen Bewohnern in einer anderen Siedlung falsche Versprechungen verkauft. Das war schon der zweite Wohnungsbetrug, der in diesem Jahr aufgedeckt wurde. Pharoah fragte, wie jemand so etwas tun könne. LaJoe wußte keine Antwort. Einen Augenblick nur hatte sie ihr Mißtrauen zurückgedrängt – und nun fühlte sie sich gedemütigt und deprimiert. Schon wieder eine Enttäuschung. Sie war entschlossen, bei Currys Verfahren als Zeugin auszusagen.

Einiges ist auch besser geworden. Angestellte der Chicagoer Wohnungsbaubehörde in Mondanzügen und Gasmasken haben die Kellergeschosse in Horner gesäubert und die Tierkadaver und rostigen Küchengeräte weggeschafft. Die CHA hat auch die lecken Dächer in Horner abgedichtet und die fehlenden Heizschlangen ersetzt. In der Wohnung von Familie Rivers wurde der Wasserhahn an der Badewanne repariert, so daß nicht mehr Tag und Nacht das heiße Wasser rauscht. Außerdem bekam LaJoe einen neuen Herd und Farbe, mit der sie und Lafeyette die Küche und zwei Schlafzimmer frisch gestrichen haben.

Vincent Lane, der Direktor der CHA, hat alle acht Gebäude von Rockwell Gardens durchgekämmt und wieder in Besitz genommen. Jetzt wird jedes Hochhaus rund um die Uhr von Wachpersonal gesichert. Lane ließ neunhundert Schlafzimmertüren einbauen bei Leuten, die lange ohne auskommen mußten. Der Komplex erhielt neue Geräte für den Spielplatz, und im Frühling leuchtet die Siedlung in hellen Farben: rosa und rote Begonien, lila und weiße Spinnenpflanzen und siebenhundert weiße und rosa Rosenbüsche. CHA-Angestellte dort tragen Buttons mit der Aufschrift: «ICH BIN TEIL DER LÖSUNG».

Bei einem seiner häufigen Besuche in Rockwell begegnete Lane einer älteren Mieterin, die vor ihrer Erdgeschoßwohnung stand. Sie ergriff mit beiden Händen Lanes Hand und drückte sie kräftig.

«Ich freue mich sehr darüber, was Sie hier machen», sagte sie und sah ihm dabei in die Augen. «Ich bin so glücklich.» Sie strahlte übers ganze Gesicht. Lane erwiderte, er hoffe, den Komplex noch etwas weiter zu verschönern und dem Schießen und Rauschgifthandel ein Ende zu setzen. Die «Aufräumaktionen» zeigten schon eine gewisse Wirkung. Gewaltverbrechen waren zwar noch keineswegs verschwunden, gingen aber zurück. Die Gangs hatten einen Teil ihrer Handelsaktivitäten in andere Gegenden verlegt. Lane wollte schon gehen, als die Frau ihm noch immer lächelnd nachrief: «Heute nacht habe ich zum erstenmal seit sieben Jahren mein Schlafzimmerfenster aufgemacht und frische Luft reingelassen. Ich hab gut geschlafen heut nacht!» Lane wandte sich um und lächelte. «Ich bin so glücklich», wiederholte sie. «Wenn ich Ihnen irgendwie helfen kann, bin ich dabei.»

Lane würde nach wie vor gern Henry Horner und alle Häuser der anderen neunzehn Sozialkomplexe «aufräumen», aber von der Abteilung für Wohnungsbau und Stadtentwicklung kam bisher kein Geld.

Chicago Commons hat sein Jugend-Förderprogramm ausgeweitet; einer der ersten Teilnehmer war Lafeyette. Das Gesundheitsministerium stellt Mittel in Höhe von 750 000 Dollar zur Verfügung, was Chicago Commons die Möglichkeit gibt, für Kinder bis zu siebzehn Jahren in Horner und den benachbarten Sozialsiedlungen ein großangelegtes Programm gegen Drogen und Bandenwesen auf die Beine zu stellen. Der Verband hat auch sein Bildungsprogramm erweitert und ist dabei, eine Bibliothek für die Kinder dieses Viertels einzurichten. Nur ein paar Blocks von Horner entfernt soll im geschlossenen Mary-Thompson-Krankenhaus ein Rehabilitationszentrum für drogenabhängige junge Mütter eröffnet werden. Und das Jugendgericht bekommt die doppelte Anzahl von Verhandlungssälen, um der Unzahl von Fällen Herr zu werden.

Dawn und Demetrius haben endlich eine Wohnung in einem anderen Siedlungskomplex, den ABLA Homes, gefunden, wo Craig gewohnt hatte. Sie leben jetzt auf der dreizehnten Etage eines fünfzehnstöckigen Hochhauses. Ihre Wohnung ist spärlich möbliert, doch sie tun alles, was in ihren Kräften steht, um über die Runden zu kommen. Dawn wurde wieder schwanger und wollte abtreiben, es war aber zu teuer. Jetzt hat sie fünf Kinder. Ihr Jüngster heißt Demone. Sie hat zwar keine Dauerstellung gefunden, ist aber während ihrer Schwangerschaft sechs Wochen lang für Erhebungen des Statistischen Bundesamts von Tür zu Tür gegangen. Demetrius versorgt weiterhin die Kinder und verdient sich manchmal etwas mit Autoreparieren. Sie kommen selten nach Horner.

Terence hofft, 1991 aus dem Gefängnis entlassen zu werden. Er hat einen dem High-School-Diplom entsprechenden Abschluß gemacht und schreibt seiner Familie nach wie vor regelmäßig. LaShawn, Brian und ihre drei Kinder wohnen bei LaJoe. Paul, der älteste Bruder der Jungen, ist mit seiner Freundin aus der Wohnung ausgezogen. Sie haben anderswo in Horner eine eigene Wohnung gefunden. Paul, der Vater der Jungen, fand einen Teilzeitjob bei einer Umzugsfirma. Nach den ersten Arbeitstagen konnte er LaJoe Geld geben, um Tammie und Tiffany zum Unabhängigkeitstag am 4. Juli Sandalen zu kaufen.

ANMERKUNGEN ZUR ARBEITSWEISE

Für dieses Buch habe ich viel Zeit mit Pharoah und Lafeyette verbracht, manchmal bis zu vier, fünf Tage in der Woche. Wir haben zusammen ferngesehen, Basketball gespielt oder in ihrem Zimmer gesessen und uns unterhalten. Wir sind in Restaurants in der Nähe zum Essen gegangen, und ich habe dort Interviews gemacht und zum Teil auf Kassette aufgenommen. LaJoe war für mich wie ein zweites Paar Augen und Ohren. Sie berichtete mir über Ereignisse, an denen ihre Kinder beteiligt waren und über die ich mich dann zu einem späteren Zeitpunkt mit ihnen unterhielt. Drei Jahre lang haben LaJoe und ich uns regelmäßig getroffen.

Außer der Zeit, die ich mit Lafeyette, Pharoah und ihrer Familie verbrachte, habe ich über hundert andere Personen interviewt, darunter die Freunde und Nachbarn der Jungen, Polizisten, Lehrer, Richter, Anwälte, Beamte der Wohnungsbaubehörde von Chicago und Lokalpolitiker. Fast alle zeigten sich sehr kooperationsbereit, es gab allerdings auch einige Leute, die ein Interview ablehnten.

Von den zahlreichen Szenen im Buch habe ich etwa die Hälfte selbst miterlebt. In der Regel machte ich mir sofort Notizen und ging häufig später noch einmal hin, um die Beteiligten über den Vorfall zu befragen. Andere Ereignisse rekonstruierte ich aus Interviews mit Personen, die dabeigewesen waren. Wo möglich, sprach ich mit mindestens zwei Beteiligten, besonders wenn einer davon ein Kind war. Wo nur Kinder beteiligt waren, zum Beispiel an dem Nachmittag auf den Bahngleisen, suchte ich mit einem oder mehreren Jungen den Ort des Geschehens noch einmal auf, um mir mit ihrer Hilfe vorstellen zu können, was dort abgelaufen war. Wo Dialoge rekonstruiert wurden, basieren sie auf der Erinnerung mindestens zweier, oft dreier Beteiligter.

Da es in diesem Buch um Kinder geht, habe ich mich besonders bemüht, Gedanken und Episoden mehrmals zu überprüfen – nicht nur, um wirklich zuverlässig zu berichten, sondern um sicherzugehen, daß dem Kind auch wohl dabei war, daß ich das Material in das Buch aufnahm. Manchmal baten mich Lafeyette und Pharoah, von irgendeinem Vorfall in ihrem Leben nichts zu erzählen. In solchen Fällen habe ich mich immer nach den Jungen gerichtet. Ich hatte das Gefühl, daß keines dieser Details den Charakter des Buches wesentlich verändert hätte. Solche Bitten hatten meist mit ganz persönlichen Angelegenheiten der Jungen zu tun, Dingen, die ihnen unangenehm waren. Oft wollten sie damit Freunde nicht in Schwierigkeiten bringen. Bei den Erwachsenen habe ich manches bewußt weggelassen; der Grund war fast immer, daß ich den Betroffenen ein Mindestmaß an Intimsphäre zugestehen wollte.

Die Darstellung von Craig Davis' Unfalltod durch die Polizeikugel basiert auf getrennten Untersuchungen durch die Chicagoer Polizeibehörde und das Amt für Alkohol, Tabak und Schußwaffen (ATF). Ich erhielt die beiden Berichte sowie das Protokoll über Craigs Festnahme aufgrund des Gesetzes über Informationsfreiheit. Sowohl die Polizeibehörde als auch das ATF weigerten sich, über den Fall zu diskutieren. Ich schrieb an die beiden beteiligten Polizisten und rief sie auch an. Keiner antwortete auf meine Anfragen; nur einmal rief Richard Marianos vom ATF zurück, hängte aber sofort ein, als er begriff, worum es ging. Ich unterhielt mich mit Craigs Freunden, auch mit denen, die in der Todesnacht mit ihm zusammengewesen waren, und mit Angehörigen, Lehrern und seinem Arbeitgeber. Mit Erlaubnis der Familie stellte das Gerichtsmedizinische Institut mir eine Kopie des Obduktionsberichts zur Verfügung.

Für das Kapitel über Jimmie Lee interviewte ich zahlreiche Polizisten, Anwohner von Henry Horner (die alle um Anonymität baten, sobald die Rede auf die Banden kam), ehemalige Bandenmitglieder, Beamte der Wohnungsbaubehörde von Chicago und der Staatsanwaltschaft von Cook County. Ich grub mich auch durch umfangreiche Gerichtsakten über Lee und Mitglieder seiner Gang. Einige Unterlagen datierten bereits von 1969. Auf Anraten seines Anwalts lehnte Jimmie Lee Interviews für das Buch ab. Während ich daran arbeitete, war sein Anwalt in Berufung gegangen mit dem Argument, die Verteidigung habe ungenügende Unterstützung erhalten. Von Familie Rivers habe ich keinerlei Informationen über die Banden erhalten.

Über den historischen Hintergrund von Henry Horner, das soziale Umfeld und die Chicagoer Wohnungsbaubehörde informierte ich mich in verschiedenen Büchern, Artikeln und Berichten. Die Titel wurden in die Auswahlbibliographie aufgenommen. Die Wohnungsbaubehörde gestattete mir Einblick in ihre gesamten historischen Akten.

Eine letzte Bemerkung. Wie ich im Vorwort bereits erwähnte, habe ich mich im Laufe der Recherchen und der Arbeit an diesem Buch mit Lafeyette, Pharoah und ihrer Familie sehr angefreundet. Die Familie willigte ein, vorbehaltlos an dem Buch mitzuarbeiten, und zwar ohne jegliche Zusage von Entgelt. Gelegentlich habe ich die Familie allerdings finanziell unterstützt, besonders die Kinder in kleineren Dingen. Zum Beispiel habe ich Lafeyette und Pharoah neue Jeans oder Turnschuhe gekauft, als sie welche brauchten und ihre Mutter kein Geld dafür hatte. Es gab allerdings eine Ausnahme: Als Terence das erste Mal festgenommen wurde, benutzte ich 2000 Dollar Preisgeld für den Robert F. Kennedy Journalism Award (für den Bericht über Lafeyette im *Wall Street Journal*), um ihn auf Kaution herauszuholen.

Mit den Einkünften aus diesem Buch beabsichtige ich ein Treuhandvermögen für Lafeyette, Pharoah und einige ihrer Freunde einzurichten. Nach dem High-School-Abschluß werden sie über das Geld verfügen können. Und wie im Epilog bereits erwähnt, habe ich Einnahmen aus dem Buch dazu verwandt, beide Jungen auf eine Privatschule zu schicken. Ich weiß, manche Leute werden sagen, ich hätte mich zu sehr mit der Familie identifiziert, ich hätte meine Verpflichtung gebrochen, als Journalist distanziert und objektiv zu bleiben. Doch letzten Endes durfte ich nie vergessen, daß ich es mit Kindern zu tun hatte. Für sie – und für mich – stand unsere Freundschaft im Vordergrund. Alles, was ich zu ihrer Unterstützung tun konnte, habe ich getan – und werde es auch weiterhin tun.

DANKSAGUNG

Viele haben zu diesem Buch beigetragen, doch möglich wurde es allein durch die Mitarbeit LaJoes und ihrer Familie. Sie haben mir ihre Herzen und ihr Zuhause geöffnet. Immer bereit, sich Zeit für Interviews zu nehmen, selbst in den schwierigsten Zeiten, waren sie im Gespräch mit mir von zuverlässiger Offenheit und Aufrichtigkeit. Nie wurde ihnen meine zuweilen überhandnehmende Gegenwart in ihrer Wohnung zuviel. Ihr Entschluß, mich und damit alle Leser in ihr Leben hereinzulassen, war eine mutige Entscheidung – getroffen in der Hoffnung, sie möge für ihre Kinder wie für die nachfolgenden Generationen etwas bewirken.

Ich kann nicht alle Bewohner Horners namentlich aufführen, die mich durch die Nachbarschaft und ihre Geschichte führten und mir dabei wie die Rivers ihre Herzen und Wohnungen öffneten. Auch andere haben mir großzügig ihre Zeit gewidmet, zum Beispiel James (Major) Adams vom Boys Club von Henry Horner, Audrey Natcone vom Büro für Pflichtverteidiger, Diane Barone von der Suder-Schule, Patricia Johnson vom «West Side Future»-Projekt des YMCA und Excie Seifer und Frank Seever von Chicago Commons. Lieutenant William Guswiler und die anderen Polizeibeamten der taktischen Einheit für den 13. Distrikt trafen periodisch mit mir zusammen und berichteten über das Viertel aus ihrer Sicht – ebenso die Beamten der Westside-Abteilung für Bandenverbrechen.

Vincent Lane, der Direktor der Chicagoer Wohnungsbaubehörde CHA, hat sich ein Jahr lang regelmäßig mit mir unterhalten und auch seine Mitarbeiter dazu aufgefordert. Mein besonderer

Dank gilt Katie Kelly, Gwen Anderson, Lillian Russell, Velma Butler, Chris Maerz, Carol Adams, James Kirby, Doug Guthrie und Greg Burns; sie alle sind oder waren Mitarbeiter der CHA.

Zwei Menschen verdienen besondere Erwähnung, zumal ich zu meinem Bedauern im Buch keinen Platz für sie fand. Mildred Wortham und Brenda Stephenson wohnen beide in Rockwell Gardens und sind Mitarbeiterinnen des «West Side Future»-Projekts; sie eröffneten mir die Westside. Diese beiden unermüdlichen Frauen nahmen mich zu Parties und politischen Veranstaltungen mit und trafen sich regelmäßig mit mir zum Lunch, wo sie mir immer wieder Beispiele für die Unverwüstlichkeit und Verletzbarkeit der Kinder des Viertels – einschließlich ihrer eigenen – erzählten. Diesen beiden treuen Begleiterinnen verdanke ich beständige Anregungen.

Ich hatte das Glück, in Nan A. Talese einen Verleger zu finden, der genauso war, wie ein Autor es sich erträumt: geduldig, kritisch und klug. Mein Agent, David Black, drängte mich, dieses Buch zu schreiben, und obwohl ich anfangs Widerstand leistete, bin ich dankbar für seine Beharrlichkeit.

Frances Apts unerbittliche, aber sensible Redaktionsarbeit machte den Text lesbarer. Kathy Trager vom Verlag Doubleday und David Sanders von Jenner & Block berieten mich juristisch und halfen mir immer wieder, Einsichtnahme in Unterlagen aufgrund des Gesetzes über Informationsfreiheit zu erlangen. Betsy Rice und Dale Eastman recherchierten die Geschichte der Henry-Horner-Siedlung, der Chicagoer Wohnungsbaubehörde und der staatlichen Schulen. Beide verbrachten Tage, manchmal Wochen damit, obskuren Berichten und Studien nachzujagen. *The Chicago Sun-Times* gewährte mir liebenswürdigerweise Zutritt zu ihrem Zeitungsarchiv. Kathy Nerat tippte über fünfzig Stunden Tonbandinterviews ab, und zwar äußerst akkurat. Der Fotograf Stephen Shames war es, der mich 1985 mit der Familie Rivers bekannt machte. Die Mitarbeiter des Erikson-Instituts gewährten mir Einblick in ihre Forschungsergebnisse über Kinder, die Gewalt ausgesetzt sind. Und meinen Freunden bei der Ragdale Foundation verdanke ich einen ruhigen Arbeitsplatz und die Zeit, ohne Ablenkung zu schreiben.

Norman Pearlstine, der geschäftsführende Herausgeber des *Wall Street Journal,* beurlaubte mich von der Zeitung und hat mich bei meinen Reportagen über die *inner city* zuverlässig unterstützt. John Koten, Chef des Chicagoer Büros des *Wall Street Journal,* hat sich während des gesamten Projekts als guter Freund erwiesen. Sein verlegerisches Fingerspitzengefühl half mir beim Durchgestalten früher Manuskriptentwürfe zu einer Story mit einem Anfang, einer Mitte und einem Ende.

Dank schulde ich auch Nancy Drew, Kevin Horan, John Houston und Beverly Donofrio für ihre Vorschläge und kritischen Anmerkungen in verschiedenen Stadien des Manuskripts. Besonders Nancy half mir beim stilistischen Feilen. Auch John Conroy, Andrew Patner, Frank James, David Halberstam, Sue Shellenbarger, Robert Johnson, Michael Yales, Jonathan Kaufman, Mary Decker, Jimmy Adler und meinem Bruder Dan Kotlowitz fühle ich mich dankbar verbunden.

Barbara Nell Hunt, eine Frau von ungewöhnlicher Überzeugungskraft, half mir in mehr Beziehungen, als ihr vielleicht bewußt ist. Ihre Güte und ihr liberaler Geist trösteten mich auf dem manchmal rauhen Weg zu diesem Buch.

Und dann sind da noch die Kinder von Horner. Aldous Huxley schrieb einmal: «Kinder sind bemerkenswert in ihrer Intelligenz und ihrem Eifer, ihrer Neugier, ihrer Unduldsamkeit gegenüber aller Heuchelei und wegen ihres klaren, unerbittlichen Blicks.» Genau dies traf auf Lafeyette, Pharoah, James, Rickey und die anderen Kinder der *neighborhood* zu. Ihre Unverwüstlichkeit, ihr Einfallsreichtum und ihre Phantasie waren meine Inspirationsquelle. Ihre Freundschaft hat mein Leben bereichert. Dieses Buch ist für sie.

LITERATURAUSWAHL

Folgende Zeitungen habe ich für dieses Buch ausgewertet (einige Artikel reichen dreißig Jahre weit zurück): *The Chicago Tribune, The Chicago Sun-Times, The Chicago Defender, The Chicago Reporter, The Chicago Reader,* die früheren *Chicago Daily News,* außerdem verschiedene lokale und überregionale Zeitschriften wie *Chicago Times,* das Magazin *Chicago, Newsweek, Time, The New Republic, Look, The New Yorker.* Die folgende Literaturauswahl nennt diejenigen Bücher und Berichte, die für meine Arbeit besonders ergiebig waren.

ANSON, ROBERT SAM. *Best Intentions: The Education and Killing of Edmund Perry.* New York: Random House, 1987.

ARLEN, MICHAEL. *An American Verdict.* New York: Doubleday, 1973.

AULETTA, KEN. *The Underclass.* New York: Random House, 1983.

BALDWIN, JAMES. *The Fire Next Time.* New York: Dial Press, 1963; *dt. Hundert Jahre Freiheit ohne Gleichberechtigung.* Reinbek: Rowohlt Taschenbuch Verlag, 1964.

BOWLY, JR., DEVEREUX. *The Poorhouse: Subsidized Housing in Chicago, 1895–1976.* Carbondale: Southern Illinois University Press, 1978.

Chicago Bar Association report. «Special Committee to Study the Juvenile Justice System in Cook County», May 1989.

The Chicago Tribune staff. «Chicago Schools: ‹Worst in America›», May 1988.

FREMON, DAVID K., *Chicago Politics Ward by Ward.* Bloomington: Indiana University Press, 1988.

GITTENS, JOAN. «The Children of the State: Delinquent Children in Illinois, 1818–1980s». The Chapin Hall Center for Children at the University of Chicago, 1986.

GOLD, MARTIN, et al. «Experiment in the Streets: The Chicago Youth Development Project». Institute for Social Research, c. 1968.

HAGEDORN, JOHN M., with MACON, PERRY. *People and Folks: Gangs, Crime and the Underclass in a Rustbelt City.* Chicago: Lake View Press, 1988.

HARRIS, FRED R., and WILKINS, ROGER W., editors. *Quiet Riots: Race and Poverty in the United States.* New York: Pantheon, 1988.

HIRSCH, ARNOLD R. *Making of the Second Ghetto: Race and Housing in Chicago, 1940–1960.* New York: Cambridge University Press, 1983.

INSTITUTE FOR COMMUNITY DESIGN ANALYSIS REPORT. «Review and Analysis of the Chicago Housing Authority and Implementation of Recommended Changes». January 31, 1982.

KEISER, R. LINCOLN. *The Vice Lords: Warriors of the Streets.* New York: Holt, Rinehart and Winston, 1969.

MEYERSON, MARTIN, and BANFIELD, EDWARD C. *Politics, Planning and the Public Interest: The Case of Public Housing in Chicago.* New York: The Free Press, 1955.

National Commission on Urban Problems, «More Than Shelters: Social Needs in Low- and Moderate-Income Housing», 1968.

ROSENBLATT, ROGER. *Children of War.* New York: Doubleday, 1983.

SILBERMAN, CHARLES E., *Criminal Violence, Criminal Justice.* Random House, 1978.

SLAYTON, ROBERT A. «Chicago's Public Housing Crisis: Causes and Solutions». Chicago Urban League, June 1988.

SPEAR, ALLAN H. BLACK. *Chicago: The Making of a Negro Ghetto, 1890–1920.* Chicago: The University of Chicago Press, 1967.

U.S. Department of Housing and Urban Development, «Management Review of the Chicago Housing Authority», November 5, 1986 – April 17, 1987.

U.S. General Accounting Office, «Chicago Housing Authority Taking Steps to Address Longstanding Problems», June 1989.

U.S. Riot Commission, «Report of the National Advisory Commission on Civil Disorders». New York: Bantam Books, 1968.

WILSON, WILLIAM JULIUS. «The Truly Disadvantaged: the Inner City, the Underclass and Public Policy». Chicago: The University of Chicago Press, 1987.

WOOD, ELIZABETH. «Housing Design: A Social Theory». Citizens Housing and Planning Council, May 1961.

WOOD, ELIZABETH. «Public Housing and Mrs. McGee». Citizens Housing and Planning Council, October 24, 1956.

Wanda Coleman

BLUES

Erzählungen
Deutsch von Udo Breger
rororo 13302

Die schwarze Autorin Wanda Coleman wuchs in den Slums von Watts, Los Angeles, auf. Das Thema ihrer Stories ist das Überleben der schwarzen Amerikaner in einer Welt, die geprägt ist vom Kampf gegeneinander und gegen die Bedingungen, unter denen sie gezwungen sind zu leben – und sie beschreibt mit schonungsloser Offenheit die Waffen, die eingesetzt werden, wie Worte, Blicke, Fäuste, Messer und Drogen. Eindrucksvolle Geschichten, die das Lebensgefühl des Blues literarisch vermitteln.

Rian Malan

MEIN VERRÄTERHERZ

Mordland Südafrika
Deutsch von Ulrich Mihr
464 Seiten. Gebunden

«Ich hatte immer zu zwei Völkern gehört: Ich war der gerechte Weiße, der sich über die grausame Behandlung der Schwarzafrikaner durch die weißen Afrikaaner empörte, und hatte mich als ein Schwarzafrikaner gefühlt, der entsetzt war, welche Grausamkeiten die Schwarzafrikaner sich gegenseitig zufügten und eines Tages vielleicht auch den Weißen zufügen würden. Ich sah stets zwei Wege vor mir und fühlte stets, wie zwei widerstreitende Kräfte kämpften in meinem Verräterherzen.» Rian Malan ist burischer Afrikaaner, Sproß einer der ältesten Siedlersippen am Kap, die seit über dreihundert Jahren südafrikanische Politik mitbestimmt.

«Mein Verräterherz» ist Reportage und Autobiographie, historische Erzählung und moralisch-politische Reflexion: spannend, immer wieder haarsträubend, oft herzzerreißend. Ein schockierendes, überzeugendes Buch.

Jess Mowry

MEGACOOL

Roman
Deutsch von Christiane Buchner und Thomas Mohr
320 Seiten. Broschiert

Drei Häuserblocks in einem Ghetto von West Oakland, Kalifornien: Arbeitslosigkeit, Drogen, Chaos. Hier weiß jeder Dreizehnjährige, wieviel Schuß pro Minute eine Uzi feuert – und besitzt mit siebzehn oft schon selbst eine. Schußwunden und Stichnarben sind stolz getragene Abzeichen. In diesem verwahrlosten, gesetzlosen Dschungel leben die «Friends», Kinder noch, die tagsüber in der Schule über Rechenaufgaben schwitzen und abends, bewaffnet, auf Skateboards durch ihr Terrain patrouillieren, um wenigstens die schlimmsten Auswirkungen von Gewalt und Verbrechen fernzuhalten. Mit der rivalisierenden Nachbarschaftsgang, der «Crew», halten sie prekären Frieden. Doch der gerät in Gefahr, als Deek auftaucht, ein Drogendealer. Bald bricht ein blutiger Bandenkrieg aus.

Jess Mowry, der selbst in einem Slum aufwuchs, beschreibt das Leben in der Hoffnungslosigkeit des «anderen» Amerika mit grellen, wütenden Bildern, in sarkastischem Straßenslang und im Rhythmus des Rap.

Rowohlt